U0505570

贺灿飞 ◎ 著

贸易地理网络研究

中国财经出版传媒集团

经济科学出版社
Economic Science Press

图书在版编目（CIP）数据

贸易地理网络研究 / 贺灿飞著. -- 北京：经济科
学出版社，2020.12
（经济地理研究）
ISBN 978-7-5218-2172-7

Ⅰ.①贸…　Ⅱ.①贺…　Ⅲ.①商业地理–研究–中国
②国际贸易–商业地理–研究　Ⅳ.①F729.9②F742

中国版本图书馆CIP数据核字（2020）第245212号

责任编辑：李　雪　袁　澈
责任校对：刘　昕
责任印制：王世伟

贸易地理网络研究
MAOYI DILI WANGLUO YANJIU
贺灿飞　著
经济科学出版社出版、发行　新华书店经销
社址：北京市海淀区阜成路甲28号　邮编：100142
总编部电话：010-88191217　发行部电话：010-88191522
网址：www.esp.com.cn
电子邮箱：esp@esp.com.cn
天猫网店：经济科学出版社旗舰店
网址：http://jjkxcbs.tmall.com
北京季蜂印刷有限公司印装
787×1092　16开　26.25印张　550000字
2020年12月第1版　2020年12月第1次印刷
ISBN 978-7-5218-2172-7　定价：96.00元
（图书出现印装问题，本社负责调换。电话：010-88191510）
（版权所有　侵权必究　打击盗版　举报热线：010-88191661
QQ：2242791300　营销中心电话：010-88191537
电子邮箱：dbts@esp.com.cn）

前　言

经济全球化造成了"时空压缩",减少了地理距离对跨界经济联系的制约,但这并不意味着"地理的终结"。跨界经济联系并非无条件的,地方独特的市场、资源、文化与制度构成经济联系发生的动力。全球化实质上通过强化全球—地方联系,改变国家力量与领土边界的内涵,放大而非消弭地方异质性。全球化是一个尺度重构的过程,表现为全球化与地方化并存(Dicken,2003;Swyngedouw,2004)。

经济地理学对"全球化"的尺度重构,改变了地方的内涵。地方不再仅是"地方—国家—全球"垂直体系中的一个特定层级。相反,地方成为不同行动者实现跨尺度、跨边界联系的"场所"(Marston et al.,2005)。本土与外来行动者共聚、协作与竞争所产生的资本、资源、知识、商品、服务与制度联系成为影响地方发展的重要力量,构成了区域发展的"全球—地方"联系。基于联系视角发展了一系列代表性理论分析框架,如"流的空间"与"地方的空间"(Castells,1999)、"依存空间"与"交互空间"(Cox,1998)、"全球生产网络"(Coe et al.,2004)、"全球通道—地方蜂鸣"(Bathelt et al.,2002)等。

在经济全球化背景下,投资和贸易联系对于国家和区域的经济发展尤为重要。在"后福特主义"生产片段化的背景下,单个国家和区域难以覆盖生产链条的所有环节(Scott,2006),经济发展所需的资本、资源、知识与技术难以实现自给自足。国家和区域接入全球生产网络,参与不同尺度下的劳动分工成为必然。全球经济通过不同尺度的"全球—地方"联系形成了各种形式的网络,如投资网络、贸易网络、城市网络、创新网络等(Wolfe and Gertler,2004)。

经济全球化要求基于"全球—地方"联系视角来揭示区域经济发展机制,以区域为主体,强调"全球—地方"的双边特征对于区域发展的共同作用。一方面,区域内部特征直接决定了区域发展对外部力量的"吸引力"和"吸收能力",构成了"全球—地方"联系的"地方力量"。在投资地理研究中,地方特征占据主导地位。基于新古典区位理论的选择模型强调外生地理区位条件的作用;基于新经济地理模型的发展则进一步揭示了规模经济和交通成本等内生因素的影响(黄肖琦、柴敏,2006)。

在贸易模型中，区域基于经济规模、要素禀赋和人力资本等所形成的比较优势直接影响贸易流向与流量（Bergstrand，1985）。在知识创新研究领域，知识的地方传播机制，包括集聚经济所强调的面对面沟通和地方通过创新系统构建形成的知识吸收能力影响本地的知识基础（Bathelt et al.，2004; Benneworth and Hospers，2007），也左右对外联系的有效性（曾刚、文嫣，2004）。

另一方面，"全球"特征进一步影响外部联系作用于区域发展的可能性与有效性。就利用外资而言，母国特征决定了外资的投资动机（Pan，2003），使得来自不同地区的外资对于区域的影响存在直接差异（孙早等，2014）；母国特征也影响东道国与母国的政治、社会和文化联系，进而影响外资进入东道国的可能性和行为特征。投资受地理距离影响较小，社会、文化与制度等方面的邻近性决定外资区位选择（Gao，2003; 许和连等，2012）。大量国际贸易研究也表明，贸易伙伴国特征同样具有相似的影响。

"全球—地方"联系强调地方在全球化进程中不可替代的重要性（Agnew，2002），反对极端全球主义忽视区域异质性；"全球—地方"关注区域作为开放系统的不确定性。随着外来行动者的进入，非本地资源、知识与制度冲击区域发展的既定路径，形成区域发展的外生力量。"全球—地方"联系关注"全球—地方"之间的共同作用，忽视了"全球—地方"之间的相互作用。本质上，"全球—地方"联系是基于不同地方建立起来的一种地理网络关系，支撑这种地理网络关系有商品流、服务流、投资流、知识流、信息流等。

本书聚焦国际贸易地理网络及其动态演化。国际贸易是跨国界商品和服务交易，发生在具有一定距离（包括经济距离、文化距离、心理距离、制度距离、政治距离等）的市场间，通常是双向联系，可以定义为地理网络。国际贸易双方地理因素决定贸易规模、结构和方向，影响贸易企业出口决策和市场选择，将国际贸易与地理结合起来是国际贸易研究的应有之意，能够引入实质性空间视角，弥补国际贸易理论的空间性不足。

国际贸易理论通常以国家作为基本分析空间单元，没能探究国家内部企业区位异质性。贸易主体是贸易双方内部位于特定地区的企业，企业是嵌入在本地社会经济制度环境中的行为主体，贸易行为无疑受到企业所在地区环境的影响。在经济全球化时代，地方通过资本、知识、服务、商品等与全球市场紧密联系，从而实现"全球—地方"互动，然而这种互动不完全由经济因素决定，文化、政治、外交、制度等都会发挥作用。国际贸易嵌入在贸易双方社会经济文化政治制度环境中，将国家和地区间贸易作为重要的全球市场相互依赖性的支撑，是全球联系中最重要的网络，需要以网络方法和网络思维探究国际贸易。传统贸易网络研究以国家为单元，建构不同类型的网络模型，探讨贸易网络的拓扑特征，辨识贸易网络的节点与结构及其演化。贸易地理网络研究则需要从国家层面到地方区域层面，将各个地方与国际市场的贸易联系视为地理网络，基于网络演化思维，引入地理、社会、经济、文化、制度等多维邻近性来揭示一个国家内部区域与国际市场的贸易联系及其地理网络演化。

中国地域广阔，地方差异性非常显著。改革开放以来，中国在国际贸易中的地位不断攀升，贸易对象不断拓展，贸易主体多元化发展，贸易产品不断升级，不同地区逐渐建立与国际市场的贸易联系，贸易地理网络逐渐形成与完善。通过积极参与全球产业分工，积极融入全球生产网络，尤其是2001年加入世界贸易组织（WTO）以来，中国实现了全方位开放，出口成为驱动经济增长的三驾马车之一。国际贸易在推动西部开发、中部崛起、东北老工业基地改造以及沿海高质量转型发展中发挥了重要作用。中国正积极推进"一带一路"倡议，深化中国与国际市场的多维度联通，各地区在经济激励和政治激励下积极参与"一带一路"建设；与此同时国际上出现"逆全球化"趋势，西方发达资本主义国家贸易保护主义抬头，甚至通过"贸易战"和"科技战"刻意打压中国制造业。中国国际贸易面临新的复杂形势，在高质量转型发展和构建国内循环为主体，国内国际双循环互动的新发展格局的同时需要深入探讨如何调动贸易企业和地方积极性推进国际贸易转型，如何通过"全球—地方"互动拓宽出口市场，如何发挥政府、社会和市场力量持续推动外向型经济建设等，是重要的需要深入探讨的问题。在国家自然科学基金重点项目"全球—地方互动与区域产业重构"的支持下，我们于2020年在经济科学出版社出版了《贸易地理研究》，将地理视角引入国际贸易研究，探究中国国际贸易的宏观地理格局和微观驱动机制，尤其以企业为对象，探讨其出口决策、定价决策以及市场动态等，回答以下问题：（1）中国对外贸易的宏观格局如何形成演化；（2）中国企业如何进入或者退出出口市场；（3）中国企业如何拓展出口市场；（4）中国对外贸易如何影响区域产业地理；（5）中国对外贸易的经济韧性。

在国家自然科学基金重点项目"全球—地方互动与区域产业重构"（编号：41731278）的支持下，我们基于"全球—地方"互动视角，基于网络思维和方法，探讨中国及其各省份的贸易地理网络形成与演化，并基于多维邻近性揭示贸易地理网络演化驱动力。我们将各省份基于出口贸易建立的与世界主要国家和地区的联系视为贸易地理网络。以下介绍主要章节内容。

第一章简要介绍关系经济地理学，引入经济地理学的网络思维和网络研究，进而系统梳理拓扑网络和隐喻网络及其形成机制；随后聚焦贸易网络研究进展，尤其梳理了世界贸易网络、区域贸易网络、特定产业贸易网络、特定国家贸易网络以及多维贸易网络。最后从内生网络和外部网络讨论了网络对国际贸易的影响。

实证研究分为两部分，第一部分包括第二章到第五章，以中国为节点研究国际贸易网络，探讨中国与全球市场的贸易关系及其动态演化。第二部分包括第六章到第十五章，以中国各省份为空间单元，基于"全球—地方"互动视角探讨中国省级行政区出口贸易地理网络演化及其驱动力。

第二章基于联合国商品贸易统计数据（UN Comtrade），使用复杂网络方法研究中国制造业贸易网络演化。研究发现，中国在贸易规模的地位显著提高，成长为世界贸易大国之一，但是中国在贸易网络中的地位并没有同步提高；中国成长为贸易网络三核结构中的一个重要核心，但是更多是区域性的核心，远远没有达到全球性的地位；中国对外出口贸易扩张具有路径依赖性；贸易壁垒抑制现有受到制裁的产品进一步扩张，但是促使中国进一步向其出口其他产品，加深了出口"路径依赖"的现象。

第三章基于 UN Comtrade 数据，分析中国矿产资源贸易网络演化。研究发现，中国在世界矿产资源贸易网络中的地位显著提高。友好关系促进中国向出口目的地出口新的矿产资源，也会促进中国从进口来源地进口矿产资源产品；中国对目的地的投资会促进中国向目的地出口矿产资源，也会促进矿产资源进口；出口目的地进口市场集中度越高，越不利于中国向其出口新产品，而矿产资源进口来源地市场集中度越高，也不利于我国从该目的地进口新产品。

第四章探讨中间产品贸易网络演化。研究表明不同产业的中间产品贸易网络结构差异明显，电子产业网络联系紧密，而运输业和纺织业的结构则相对松散。地理距离对中间产品出口偏好的影响显著，但是仅纺织业体现出了地理距离衰减效应，在电子和运输业中，地理距离越大，贸易偏好反而越高；沟通成本显著影响中国对目的地出口偏好，加强文化交流能够提高贸易偏好；目的地制度质量对贸易偏好的影响显著，国家话语权和可靠性能够提高中国对贸易目的地的中间产品出口偏好；同时，规制质量越高，中国对其出口偏好则更低。劳动力成本也是影响中间产品贸易网络演化的重要因素。

第五章基于世界投入—产出表剖析中国同世界市场联系及其动态演化机制。研究发现，在 1995~2014 年，中国从全球生产联系网络的边缘国家演变成为全球生产网络的中心国，取代日本成为沟通东亚、东南亚地区与其他新兴市场的桥梁，并从美欧主干联系的"局外人"升级成为链接欧美产业网络的重要枢纽。中国基础资源行业正不断嵌入全球生产网络的供给侧，制造业正从原料供给侧向成品需求侧转型升级。但中国消费型服务业的整体对外供给能力正在下降，且没有向成品需求侧进行转型。中国作为"世界工厂"与基础设施建设大国，在制造业与基建方面具有全球性的影响力，且这些部门的影响力逐步提升。中国对外产业联系的演化受地理、社会与制度三个维度的邻近性影响并形成路径依赖。其中地理邻近性的影响是最广泛的，而社会与制度邻近性仅仅对产业联系形式更加复杂的中间生产联系与发展较为成熟的最终需求联系有促进与强化作用。技术贸易壁垒与反倾销调查会削弱各类中国对外产业联系。卫生安全检疫措施对最终市场需求联系有显著削弱作用，而对中间产品生产联系的作用并不显著。

第六章探讨中国省级行政区贸易网络演化。研究发现，中国各省份出口多样化和均衡化呈现总体上升趋势；省份—目的地贸易网络中贸易来源地节点和目的地节点地理格局发生显著演变，主要目的地节点增多且半数以上位于"一带一路"沿线；相邻省份往往具有相似的出口目的地结构，省份间溢出效应和国家（地区）间地理距离、文化距离对省级行政区出口贸易地理格局的形成具有显著影响；地理距离和制度距离显著影响省级行政区出口贸易网络的拓展。

第七章研究中国农产品贸易地理网络演化。研究发现，中国农产品出口快速增长，农产品出口源地和目的地市场都高度集中，华南、华东地区是农产品出口的主导区域，东亚、东南亚、北美、西欧是主要出口目的地市场，华东、华南省份的主要市场为东亚、东南亚、北美和西欧。优越的资源禀赋有利于出口增长和出口扩张，工业发展可以通过直接促进农业机械的推广使用、机械化与土地规模化的互相促进、机械化对恶劣天气的缓冲作用促进农产品出口增长和扩张。离港口距离远不利于农产品出口贸易增长，但近年来原先出口贸易联系较少的、离港口距离远的省份更容易建立新的贸易联系，实现出口扩张。

第八章探讨电子信息产品贸易地理网络。研究发现，从出口地维度看，中国信息通信技术（ICT）产品出口省份的扩张遵循从沿海到内陆的发展路径；从目的地维度看，出口市场的扩张遵循从发达国家（地区）传统市场到发展中国家新兴市场的发展路径；从"出口地—目的地"网络维度看，东部省份出口到东亚和北美、西部省份出口到北美和西欧、中部省份出口到北美和东亚的贸易流向的扩张较为显著；不同省份的出口市场结构也呈现出一定差异。地方产业集群及外部知识溢出能够促进ICT产品出口额的增长以及出口专业化程度的提升，且不同来源知识溢出的作用呈现出一定的时间异质性和地区异质性。

第九章探讨电子机械制造业贸易地理网络演化。研究发现，出口地、目的地、出口地—目的地维度的出口经验、产品关联度都显著促进各类产品出口企业进入特定贸易网络；出口地—目的地维度的出口经验、产品关联度对各类出口企业拓展优势贸易目的地几乎没有显著影响。目的地维度的出口经验仅能促进中间产品出口企业，但产品关联度在其中未发挥任何作用。出口地维度知识溢出则可促进一般贸易中间产品、加工贸易中间 / 最终产品出口企业，产品关联度的影响则集中在中间产品出口企业。

第十章研究轨道交通装备制造业贸易地理网络。研究表明，中国轨道交通装备制造业出口贸易发展迅速，整车产品出口贸易规模远高于零件产品。整车产品东部省份出口优势集中，出口规模受市场因素影响较大；零件产品出口规模小而散，以东中部省份为主，受政策因素影响较大。零件产品主要出口至北美地区，新进入的目的地以东南亚和非洲地区的新兴国家为主；整车产品主要出口至东亚、北美和北欧等地，新进入国家以非洲地区数量最多。整车产品出口贸易优势远远高于零件产品。"一带一路"倡议显著促进中国轨道交通装备制造业整车及零件产品进入新的出口目的地，但并未显现出对于提升优势贸易目的地的影响。

第十一章探讨纺织业产品贸易地理网络。研究发现，在出口地维度，产业集聚和产业转移带来的信息溢出效应会对我国纺织业出口贸易网络演化产生显著的正向影响，而在目的地维度，信息溢出对于纺织业出口增长的促进作用亦得到了验证，但其效应会被订单出口所削弱。基于此，进一步验证了订单出口在不同收入水平国家（地区）的作用强度存在异质性，订单出口在我国向高收入国家（地区）的纺织业出口中起主导作用，但对中低收入国家（地区）的影响有限。

第十二章研究食品出口贸易地理网络。研究发现，海外华人网络能够显著提高我国食品出口额增长和比较优势扩展的概率，但对出口目的地扩张具有负向影响；文化距离在中国食品出口贸易网络演化扩展边际起正向作用，而会对集约边际产生负向影响；海外华人网络与文化距离之间存在交互作用，海外华人网络能够削弱文化距离对我国食品出口额增长的负效应，从而间接地推动食品贸易发展。

第十三章探讨中间产品出口贸易地理网络。研究表明，从时空分布来看，低技术的加工贸易从东南沿海向内陆转移，而内陆省份逐步承担了装配等加工贸易；中间产品出口仍然依赖外商及港澳台商投资的外部联系，间接说明生产多依赖外部技术转移，但本地能力的作用在获取目的地市场比较优势中有所体现，并逐步提升。

第十四章聚焦内资企业出口贸易地理网络。研究发现，内资企业出口分布呈多级连片格局；内资企业出口开始向非洲、拉美、东亚和东南亚等新兴市场拓展。位于高经济复杂度地区或处于高技术复杂度产业领域的内资企业倾向于拓展新出口市场，而低复杂度地区和产业的内资企业更倾向于提升出口额。外商及港澳台商投资企业推动内资企业出口额增长，表现为溢出效应；但外商及港澳台商投资企业抑制了内资企业进入新出口市场，表现在发达国家（地区）市场上的竞争效应。在经济复杂度较高的地区和技术复杂度较高的产业领域，外商及港澳台商投资企业表现出更强的竞争效应，阻碍内资企业向新出口市场拓展；而在经济复杂度较低的地区和技术复杂度较低的产业领域，外商及港澳台商投资企业具有较强溢出效应。相对而言，经济复杂较高地区的内资企业受到更强的竞争效应和溢出效应影响。

第十五章聚焦外商及港澳台商投资企业出口贸易地理网络。在全球—地方互动视角下，构建本地、目的地和本地—目的地联系三维框架，并重点关注外商及港澳台商投资企业作为外来者与当地嵌入性对其出口市场扩张的影响。研究发现，在华外商及港澳台商投资企业地方嵌入对其出口扩张有促进作用。但由于外商及港澳台商投资企业贸易的特殊性，地方嵌入对其出口二元边际的作用不同。地方嵌入对外商及港澳台商投资企业获取出口比较优势有显著促进作用，但对目的地拓展的促进作用仅局限在一般贸易，主要发挥作用的是外商及港澳台商投资企业与当地的知识耦合。

最后总结主要研究结论，讨论研究政策启示，并展望未来研究。

本书是作者在研究生团队参与下完成的阶段性成果，包括谢玉欢、王文宇、马佳卉、余昌达、齐放、汤鑫、李振发、叶雅玲、吴婉金、任卓然。另外，由于数据可得性、连续性等原因，本书所用数据截止到 2016 年。限于作者的学识和能力，本书研究深度和广度有待进一步深化。对书中各章不足之处，还望广大读者和学界同仁批评指正！

贺灿飞

2020 年 12 月 12 日

目 录

第一章
贸易网络研究

一、引言

　　经济地理学关注经济活动的空间特性，研究视角随着社会经济发展、新技术革命及生产组织变革而变化。经历了 20 世纪 50~80 年代的"计量革命"和"马克思主义转向"后，在社会科学视角多元化和"后现代主义"背景下，西方经济地理学迎来了一次更加深刻的理论变革，推动经济地理学的制度转向、文化转向、尺度转向、关系转向和演化转向等（贺灿飞等，2014）。关系视角内在于制度转向和文化转向过程中，关注经济地理学中相关行为主体之间的社会相互作用如何塑造经济绩效。这种视角成为 21 世纪西方经济地理学发展的一个显著特征，被称作"关系范式""关系转向"或"关系经济地理学"（Yeung，2005）。关系经济地理学现已成为西方经济地理学研究的一个重要热点，涉及企业、区域、网络和全球—地方联系等多个方面（李小建、罗庆，2007）。

　　关系经济地理学起源于 20 世纪 90 年代中期人文地理学中的关系思维（Massey et al.，1999）。为了克服在原有制度转向和新区域主义研究中反映出来的个体能动性与结构、宏观区域分析与微观企业分析、地方与全球等二元论矛盾，关系经济地理学从情境性、路径依赖性与权变性三个假设出发，通过构建一个复杂而全面的框架来分析不同空间尺度中行动者之间以及行动者与结构之间的复杂关系，从而揭示出经济活动的空间组织及其动态变化（Amin，1998；Dicken and Malmberg，2001；Ettlinger，2001；Bathelt and Gluckler，2003；Yeung，2005）。

　　关系经济地理学可分为三个学术流派：（1）美国加利福尼亚学派，主要研究产业组织和交易，把经济主体创建空间的力量以及区位机会作为研究焦点，注重分析"交易成本""非贸易性相互依存""关系型资产"，认为产业在空间的聚集可以基于正式和非正式关系形成资本外部性和技术外部性。区域内的非贸易性沟通和交流可以降低行为主体之间的交易成本，强化集群内的集体学习和技术的创新，形成区域内特定的资产关系。（2）英国曼彻斯特学派，基于经济行为网络概念提出全球生产网络，认为行为主体根植于复杂网络之中，强调行为主体受全球生产网络中各种社会制度和文化背景的深刻影响，以及国际相互作用中社会制度和文化的嵌入性（Dicken and Malmberg，2001）。（3）德国关系学派，基于演化和制度概念，从空间视角对行为主体之间的关系进行系统和动态的分析，研究重点包括交互式学习、组织、演化和创新（Bathelt and Glückler，2003）。行为主体活动既是一个与制度形成并进的过程，同时又是一个不断融入社会的实践活动。企业生产中不断产生新的知识，而知识扩散过程与企业所在区域的制度及产业聚集密切相关。这些学派都是以经济主体为中心，基于行动者网络视角，强调制度的核心位置，关注全球化对经济组织的影响以及全球—地方张力，尝试超越空间描述去理解社会和经济过程。

关系经济地理学中主要关系类型包括主体—结构关系、空间—尺度关系、社会—空间关系三种：（1）主体—结构关系。关系经济地理学从主体与结构互动过程中理解经济活动。一方面，关键行为主体的相互作用程度和性质并不是事先假定而是其进行分析和证明的对象，同时由于受到多种外部因素的影响，其结果具有开放性。另一方面，行为主体仍会受到其所在结构的影响，其行为仍被看作是在特定社会、制度、规范、文化情景下的产物。（2）空间—尺度关系。关系经济地理学关注不同尺度之间的关系及其所导致的空间问题。在微观层面上，企业是主要行为主体，被看作是相互作用的主体。在中观层面上，关注地理邻近性的社会经济网络关系。地理邻近性不仅积累和引发了创新，增加知识溢出的可能性，而且还有助于形成地方性习俗和制度，培育具有文化价值认同、各行为主体间相互信任的环境，进而降低了主要行为主体之间进行互动的信息成本和交易成本。在宏观尺度上，强调尺度的生产和尺度重组过程对资本主义空间经济的动态的重要作用，不仅关注全球化对于地方和空间的影响，也关注地方和空间对全球化的影响。（3）社会—空间关系。空间是资本主义条件下社会关系的重要一环，地理尺度是一种关系建构，反过来社会关系也是一种尺度建构（Yeung，2005）。一方面，区域空间结构是社会建构的，由区域行为者和行为者组合（如公司）之间复杂的相互作用所构建。区域依赖于特定的经济、社会、文化、政治背景等，而企业和其他组织中的个体便在其中行动和相互作用。行为主体深深地根植于所处区域的社会网络之中，受正式和非正式制度等社会因素的深刻影响。另一方面，区域空间结构也会对社会经济活动产生影响。社会关系网络、规范、信任、文化等往往具有一定的适用范围。关系经济地理学的"社会—空间"关系视角为尺度问题研究开辟了新的道路，有助于推进关于全球化、城市和区域治理等领域的研究。

"关系"和"网络"已成为经济地理学"制度转向"和"文化转向"理论建构的核心。关系经济地理学不仅要实现研究主题上的转向，而且要实现本体上的转向（Yeung，2005）。在本体论层面，行为者与行为者、行为者与空间、行为者与制度、微观—宏观结构、行动与结构这五方面的关系及其属性（互补性、专用性、不可分性、彼此连接性、相互依存性），以及这些关系中内在的"权力"和控制模式（合作的、建构的、管制的、赋予的），共同构成了分析关系网络的构成及其空间结果的"关系几何学"。基于网络视角，通过分析各行为主体及其之间的关系网络，经济地理学能够透视空间经济建构过程、各种行为者在建构过程中的作用、网络机制的演化以及空间经济的管制和治理模式。在阐释跨尺度的经济活动及其与区域社会文化建构的相互作用中，网络思维已经是经济地理学不可或缺的一个重要视角。

二、网络研究

经济地理学网络思维和范式的兴起具有一定历史背景。一方面，在学科内部，基于"关系转向"的研究发展了如全球生产网络和"全球—地方"互动等抽象的、隐喻的网络范式。另一方面，在学科之外，源于数学图论所发展出的"网络科学"成为近年来学术界的研究热点，构建的拓扑网络分析范式成为自然科学及人文社科领域分析网络结构数据、关系型数据的强有力工具，促使学界从整体上研究网络的结构与功能之间的关系；拓扑网络的思维范式也被经济地理学所接纳和吸收，逐渐成为关系经济地理学网络研究的重要研究工具。经济地理学网络研究可以分为两类：一是针对拓扑网络的特征、机制和效应的研究；二是针对隐喻网络的研究，如全球生产网络、"全球—地方"互动等。

（一）拓扑网络研究

拓扑网络研究范式源于网络科学理论发展。网络科学发展历史最早可以追溯到 18 世纪图论和拓扑学等应用数学的发展；20 世纪 30 年代引入社会科学领域后逐渐发展成为"社会网络分析"理论。在 20 世纪末，随着计算机功能和大规模数据处理技术的发展和成熟，系统科学领域逐渐发展出"复杂网络理论"并应用于物理学、计算机科学、生命科学等自然科学领域（李金华，2009）。社会网络分析和复杂网络理论同样基于网络科学理论基础，具有相似的研究理论和方法，其区别主要在于发展起源的学科领域不同。目前，社会科学领域的相关研究对社会网络分析和复杂网络方法均有一定应用。

社会网络分析方法起源于 20 世纪 30 年代，于 20 世纪 70 年代走向成熟，近几十年来发展十分迅速，应用逐渐广泛，运用领域从社会学、心理学逐渐扩散到政治学、经济学、国际关系学等社会科学。近年来，社会网络分析在地理学研究中被广泛使用，学者们采用网络方法开展国际贸易（蒋小荣等，2018；陈银飞，2011）、产业集聚（李二玲、李小建，2007；王茂军、杨雪春，2011）、人口迁移（李志刚、刘晔，2011；王珏等，2013）、城市网络（Smith and Timberlake，1995；Beaverstock et al.，2000；刘铮等，2013）等方面的研究。作为一种针对关系型数据的跨学科分析方法，社会网络分析具有明显优势。一方面，关注网络中节点间的联系，能够深入挖掘网络结构特征，比单纯分析节点属性数据更有价值；

另一方面，具有全局性分析的特点，能够反映网络中各个节点对于网络的影响（王璐等，2019）。

1. 网络的定义、分类、属性特征

（1）网络定义与分类。网络是一个由节点和连接两种元素构成的系统（Newman，2003）。网络既是实际系统的一种模型，又是系统存在的普遍形式。自然界和人类社会中存在各种各样的多层次、多结构复杂网络。纽曼（Newman，2003）总结了现实世界中存在的四种网络类型，即社会网络、信息网络、技术网络和生物网络。在人文社科领域，节点既可以代表不同的主体，如人、机构、企业等，也可以代表不同的地域统计单元，如城市、国家、区域等。连接的内涵代表节点之间的各种要素关联，可以是节点之间人口、资金、交通、商品贸易等有形的物质联系，也可以是技术、信息、知识等无形的联系，从而组合形成不同表现形式和意义的网络，如狭义社会网络、移民网络、商业网络、贸易网络、投资网络、专利网络等（见表1–1）。

表 1–1　　社会科学中的不同网络类型

要素类型	网络类型	连接内涵（要素关联）	节点类型
人口	社会网络（狭义）	人际关系	①主体单元：人、机构、企业等社会个体或组织 ②地理单元：城市、国家、区域等地域单元
	移民网络	人口流动	
商品货物	贸易网络	进出口关系	
知识技术信息	专利网络	科研合作和知识互动	
资金	投资网络	资金流动	
多要素综合	城市网络	城市之间在距离、人口、交通、信息等方面的联系情况	

特定种类的网络还可以根据节点和连接的不同情况作更细致的类型区分。以贸易网络为例，根据贸易网络节点的设置，可以将贸易网络分为以下两种类型：①仅包含一种类型节点的"一模"贸易网络。根据节点类型或贸易主体的不同，"一模"贸易网络可以分为贸易地理网络和贸易企业网络。贸易地理网络是由出口源地与目的地形成的网络，其节点为地理单元，如国家与国家之间的进出口网络、区域与区域之间的进出口网络等。贸易企业网络是指作为进口商或出口商的企业之间所形成的贸易联系。②包含两种以上类型节点的"多模"贸易网络。以"二模"网络为例，考虑国家和产品两种不同属性的节点，构

建起多国出口多种类别产品的"国家—产品"贸易网络。在"多模"网络基础上，还可以构建更复杂的多层网络的互动结构（Calatayud et al.，2017；Alves et al.，2019；Starnini et al.，2019）。目前，大多数贸易网络研究仅涉及"一模"维度，且主要围绕国家与国家之间进出口贸易形成的贸易网络进行研究。贸易企业网络（吴群锋、杨汝岱，2019；李行云等，2018）和"国家—产品"等多模网络（Hausmann and Hidalgo，2011；Caldarelli et al.，2012）的相关研究偏少。

根据贸易网络是否区分进出口方向，贸易网络还可以分为有向网络和无向网络。根据联系强度是否有差异，贸易网络可以分为无权网络和加权网络。其中，无权网络以 0/1 二值变量表示节点之间是否存在贸易联系，若地理单元或企业主体之间存在贸易关系，则网络矩阵的对应元素值为 1，否则为 0。加权网络则以赋予权重的方式表示联系强度差异，如采用贸易额等指标作为网络联系的权重系数。与无权网络相比，加权网络具有一些优点。无权网络只反映了节点之间的连接方式或网络的拓扑特性，不能描述节点之间相互作用的细节，如连接关系的强弱等；加权网络则赋予联系以权重，反映了网络中节点之间的相互作用细节，能够更好地体现真实网络的特点（陈银飞，2011）。

（2）网络属性特征。复杂网络拓扑性质对于其形成机制和影响效应等有重要影响，而复杂网络分析有赖于能够表达网络拓扑特性的相关测度。网络分析针对节点、连接和网络整体结构特性设计了一系列的指标，如节点强度、度分布、平均路径长度、网络密度、聚类系数等指标，在经济地理学相关研究中得到广泛应用。

①节点属性。节点属性包括围绕节点中心性或重要性的一系列度量，例如节点的度、节点强度等。在无权网络中，与一个节点相连接的边数目成为节点的度。对于有向图而言，"度"分为入度和出度。在加权网络中，节点强度是指某一节点所有关联的边的权重之和。以贸易网络为例，国家节点强度代表了国家间的贸易量，节点强度越大，则贸易量越大，贸易联系越紧密。衡量节点中心度的指标还有接近中心度和中介中心度等。关于网络节点属性及其在贸易网络中的内涵，更多信息见表 1-2。

表 1-2　　　　　　　　　　　　常见网络节点属性及其在贸易网络中的内涵

节点属性	属性含义	在贸易网络中的内涵
度（degree）	与一个节点相连接的边的数目；有向网络的度根据具体方向可以分为入度、出度两种	某国的贸易国数量，反映国家对外贸易联系的活跃程度
入度（in-degree）		与某国发生进口贸易关系的国家数量
出度（out-degree）		与某国发生出口贸易关系的国家数量
节点强度（strength）	反映加权网络中节点所关联的边的权重之和	某国与世界其他各国的进 / 出口贸易量大小

续表

节点属性	属性含义	在贸易网络中的内涵
接近中心度 （closeness centrality）	衡量网络中节点的联系强度，反映节点在网络中的地位	某国的贸易联系强度，衡量其在贸易网络中的地位，反映某国与其他国家在贸易网络的通达性与便捷度
中介中心度 （betweenness centrality）	经过某一节点的最短路径的数目	某国对网络贸易的控制程度

资料来源：根据纽曼（2003）、段文奇（2011）、德本尼迪克蒂斯和塔乔利（De Benedictis and Tajoli, 2011）、德本尼迪克蒂斯（2013）等整理得到。

　　除了接近中心度和中介中心度，"结构洞"是关于节点中介性的另外一个重要衡量。结构洞是信息或资源流动的缺口，指网络节点 i 与 j 存在直接联系，但与节点 h 不存在节点连线或连线中断，从而使整个网络出现"洞隙"的情况。结构洞的出现一方面使得网络结构提供较多的非重复信息，网络多样性及潜力值得到增强；另一方面也增加了网络结构的稀疏性。结构洞的衡量指标主要包括有效规模、结构洞限度、效率性（马远、徐俐俐，2017）。以贸易网络为例，有效规模测度一国在贸易网络中的非冗余因素，该值越大，说明其在网络中的控制力越强。结构洞限度测度国家利用结构洞的能力，值越小，表明受到与其发生贸易联系的国家的制约性和依赖性越小，发生贸易联系的可能性就越大，跨越结构洞的能力越强。效率性体现了国家对网络中其他贸易国的影响程度，值越大，其对网络中其他相关国家的影响力越强（马远、徐俐俐，2017）。

　　②连接属性。与网络连接相关的属性概念包括路径长度、最短路径与直径。其中，节点 A 和 B 之间的路径长度（距离）是指从节点 A 到 B 所经历的边的数目。节点之间的最短路径是指连接两节点所有路径中边数最少的那条路径长度。直径是指任意两个节点之间的最短路径的最长长度（段文奇，2011）。

　　在国际贸易网络研究中，贸易距离对网络连通性等属性有着重要的影响，是复杂网络结构特征重要的测度。其中，比较常用的指标是平均路径长度。平均路径长度表示网络中所有节点之间的最短路径平均值，在国际贸易网络中则表示商品贸易传递效率或贸易网络整体的通达效率（吴宗柠、樊瑛，2018）。

　　③网络结构属性。整体网络结构属性指标能够反映网络的连通度、异质性、稳定性和集聚特征等方面的特点。其中，网络平均度反映节点之间的联系强度；度分布则解释网络异质性（各节点在网络结构中同质与否）；网络密度体现网络中各节点之间关系的紧密性，测度网络中各行动者之间的联结程度；互惠性则体现网络节点间双向连接关系的程度，越高的互惠性往往意味着更高的网络结构有序性（马远、徐俐俐，2017）；网络聚类系数是指与某节点相连的节点之间也彼此相连的概率，表征网络具有"抱团"集聚的趋势，聚集

系数越大则代表网络连接越紧密，反之代表网络结构越分散；网络鲁棒性测度的是整体网络结构在外部冲击下的稳定性。表1-3总结了常见的网络结构指标含义及其在贸易网络中的内涵。

表1-3　　　　　　　　　　常见网络结构的属性及其在贸易网络中的内涵

网络结构属性	属性含义	在贸易网络中的内涵
平均度 （average degree）	网络中所有节点度的平均值	贸易网络中国家之间的平均联系强度
度分布 （degree distribution）	节点度分布用$p(k)$表示，网络中度为k的节点的个数占网络节点总数的比例；代表各节点在网络结构中同质与否；典型度的分布形式包括幂律度分布、指数分布等	贸易网络中各贸易参与国在贸易格局中的地位是否平等或均匀；如幂律分布代表贸易网络的"核心—边缘"结构
网络密度 （density）	网络结构中"实际存在的节点连线数"与"可能存在的节点连线数"的比例；衡量网络中各个节点之间联络的紧密程度	贸易网络中的国家间的紧密联系程度、贸易活动频率
互惠性 （reciprocity）	网络节点间双向连接关系的程度	贸易网络中国家之间的互通性；互惠性贸易模式的比例
聚类系数 （clustering coefficient）	网络节点紧密程度	国家（地区）贸易联系的紧密程度
鲁棒性 （robustness）	通过移除节点或者边来探究网络结构的变化与否来衡量网络的稳定性	当贸易系统受到经济危机、贸易保护政策等因素影响时，国际贸易系统中个体和个体间的相互作用模式是否能保持稳定

资料来源：根据纽曼（2003）、段文奇（2011）、德本尼迪克蒂斯和塔乔利（De Benedictis and Tajoli, 2011）、德本尼迪克蒂斯（2013）等整理得到。

2. 网络形成机制

复杂网络形成机制是指网络形成过程中所遵循的规律（Newman, 2003）。目前，基于网络分析方法的大部分研究普遍关注网络拓扑性质和结构特征，但能够进一步对网络形成机制进行分析和探讨的研究仍不够充分。在网络科学研究内部，瓦特（Watts, 1999）、鲍劳巴希和阿尔伯特（Barabási and Albert, 1999）通过分析万维网等实际网络发现了"小世界"特征和幂律度分布的共性并提出相关理论。史密斯等（Smith et al., 2005）利用网络可视化证明了混合机制下动态网络的成长特性。在网络科学与其他学科的交叉研究领域，有些学者采用计算机仿真方法研究网络形成机制，如麦克法迪恩和特斯福德森（McFadzean and Tesfatsion, 1999）通过设计计算机程序模拟国际贸易中的买方和卖方，采用实时动画演示贸易网络的形成和演化；此外，麦克法迪恩等（2001）还通过C++平台实现了贸易网络中结合偏好伙伴选择的进化博弈过程。王开和靳玉英（2013）研究了全球自由贸易协定网络形成机制，发现网络结构因素（度数中心度和介数中心度）是全球自由贸易协定（FTA）网络形成与演化的重要原因。胡平等（2011）以 2000~2007 年西安软件产业集群内企业为研究对象，分别从企业自我中心网成长、集群整体网络连通机制、整体网络形成机制三个方面把握网络形成机制，揭示产业集群整体网络形成的择优连接机制，但这种择优选择并非指企业选择其他软件企业，而是指企业选择成熟的、同业者多的行业。卫健炯和胡海波（2015）从多学科角度综述了在线社会网络的演化和形成机制，并揭示了各种机制背后的原因及对网络演化的影响。

目前，现有网络科学理论总结出普遍网络的形成机制有：趋同机制、择优连接机制、适应度机制、近邻机制和关系机制等。

（1）趋同机制。趋同机制反映同质相吸原则，即属性相似的节点之间更容易产生关联。趋同机制对于社会网络的形成具有重要性。研究表明人们倾向于跟与自己相似的人建立好友关系（McPherson et al.，2001），诸如个人信仰、态度和价值观等方面的相似性能促进友谊形成。趋同性导致个人的好友圈在人口统计学特征、行为特征和心理特质方面具有同质性，可用于解释种族分离、社区发展和社会流动性等社会心理学现象。

对于贸易网络的形成而言，趋同机制主要体现为两国在经济社会、政治制度、语言文化等方面相似性或邻近性有助于降低企业的出口沉没成本，进而促进贸易关系的建立。杨文龙等（2018）基于"一带一路"沿线国家贸易网络的研究实证了两国经济邻近、文化邻近、语言邻近、科研邻近、制度邻近等多维邻近性对贸易网络形成的影响。黎明等（2018）发现直接和间接的多维邻近性能够促进中国企业的出口市场地理扩张。

（2）择优连接机制。择优连接机制指在网络中新的连边会优先地连向度值大的节点，其本质是一种正反馈机制，往往形成"马太效应"现象（Diprete and Eirich，2006）。除节点层面外，在社团或群组层面也存在择优连接现象（Hébert-Dufresne et al.，2012）。在社会网络中，择优连接机制的一种解释是拥有社会资本的个体能利用这些资本获得更多社会资本。此外，一些其他的结构化机制也能导致择优连接现象，比如李等（Li et al.，2010）发现节点间局部的相互作用可导致全局性的择优连接，如与网络距离最近的节点建立连接。王开和靳玉英（2013）关于 FTA 网络的研究也揭示了大国的"枢纽效应"，即度数中心度高（缔结大量 FTA 关系）的国家容易与更多国家签订 FTA，从而形成节点的自我强化效应。贸易网络中的择优连接机制主要体现为贸易网络结构的"马太效应"（Bhattacharya et al.，2008）、"富人俱乐部"（Garlaschelli and Loffredo，2005；Squartini et al.，2011；Fagiolo et al.，2010）以及"大国效应"（杨文龙等，2018）现象，即强度高的节点之间存在更加密集的贸易联系。

（3）适应度机制。适应度机制指节点之间的连接概率是节点的特殊属性—某个适应度（或隐性变量）的函数。适应度机制主要体现在贸易网络中。国际贸易适应度模型是一种揭示国家内在属性与贸易关系建立之间的机制模型。塞拉诺和博古尼亚（Serrano and Boguñá，2003）研究发现，GDP 与国际贸易网络节点度有很强的相关关系。加拉斯凯利和洛弗雷多（Garlaschelli and Loffredo，2004；2005）首次运用国际贸易网络检验了适应度机制，发现以 GDP 为适应度（或隐性变量）的幂律分布很好地匹配并预测了国际贸易网络的拓扑结构。霍普和罗杰斯（Hoppe and Rodgers，2015）提出了基于 GDP 标准化排名的适应度模型，发现国际贸易行为的波动主要发生在适应度和连接方式差异较大的国家之间。

（4）近邻机制。近邻机制指节点之间由于地理或空间邻近而产生连接。社会相互作用空间效应分析表明，网络节点之间的社会相互作用随着地理距离递增而衰减，地理距离在网络的初始形成阶段是一个重要的因素（Stutz，1973）。近邻机制在多种类型的网络中均有体现。社会网络的形成很大程度基于个体所处的共同社会文化环境，生活中的地理邻近促进了人与人之间的面对面交流，有利于建立信任和友谊，从而促进社会网络的形成。卫健炯和胡海波（2015）发现，对于在线社会网络而言，近邻机制在好友关系的形成中仍担当重要角色，个人好友圈在地理位置上具有相似性。陆煊和黄俐（2014）基于基金投资网络的研究也发现"近邻效应"的内在作用机制。其中，近邻群体性压力、近邻规模是近邻效应形成的重要因素。

贸易网络中近邻机制主要体现在贸易两国由于地理邻近所减少的交易成本。此外，地理邻近也是社会经济、市场制度、语言文化等方面"邻近性"的基础，有助于克服非正式贸易壁垒的影响，促进贸易关系的缔结。杨文龙等（2018）基于"一带一路"沿线国家贸易网络的研究也表明空间邻近有助于促进贸易关系的形成和贸易流量的增加。钦戈拉尼等（Cingolani et al.，2018）的研究也证实了地理邻近性和其他一体化因素在促进国际贸易方面的作用。

（5）关系机制。关系机制指网络中的某节点表现出通过中介节点的联系间接地与其他节点建立关联的倾向性，在社会网络中即表现为人们容易与自己好友的好友建立联系。一般而言，关系机制会使得网络具有较高的聚类系数和显著的社团结构。社会网络形成的关系机制已得到较多研究的证实（Zhao et al.，2011；Aiello et al.，2010；Aiello et al.，2012；卫健炯、胡海波，2015）。此外，王开和靳玉英（2013）研究 FTA 网络也发现，介数中心度（代表未签订 FTA 的国家通过某国进行联系的可能性）高的国家在网络中具有重要控制力，能够通过"磁铁效应"吸引其他国家与之签订 FTA，同样反映了关系机制的作用。贸易网络中关系机制主要表现为企业或国家之间的出口模仿和学习行为。由于国际市场上的信息不完整且不对称，因此在选择贸易伙伴时，国家通常会从附近其他国家的贸易行为中获取信息（Zhou et al.，2016），参考出口市场选择并作出相应决策，从而缔结与第三国之间的贸易关系。

在不同类型的网络中，上述五种网络形成机制的具体表现有所差异。表 1-4 以贸易网络为例，展示了五种网络形成机制的具体表现及其所对应的贸易机制。

表 1-4　　　　　　　五种网络形成机制在贸易网络中的表现及其对应的贸易机制

网络形成机制	在贸易网络中的表现	贸易机制
趋同机制	社会、经济、制度、文化等方面条件相似的国家之间容易建立贸易关系	出口经验能够应用到相似的出口目的地,从而降低出口沉没成本
择优连接机制	贸易网络中的枢纽或核心大国容易与其他国家建立贸易关系	马太效应、富人俱乐部
适应度机制	GDP 较高的国家容易与其他国家建立贸易关系	GDP 高的国家市场需求较大,潜在贸易收益高
近邻机制	地理邻近性促进贸易关系的形成	地理邻近可以降低交通运费等贸易成本
关系机制	信息瀑布效应:通过学习或模仿其他国家的出口行为,从而与第三国缔结相似的贸易关系	出口模仿行为有助于克服信息不对称,降低出口成本和风险

（二）隐喻网络研究

在隐喻网络范畴中,网络是一个抽象概念,而不是具象地界定节点和连接的具体内容。经济地理学隐喻网络体现了关系范式的视角和思维,主要包括全球生产网络、全球—地方互动视角等。其中,"全球—地方"互动视角是囊括了全球生产网络更宏观的理论。

1. 全球生产网络

20 世纪 80 年代以来,经济全球化的快速推进引发了全球范围内的生产组织变革。产品内分工、价值链切片、服务外包、柔性生产等方式迅猛发展,位于世界各地的不同国家和企业参与到跨国公司主导的生产或供应活动中,从而形成了复杂的全球生产网络。这种由跨国公司主导的全球生产网络成为重要的生产组织模式,对传统的国际劳动分工和国际贸易理论提出了新的挑战。全球经济空间重组呈现出跨国生产网络的加速形成、区域经济集团的激增两个显著特点（Dicken,2003）。以彼得·迪肯（Peter Dicken）、杰弗里·亨德森（Jeffrey Henderson）、尼尔·科（Neil Coe）、杨伟聪（Henry Yeung）为代表的曼彻斯特学派在全球商品链、全球价值链基础上提出了全球生产网络（GPNs）,为揭示经济全球化所形成的地理—经济复杂性提供了重要视角。

2008 年金融危机之后,全球化进程由加速发展期转入深度调整期,新一轮产业转移持续推进,世界面临的风险和不确定性增加。一方面,全球贸易保护主义抬头,发达国家通过再工业化战略吸引高端制造业回流;另一方面,英国脱欧等地缘政治影响以及生态环境与治理等因素也对企业的区位选择和空间布局产生了影响。在这一系列现实背景下,杨伟聪等重新审视全球生产网络（GPN）—全球价值链（GVC）相关争论,在原 GPN 分析框架基础上重构了更具普遍性的解释全球生产网络动态演化的理论（GPN 2.0）。

GPN 1.0 理论基础包括:（1）战略管理的价值链研究;（2）网络、嵌入与关系转向研究;(3)行动者—网络理论;(4)GCCs 和 GVCs 等研究成果。在此基础上,GPN 1.0 以价值、权力和嵌入为核心要素,从企业、部门、网络和制度 4 个分析维度,研究价值如何被创造、提高和捕获,权力如何被创造和维持,行为主体和结构如何嵌入地方。主要关注以下视角:(1)涉及特定产品研发、设计、生产和营销的企业网络,以及这些网络是如何在全球和区域范围内组织;(2)公司权力在这些网络中的分配及其变化;(3)劳动力的重要性以及价值创造和转移的过程;(4)政府、工会、雇主协会和非政府组织等机构对生产链中公司战略的影响;(5)对于生产链中的企业及社会环境而言,上述因素对技术升级、价值增加和捕获、经济繁荣等方面的影响(Henderson et al.,2002)。

GPN 2.0 对全球生产网络进行了重新界定,认为全球生产网络是通过全球领先企业的组织和协调,由经济和非经济行动者共同参与,在全球不同空间尺度上提供生产和服务的组织安排(Yeung and Coe,2015)。GPN 2.0 包括 4 个主要分析变量:(1)成本—能力比率。企业是全球生产网络中的关键行动者和战略组织者(Barney,2001),不同类型的企业可以通过降低成本或提升企业能力的方式来优化成本—能力比率。(2)市场动因。从生产者角度来看,领先企业及其供应商能够通过重新配置生产网络、制定市场规则来维持市场主导地位;从消费者角度来看,消费需求多样性、经济因素(如价格、质量等)、非经济因素(如环境保护、社会责任等)等都会促使生产者优化全球生产网络。(3)金融约束。2008 年全球金融危机后,金融约束已经成为行动者和全球生产网络动态演化的研究前沿(Winkler,2013),更加关注企业融资、财务管理对企业优化成本—能力比率、战略和决策的影响。(4)风险环境。国际外包迅速发展、贸易国际化水平提高、生产技术快速变革、生产片段化使领先企业及其供应商面临更大的不确定性和不可预测的风险,如生产风险、监管风险、经济风险、劳动力风险和环境风险等,不同性质或形式的风险对全球生产网络中的行动者会产生不同的影响(Yeung and Coe,2015)。

在此基础上,GPN 2.0 从网络行动者视角分析了企业内协调、企业间控制、企业间合作、非企业博弈 4 种全球生产网络行动者策略(Yeung and Coe,2015;Coe and Yeung,2015):(1)企业内协调。领先企业及其合作伙伴、供应商通过整合和内化价值活动以挖掘和提升企业效率,如一体化管理产品和物流,将研发和设计整合到供应链中等。(2)企业间控制。领先企业将重要的价值活动,如关键组件或服务、完整模块或服务包外包给供应商,并严格控制其生产流程、产品和服务质量。(3)企业间合作。领先企业及其合作伙伴采取科学分工和合作安排,以应对快速多变的市场环境。这种合作的前提是二者在技术、知识和资产等方面存在互补性,且存在透明的行业标准及双方共同认可的规则,以提升相互之间的信任。(4)非企业间博弈。企业与非企业行动者如国家、非政府组织、国际组织、消费者等通过谈判、调节来实现各自目标的过程。此外,关于全球生产网络对区域发展的影响,GPN 2.0 在 GPN 1.0 提出的战略耦合(coupling)基础上,补充了再耦合(recoupling)和去耦合(decoupling)的概念,并总结了区域发展的 8 种主要类型、耦合模式和区域发展路径（Mackinnon，2012）。

从网络视角看，全球生产网络的抽象节点以企业行动者为主，网络联系包含不同企业主体之间在生产、供应、贸易等方面的多种相互作用关系。目前，关于全球生产网络的实证研究成果较为丰富。戈利耶等（Gaulier et al.，2004）分析了中国融入亚洲生产网络的快速发展及其影响，发现了中国通过加工贸易形成"三角贸易"特点，即在中间产品贸易与亚洲存在逆差，在最终产品贸易与"西方"国家存在顺差。中国迅速融入全球生产网络对东南亚国家的出口有一定影响，体现在与网络相关的零部件贸易加强了东南亚与中国的贸易联系，为零部件生产／组装的扩张开辟了新的机遇，扭转了全球垂直一体化产业的格局（Athukorala，2008）。王（Wang，2009）等基于国际投入—产出模型测度了价值链垂直专业化，在产业层面估计每个国家在东亚生产网络中增加值的净贡献。研究发现，20 世纪90 年代东亚发展中经济体更加深入地融入了东亚生产网络，且不同产业的生产网络具有异质性。其中，电子行业拥有最完整的全球生产网络，而服装业更加集中在亚洲发展中国家，汽车工业仍以日韩为主。阿图科罗拉和拉文希尔（Athukorala and Ravenhill，2016）探讨了中国在以东亚为中心的全球生产网络中不断演变的角色及其对中国经济区域和全球一体化的影响，发现其中的"去耦合"过程，即中国的崛起有助于重塑东亚地区作为一个独立的经济实体的地位，并有可能保持独立于发达经济体的增长活力。

2. "全球—地方" 互动视角

20 世纪90 年代，梅西（Massey，1994）提出了地方的全球感概念，认为地方的全球感在于全球化进程中社会关系在更大范围内以差异化的方式联结。迪肯（Dicken，1994）指出在后福特主义经济发展趋势下需要关注以跨国公司和国家之间关系为内涵的"全球—地方"联系，具体表现为企业内部与企业之间、国家内部与国家之间、企业与国家之间的竞争与博弈。近年来，以关系经济地理为基础的区域发展研究逐渐从单方面强调外部联系对区域发展的关键作用（Dicken et al.，2001）转向关注本地与非本地联系对区域发展路径的综合作用（Trippl et al.，2009；Boschma，2017）。"全球—地方"互动逐渐成为关系经济地理学的重要研究视角，研究议题包括"复杂且流动"的"全球—地方"互动如何建立、如何塑造区域的独特性、如何为区域发展创造机遇或形成挑战（Enright，2000；Bathelt et al.，2004；Coe et al.，2004；Boschma，2005）。

从抽象网络视角理解"全球—地方"互动，首先需要明确的是"全球"和"地方"并不代表固定尺度（毛熙彦、贺灿飞，2019），而是包含着一连串复杂相互作用的两个终端（Dicken，1994）。从网络要素看，首先，"全球—地方"互动网络的节点即为"全球—地方"的行为主体，表现为个体层次的企业家以及组织层次的企业（包括本地企业和外来企业）、大学、研究机构等主体。其次，"全球—地方"互动网络的"联系"指互动内容，主要包括主体之间在知识、资本、劳动力、制度等要素方面的相互作用，如地方产业集群通过全球渠道或本地蜂鸣（Bathelt，2004）进行知识整合和创造、通过外资利用和对外贸易促进区域发展新行业（Amighini and Sanfilippo，2014；Zhu et al.，2017）、通过非本地劳动力的引入带来经验技能的溢出效应等（Neffke and Henning，2013）。实质上，"全球—地方"互动是通过社会关系将垂直的尺度立体网络化（贺灿飞、毛熙彦，2015），体现了本地行动者与非本地行动者交互、本地要素与非本地要素的重组（Grillitsch et al.，2018），是在特定社会经济背景和制度结构下的多主体、跨尺度、多要素之间相互作用的复杂网络。

"全球—地方"互动的发生具有一定前提条件（毛熙彦、贺灿飞，2019）。首先，互动的本地要素和非本地要素需要存在一定的关联性。这种关联性涵盖了资源禀赋、知识技术（Rigby，2015）、产品空间（Hidalgo et al.，2007；He et al.，2018）、生产组织联系（Essletzbichler，2015）、行业结构（Bahar et al.，2014）等多个层面的相似性或互补性，如本地和非本地要素在地理距离、认知距离、经济距离、组织距离、制度距离、社会文化距离等多维邻近性（Balland，2012；Caragliu and Nijkamp，2016）。需要注意的是，关联性并非越大越好，过于相近或过分相异均不利于"全球—地方"互动的实现（Boschma and Iammarino，2009）。其次，"全球—地方"互动的发生需要地方具备一定的本地能力，即一系列有助于提升生产活动关联性的发展基础（Boschma，2017），主要体现为：本地资源要素投入与外部资源相契合、作为行为主体的本地企业或机构能够与外来企业发生联系，并有效利用外部资源、本地制度安排有利于外部资源的嵌入（毛熙彦和贺灿飞，2019）。

关于"全球—地方"互动的效应和影响，已有研究发现"全球—地方"互动是区域创造新路径的主导力量（Zhu et al.，2017），能够避免区域发展因路径依赖产生锁定效应（Isaksen，2015）。同时，"全球—地方"互动的效应影响存在区域差异，现有研究发现，本地能力强的优势地区以及基础薄弱的后进地区是"全球—地方"互动作用较大的两类区域（Morrison et al.，2013）。

三、贸易网络研究

贸易自由化与经济全球化相伴而行。工业技术革命推动了全球范围内生产及组织方式变革。在国际分工模式基础上，跨国公司的海外扩张和技术扩散引发了世界各地产业结构调整，各国之间产品和生产要素交流的必要性日益凸显，世界贸易规模日趋扩大。在国际范围内，商品、服务、资本、技术、信息和知识等要素的流动性增强、空间配置效率进一步优化。在经济上，各国之间相互联系与依赖、相互竞争与制约、相互渗透与扩张。随着经济全球化的纵深推进和全球生产网络的形成，全球贸易规模不断扩大，各国之间商品和服务贸易联系日益紧密，在空间上形成了一个相互影响和作用的复杂网络——贸易网络（蒋小荣等，2018）。近年来，随着网络科学的兴起，贸易网络逐渐成为经济学、地理学、管理学等社会学科领域的研究热点。目前，贸易网络研究的主要议题包括世界贸易网络、区域贸易网络、特定商品和特定国家的贸易网络以及特殊的多维贸易网络等。

（一）世界贸易网络

国际贸易空间关系和结构是经济地理学的重要研究内容之一。"流"空间理论强调从单边或双边贸易视角切入，较难全面把握全球的贸易关系（杨文龙等，2018）。近十年兴起的复杂网络研究范式以统计物理学和图论为基础，为探讨国际贸易问题提供了新的全球视角，国际贸易的网络化范式日益涌现和成熟。复杂网络理论是研究网络的形成机制、几何性质以及演化规律的综合理论，能够揭示贸易网络的相关拓扑特性和结构演化过程，并反映各经济体在贸易网络中所处的地位。近年来，国内外越来越多的学者采用复杂网络分析或社会网络方法研究世界贸易问题。基于复杂网络理论视角，世界贸易网络（world trade web，WTW）或国际贸易网络（international trade network，ITN）被定义为世界贸易关系构成的网络；其中，国家被定义为网络中的节点，任意两个国家间的贸易联系被定义为连接，进出口贸易则表现为有向连接（Serrano and Boguñá，2003；Garlaschelli and Loffredo，2005；Kali and Reyes，2007）。已有学者采用复杂网络理论中的标准化统计指标来描述网络结构的对称性、聚类性、密度、集中性等特征（De Benedictis and Tajoli，2011）。

世界贸易网络相关理论研究随着现实中国际贸易的发展而演变。在经济全球化推动下，国际贸易联系日趋紧密，贸易网络的结构变动越来越复杂，世界贸易网络的相关理论研究经历了"由简单到复杂"的演变过程。21世纪前，国际贸易总体规模较小，贸易网络较为简单，早期研究主要以刻画贸易网络形态特征为主，利用网络平均最短距离、集聚度、节点度分布等指标测度国家间贸易网络的拓扑特征（Newman，2003；Serrano and Boguñá，2003）；此外，也关注世界贸易网络中的"核心—边缘"结构议题（Snyder and Kick，1979）和贸易不平衡现象。在20世纪90年代，主要通过网络统计特征分析无权贸易网络结构等价性、国家在网络中的位置以及贸易流动的不对称性（杨文龙等，2018）。步入21世纪以来，随着自由贸易协定的推进，国家间贸易自由化程度不断提高，贸易频率与规模增大，全球贸易网络开始向复杂网络演化（Guglielmo et al.，2009）。相应地，研究热点转向贸易网络的结构特性以及组织方式（蒋小荣等，2018），集中于探讨贸易流量与复杂网络的关系内涵，对世界贸易加权网络的拓扑结构以及内在属性有了更深层次的认识（杨文龙等，2018）。研究也进一步提出了新的贸易网络研究方法，如利用模块方法鉴别贸易集团及其核心（Zhu et al.，2014）、利用网络强度熵考证贸易网络"异质性"（Martin，2009）等，为复杂网络研究提供了重要的科学手段。

目前，世界贸易网络的相关研究议题包括：（1）世界贸易网络的拓扑特性、结构演变、主要贸易路线、核心区域和稳定性等内容（Smith and White，1992；Kali and Reyes，2007；Serrano et al.，2007；Bhattacharya et al.，2008；Fagiolo et al.，2010；De Benedictis and Tajoli，2011；赵国钦、万方，2016）；（2）世界贸易网络中不同国家的角色与地位（Fan et al.，2014；赵国钦、万方，2016；孙天阳等，2014；许和连等，2015）；③世界贸易网络与其他网络对比研究（Zhang et al.，2016）等。

1. 世界贸易网络的"核心—边缘"结构

施奈德和基克（Snyder and Kick，1979）最早研究世界贸易网络的"核心—边缘"结构，基于1965年贸易数据构建了无权网络，把118个国家分成核心、半核心与边缘国家，并指出核心国家几乎都是经济合作与发展组织（OECD）成员国。史密斯和怀特（Smith and White，1992）则比较了1965年、1970年与1980年的核心—边缘结构，指出核心国家随时间推移越来越多，并且认为国家在贸易网络中的位置决定其在世界生产分工体系中的功能，同时影响了其在全球价值链中的地位。金和申（Kim and Shin，2002）发现世界贸易网络变得越来越密集，与1959年相比，1996年每个被研究的国家与更多国家建立了贸易联系，其中以中等阶层国家的贸易发展为主；同时，随着时间的推移，世界贸易网络的结构变得分散（去中心化），区域内密度大于区域间密度，区域内联系强于区域间联系。欧盟、美国、中国和日本是世界贸易网络的核心区域（Fan et al.，2015），国际贸易网络的核心国家在十多年间几乎没有增加，十年间各国在贸易网络的节点核心性具有较为稳定和清晰的层次性，少数国家的国际贸易地位及格局有明显提升（罗仕龙等，2016）。少部分文献采用其他视角研究世界贸易网络的局部结构。周等（Zhou et al.，2016）利用2000~2010年贸易数据建立起首位贸易关系网络，即贸易额位居第一位的国家之间所形成的网络，发现该网络呈树状的层次结构，主要围绕着美国、中国和德国而组织。

也有学者基于长时间纵向数据探究世界贸易网络结构演化过程。段文奇等（2008）从50年时间序列考察世界贸易网络演化，发现网络结构的动态性和整体网络的异质性逐步下降。赵国钦和万方（2016）基于1995~2013年贸易数据，指出世界贸易网络虽日趋紧密但对称性极差，"轴—辐"模式日益明显。蒋小荣等（2018）基于1985~2015年联合国贸易商品数据，采用中心度、社团划分和结构熵等社会网络指标研究全球贸易网络的空间格局及演化特征，发现全球贸易网络的社团演化经历了四个阶段，即发达国家主导、亚洲崛起的萌芽、亚洲社团的分离和"三足鼎立"；中国从被支配的边缘地位逐步走向"舞台中央"；中、美、德三国在全球市场细分过程中形成一种"错位竞争"关系，而亚太、中东、非洲和拉美地区成为大国之间争夺贸易市场的博弈区域。随着时间推移，发展中国家的群体性崛起使得全球贸易网络结构呈现日益多元化的复杂格局。

2. 世界贸易网络的基本特性及其相关关系

目前，学者们对于世界贸易网络的基本特征形成了一定认识。威尔希特（Wilhite，2001）发现全球范围内存在双向贸易选择关系，并最终演化形成具有小世界特征的国际贸易网络。塞拉诺和博古尼亚（2003）基于复杂网络方法和2000年国家间贸易数据，发现国际贸易网络表现出典型的复杂网络特征，包括无标度分布、小世界属性、高集聚系数和不同节点间的度相关性等典型的复杂网络特征。在世界贸易网络具备小世界性和高集聚性的观点上，众多学者的研究结果较为一致，但对贸易网络的无标度特征持有不同结论和观点。李等（2003）以及塞拉诺和博古尼亚（2003）发现国际贸易网络的顶点度分布服从幂律分布，具有典型的无标度性；而加拉斯凯利和洛弗雷多（2005）在更完整的国际贸易数据基础上构建网络拓扑结构，发现节点度分布只在局部区域内服从幂律分布，国际贸易网络并不具备典型的无标度特征。贸易网络是否加权的建构方式也会影响到相关结论，如法吉奥洛等（Fagiolo，2008）对1981~2000年的世界贸易网络研究表明，加权网络分析结果与无权网络分析结果存在差异，加权世界贸易网络的点强度呈右偏分布，而无权网络中的点度数相反，呈左偏分布。

除此以外，有些学者对世界贸易网络特性之间的相关关系进行了研究，并总结了贸易网络结构特点。塞拉诺和博古尼亚（Serrano and Boguñá，2003）、加拉斯凯利和洛弗雷多（2004）和陈银飞（2011）指出，世界贸易网络是一个负向匹配网络，即点度数高的国家倾向于与点度数低的国家建立贸易关系，并且呈现出日益明显的局部异质性；同时，聚集系数与点度数之间也是负向关系。巴塔查里亚等（Bhattacharya et al.，2008）对1948~2000年的国际贸易网络进行研究，发现控制世界一半贸易规模的国家数量在逐渐减少，贸易网络呈现出"马太效应"。加拉斯凯利和洛弗雷多（2005）和夸尔蒂尼等（Squartini et al.，2011）基于加权有向网络方法的研究发现，世界贸易网络节点度与近邻平均度、节点度与聚类系数之间存在负相关关系，贸易大国间贸易强度大、集聚性强，存在一定的贸易"富人俱乐部"现象。法吉奥洛等（Fagiolo，2010）基于加权网络方法研究了1981~2000年159个国家的世界贸易网络的统计特征及其动态变化，大多数国家贸易伙伴多，但强度大的国家却较少；同时也验证了贸易网络的异向匹配性及"富人俱乐部"现象，即贸易关系紧密的国家倾向于与贸易关系松散的国家发生贸易关系，富裕的国家贸易强度大且聚集系数高。

3. 金融危机与世界贸易网络稳定性

在2008年全球金融危机之后，一些研究分析了世界贸易网络在消除贸易联系等冲击下的稳定性（Lee et al., 2011; Foti et al., 2013; Fan et al., 2014; Konstantakis et al., 2015），发现日益增长的全球化提高了全球贸易网络在较小冲击下的稳定性，但在高于临界值的更严重冲击下则降低了稳定性。李等（2003）发现，选择删除世界贸易网络的重要部分或节点可能导致网络的崩溃。此外，部分研究探讨了金融危机前后世界贸易网络结构格局的演变。如陈银飞（2011）发现，受次贷危机的影响，世界贸易关系的萎缩先于世界贸易量的萎缩；"核心—边缘"分析显示，美国核心度一直下降，日、德、英、法与金砖四国的核心度均上升，次贷危机后，美国下降更显著，金砖四国则上升更显著，接近危机前的两倍。而塞佩达 – 罗培斯等（Cepeda-López et al., 2019）发现，世界贸易网络的主要连接特征没有受到金融危机的影响，但这场危机标志着世界贸易网络从一个由美德主导的"两集团"结构向一个由美德中三国领导的"三集团"结构转折。斯塔尼尼等（Starnini et al., 2019）采用网络科学方法来量化全球"贸易—投资"多元网络上的冲击传播，并提出了一个将经济危机传播动力学与内部传染机制结合起来的模型，描述了经济危机如何在相关国家之间以及特定国家内部进行传播。研究发现，在地方层面，贸易和金融互动之间的相互作用影响到各国应对冲击的脆弱性；而在大尺度层面，一个国家的相对冲击强度与其对整个经济系统的全球影响之间存在简单的线性关系，尽管内部传染的强度因国家而异且国家间的传播动力学是非线性的。

（二）区域贸易网络

区域贸易网络也是贸易网络研究的一个重要议题。贸易全球化程度随着生产全球专业化分工的加深而提高（De Benedictis and Tajoli, 2011; Rojíček, 2012），各国之间的贸易日趋频繁，地区内部相邻国家间的贸易联系也越来越多。随着欧盟、东盟、南共体等自由贸易区先后建立，贸易区域化现象逐渐凸显（Andresen, 2009; Iapadre and Tajoli, 2014）。贸易全球化和区域化不是两个完全矛盾互斥的过程，而是同时存在的、既相互制约又相辅相成（Kim and Shin, 2002; 刘宝全, 2007; 陈银飞, 2011）。

1. "一带一路"贸易网络

中国已成为世界第二大经济体和第一大贸易国家。近年来，以中国为核心和主体的贸易网络研究逐步增多，其中"一带一路"倡议合作区成为近期贸易网络研究的热点区域。

（1）区域贸易网络与全球贸易网络的关系。宋周莺等（2017）基于社区发现法、拓扑网络可视化等方法，研究"一带一路"贸易网络在全球的地位及其与全球贸易网络的拓扑关系，发现在全球贸易网络中，大部分沿线国家仍被中国、俄罗斯、印度、阿联酋等核心节点所吸引，且与"一带一路"沿线的贸易联系较强；中东欧国家主要被西欧国家核心节点所吸引，是"一带一路"低渗透国家；部分东南亚国家与"一带一路"贸易联系还需加强。

（2）"一带一路"贸易网络拓扑特性。一些学者从整体网络视角分析"一带一路"沿线国家的基本特征以及贸易网络组团的结构变化，发现"一带一路"沿线国家贸易网络的密度增强（邹嘉龄、刘卫东，2016），且具有小世界和无标度性质，遵循增长性和择优选择（杨文龙等，2018）。中国在"一带一路"沿线国家贸易网络中的核心度逐渐提高，对沿线国家产业升级和经济发展具有引领和带动作用（邹嘉龄、刘卫东，2016；杨文龙等，2018）。贸易网络为"混合型"结构，呈现枢纽辐射式为主、全连通式并存的联系模式，不同中心性空间分布差异显著（杨文龙等，2018）。此外，部分学者研究了"一带一路"特定产品的贸易网络特征。如王璐等（2019）运用社会网络分析方法探究丝绸之路经济带沿线国家农产品贸易网络的结构特征，对贸易增长态势和空间分异、贸易网络的密度变动、中心度空间分异、凝聚子群和"核心＋半边缘＋边缘"的空间圈层结构特征等内容进行了描述。马远和徐俐俐（2017）则针对天然气产业部门研究"一带一路"贸易网络结构特征，发现其网络密度及互惠性较低、贸易分布格局符合"马太效应"、加权网络结构的异质化程度降低等特点；同时，对"一带一路"天然气贸易网络的微观模式及其影响因素进行了分析。

（3）"一带一路"贸易网络形成机制或影响因素。杨文龙等（2018）发现拓展引力模型对"一带一路"沿线国家贸易网络的形成具有较强的解释力，贸易关系存在大国效应和地理邻近效应，科研邻近和语言邻近是重要的推动力，制度邻近的影响呈显著负相关，文化邻近的正向作用相对较弱。许和连等（2015）考察了"一带一路"高端制造业贸易的影响因素，发现FTA网络的影响最强，其次是接壤网络和临近网络。在制度因素中，贸易、金融和货币自由度以及政府效能对高端制造业贸易具有明显正向促进作用。

（4）中国在"一带一路"贸易网络中的地位、局部网络与整体网络的关系。徐正中（2012）对19个国家组成的局部网络进行了研究，发现以中国为代表的"金砖五国"的网络地位呈逐步上升的趋势。潘峰华等（2015）从依赖度、结构同型分析等社会网络指标来研究中国及周边国家贸易网络与地缘环境分析，指出该网络存在明显的"核心—边缘"结构，中国的地缘经济影响力逐渐上升。邹嘉龄和刘卫东（2016）也发现2013年中国已成为此网络中最核心的国家。郑军等（2017）从多维度分析了2000~2014年海上丝绸之路62国贸易网络结构特征及演化规律，同样得出中国的网络地位随着时间推移逐渐上升的结论。

2. 其他区域性贸易网络

除"一带一路"倡议合作区外，国内外部分学者也对金砖国家、东亚及东盟、欧洲和非洲等地区的贸易网络进行了研究。

金砖国家贸易网络的规模较为稳定，但贸易联系强度逐渐具备一定的集中性；国家间的贸易联系逐渐加强，但只有少数贸易大国的强度很大，大多数国家的贸易强度较小，体现出小世界特征；同时，贸易网络的集聚性、集团性特征在逐渐减弱，以贸易大国为核心的贸易集团的影响力有所下降。此外，金砖国家贸易网络在一定程度上遵循幂律分布，呈现出一定的层次性结构，且网络中心性、网络联系强度以及聚类系数对金砖国家的贸易分工地位有显著的正向影响（陈少炜、Patrick Qiang，2018）。

在东亚地区制造业贸易网络中，中国在劳动密集型和资本技术密集型产品贸易的参与程度方面均高于周边国家。东南亚国家也逐渐参与生产网络分工，不断加强同周边国家的贸易经济联系。从东亚贸易产品的生产过程看，早期中日韩"三角贸易"模式突出，但随着周边国家贸易参与度的提升而削弱。东亚边缘国家对大国的依赖性比较强，尤其在资本技术密集型产业领域，同时小范围区域内的联系也在不断加强。从网络格局演变看，东亚生产网络经历了以日韩为中心，到以中国为中心，再到多个地区发展的过程（梁经伟等，2019）。

中东欧国家参与区域和全球生产网络的程度同样可以反映在其贸易和生产网络演变上。马丁内斯－扎尔佐斯等（Martínez-Zarzos et al.，2011）基于 1999~2009 年 SITC 五位数贸易数据的研究发现，中东欧国家提高了其零部件和最终产品的集约和扩展贸易利润率，且中欧经济共同体的确更加融入了欧盟区域生产网络，增加了欧洲大陆两个地区之间的贸易量和零部件及最终产品的贸易品种。基于扩展引力模型分析，地理邻近性以及运输成本的降低促进了区域一体化生产贸易网络的形成。

非洲等经济落后地区的贸易网络具有一定特殊性。沃尔特（Walther，2015）研究了西非地区贸易商人构成的社会网络，发现网络节点数（行动者）较少，贸易联系稀疏，网络密度低且结构高度分散。由于交易成本极高，大多数非洲商人倾向于与现有或已有的商业伙伴进行重复交易，表明过去的合作在塑造当前贸易网络结构方面发挥重要作用。此外，西非地区贸易网络与其贸易类型也密切相关，相关研究总结出了西非地区的四种贸易网络：以生态互补为基础的短距离网状贸易网络、特定种族人群围绕区域中心或首都城市所形成的星状贸易网络、前殖民地撒哈拉以南的线状贸易网络、非洲和波斯湾之间的远程双极贸易网络。

（三）特定商品贸易网络

世界贸易网络与不同商品贸易网络之间并非简单的整体与部分的关系。塞佩达－罗培斯等（Cepeda-López et al.，2019）发现，在 1995~2014 年世界贸易网络变得日益紧密、互惠和集中，但上述特征并非简单地等同于其组成部分（贸易部门）特征的线性聚合。与总体贸易网络相比，特定商品的网络结构具有异质性，其集聚数量、集聚程度等特征与总体贸易网络具有明显区别（Barigozzi et al.，2011），总体贸易网络通过特定商品的弱连接实现其完整连通性（Barigozzi et al.，2010）。

学者们还针对不同商品的贸易网络进行研究。贝尼迪克蒂斯和塔乔利（De Benedictis and Tajoli，2010）较为系统地对比了不同行业的贸易网络结构，通过网络分析工具和网络密度、度分布和中心性等指标的分析，发现不同商品的贸易网络表现出显著差异，且贸易网络的密度与商品的复杂度呈正相关。同质化产品和复杂度低的商品所形成的贸易网络具有较低的密度，而高复杂性商品的贸易网络更加密集且复杂。在某一行业中，随着商品复杂程度的增加，进出口货物的国家数量增加，网络中的连接数量也逐渐增多。但是，随着复杂性进一步增加，产品分化对生产专业化水平提出了更高要求，贸易该产品的国家数量也随之下降。

目前，关于特定商品贸易网络研究主要集中于农产品、能源矿产和以服装、汽车、电子信息产品等为代表的制造业。

1. 农产品贸易网络

王祥等（2018）基于1986~2013年间的贸易数据，选择谷物、油料、纤维、糖料、果蔬、肉类6大类57种农产品构建起全球农产品贸易网络，定量分析了复杂网络的特征和演化趋势，发现在1986~2013年参与全球农产品贸易网络的国家数量逐渐增加，全球农产品贸易总量增加了2.26倍，其中以油料作物增加幅度最大；全球农产品贸易节点度分布满足幂律分布，枢纽型节点不断成长；全球农产品贸易网络密度上升、平均路径长度下降、多元化趋势加强、网络结构复杂化等特征日益突出。埃西-劳沃斯等（Ercsey-Ravasz et al.，2012）发现国际农产品贸易网络已经发展成为一个高度异质、复杂的供应链网络，7个国家（美国、德国、法国、荷兰、英国、意大利和中国）构成了农产品贸易网络的核心，具有较高的中介中心度，每个国家与世界上77%以上的国家及地区进行贸易。基于图论分析和动态食物流量模型发现，网络节点中介度和脆弱性与已记录的大规模食物中毒暴发事件具有高度相关性，表明国际农产品贸易网络是检测潜在污染物分布的工具。除了全球性的贸易网络研究外，区域性的农产品贸易网络研究也得到了关注。如王璐等（2019）研究了丝绸之路经济带沿线国家的农产品贸易格局，发现贸易网络的密度较高，农产品贸易关系密切，网络密度呈现先降后升的波动特征。

还有学者对某一种特定农产品进行研究。卢昱嘉等（2019）研究了进口贸易依存度较高的大豆及其加工品，发现在2002~2017年全球大豆、豆油、豆粕贸易规模逐渐扩大，贸易密集性和聚集程度不断增强，出口较进口更为集中，核心国在网络中占有重要地位并一定程度掌控贸易流向；随着大豆国际贸易发展，更多国家参与到大豆贸易中来，大豆贸易网络结构趋于均衡。科纳尔等（Konar et al.，2011）系统分析了1986~2007年全球虚拟水贸易网络，发现全球虚拟水贸易网络间各节点的连接数目增加了两倍，且虚拟水交易量与各国贸易联系数量之间存在幂律关系，联系数量较多的国家优先与联系数量较少的国家建立贸易关系，并且表现出低水平的集群。达林等（Dalin et al.，2012）进一步研究了虚拟水的区域贸易网络，发现亚洲的虚拟水进口量增加了170%以上，主要合作伙伴由北美转为南美，而北美则转向区域内贸易。费尔等（Fair et al.，2017）以全球小麦贸易网络为例，使用模型来预测不同长度和严重程度的冲击对小麦贸易网络指标的影响。

2. 能源矿产贸易网络

世界能源和矿产资源的地理分布极不均衡，各国供需存在时空差异性，导致能源矿产在区域化发展中难以实现市场均衡，从而在全球范围内产生较强的贸易流动需求。世界能源和矿产贸易网络普遍呈现出无标度、异质化和集团化等特征。

一些研究分析了能源贸易网络结构、集聚特征、网络中主要国家的重要性（王肇钧等，2010；程淑佳、王肇钧，2011；Gao et al.，2015；Yang et al.，2015）及能源行业的全球竞争模式（Zhang et al.，2014）。关于具体研究对象，天然气（Geng et al.，2014；覃静，2014；肖建忠等，2013；杨鑫等，2012）和石油（孙晓蕾等，2012；Ji et al.，2014；Zhong et al.，2014）得到较多关注，也有学者对煤炭（Wang et al.，2019）和太阳能（Yang et al.，2017）等能源产品的贸易网络进行了分析。在能源贸易中，天然气贸易参与国最多且随时间稳定增长，贸易网络以较快的速度逐渐稠密，并且呈现出较强的单向性（覃静，2014）。耿等（Geng et al.，2014）运用复杂网络理论分析了国际天然气贸易结构的演变特征，发现液化天然气（LNG）和管道天然气的进出口贸易网络均呈现无标度分布，且LNG贸易网络中国家之间的联系更为紧密；在2000~2011年，欧洲和亚洲市场的一体化程度相对较强，但目前全球尚未形成统一的天然气市场；国际天然气市场与区域间液化天然气贸易的一体化高度相关且相互影响。杨鑫等（2012）认为国际天然气贸易关系分布呈幂律性和群簇性，群簇间贸易结构的松散性可通过较大的贸易量来弥补，节点强度与节点度基本呈正相关关系，但全球贸易集团化现象的出现与其贸易量并无直接关系。肖建忠等（2013）发现国际天然气贸易网络的异质化程度较高，局部表现出聚集性，"核心—边缘"结构分布明显。类似地，石油贸易网络同样呈现出无标度和异质性特征。受地缘政治和外交关系因素影响，目前全球石油贸易网络可分为三个贸易集团，即"南美—西非—北美"贸易集团、"中东—亚太"贸易集团和"俄罗斯—北非—欧洲"贸易集团。此外，全球石油贸易网络还呈现出"稳健但脆弱"的特点，即使出口中断的发生是局部性的，贸易中断的影响也往往会扩散到整个网络（Ji et al.，2014）。钟等（Zhong et al.，2014）对比了未加权和加权的石油贸易网络，发现二者在社区数量、规模、国家分布、分区质量和社区稳定性等方面表现出许多不同特征。

在矿产贸易网络方面，铁矿石、稀土、多晶硅等商品得到较多关注。徐斌（2015）采用社会网络分析方法研究 2000~2012 年的国际铁矿石贸易网络，发现国际铁矿石贸易关系的紧密程度并不高，虽然贸易涉及近 100 个国家，但真正意义上控制铁矿石国际贸易网络的核心国家却很少，如巴西、澳大利亚、日本和德国等；国际铁矿石贸易网络的集聚系数变化幅度不大，但总体呈现下降的趋势。类似地，稀土贸易也呈现相似特征。侯等（Hou et al.，2018）研究发现，1996~2015 年国际稀土网络呈现出无标度特征，大多数国家只有大约三个贸易伙伴，而只有少数国家拥有大量的贸易伙伴；世界稀土贸易呈现一体化趋势，网络社区数量从 8 个到 4 个不等。葛等（Ge et al.，2016）基于 2011~2015 年贸易数据的研究表明，世界稀土贸易呈现集团化趋势，146 个贸易国仅形成三个贸易共同体，其中以美国、中国、日本、德国为首的集群系数最大，对世界稀土贸易的影响显著；同时，网络平均路径长度值为 2.294 步，表明贸易国之间非常接近，即建立任何两个国家之间的贸易关系平均只需经过 2.294 次中间交易。刘等（Liu et al.，2019）分析 2006~2016 年全球多晶硅贸易网络的结构以及网络中各国的特点，发现该网络非常集中，具有明显的"核心—外围"结构，美国、中国、德国和日本是多晶硅贸易网络中最强大的国家。

3. 制造业贸易网络

随着国际劳动分工的深入和经济全球化进程的推进，世界制造业生产组织呈现出高度碎片化特征，全球生产网络和价值链分工模式使得世界各地的生产和贸易活动联系越来越紧密，全球制造业贸易网络也呈现出稠密化发展趋势，网络整体的复杂性日益凸显。同时，随着国际产业转移进程的推进，全球制造业贸易网络的结构也发生一定的演变，不同国家在特定制造业网络中的地位也在不断地发生变化。目前，制造业贸易网络的研究对象主要是电子信息、汽车等高端制造业以及以纺织服装为代表的经济起飞先发行业。

全球高端制造业贸易网络的结构特征与典型的整体贸易网络相符，即网络密度和互惠性高，贸易活动较频繁。随着贸易联系的频繁建立，中国逐渐迈入网络贸易规模前列的空间格局，但在网络中仍表现出较强的依赖性，贸易行为受其他节点的限制（袁红林、辛娜，2019）。高波阳和李俊玮（2017）研究了电子信息产业贸易网络的演化特征，发现从 20 世纪 90 年代至今网络经历了由"单极化"向"多极化"的演变历程，子产业贸易网络遵循"发达国家（地区）—发展中国家（地区）"的发展模式，呈现"出口集聚、进口分散"的特点；低端产品基本实现了向发展中国家（地区）的全面转移，而高端产业目前仍以发达国家（地区）为主导。王倩倩（2019）聚焦于手机，发现全球手机贸易极化现象较为严重，且随着网络节点的增加和联系的增强，贸易网络整体呈现稠密化、复杂化的发展趋势；全球手机贸易网络核心从欧美向东亚转移，逐渐形成三足鼎立的空间格局，贸易关联的"马太效应"明显。汽车产业贸易网络的演化特征同样也体现了全球化和区域化力量的共同作用。郑蕾等（2016）采用中心性和"核心—边缘"模型等网络分析方法，研究 2003~2013 年全球整车及零部件的贸易网络，发现整车贸易和零部件贸易的全球化程度和区域化程度均有所提高，但贸易全球化特征相对更明显；此外，整车贸易网络的核心固定为德、日、美三国，而零部件贸易网络的核心国家有所变动。

虽然技术复杂度差距明显，但纺织服装业贸易网络仍然体现出与高端制造业相似的网络结构，如集聚性特征及集聚区的转移等。姚秋蕙等（2018）发现，1995~2015年全球服装贸易网络经历了"先扩散后集聚"的转移路径，形成了中国、南亚和东南亚集聚区，美洲集聚区和欧洲集聚区三个较为稳定的集聚区；其中，全球服装贸易的重心先由欧洲、美洲集聚区向中国、南亚和东南亚集聚区转移。近十年来，在中国、南亚和东南亚集聚区内部由中国向南亚和东南亚转移。在全球服装贸易网络演变过程中，贸易自由化以及全球经济形势和地方产业发展的转变，是全球服装贸易网络在地理格局上转变的主要影响因素。

（四）特定国家贸易网络

基于特定国家的贸易网络研究有助于从关系视角更全面地考察一国在全球贸易网络中的相对地位和网络特征（Serrano and Boguñá，2003）。衡量国际贸易的传统指标，如贸易强度、贸易质量等，只能够反映两国之间直接贸易的某个侧面（马述忠等，2016），而全面剖析一国贸易特征就必须综合考察各国之间错综复杂的贸易网络关系（Fagiolo et al.，2009）。在当前全球生产网络分工复杂化和国际贸易关联多样化的背景下，许多学者开展了关于特定国家贸易网络的分析，以探究特定国家的贸易格局演变（Caporale et al.，2015；白洁等，2018）、特定国家在全球价值链中的地位（马述忠等，2016）以及网络中的权力（Kim，2010）、一国与他国地缘政治关系等议题（潘峰华等，2015）。我们重点综述中国贸易网络相关研究成果。

在中国贸易格局演变方面，卡波拉莱等（Caporale et al.，2015）基于1992~2012年的年度数据考察了中国与亚洲、北美和欧洲主要贸易伙伴之间的贸易流量，发现随着对外贸易的快速增长，中国贸易结构发生了重大变化，逐渐从资源和劳动密集型出口向资本和技术密集型出口转变。在中国贸易关系和地位方面，白洁等（2018）利用1999~2015年中国与二十国集团（G20）成员的贸易往来数据进行凝聚子群分析，发现中国影响力逐渐增强，G20其他成员方对中国的经济依赖度在2004年之后超过中国对其的经济依赖度，且差距逐年增加；同时，中国对G20贸易网的贡献度显著增加，从边缘国家逐渐成为核心国家。潘峰华等（2015）的研究也发现中国及其周边国家（地区）贸易网络存在"核心—边缘"结构，且中国与周边国家（地区）存在不平等的经济依赖度，中国在周边贸易网络中占据主导地位，经济影响力不断上升。

（五）多维贸易网络

现有大部分贸易网络研究主要关注以国家为单一节点的传统一模贸易网络（"国家—国家"贸易网络）。少部分学者尝试从其他角度探索更为复杂的多维贸易网络，如基于"国家—国家"网络时间序列建构起来的二级贸易网络（Del Río-Chanona，2017）、"国家—产品"和"国家—行业"贸易网络等（Hausmann and Hidalgo，2011；Alves et al.，2019；Caldarelli et al.，2012）。

豪斯曼和伊达尔戈（Hausmann and Hidalgo，2011）构建了"国家—产品"二模贸易网络，其中，网络节点为国家和产品两类；网络连接将国家与其出口产品对应起来，一个国家可对应多种出口产品，一种产品也可以由多个国家出口；网络连接矩阵的元素值为0/1变量，代表各国出口特定产品是否具有显示性比较优势。在构建网络的基础上，他们设计了国家多样化（国家出口产品的多元化程度）和产品遍在性（产品由多少国家出口的程度）两个指标，并用四个结构特征来描述这个网络，即一个国家的多样化与其出口产品的平均遍在性之间的负相关关系以及产品普遍性、国家多样化和产品共出口程度的非正态分布。研究发现，各国能力分布存在很大的异质性；各国能力积累所带来的出口产品多样化在一定程度上取决于该国原有多样化水平，如果基础多样化水平高，则由能力积累带来的多样化程度较高，反之，则较低。鉴于国家和行业之间的二元联系网络不能充分反映全球生产网络和全球价值链中国家之间的经济互动，阿尔维斯等（Alves et al.，2019）进一步基于嵌套网络模型和世界投入产出数据库，构建了一个以国家为节点，以产业为层次，在产业内和产业间建立从卖方到买方联系的多层次网络，发现卖方的嵌套度在过去几年中保持不变，但买家（基于国家和交易）的嵌套度在2003~2011年波动；除了买家基于交易的嵌套度外，GDP的增加与嵌套度的下降有关。此外，他们通过评估节点和层的移除对参与矩阵的影响来确定对嵌套度贡献最大的国家和行业。

四、网络对国际贸易的影响

网络对国际贸易的影响主要通过帮助企业克服跨国信息壁垒这一机制体现出来（Chaney，2014）。首先，网络能够减少企业获取消费者偏好信息、产品价格等市场信息的搜寻成本；其次，网络还能通过信息传递等方式克服本国与目的地之间的文化差异、制度差异等非正式贸易壁垒；最后，网络能够缓解由国际贸易中的不确定性与信息不对称所引起的契约不完全性等问题，从而保障企业的出口关系（吴群锋、杨汝岱，2019）。对国际贸易产生影响的网络既包括代表出口经验的自生贸易网络，也包括其他的外生网络，如社会网络（包括民族网络和商业网络）、互联网络、投资网络等。

（一）内生网络

1. 企业自生贸易网络：出口经验

网络是传递市场信息的重要途径。企业自生贸易网络促进贸易扩张的机制主要体现为减少出口沉没成本、降低目标国市场不确定性、克服信息壁垒或降低新市场信息搜寻成本等方面。查内（Chaney，2014）首次将企业贸易网络引入国际贸易理论，从理论上证明了企业自生贸易网络对国际贸易的影响。基于法国企业出口动态的经验证据，他发现企业可以通过直接搜索发现新的贸易伙伴，也可以利用现有贸易联系远程间接搜索新的伙伴，即当期的贸易网络影响其未来贸易网络的构建，从而揭示了企业出口扩展边际的动态演变过程。企业出口需要支付一定的沉没成本，而企业已有的贸易网络能够实现信息共享，从而克服信息壁垒、降低搜寻成本并促进出口扩张。此外，企业在出口行为决策过程中可以通过"自我学习"的方式获取目标国的市场不确定信息，从而降低出口沉没成本。在此基础上，李行云等（2018）进一步研究了企业贸易网络的结构对企业一系列出口行为决策的影响，包括出口市场的进入与退出、贸易目的地的选择以及出口生存效应等。研究发现，贸易网络结构是企业异质性的重要来源，贸易网络结构的增强无论在出口的短期效应，还是在生存效应方面都能够显著促进企业的出口行为；同时，强联结的贸易网络可以显著降低企业的信息搜寻成本，降低企业所面临的市场不确定性以及出口沉没成本，从而促进企业的市场进入（尤其是高收入水平国家市场）。吴群锋和杨汝岱（2019）在企业贸易网络的指标构建上有所创新，在标准引力模型框架中讨论企业自生贸易网络和虚拟地理距离对出口动态的影响，发现企业贸易网络能够在扩展边界、存活概率、集约边界等方面表现出促进出口的效应，并且还验证了促进效应随距离衰减且具有制度和产品异质性等机制。此外，伯纳德等（Bernard et al.，2019）还研究了向企业提供中间产品和购买最终产品的生产网络对于企业绩效的影响。

2. 贸易网络结构

除了企业视角外，也有研究从"国家—国家"贸易网络结构出发，解析出口经验的出口促进效应。周和帕克（Zhou and Park，2012）结合社会网络分析和引力模型方法，考察 1948~2000 年间各国在全球贸易网络中的结构位置对双边贸易的影响，发现了结构对等

（两个节点与网络中的其他节点具有相似联系的程度）的凝聚效应（cohesion effect）：两个结构对等的国家（两国的对外贸易关系越相似），在控制其他传统因素情况下，会发展更多的双边贸易。这是因为与其他国家的共同贸易关系促进了类似的社会文化价值观、信息流动和机构融合，从而促进了双边贸易，这项研究同样表明国际贸易根植于贸易网络的结构背景之中。

（二）外部网络

1. 社会网络：移民和商业联系

20世纪90年代以来，许多学者开展了关于社会网络克服国际贸易中非正式贸易壁垒的研究。在国际贸易范畴中，社会网络有两种表现形式：一是国际间涵盖各种社会关系的民族合作网络；二是基于国际贸易所建立起来的商业网络（Rauch，1996）。民族合作网络是指在民族、地区方面具有人口统计特性的个人和企业团体，典型代表如海外华人网络、移民网络等；商业网络是指与其他相关联公司具有生产组织联系的厂商或贸易公司团体（段文奇，2011）。

社会网络促进国际贸易的机制包括以下几个方面：首先，在法律效力不强的环境下，社会网络可以通过建立一个"道德团体"来创造彼此间的信任，提高合同的执行力，从而促进国际贸易的发展（Greif，1993）；其次，社会网络中的集体规则和合作惩罚机制可以替代信任（Rauch and Trindade，2002；段文奇，2011）；最后，在垄断竞争市场中，对于差异性产品来说，以共同语言和殖民关系为表现形式的社会网络在提供价格等市场信息、匹配国际间的卖方和买方、克服非正式贸易壁垒、减少信息搜寻成本、降低国际贸易的不确定性、提高企业出口关系存活率等方面显得更为重要（Rauch and Trindade，2002；Fernandes and Tang，2014；Cadot et al.，2013）。

国际贸易是一个卖者和买者相互寻找与匹配的过程，必然面临信息成本问题，受到买卖双方相互关系（如亲密程度、是否属于同一个民族、是否具有共同语言和文化习俗等）的影响，而这种关系往往导致网络交易方式（而不是市场交易方式）的产生（Rauch，1996）。因而社会网络可以减少国际贸易中的信息和执行成本，成为决定国际贸易数量和模式的重要因素之一。劳奇和特林达德（Rauch and Trindade，2002）发现海外华人网络对差异化产品的双边贸易促进作用大于其对同质化产品的作用，海外华人网络不仅可以通过社区制裁来阻止机会主义行为，同时也有助于贸易网络中匹配买家和卖家。法吉奥洛和马斯特罗里洛（Fagiolo and Mastrorillo，2014）运用复杂网络方法比较了1960~2000年全球人口迁移网络与双边贸易网络的拓扑结构，发现国际移民网络和贸易网络具有很强的关联性,国际移民网络的中心地位促进了双边贸易,一国的集约中心度比其扩展中心度更能促进贸易。杨汝岱和李艳(2016)则基于世界银行提供的跨国动态移民网络数据,研究发现全球华人网络显著降低了目的地市场的不确定性,服务于企业"试错"机制,从而显著提高在位出口关系出口额的增长率、提高新进入出口关系的存活率。

研究进一步区分了移民网络和商业网络的作用,如德奥巴德汉和古哈塔库塔(Deo Bardhan and Guhathakurta,2004)以美国为例研究发现,跨国商业关系在促进美国东、西海岸两个地区的整体出口方面发挥了显著的积极作用。同时还发现,一旦考虑到社会网络,距离作为运输成本指标的重要性就会有所降低。桑吉塔(Sangita,2013)发现移民通过商业网络交换信息从而显著促进国家间贸易增长,高学历的移民在商业网络中的作用最凸显。一些研究通过调整模型设置和创新实证方法得到了一些新的结论。如班迪欧帕第亚等(Bandyopadhyay et al.,2008)研究发现,民族网络对美国出口贸易的作用容易受到模型设置条件的影响,如果通过固定效应控制未观察到的异质性,同时取消网络效应对所有个体都一样的限制,那么估计的网络效应将大得多。也有研究通过空间计量经济学方法估计移民对国际贸易的影响,同时控制网络的相互依赖性,发现移民显著促进各国之间的贸易,且确定了几类受移民网络影响较为强烈的产品(Sgrignoli et al.,2015)。除此以外,库姆斯等(Combes et al.,2005)关于法国移民网络、巴斯托斯和席尔瓦(Bastos and Silva,2012)关于葡萄牙案例、蒙英华等(2015)关于中国移民网络的研究也得到了类似结论。

2. 互联网络

自20世纪90年代开始,以互联网为代表的信息通信技术迅速兴起、发展并广泛渗透,网络互动方式逐渐成为最重要的信息交流、社会联系和交往方式。随着互联网的普及,信息交换效率提升,跨国贸易也日趋频繁,越来越多的学者开始关注互联网对国际贸易的影响。大部分文献从国家视角进行研究(Freund and Weinhold,2002;Freund and Weinhold,2004;Wheatley and Roe,2008;Bojnec and Ferto,2010;Mallick,2014;Lin,2014),越来越多的文献在异质性企业理论的启发下从企业视角开展相关研究(Mostafa et al.,2005;Ferro,2011;Ricci and Trionfetti,2012;施炳展,2016;李兵、李柔,2017)。

互联网络促进国际贸易的核心机制是降低企业出口的贸易成本(李兵、李柔,2017)。研究表明,国家之间的通信成本影响国际贸易(Choi,2010)。互联网可以降低跨国贸易中的信息交流成本。原本需要使用越洋电话、电报、邮件传递的有关企业和产品的介绍可以通过企业网站主页传播,而交易双方对于货物的质量、数量、价格、交货期等方面的谈判,也可以通过电子邮件及时沟通,免去高成本的跨国面谈;此外,互联网还可以降低企业的生产成本和组织管理成本,企业与上下游供应商之间、企业与消费者之间的搜寻匹配和交流成本,物流运输成本等。互联网通过上述机制降低企业出口贸易成本,从而增加企业参与国际贸易的概率和频率,也促进企业出口销售额等方面的贸易增长(Bakos,1997;

Ferro，2011；Venables，2001；Timmis，2013；Niru，2014；盛丹等，2011；茹玉骢、李燕，2014）。

弗罗因德和维因霍尔德（Freund and Weinhold，2002；2004）较早研究了互联网对服务业贸易及商品贸易的影响。研究发现，互联网渗透率（采用一国互联网主机数量来衡量）能够显著促进服务业贸易；在控制国民生产总值（GDP）和汇率之后，互联网渗透率每提高10%，出口额会提升1.7个百分点，进口额会提升1.1个百分点（Freundand and Weinhold，2002）。对于商品贸易而言，一个国家的网络主机增长10个百分点将促进出口增长约0.2个百分点。互联网对服务业贸易量产生的影响更大，因为无论贸易双方位置如何，通过互联网传输的服务几乎都可以以接近零成本的价格进行交易，而商品贸易还涉及运费（Freund and Weinhold，2004）。

一些研究区分互联网对贸易扩张边际和集约边际的差异性影响。尼鲁（Niru，2014）以亚洲和撒哈拉以南的非洲地区为例，发现互联网降低了企业进入国际市场的信息相关成本，网站和电子邮箱的使用对企业出口和进口的扩展边际都有显著的正向影响。施炳展（2016）采用2003年和2009年双边、双向网址链接数量作为互联网的代理变量，基于引力模型分析互联网对中国企业出口的影响，同样发现互联网提升企业出口的扩展边际和集约边际作用，但对集约边际的作用更大。李兵和李柔（2017）基于倾向值得分匹配后的双重差分方法考察了互联网对企业出口的影响，发现互联网显著促进了企业出口贸易并提高企业出口密集度，且对出口的影响大于国内销售；同时，互联网对企业间和企业内扩展边际的影响是正向的，但对企业内集约边际的影响不确定。

互联网对出口贸易的作用存在企业异质性。穆斯塔法等（Mostafa et al.，2005）发现，创业型企业更倾向于使用互联网开发出口市场且其出口情况优于其他企业。里奇和特里翁费蒂（Ricci and Trionfetti，2012）发现，生产力更高的企业更容易出口，且更易从外国网络、国内网络和交流网络（邮箱和互联网）中受益。除此以外，研究还发现了互联网促进企业直接出口（Timmis，2013）、出口概率（茹玉骢、李燕，2014）和销售额（Ferro，2011）等方面的结论。

3. 投资网络

一些研究探讨了投资网络结构特征（Zhang et al.，2016；Htwe et al.，2020）。拜格雷夫（Bygrave，1988）研究了风险投资企业的投资网络结构，宋等（Song et al.，2009）研究了2001~2006年世界投资网络的统计性质，约瑟夫等（Joseph et al.，2014）从金融危机角度研究跨境组合投资网络。也有少量研究直接探究国际投资网络和世界贸易网络之间因果关系。张等（Zhang et al.，2016）采用两层加权网络的方法研究对比了2001~2010年155个国家的国际贸易网络（ITN）和国际投资网络（IIN）。通过分析网络拓扑性质，他们发现ITN中的国家比IIN中的国家拥有更多的合作伙伴，平均贸易量远大于投资量，而且

ITN 中的国家关系更加紧密。此外，如果两国之间存在投资关系，那么两国之间将存在贸易关系。有研究从网络视角研究了外商直接投资（FDI）对国际贸易的间接影响（Metulini et al.，2017），采用国际公司控制的数据集（如果母公司在另一个国家/地区拥有联属公司的多数表决权，则假定具有控制权）作为间接存量 FDI 的度量，构建了公司控制网络（CCN）和世界贸易网络（WTW）并研究二者之间的相关性，发现公司控制对贸易具有直接或间接的积极影响，从而证明了 FDI 对国际贸易的间接影响。也有从政策协调角度入手，研究区域贸易协定（RTAs）网络和双边投资条约（BITs）网络的协同演化关系（Htwe et al.，2020）。其研究成果支持了 BITs 对 RTA 的跨网络二元影响，表明两国之间 BIT 关系为 RTA 的建立奠定了基础；在区域贸易协定和双边投资协定两个网络之内以及之间均存在优先连接效应，一方面，各国倾向于与具有更多 RTA 和 BIT 关系的受欢迎的合作伙伴签署 BIT，部分原因是 BIT 的启动成本相对较小；另一方面，国家倾向于与具有更多 BIT 关系的合作伙伴建立 RTA，但却不希望与具有更多 RTA 关系的伙伴建立 RTA，表明 RTA 网络具有反"核心—外围"演进的特征。

4. 多元网络：机构、政府、科研合作

除社会网络、互联网络、投资网络等单一网络研究外，部分研究从多元网络视角切入，考虑不同网络联系对国际贸易的综合作用。在这些研究中，网络资源被定义为一种外部资源，包括企业与机构、行业参与者之间的伙伴关系等。企业必须使用与外部组织的网络来获取企业内部无法获得的知识和经验（Leenders and Gabbay，1999；Guillen，2002），而这些知识和经验对公司在开拓国外市场方面具有优势（Lee et al.，2001）；同时，企业与行业参与者之间建立的业务网络战略合作伙伴关系能够帮助企业在出口市场上取得长期成功。

阮和列等（Nguyen and Le et al.，2019）基于 2015 年对 2600 多家越南制造业中小企业的调查，研究不同网络联系对企业出口倾向的影响。其中，社会网络对中小企业的出口倾向有正向的促进作用，而商业网络的规模则与出口的可能性呈负相关；银行网络（与银行职员的关系网络）和政治网络（与政界人士的关系网络）对越南中小企业的出口倾向影响不显著。艾哈迈德等（Ahmed et al.，2012）基于对泰国制造业 950 家出口市场企业的自我管理邮件调查研究，讨论了发展中国家组织资源（生产、财务、人力、研发和声誉等资源）、网络（机构、政府和研究）与出口市场企业的出口营销绩效之间的关联性，发现财务、人力、研发资源及机构、政府和研究网络对出口营销有显著的正向影响。卡西等（Cassi et al.，2012）则关注科学合作网络与贸易的关系，运用网络分析方法对 1974~2004 年的全球贸易和科学合作网络的演变过程进行了详细描述，发现国际贸易网络和科学合作网络的结构特征不同；且与新生产商相比，原有生产商的贸易网络与科学合作网络的结构更为相似，表明原有生产商可能是参与国际科学合作的主要受益者。相关韩国案例（Lee et al.，2011）、中国案例（Yiu et al.，2007）、孟加拉国案例（Shamsuddoha and Ali，2006）、印度案例（Elango and Pattnaik，2007）等研究均得出了类似结论，即机构、政府和科研方面的网络资源与出口绩效有着显著的正相关关系。

五、研究评述与展望

（一）网络研究对经济地理和贸易地理研究的贡献

网络研究对经济地理研究的贡献主要体现为以下几点：

1. 引入网络思维：从"节点"到"联系"和"网络"

网络思维内核主要体现为两点：（1）强调联系（连接）的重要性大于节点重要性（De Benedictis and Tajoli，2011）。网络中的节点并非"原子式"个体，需要考虑彼此之间的相互作用联系；（2）强调网络整体结构的重要性，如网络结构对节点的影响等。经济地理和贸易地理研究普遍强调"节点"的重要性，而忽略"联系"和"网络"视角的影响，例如国际贸易研究仅考虑国家属性（如经济规模、技术水平）的影响，而忽略了国家之间既有的贸易关联、国家在贸易网络中位置和角色的影响等。将网络思维纳入经济地理和贸易研究，可以充分吸纳复杂系统科学将还原论和整体论相结合的学科特色，弥补以往单方面强调节点或主体属性重要性的问题，挖掘网络中多重联系的相互作用以及整体网络结构的重要影响，进而从整体上考察和把握网络的结构与功能之间的关系，使得经济地理和贸易地理的研究更加科学、全面且符合实际情况。

2. 拓扑网络：网络定量研究的工具

复杂系统科学为网络视角研究构建了一整套关于网络建模以及特征测度和衡量方法，为经济地理学拓扑网络研究提供了坚实的定量研究工具。基于一系列有关网络的节点、联系以及网络整体结构的属性指标，现有研究针对关系型或网络型数据开展了定量化统计和描述性分析，有助于揭示网络在分布结构、异质性、稳定性等方面的特征，挖掘其中的网络效应和结构规律；二次指派程序（QAP）等模型回归方法也为网络动态机制研究提供了坚实的计量工具。

3. 隐喻网络：建构全景式宏观经济地理理论

在经济全球化背景下，"全球—地方"互动、全球生产网络等隐喻网络理论能够为理解世界生产活动的组织和空间布局提供强大的理论工具。隐喻网络理论构建了跨尺度、多主体、多要素之间的综合相互作用框架，并将其置于一定的社会经济和结构背景中，提供了一个复杂、全面而系统的框架来分析不同空间尺度中多种利益相关主体之间以及主体与结构之间的复杂关系，从而揭示全球化对经济组织的影响、区域差异化的全球—地方张力和经济活动在全球的空间组织及其动态变化。

（二）未来研究展望

1. 由描述性分析深入到机制探索

目前，大部分经济网络或贸易网络研究侧重描述性分析而忽视了对网络形成机制的深入探讨。尤其对于拓扑网络研究范式而言，多数研究已形成了对于网络属性指标（常用指标如节点度、节点强度、平均路径长度、网络密度、聚集系数等）的固定分析模式，止步于对网络结构和格局特征的分析和探讨，网络联系的发生和作用条件尚不明确。当前，网络科学在网络行为与动力学、网络控制等方面已取得了一些研究成果，但这些研究方法和工具尚未有效地应用到经济地理和贸易地理相关网络视角研究中。因此，未来研究可以尝试应用网络动力学等相关理论工具进行深入的网络形成机制分析。

此外，大部分文献主要集中探讨外部网络（如社会网络、移民网络、商业网络、互联网络等）的作用，很少有文献分析企业自发生成和自主构建的内生网络（吴群锋、杨汝岱，2019）。

2. 由静态格局分析到动态演化探究

当前多数研究侧重静态网络的格局分析，网络动态演化的探究有待进一步深入。例如在对网络效应的分析和测度中，大部分研究都是在特定时间截面上的静态研究，缺乏对网络效应变化的动态考察。实际上，特定网络效应的产生和发生作用是有条件的。当条件改变，网络效应的作用大小也会改变，甚至会出现由正效应向负效应的转变（桑曼乘、覃成林，2014）。因此，未来研究不仅要回答网络对区域经济产生的具体影响，同时还要明确网络特征和效应如何随时间动态演变的过程，以及该过程的机制和相应的作用条件。

3. 深度挖掘网络的更深层次信息

现有大部分网络研究文献对于网络信息的挖掘仍不够深入，主要体现在：①网络建模多基于单一类型网络进行分析探讨，且多采用基础的一模单层网络建构，基于多模网络（Hausmann and Hidalgo，2011；Caldarelli et al.，2012）、嵌套网络（Alves et al.，2019）、多层网络（Calatayud et al.，2017）的文献较少且处于研究初步阶段；②目前部分研究在网络属性指标的综合性、方向性、加总方法、权重和统计频次等方面（Kandogan，2018）仍存在一定不足，如考察网络信息不完全、偏重规模而非质量（Nguyen and Le，2019）、考虑离散测度而非连续度量、忽视网络联系的方向和强度、低估网络的异质性（Fagiolo，2008）等问题，这容易造成网络信息提取的不完全，甚至得出有偏误的分析结论。对此，未来研究可以作如下深入探索：

（1）构建和分析多模多层网络。现实中的经济网络具有复杂的结构。首先，经济活动不可避免地涉及多个不同性质的利益相关主体，经济网络中的节点并非同质或单一的；其次，网络中相关主体之间的相互作用类型综合多样，且基于不同的结构化背景下具有差异明显的影响作用；最后，多个网络之间也可能存在互动关系。因此，有必要开展基于多类型节点、多层次网络的复杂网络探索和多模多层网络互动研究。例如，探索"国家—产品""国家—行业"等二模贸易网络的动态演变和形成机制等，拓展贸易研究中产品/行业维度和地域维度互动关系。

（2）修正和改进网络属性指标。可以通过考虑网络联系的方向性、使用更细层级数据（如产品级别）探索局部网络、调整网络数据统计频率、赋予联系以适当的权重等方式（Kandogan，2018），对网络属性指标（如互惠性、多重性、聚类性、度、中间性等）进行一定的修正或改进，以更好地捕获主体之间存在的实际网络联系情况，得到对于实际网络的更加准确的估计。

（3）充分挖掘网络的异质性。由于节点异质性以及联系性质本身的多样化，网络异质性普遍存在于各种类型的网络中，主要体现为局部网络属性与全局网络属性呈现出显著的差异。未来研究可以针对产品异质性、区域异质性等维度对经济网络或贸易网络作进一步的深度探索。例如基于产品差异性考察企业自生贸易网络的影响（吴群锋、杨汝岱，2019），区分不同行业部门分析国际贸易网络的结构特征（De Benedictis and Tajoli，2010），又如从地方能力（Morrison et al.，2013）、组织制度基础（Trippl et al.，2018）等方面考察"全球—地方"互动的区域异质性等。

此外，可以从其他特殊视角挖掘局部重要网络特征。例如对于贸易网络而言，并非所有的双边贸易关系对一个国家都同样重要，一国贸易关系的不同重要性被多数研究忽视。基于此，周等（Zhou et al.，2016）构建了首位贸易关系网络并考察了其演化特征和形成机制。未来研究可以尝试从其他维度对网络作深入的异质性探索。

参考文献

[1] 白洁，梁丹旎，周睿，2018. 中国与 G20 国家贸易关系的调整与优化 [J]. 数量经济技术经济研究，35（10）：96-110.

[2] 陈少炜，Patrick Qiang，2018. 金砖国家贸易网络结构特征及其对贸易分工地位的影响——基于网络分析方法 [J]. 国际经贸探索，34（3）：12-28.

[3] 陈银飞，2011. 2000-2009 年世界贸易格局的社会网络分析 [J]. 国际贸易问题，（11）：31-42.

[4] 程淑佳，王肇钧，2011. 复杂网络理论下世界原油贸易空间格局演进研究 [J]. 地理科学，31（11）：1342-1348.

[5] 段文奇，刘宝全，季建华，2008. 国际贸易网络拓扑结构的演化 [J]. 系统工程理论与实践，28（10）：71-75+81.

[6] 段文奇，2011. 国际贸易网络的测度和演化模型研究 [M]. 北京：光明日报出版社.

[7] 高波阳，李俊玮，2017. 全球电子信息产业贸易网络演化特征研究 [J]. 世界地理研究，26（1）：1-11.

[8] 贺灿飞，郭琪，马妍，等，2014. 西方经济地理学研究进展 [J]. 地理学报，69（8）：1207-1223.

[9] 贺灿飞，毛熙彦，2015. 尺度重构视角下的经济全球化研究 [J]. 地理科学进展，34（9）：1073-1083.

[10] 胡平，王清，陆燕萍，2011. 基于隶属网络的西安软件产业集群网络形成机制研究 [J]. 科技进步与对策，28（3）：69-74.

[11] 蒋小荣，杨永春，汪胜兰，2018. 1985-2015 年全球贸易网络格局的时空演化及对中国地缘战略的启示 [J]. 地理研究，37（3）：495-511.

[12] 黎明，郭琪，贺灿飞，2018. 邻近性与中国企业出口市场的地理扩张 [J]. 世界地理研究，27（1）：1-11.

[13] 李二玲，李小建，2007. 基于社会网络分析方法的产业集群研究：以河南省虞城县南庄村钢卷尺产业集群为例 [J]. 人文地理，22（6）：10-15+128.

[14] 李行云，霍伟东，陈若愚，2018. 贸易网络结构、企业异质性与出口行为决策 [J]. 世界经济文汇，（5）：53-73.

[15] 李金华，2009. 网络研究三部曲：图论、社会网络分析与复杂网络理论 [J]. 华南师范大学学报（社会科学版），（2）：136-138.

[16] 李小建，罗庆，2007. 经济地理学的关系转向评述 [J]. 世界地理研究，（4）：19-27.

[17] 李志刚，刘晔，2011. 中国城市"新移民"社会网络与空间分异 [J]. 地理学报，66（6）：785-795.

[18] 刘宝全，2007. 国际贸易网络测度与演化研究 [D]. 上海：上海交通大学.

[19] 刘铮，王世福，赵渺希，等，2013. 有向加权型城市网络的探索性分析 [J]. 地理研究，32（7）：1253-1268.

[20] 卢昱嘉，陈秧分，韩一军，2019. 全球大豆贸易网络演化特征与政策启示 [J]. 农业现代化研究，40（4）：674–682.

[21] 陆煊，黄俐，2014. 投资网络、近邻效应与投资者行为趋同性——基于复杂网络视角的实证研究 [J]. 现代财经（天津财经大学学报），34（11）：46–59.

[22] 罗仕龙，龚凯，邢欣，等，2016. 基于社会网络分析法的国际贸易网络结构及演化研究 [J]. 中国管理科学，（12）：698–702.

[23] 马海涛，2012. 西方经济地理学关系范式与演化范式比较研究 [J]. 地理科学进展，31（4）：412–418.

[24] 马述忠，任婉婉，吴国杰，2016. 一国农产品贸易网络特征及其对全球价值链分工的影响——基于社会网络分析视角 [J]. 管理世界，（3）：60–72.

[25] 马远，徐俐俐，2017. "一带一路"沿线国家天然气贸易网络结构及影响因素 [J]. 世界经济研究，（3）：109–122+136.

[26] 毛熙彦，贺灿飞，2019. 区域发展的"全球—地方"互动机制研究 [J]. 地理科学进展，38（10）：1449–1461.

[27] 蒙英华，蔡宏波，黄建忠，2015. 移民网络对中国企业出口绩效的影响研究 [J]. 管理世界，（10）：54–64.

[28] 潘峰华，赖志勇，葛岳静，2015. 经贸视角下中国周边地缘环境分析——基于社会网络分析方法 [J]. 地理研究，34（4）：775–786.

[29] 茹玉骢，李燕，2014. 电子商务与中国企业出口行为：基于世界银行微观数据的分析 [J]. 国际贸易问题，（12）：3–13.

[30] 盛丹，包群，王永进，2011. 基础设施对中国企业出口行为的影响："集约边际"还是"扩展边际" [J]. 世界经济，34（1）：17–36.

[31] 施炳展，2016. 互联网与国际贸易——基于双边双向网址链接数据的经验分析 [J]. 经济研究，51（5）：172–187.

[32] 宋周莺，车姝韵，杨宇，2017. "一带一路"贸易网络与全球贸易网络的拓扑关系 [J]. 地理科学进展，36（11）：1340–1348.

[33] 孙天阳，许和连，吴钢，2014. 基于复杂网络的世界高端制造业贸易格局分析 [J]. 世界经济与政治论坛，（2）：19–43.

[34] 孙晓蕾，杨玉英，吴登生，2012. 全球原油贸易网络拓扑结构与演化特征识别 [J]. 世界经济研究，（9）：11–17.

[35] 覃静，2014. 世界能源贸易网络的结构特征及其影响因素分析 [D]. 湖南大学：44–45.

[36] 王珏，陈雯，袁丰，2014. 基于社会网络分析的长三角地区人口迁移及演化 [J]. 地理研究，33（2）：385–400.

[37] 王开，靳玉英，2013. 全球 FTA 网络形成机制研究 [J]. 财贸经济，（9）：103–111.

[38] 王璐，刘曙光，段佩利，等，2019. 丝绸之路经济带沿线国家农产品贸易网络结构特征 [J]. 经济地理，39（9）：198–206.

[39] 王茂军，杨雪春，2011. 四川省制造产业关联网络的结构特征分析 [J]. 地理学报，66（2）：

212–222.

［40］王倩倩，杜德斌，张杨，等，2019. 全球手机贸易网络演化特征研究［J］. 世界地理研究，28（2）：170–178.

［41］王祥，强文丽，牛叔文，等，2018. 全球农产品贸易网络及其演化分析［J］. 自然资源学报，33（6）：940–953.

［42］王肇钧，程淑佳，于国政，2010. 基于复杂网络理论的中美原油进口空间格局演进比较［J］. 地理科学，16（5）：667–672.

［43］卫健炯，胡海波，2015. 在线社会网络的形成机制——基于跨学科的视角［J］. 复杂系统与复杂性科学，12（4）：14–24+31.

［44］吴群锋，杨汝岱，2019. 网络与贸易：一个扩展引力模型研究框架［J］. 经济研究，54（2）：84–101.

［45］肖建忠，彭莹，王小林，2013. 天然气国际贸易网络演化及区域特征研究——基于社会网络分析方法［J］. 中国石油大学学报（社会科学版），（3）：1–8.

［46］徐斌，2015. 国际铁矿石贸易格局的社会网络分析［J］. 经济地理，35（10）：123–129.

［47］徐正中，2012. 国际贸易网络演化研究［D］. 大连：东北财经大学.

［48］许和连，孙天阳，成丽红，2015. "一带一路"高端制造业贸易格局及影响因素研究：基于复杂网络的指数随机图分析［J］. 财贸经济，36（12）：74–88.

［49］许和连，孙天阳，吴钢，2015. 贸易网络地位、研发投入与技术扩散：基于全球高端制造业贸易数据的实证研究［J］. 中国软科学，（9）：55–69.

［50］杨汝岱，李艳，2016. 移民网络与企业出口边界动态演变［J］. 经济研究，51（3）：163–175.

［51］杨文龙，杜德斌，马亚华，等，2018. "一带一路"沿线国家贸易网络空间结构与邻近性［J］. 地理研究，37（11）：2218–2235.

［52］杨鑫，安海忠，高湘昀，2012. 国际天然气贸易关系网络结构特征研究：基于复杂网络理论［J］. 资源与产业，（2）：81–87.

［53］姚秋蕙，韩梦瑶，刘卫东，2018. 全球服装贸易网络演化研究［J］. 经济地理，38（4）：26–36.

［54］袁红林，辛娜，2019. 中国高端制造业的全球贸易网络格局及其影响因素分析［J］. 经济地理，39（6）：108–117.

［55］赵国钦，万方，2016. 世界贸易网络演化及其解释：基于网络分析方法［J］. 宏观经济研究，2016，（4）：151–159.

［56］郑军，张永庆，黄霞，2017. 2000—2014 年海上丝绸之路贸易网络结构特征演化［J］. 国际贸易问题，（3）：154–165.

［57］郑蕾，刘毅，刘卫东，2016. 全球整车及其零部件贸易格局演化特征［J］. 地理科学，36（5）：662–670.

［58］邹嘉龄，刘卫东，2016. 2001—2013 年中国与"一带一路"沿线国家贸易网络分析［J］. 地理科学，36（11）：1629–1636.

［59］Abdollahian M，Yang Z，2014. Towards Trade Equalisation：A Network Perspective on Trade and

Income Convergence Across the Twentieth Century ［ J ］. New Political Economy, 19 （ 4 ）: 601-627.

［ 60 ］Aiello L M, Barrat A, Cattuto C, et al., 2010. Link Creation and Profile Alignment in the aNobii Social Network ［ C ］. 2010 IEEE Second International Conference on Social Computing, Minneapolis, MN: 249-256.

［ 61 ］Aiello L M, Barrat A, Schifanella R, et al., 2012. Friendship prediction and homophily in social media ［ J ］. ACM Transactions on the Web, 6 （ 2 ）: 373-382.

［ 62 ］Alves L G A, Mangioni G, Cingolani I, 2019. The nested structural organization of the worldwide trade multi-layer network ［ J ］. Scientific Reports （ Nature Publisher Group ）, 9 （ 1 ）: 2866.

［ 63 ］Amighini A, Sanfilippo M, 2014. Impact of South-South FDI and trade on the export upgrading of African economies ［ J ］. World Development, 64: 1-17.

［ 64 ］Amin A, 1998. Globalisation and regional development: A relational perspective ［ J ］. Competition & Change, 3 （ 1-2 ）: 145-165.

［ 65 ］Andresen M A, 2009. Regionalizing global trade patterns, 1981-2001: Application of a new method ［ J ］. The Canadian Geographer, 53 （ 1 ）: 24-44.

［ 66 ］Athukorala P, Ravenhill J, 2016. China's evolving role in global production networks: The decoupling debate revisited ［ R ］. Trade and Development Working Paper, No. 2016/12.

［ 67 ］Athukorala P, 2008. China's integration into global production networks and its implications for export-led growth strategy in other countries in the region ［ R ］. Trade and Development Working Papers, No. 2008/04.

［ 68 ］Athukorala P, 2011. Production networks and trade patterns in East Asia: Regionalization or globalization ［ J ］. Asian Economic Papers, 10 （ 1 ）: 65-95.

［ 69 ］Bahar D, Hausmann R, Hidalgo C A, 2014. Neighbors and the evolution of the comparative advantage of nations: Evidence of international knowledge diffusion? ［ J ］. Journal of International Economics, 92 （ 1 ）: 111-123.

［ 70 ］Bakos Y, 1997. Reducing Buyer Search Costs: Implication for Electronic Market-places ［ J ］. Management Science, 43 （ 12 ）: 1676-1692.

［ 71 ］Balland P-A, 2012. Proximity and the evolution of collaboration networks: Evidence from research and development projects within the global navigation satellite system （ GNSS ） industry ［ J ］. Regional Studies, 46 （ 6 ）: 741-756.

［ 72 ］Bandyopadhyay S, Coughlin C C, Wall H J, 2008. Ethnic Networks and US Exports ［ J ］. Review of International Economics, 16 （ 1 ）: 199-213.

［ 73 ］Barabasi A L, Albert R, 1999. Emergence of scaling in random networks ［ J ］. Science, （ 286 ）: 509-512.

［ 74 ］Barigozzi M, Fagiolo G, Garlaschelli D, 2010. Multinetwork of international trade: A commodity-specific analysis ［ J ］. Physical Review E Statistical Nonlinear & Soft Matter Physics, 81 （ 4 ）: 046104.

［ 75 ］Barigozzi M, Fagiolo G, Mangioni G, 2011. Identifying the community structure of the international-trade multi-network ［ J ］. Physica A: Statistical Mechanics and Its Applications, 390 （ 11 ）:

2051-2066.

［76］Barney J B, 2001. Resource-based theories of competitive advantage: A ten-year retrospective on the resource-based view ［J］. Journal of management, 27（6）: 643-650.

［77］Bastos P, Silva J, 2012. Networks, firms, and trade ［J］. Journal of International Economics, 87: 352-364.

［78］Bathelt H, Glückler J, 2003. Toward a relational economic geography ［J］. Journal of economic geography, 3（2）: 117-144.

［79］Bathelt H, Malmberg A, Maskell P, 2004. Clusters and knowledge: Local buzz, global pipelines and the process of knowledge creation ［J］. Progress in Human Geography, 28（1）: 31-56.

［80］Beaverstock J V, Smith R G, Taylor P J, 2000. World-City Network: A New Metageography? ［J］. Annals of American Geographers, 90（1）: 123-134.

［81］Bernard A, Moxnes A, Saito Y, 2019. Production Networks, Geography and Firm Performance ［J］. Journal of Political Economy, 127（2）: 639-688.

［82］Bhattacharya K, Mukherjee G, Saramäki J, et al., 2008. The international trade network: Weighted network analysis and modelling ［J］. Journal of Statistical Mechanics Theory & Experiment, 41（2）: 139-147.

［83］Bojnec S, Ferto I, 2010. Market-Creating Effect of the Internet on Food Trade ［R］. Working Paper, No. 91958.

［84］Boschma R, Iammarino S, 2009. Related variety, trade linkages, and regional growth in Italy ［J］. Economic Geography, 85（3）: 289-311.

［85］Boschma R, 2005. Proximity and innovation: A critical assessment ［J］. Regional Studies, 39（1）: 61-74.

［86］Boschma R, 2017. Relatedness as driver of regional diversification: A research agenda ［J］. Regional Studies, 51（3）: 351-364.

［87］Bygrave W D, 1988. The structure of the investment networks of venture capital firms ［J］. Journal of Business Venturing, 3（2）: 137-157.

［88］Cadot O, Iacovone L, Pierola M, et al., 2013. Success and Failure of African Exporters ［J］. Journal of Development Economics, 101: 284-296.

［89］Calatayud A, Mangan J, Palacin R, 2017. Connectivity to international markets: A multi-layered network approach ［J］. Journal of Transport Geography, 61: 61-71.

［90］Caldarelli G, Cristelli M, Gabrielli A, et al., 2012. A Network Analysis of Countries' Export Flows: Firm Grounds for the Building Blocks of the Economy ［J］. Plos One, 7（10）: e47278.

［91］Caragliu A, Nijkamp P, 2016. Space and knowledge spillovers in European regions: The impact of different forms of proximity on spatial knowledge diffusion ［J］. Journal of Economic Geography, 16（3）: 749-774.

［92］Cassi L, Morrison A, Ter Wal A L J, 2012. The Evolution of Trade and Scientific Collaboration Networks in the Global Wine Sector: A Longitudinal Study Using Network Analysis ［J］. Economic

Geography，88（3）：311-334.

［93］Cepeda-López F，Gamboa-Estrada F，León C，et al.，2019. The evolution of world trade from 1995 to 2014：A network approach［J］. The Journal of International Trade & Economic Development，28（4）：452-485.

［94］Chaney T，2014. The Network Structure of International Trade［J］. American Economic Review，104（11）：3600-3634.

［95］Choi C，2010. The effect of the Internet on service trade［J］. Economics Letters，109：102-104.

［96］Cingolani I，Iapadre L，Tajoli L，2018. International production networks and the world trade structure［J］. International Economics，153：11-33.

［97］Coe N M，Hess M，Yeung H W C，et al.，2004. 'Globalizing' regional development：A global production network perspective［J］. Transactions of the British Geographers，29（4）：468-484.

［98］Coe N M，Yeung H W，2015. Global Production Networks：Theorizing Economic Development in an Interconnected World［J］. Journal of Economic Geography，34（12）：lbv038.

［99］Combes P，Lafourcade M，Mayer T，2005. The Trade Creating Effects of Business and Social Networks：Evidence from France［J］. Journal of International Economics，66（1）：1-29.

［100］Dalin C，Konar M，Hanasaki N，et al.，2012. Evolution of the global virtual water trade network［J］. Proc Natl Acad Sci U S A，109（16）：5989-5994.

［101］De Benedictis L，Nenci S，Santoni G，et al.，2013. Network Analysis of World Trade using the BACI-CEPII dataset［R］. CEPII Working Paper.

［102］De Benedictis L，Tajoli L，2010. Comparing Sectoral International Trade Networks［J］. Aussenwirtschaft，65（2）：167-189.

［103］De Benedictis L，Tajoli L，2011. The World Trade Network［J］. The World Economy，34（8）：1417-1454.

［104］Del Río-Chanona R M，Grujić J，Jeldtoft Jensen H，2017. Trends of the World Input and Output Network of Global Trade［J］. PLoS ONE，12（1）：e0170817.

［105］Deo Bardhan A，Guhathakurta S，2004. Global Linkages of Subnational Regions：Coastal Exports and International Networks［J］. Contemporary Economic Policy，22（2）：225-236.

［106］Dicken P，Kelly P F，Olds K，et al.，2001. Chains and networks，territories and scales：Towards a relational framework for analysing the global economy［J］. Global Networks，1（2）：89-112.

［107］Dicken P，Malmberg A，2001. Firms in territories：A relational perspective［J］. Economic Geography，77（4）：345-363.

［108］Dicken P，1994. The Roepke lecture in economic geography global-local tensions：Firms and states in the global space economy［J］. Economic Geography，70（2）：101-128.

［109］Dicken P，2003. Global Shift：Reshaping the Global Economic Map in the 21st Century［M］. London，UK：SAGE Publications.

［110］DiPrete T A，Eirich G M，2006. Cumulative Advantage as a Mechanism for Inequality：A Review of Theoretical and Empirical Developments［J］. Annual Review of Sociology，32：271-297.

［111］Elango B，Pattnaik C，2007. Building capabilities for international operations through networks：A study of Indian firms ［J］. Journal of International Business Studies，38：541-555.

［112］Enright M J，2000. "The globalization of competition and the localization of competitive advantage：Policies towards regional clustering." In The Globalization of Multinational Enterprise Activity and Economic Development ［M］. London，UK：Macmillan Press，303-331.

［113］Ercsey-Ravasz M，Toroczkai Z，Lakner Z，et al.，2012. Complexity of the International Agro-Food Trade Network and Its Impact on Food Safety ［J］. PLoS ONE，7（5）：e37810.

［114］Essletzbichler J，2015. Relatedness，industrial branching and technological cohesion in US metropolitan areas ［J］. Regional Studies，49（5）：752-766.

［115］Ettlinger N，2001. Relational perspective in economic geography：Connecting competitiveness with diversity and difference ［J］. Antipode，33（2）：216-227.

［116］Fagiolo G，Mastrorillo M，2014. Does Human Migration Affect International Trade? A Complex-Network Perspective ［J］. PLoS ONE，9（5）：e97331.

［117］Fagiolo G，Reyes J，Schiavo S，2010. The evolution of the world trade web：A weighted-network analysis ［J］. Journal of Evolutionary Economics，20（4）：479-514.

［118］Fagiolo G，Schiavo S，Reyes J，2008. On the Topological Properties of the World Trade Web：A Weighted Network Analysis ［J］. Physica A：Statistical Mechanics and its Applications，（15）：3868-3873.

［119］Fair K R，Bauch C T，Anand M，2017. Dynamics of the Global Wheat Trade Network and Resilience to Shocks ［J］. Scientific Reports，7：7177.

［120］Fan Y，Ren S，Cai H，et al.，2014. The state's role and position in international trade：A complex network perspective ［J］. Economic Modelling，39：71-81.

［121］Fernandes A，Tang H，2014. Learning to Export from Neighbors ［J］. Journal of International Economics，94（1）：67-84.

［122］Ferro E，2011. Signaling and Technological Marketing Tools for Exporters ［R］. World Bank，Policy Research Working Paper Series，No. 5547.

［123］Foti N J，Pauls S，Rockmore D N，2013. Stability of the World Trade Web over time—An extinction analysis ［J］. Journal of Economic Dynamics & Control，37（9）：1889-1910.

［124］Freund C I，Weinhold D，2002. The Internet and international trade in services ［J］. The American Economic Review，92（2）：236-240.

［125］Freund C I，Weinhold D，2004. The effect of the Internet on international trade ［J］. Journal of International Economics，62：171-189.

［126］Gao C，Sun M，Shen B，2015. Features and evolution of international fossil energy trade relationships：A weighted multilayer network analysis ［J］. Applied Energy，156：542-554.

［127］Garlaschelli D，Loffredo M I，2004. Fitness-dependent topological properties of the world trade web ［J］. Phys Rev Lett，93（18）：188701.

［128］Garlaschelli D，Loffredo M I，2004. Patterns of link reciprocity in directed networks ［J］. Physical Review Letters，93（26）：268-701.

［129］Garlaschelli D, Loffredo M I, 2005. Structure and evolution of the world trade network［J］. Physica A: Statistical Mechanics and its Applications, 355（1）: 138-144.

［130］Gaulier G, Lemoine F, Unal-Kesenci D, 2004. China's Integration in Asian Production Networks and its Implications［J］. RIETI Discussion Paper Series, 04-E-033.

［131］Ge J, Wang X, Guan Q, et al., 2016. World rare earths trade network: Patterns, relations and role characteristics［J］. Resources Policy, 50: 119-130.

［132］Geng J-B, Ji Q, Fan Ying, 2014. A dynamic analysis on global natural gas trade network［J］. Applied Energy, 132: 22-33.

［133］Gereffi G, 2001. Beyond the producer-driven/buyer-driven dichotomy the evolution of global value chains in the internet Era［J］. IDS Bulletin, 32（3）: 30-40.

［134］Greif A, 1993. Contract Enforceability and Economic Institutions in Early Trade: The Maghribi Traders' Coalition［J］. American Economic Review, 83（3）: 525-548.

［135］Grillitsch M, Asheim B, Trippl M, 2018. Unrelated knowledge combinations: The unexplored potential for regional industrial path development［J］. Cambridge Journal of Regions, Economy and Society, 11（2）: 257-274.

［136］Guglielmo M C, Christophe R, Robert S, et al., 2009. On the bilateral trade effects of free trade agreements between the EU-15 and the CEEC-4 countries［J］. Review of World Economics,（145）:189-206.

［137］Guillen M F, 2002. Structural inertia, imitation, and foreign expansion: South Korean firms and business groups in China, 1987-1995［J］. Academy of Management Journal, 45（3）: 509-525.

［138］Hausmann R, Hidalgo C A, 2011. The network structure of economic output［J］. Journal of Economic Growth, 16: 309-342.

［139］He C, Yan Y, Rigby D, 2018. Regional industrial evolution in China［J］. Papers in Regional Science, 97（2）: 173-198.

［140］Hébert-Dufresne L, Allard A, Marceau V, et al., 2012. Structural preferential attachment: Stochastic process for the growth of scale-free, modular and self-similar systems［J］. Physical Review E, 85（2）: 026108.

［141］Henderson J, Dicken P, Hess M, et al., 2002. Global production networks and the analysis of economic development［J］. Review of International Political Economy, 9（3）: 436-464.

［142］Hess M, 2004. 'Spatial' relationships? Towards a reconceptualization of embeddedness［J］. Progress in Human Geography, 28（2）: 165-186.

［143］Hidalgo C A, Klinger B, Barabasi A L, et al., 2007. The product space and its consequences for economic growth［J］. Science, 317: 482-487.

［144］Hoppe K, Rodgers G, 2015. A microscopic study of the fitness-dependent topology of the world trade network［J］. Physica A, 419: 64-74.

［145］Hou W, Liu H, Wang H, et al., 2018. Structure and patterns of the international rare earths trade: A complex network analysis［J］. Resources Policy, 55: 133-142.

［146］Htwe N N, Lim S, Kakinaka M, 2020. The coevolution of trade agreements and investment treaties: Some evidence from network analysis [J] . Social Networks, 61: 34-52.

[147] Iapadre P L, Tajoli L, 2014. Emerging countries and trade regionalization: A network analysis [J] . Journal of Policy Modeling, 36 (S1): 89-110.

[148] Isaksen A, 2015. Industrial development in thin regions: Trapped in path extension? [J] . Journal of Economic Geography, 15 (3): 585-600.

[149] Ji Q, Zhang H-Y, Fan Y, 2014. Identification of global oil trade patterns: An empirical research based on complex network theory [J] . Energy Conversion and Management, 85: 856-865.

[150] Joseph A C, Joseph S E, Chen G, 2014. Cross-border portfolio investment networks and indicators for financial crises [J] . Scientific Reports, 4 (2): 3991.

[151] Kali R, Reyes J, 2007. The architecture of globalization: A network approach to international economic integration [J] . Journal of International Business Studies, 38 (4): 595-620.

[152] Kandogan Y, 2018. Topological Properties of the International Trade Network Using Modified Measures [J] . The International Trade Journal, 32 (3): 268-292.

[153] Kim H M, 2010. Comparing measures of national power [J] . International Political Science Review, 3 (4): 405-427.

[154] Kim S, Shin E H, 2002. A longitudinal analysis of globalization and regionalization in international trade: A social network approach [J] . Social Forces, 81 (2): 445-468.

[155] Konar M, Dalin C, Suweis S, 2011. Water for food: The global virtual water trade network [J] . Water Resources Research, 47: W05520.

[156] Konstantakis K N, Michaelides P G, Tsionas E G, et al., 2015. System estimation of GVAR with two dominants and network theory: Evidence for BRICs [J] . Economic Modelling, 51: 604-616.

[157] Lee C, Lee K, Pennings J M, 2001. Internal capabilities, external linkages, and performance. A study on technology-based ventures [J] . Strategic Management Journal, 22 (6-7): 615-640.

[158] Lee K M, Yang J S, Kim G, et al., 2011. Impact of the topology of global macroeconomic network on the spreading of economic crises [J] . PLoS ONE, 6 (3): e18443.

[159] Leenders R T A J, Gabbay S M, 1999. Corporate social capital and liability [M] . Boston, MA: Kluwer Academic Publishers.

[160] Li M, Gao L, Fan Y, et al., 2010. Emergence of global preferential attachment from local interaction [J] . New Journal of Physics, 12 (4): 043029.

[161] Li X, Jin Y Y, Chen G, 2003. Complexity and synchronization of the World Trade Web [J] . Physica A, 328: 287-296.

[162] Lin F, 2014. Estimating the Effect of the Internet on International Trade [J] . Journal of International Trade & Economic Development, 62 (3): 171-189.

[163] Liu D, Liu J C, Huang H, et al., 2019. Analysis of the international polysilicon trade network [J] . Resources, Conservation & Recycling, 142: 122-130.

[164] Liu L, Zeng G, Teng T, et al., 2011. An analysis of enterprise network formation mechanism on the perspective of temporary cluster: A case study of Shanghai and Chengdu trade fairs [C] . 2011 IEEE 18th

International Conference on Industrial Engineering and Engineering Management, 448-452.

［165］Mackinnon D, 2012. Beyond strategic coupling: Reassessing the firm-region nexus in global production networks［J］. Journal of Economic Geography, 12（1）: 227-245.

［166］Mallick H, 2014. Role of Technological Infrastructures in Exports: Evidence from a Cross-Country Analysis［J］. International Review of Applied Economics, 28（5）: 669-694.

［167］Martin A, 2009. Regionalizing global trade patterns, 1981-2001: Application of a new method［J］. The Canadian Geographer,（1）: 24-44.

［168］Massey D B, Allen J, Sarre P, 1999. Human geography today［M］. Cambridge: Polity Press.

［169］Massey D, 1994. Space, Place and Gender. Cambridge［M］, UK: Polity Press.

［170］McFadzean D, Stewart D, Tesfatsion L, 2001. A computational laboratory for evolutionary trade networks［J］. IEEE Transactions on Evolutionary Computation, 5（5）: 546-560.

［171］McFadzean D, Tesfatsion L, 1999. A C++ Platform for the Evolution of Trade Networks［J］. Computational Economics, 14: 109-134.

［172］McPherson M, Smith-Lovin L, Cook J, 2001. Birds of a Feather: Homophily in Social Networks［J］. Annual Review of Sociology, 27: 415-444.

［173］Metulini R, Riccaboni M, Paolo Sgrignoli, et al., 2017. The indirect effects of foreign direct investment on trade: A network perspective［J］. The World Economy, 40（10）: 2193-2225.

［174］Morrison A, Rabellotti R, Zirulia L, 2013. When do global pipelines enhance the diffusion of knowledge in clusters?［J］. Economic Geography, 89（1）: 77-96.

［175］Mostafa R H A, Wheeler C, Jones M V, 2005. Entrepreneurial Orientation, Commitment to the Internet and Export Performance in Small and Medium Sized Exporting Firms［J］. Journal of International Entrepreneurship, 3（4）: 291-302.

［176］Neffke F, Henning M, 2013. Skill relatedness and firm diversification［J］. Strategic Management, 34（3）: 297-316.

［177］Newman M E J, 2003. The structure and function of complex networks［J］. Siam Review, 45（2）: 167-256.

［178］Nguyen H T X, Le V, 2019. Network ties and export propensity of Vietnamese small and medium enterprises［J］, Asia Pacific Business Review, 25（1）: 100-122.

［179］Niru Y, 2014. The Role of Internet Use on International Trade: Evidence from Asian and Sub-Saharan African Enterprises［J］. Global Economy Journal, 14（2）: 198-214.

［180］Rauch J, Trindade V, 2002. Ethnic Chinese Networks in International Trade［J］. Review of Economics and Statistics, 84（1）: 116-130.

［181］Rauch J, 1996. Trade and search: Social capital, sogo shosha, and spillovers. National Bureau of Economic Research［R］. Working Paper, No. 5618.

［182］Ricci L A, Trionfetti F, 2012. Productivity, Networks, and Export Performance: Evidence from a Cross-Country Firm Dataset［J］. Review of International Economics, 20（3）: 552-562.

［183］Rigby D, 2015. Technological relatedness and knowledge space: Entry and exit of US cities from patent classes〔J〕. Regional Studies, 49（11）: 1922-1937.

〔184〕Rojíček M, 2012. Impact of globalization on the functioning of international trade〔J〕. Politickáekonomie,（2）: 187-207.

〔185〕Sangita S, 2013. The Effect of Diasporic Business Networks on International Trade Flows〔J〕. Review of International Economics, 21（2）: 266-280.

〔186〕Serrano M Á, Boguñá M, Vespignani A, 2007. Patterns of dominant flows in the world trade web〔J〕. Journal of Economic Interaction and Coordination, 2（2）: 111-124.

〔187〕Serrano M Á, Boguñá M, 2003. Topology of the world trade web〔J〕. Physical Review E Statistical Nonlinear & Soft Matter Physics, 68（2）: 15101.

〔188〕Sgrignoli P, Metulini R, Schiavo S, et al., 2015. The relation between global migration and trade networks〔J〕. Physica A, 417: 245-260.

〔189〕Shamsuddoha A K, Ali M Y, 2006. Mediated effects of export promotion programs on firm export performance〔J〕. Asia Pacific Journal of Marketing and Logistics, 18（2）: 93-110.

〔190〕Smith D A, Timberlake M, 1995. Conceptualising and mapping the structure of the world system's city system〔J〕. Urban Studies, 32（2）: 287-302.

〔191〕Smith D A, White D R, 1992. Structure and dynamics of the global economy: Network analysis of international trade 1965-1980〔J〕. Social Forces, 70（4）: 857-893.

〔192〕Smith J O, Powell W W, White D R, 2005. Network growth and consolidation: The effects of cohesion and diversity on the biotechnology industry network〔J〕. Management Science, Special issue on "Complex Systems across Disciplines", 62-79.

〔193〕Snyder D, Kick E L, 1979. Structural position in the world system and economic growth, 1955-1970: A multiple-network analysis of transnational interactions〔J〕. American Journal of Sociology, 84（5）: 1096-1126.

〔194〕Song D, Jiang Z, Zhou W, 2009. Statistical properties of world investment networks〔J〕. Physica A: Statistical Mechanics and its Applications, 388（12）: 2450-2460.

〔195〕Squartini T, Fagiolo G, Garlaschelli D, 2011. Randomizing world trade. II.A weighted network analysis〔J〕. Phys Rev E Stat Non-lin Soft Matter Phys, 84（2）: 046118.

〔196〕Starnini M, Boguñá M, Serrano M A, 2019. The interconnected wealth of nations: Shock propagation on global trade-investment multiplex networks〔J〕. Scientific Reports（Nature Publisher Group）, 9: 1-10.

〔197〕Stutz F P, 1973. Distance and network effects on urban social travel fields〔J〕. Economic Geography, 49（4）: 134-144.

〔198〕Sueur C, Romano V, Sosa S, et al., 2019. Mechanisms of network evolution: A focus on socioecological factors, intermediary mechanisms, and selection pressures〔J〕. Primates, 60: 167-181.

〔199〕Timmis J, 2013. Internet Adoption and Firm Exports in Developing Economies〔R〕. University of Nottingham, GEP, Discussion Papers.

〔200〕Trippl M, Grillitsch M, Isaksen A, 2018. Exogenous sources of regional industrial change:

Attraction and absorption of non-local knowledge for new path development [J]. Progress in Human Geography, 42 (5): 687-705.

[201] Trippl M, Tödtling F, Lengauer L, 2009. Knowledge sourcing beyond buzz and pipelines: Evidence from the Vienna software sector [J]. Economic Geography, 85 (4): 443-462.

[202] Venables A, 2001. Geography and International Inequalities: The Impact of New Technologies [J]. Journal of Industry, Competition and Trade, 1 (2): 135-159.

[203] Wang W, Li Z, Cheng X, 2019. Evolution of the global coal trade network: A complex network analysis [J]. Resources Policy, 62: 496-506.

[204] Wang Z, Powers W, Wei S-J, 2009. Value Chains in East Asian Production Networks: An International Input-Output Model Based Analysis [R]. Office of Economics Working Paper, No. 2009-10-C.

[205] Watts D J, 1999. Small Worlds: The dynamics of networks between order and randomness [M]. Princeton, N J: Princeton University Press.

[206] Wheatley W P, Roe T L, 2008. The Effects of the Internet on U. S. Bilateral Agricultural Trade [J]. Journal of International Agricultural Trade and Development, 4 (2): 231-253.

[207] Wilhite A, 2001. Bilateral Trade and 'Small-World' Networks [J]. Computational Economics, 18: 49-64.

[208] Winkler D, 2013. Outsourcing Economics: Global Value Chains in Capitalist Development [M]. Cambridge University Press.

[209] Yang Y, Poon J P, Dong W, 2017. East Asia and Solar Energy Trade Network Patterns [J]. Geographical Review, 107 (2): 276-295.

[210] Yang Y, Poon J P, Liu Y, et al., 2015. Small and flat worlds: A complex network analysis of international trade in crude oil [J]. Energy, 93: 534-543.

[211] Yeung H W, Coe N, 2015. Toward a dynamic theory of global production networks [J]. Economic Geography, 91 (1): 29-58.

[212] Yeung H W, 2005. Rethinking relational economic geography [J]. Transactions of the Institute of British Geographers, 30 (1): 37-51.

[213] Yiu D W, Lau C, Bruton G D, 2007. International venturing by emerging economy firms: The effects of firm capabilities, home country networks, and corporate entrepreneurship [J]. Journal of International Business Studies, 38: 519-540.

[214] Zafar U A, Craig C J, Osman M, et al., 2012. The Empirical Link Between Resources, Networks and Export Marketing Performance and the Implications for Developing Countries [J]. Journal of Transnational Management, 17 (1): 63-88.

[215] Zhang H, Ji Q, Fan Y, 2014. Competition, transmission and pattern evolution: A network analysis of global oil trade [J]. Energy Policy, 73: 312-322.

[216] Zhang S, Wang L, Liu Z, et al., 2016. Evolution of international trade and investment networks. [J]. Physica A, 462: 752-763.

[217] Zhao J, Lui J C S, Towsley D, et al., 2011. Empirical analysis of the evolution of follower

network: A case study on Douban [C] . 2011 IEEE Conference on Computer Communications Workshops (INFOCOM WKSHPS): 924-929.

[218] Zhong W, An H, Gao X, et al., 2014. The evolution of communities in the international oil trade network [J] . Physica A, 413: 42-52.

[219] Zhou M, Park C, 2012. The cohesion effect of structural equivalence on global bilateral trade, 1948-2000 [J] . International Sociology, 27 (4): 502-523.

[220] Zhou M, Wu G, Xu H, 2016. Structure and formation of top networks in international trade, 2001–2010 [J] . Social Networks, 44: 9-21.

[221] Zhu S, He C, Zhou Y, 2017. How to jump further and catch up? Path-breaking in an uneven industry space [J] . Journal of Economic Geography, 17 (3): 521-545.

[222] Zhu Z, Cerina F, Chessa A, et al., 2014. The rise of China in the international trade network: A community core detection [J] . Plos One, 9 (8): e105496.

第二章
中国制造业产品对外贸易网络

一、引言

自改革开放以来，中国积极融入经济全球化，经济体量和对外贸易取得大幅增长。中国企业逐渐融入全球价值链（GVC），基于比较优势融入国际贸易网络。在这一转变过程中，中国与世界其他国家及地区的贸易关系经历了不同的阶段。中国加入世界贸易组织（WTO）是关键的一步，使中国有机会在多边贸易体系中参与世界贸易。中国融入全球经济是经济增长主要动力之一。40多年来，中国实行出口导向型经济政策，成为世界市场上的贸易大国。

中国在融入国际贸易网络后出现了贸易增长奇迹，而这一奇迹归功于中国在国际贸易体系广泛的市场拓展。谢泼德（Sheppard，2010）认为发展中国家的贸易增长可以分为四个方面：现有出口市场的出口增长（集约边际）；出口新产品（产品拓展边际）；贸易商品的单位价值增加（质量边际）；在新合作伙伴之间建立贸易关系（地理扩展边际）。对于发展中国家来说，集约边际（Evenett and Venables，2002；Brenton and Newfarmer，2007；Cadot et al.，2011）、拓展边际（Besedes and Prusa，2011；Cadot et al.，2011）、地理拓展边际（Amurgo-Pacheco and Pierola，2008；Shepherd，2010）对贸易增长的贡献已经被广泛讨论，不过哪一种更重要似乎并没有一致的结论。卡多等（Cadot et al.，2011）认为集约边际和拓展边际的相对重要性取决于出口国收入水平：对于较贫穷的国家来说，拓展边际通常更为重要。索拉诺等（Solano et al.，2019）认为产品拓展边际对企业出口绩效有促进作用，但是地理拓展边际呈现出倒"U"形规律，在一定阈值内具有正向影响。

与此同时，中国在融入全球化过程中，无疑也增加了受到外部冲击的风险。中国成长到如此大的贸易体量，未来不应该只考虑贸易增长，也应该防范贸易摩擦带来的出口风险。对外贸易多样化策略能够显著降低风险（Geringer et al.，2000；Hennart，2007；Solano et al.，2019）。出口企业在进入不同的海外市场之前应先采取产品多样化策略，还是采取出口市场多样化策略？关于产品多样化和地理多元化策略性问题在学术界广泛讨论，包括两者是否可以相互替代（Wiersema and Bowen，2008；Kumar，2009；Kistruck et al.，2013），具有互补性（Tallman and Li，1996；Davies et al.，2001）或两者兼而有之（Hashai and Delios，2012；Bowen and Sleuwaegen，2017），以及相关产品还是不相关产品的多元化（Boehe and Jimenez，2018），结果会有空间和时间的异质性，并没有得到一致结论。因此，对于一个国家来说，制定最优策略不能照搬已有研究结果，需要根据自身情况和在不同阶段面临的问题来调整出口策略。

本章研究中国在加入 WTO 以后的出口贸易网络演化过程，旨在考察三方面内容：中国在国际贸易网络中地位及其演化过程；出口市场拓展（地理拓展边际和产品拓展边际）及演化过程；出口深度拓展（集约边际）及演化过程。考虑到要在世界贸易网络背景下分析中国出口网络，不能只采用传统贸易流分析，需要结合近些年逐渐在国际贸易领域研究流行的复杂网络分析方法。复杂网络理论是一种现代方法，以数学方式描述一系列不同系统的特征。这些系统以节点的形式由它们的相互作用（边）连接起来（Albert and Barabási，2002），在描述生物学（Buchanan et al.，2010）和社会科学（Newman，2003；Kitsak et al.，2010；Chessa et al.，2013；Caldarelli et al.，2013）的各种不同现象方面比较有效。近年来，将国际贸易体系看作是一个相互依存的复杂网络，国家用节点表示，贸易关系用边表示，从而有关国际贸易复杂网络研究文献迅速增加（Serrano and Boguna，2003；Garlaschelli and Loffredo，2005；Fagiolo et al.，2009；Riccaboni and Schiavo，2010；De Benedictis and Tajoli，2011；Riccaboni et al.，2013；Riccaboni and Schiavo，2014）。虽然复杂网络分析可以很好地展示网络整体的变化过程，但是无法完全展示单个节点的演化过程。因此对中国贸易网络的研究不局限在复杂网络分析，也结合传统复杂的空间交互流空间理论，探讨为何中国在贸易网络中与某些国家（地区）发生贸易并且贸易额增加，从而综合分析中国贸易网络演化过程。

对中国贸易网络的刻画不仅仅是均质的市场拓展和深度拓展，考虑到在空间中国家（地区）存在异质性，也考察了造成非均质拓展的影响因素。虽然空间上分散的很多发展中国家（地区）参与 GVC 中破碎化的空间分工，国际贸易关系逐渐呈现出"世界是平的"这一现象（Friedman，2007），使中国与世界上许多国家（地区）产生大量的产品贸易流，但是国家（地区）间深度合作和同时存在贸易壁垒、制度壁垒等因素共同作用下，造成国际贸易网络区域化和社群化，使中国逐渐与深度合作国家（地区）形成自己的贸易社群，由此造成中国向贸易网络中国家（地区）的拓展趋势并不相同。随着国际贸易网络发展和交通成本下降，中国可以与遥远的非洲国家和南美国家建立深度贸易，并逐渐形成深度合作社群，而这显然需要大量研究来展示中国贸易网络演化过程。

二、文献综述

（一）贸易网络研究

国际贸易空间关系和空间结构是经济地理学重要研究内容之一。"流"空间理论强调从单边或双边贸易视角切入较难全面把握全球贸易关系，因此国际贸易网络化研究日益涌现，主要是结合复杂网络分析方法对全球贸易和区域贸易的探讨。自从纽曼（Newman，2003）系统介绍复杂网络分析技术的适用场景和效果以来，极大地鼓励了社会科学采用复杂网络分析方法。贸易研究也采用网络分析来探索贸易网络的性质和结构（Serrano and Boguñá，2003；Kali and Reyes，2007；Fagiolo et al.，2010；Barigozzi et al.，2010；De Benedictis and Tajoli，2011；Maeng et al.，2012；De Benedictis et al.，2014）。世界贸易网络研究普遍使用国家作为网络节点，使用国家间每年进出口货物流作为节点联系，表现形式包括双边或者加权、有向或者无向，有时也会使用国家间多年平均贸易额作为边的权重。贸易网络研究也从产品、企业、国家等方面切入，分类讨论特定贸易网络的结构和属性。

贸易网络研究可分为三个阶段：

第一阶段主要是采用社会网络分析方法理解世界贸易网络结构和性质，验证传统复杂网络分析方法在贸易网络研究的适用性。研究的贸易网络结构较为简单，涉及的网络都是基于 2000 年之前国家间无向双边贸易额构建的，看不出两个国家间贸易流向的信息。构建的网络矩阵往往是针对特定年份，可以观测密度、小世界效应和度分布等，展现出来的复杂特性适用复杂网络分析（Serrano and Boguñá，2003）。如塞拉诺和博古尼亚（Serrano and Boguñá，2003）基于联合国商品贸易统计数据库（UN Comtrade）中 2000 年 179 个国家的 40 种最重要的商品数据，发现世界贸易网络显示了在其他复杂网络中观察到的典型特征，如无标度网络形式、极度不均匀节点度分布、社区结构和小世界特性。同时发现，贸易网络具有互惠性质，双向连接比例很高，一个国家的连接数量与其人均 GDP 之间存在正相关关系。然而，将网络限制在每个国家 40 种重要的商品上，可能得不到完整的结果。进一步研究发现，节点与节点的联系不是简单与经济发展程度相关，与其他国家联系较多的国家往往更容易与贸易伙伴较少的国家建立联系（Garlaschelli and Loffredo，2005），其中贸易网络中主要发达国家的经济周期与美国是同步的（Li et al.，2003）。

第二阶段延续世界贸易网络研究，深入世界贸易网络内部，探究贸易网络中的子网络属性，包括地区贸易网络和不同产品贸易网络。对世界贸易网络研究注意力从贸易网络简单属性指标转移到网络强度和密度，问题包括国际贸易全球化与区域化进程（Kim and Shin，2002；Tzekina et al.，2008；Erolay et al.，2011；Piccardi and Tajoli，2012；Reyes et al.，2014），贸易量和增长分布强度（Riccaboni and Schiavo，2010）。研究普遍展现了贸易网络的核心—外围结构（Kali and Reyes，2007；Fagiolo et al.，2010）。另一特点是开始由研究静态网络转向到网络演化过程。例如，卡利和雷耶斯（Kali and Reyes，2007）分析了1992年和1998年两个时间点的世界贸易网络，发现世界贸易网络是高度连通、分散和同质的，并且随着时间推移变得更加一体化。对于只有高贸易额的贸易网络，研究发现世界贸易网络呈现出特别不均匀的核心—外围结构，少数国家是全球贸易中最有影响力的经济体。相应地，以网络密度衡量全球一体化，在贸易额较高时下降幅度更大。法吉奥洛等（Fagiolo et al.，2010）采用非直接的加权网络方法研究1981~2000年的世界贸易网络的演变，发现贸易网络非常密集，而且越来越密集，几乎所有的贸易关系都会存在互惠现象。世界贸易网络结构特性相当稳定，密度和互惠性都在增加，表明最近的全球化浪潮导致了贸易关系数量的增加，但对其强度没有明显影响。大部分国家主要是弱贸易关系，每个国家所承载的所有对外贸易强度（即节点强度）分布右偏，而只有一组高收入国家存在大量密集关系，表明少数密集贸易联系与大多数低强度贸易联系并存（Fagiolo et al.，2008，2009；Fagiolo，2010），而且贸易网络中展现出幂律分布——即国家间贸易强度分布严重右偏且与GDP成正比（Bhattacharya et al.，2008）。

在过去20年里，国际贸易中全球化与区域化并存。前者表现为不同国家集团形成贸易关系，而后者则表现为区域贸易协定和自由贸易区内的贸易联系。传统上认为"区域化"和"全球化"是相互矛盾的，一些研究认为贸易逐渐走向全球化（Hummels，2007）；另一些研究则认为贸易是区域化的（Edward and Milner，1999），还有一部分研究展现出全球化和区域化并存的现象（Arribas et al.，2009）。然而，即使采用网络的方法，关于世界贸易是更加全球化还是区域化这个问题仍然没有一致的答案（Kim and Shin，2002；Tzekina et al.，2008；Piccardi and Tajoli，2012；Reyes et al.，2014）。

一些研究从网络内部出发，测算不同产品和地区贸易网络中的相关指标，并与全产品的世界贸易网络进行比较，试图发现和解释世界贸易网络特征，如高连通性和高密度（Barigozzi et al.，2010；Maeng et al.，2012）、社群特征（Tzekina et al.，2008；De Benedictis and Tajoli，2011），多核心的复杂网络结构（Riccaboni et al.，2013；De Benedictis et al.，2014）。世界贸易网络的高连通性与特定产品直接相关。巴里戈齐等（Barigozzi et al.，2010）研究了1992~2003年世界贸易网络及其相应的97个特定商品网络特征，发现世界贸易网络连通性主要是通过特定商品网络中存在的许多弱联系来实现的，世界贸易网络中节点度分布的相似性是特定商品网络中节点度相似的结果。德本尼迪克蒂斯等（De

Benedictis et al., 2014）也发现产品网络的异质性，每一个产品中核心国家都不相同。产品网络不能简单叠加来解释整个贸易网络。贸易网络的其他主要特征不同于特定商品网络特征，例如，贸易网络的密度高于其组成网络的密度（Barigozzi et al., 2010）。

针对子区域内的贸易网络，研究发现贸易网络结构不能简单归结为核心—边缘模式（Fagiolo et al., 2010），而是具有更复杂和异质性的结构，体现在密切贸易社群和不同社群内存在多核心，与国家之间地理、经济、政治等密切合作社群直接联系。德本尼迪克蒂斯和塔乔利（De Benedictis and Tajoli, 2011）发现，在子区域范围内出现了全面联系，如世贸组织成员比非成员有更多的贸易联系和更密切的相互联系。不同子区域内具有显著的异质性，区域子网络（如美洲、非洲、大洋洲）的连接比世界贸易网络更密集，而欧洲和亚洲的贸易密度却减少了（De Benedictis and Tajoli, 2011）。有研究使用最小生成树方法来解构世界贸易网络，发现在高密度的贸易网络中许多弱的贸易关系与少数强的贸易关系并存，但是密集的国家间贸易存在主导贸易伙伴，贸易社群内存在核心节点国家（Maeng et al., 2012）。德本尼迪克蒂斯等（De Benedictis et al., 2014）发现世界贸易由 17 个关键角色组成的核心群体主导，90% 以上的双边贸易流动对世界贸易贡献不大。庄等（Chong et al., 2019）研究了"一带一路"贸易网络结构的演化过程，将网络中的国家按参与方式区分成四个角色"主导者""连接者""生产方""接收方"。

第三阶段是关注网络中国家节点和与传统主题相结合，并逐渐联系实际问题。大量研究证实复杂网络分析不仅仅可以展示贸易网络的结构和性质，还可以从新的角度来讨论传统贸易研究中的相关问题，如贸易协定（Sopranzetti, 2017）、贸易政策（De Benedictis and Tajoli, 2011; Ikeda and Lyetomi, 2018）、贸易与收入（Abdollahian and Yang, 2014）、风险和冲击（Basile et al., 2018; Starnini et al., 2019）。世界贸易网络研究经历从整体系统和子系统研究后，学者们逐渐发现关键节点国家在网络上中起到了重要的作用，尤其大量研究发现多层级嵌套组织结构的贸易网络存在影响力较大的国家和行业（Alves et al., 2019），传统简单的"核心—边缘"结构解释力已经过时（Fagiolo et al., 2010）。网络分析对国际贸易研究的贡献受到质疑，因为网络效应对单个国家（节点）和贸易关系（边）影响缺乏重要性证据。因此，对节点的贸易关注也开始成为重点研究内容，尤其是针对网络中关键节点的地位（Fan et al., 2014; Zhu et al., 2014）和演化过程（Caporale et al., 2015; Zhou et al., 2016）。法恩等（Fan et al., 2014）考察了贸易网络中国家的作用和地位，发现在多核心的网络结构中，国际贸易系统中欧盟、美国和日本对于提升世界经济起到了非常重要的作用。欧盟出口关系一旦被打破，可以很容易产生一个"瀑布效应"，导致世界贸易的全球性坍塌（Fan et al., 2014），欧盟内部贸易成本也会显著地改变欧盟贸易网络模式的形态（Basile et al., 2018）。诸多研究也关注中国在贸易网络中地位的提升，如朱等（Zhu et al., 2014）发现 1995~2011 年贸易网络中，中国逐渐代替日本成为亚洲—大洋洲社区的领导者。

综合现有研究发现，世界贸易网络结构文献对于世界贸易中关键节点的关注还不够。自从中国加入WTO之后，在全球贸易逐渐成为举足轻重的力量，在国际贸易网络的地位和影响力值得研究。我们从中国作为贸易网络的一个节点来研究贸易关系的演化过程，借助复杂网络分析展示中国贸易系统的空间组织属性和在整个世界贸易网络中的演化过程，通过无标度网络来刻画与其他国家（地区）间的贸易联系，考察中国在加入WTO之后，是否存在密切的贸易社群。现有研究已经展示国际贸易网络变得更加紧密、国家间的联系变得更多，展现出显著的小世界特征，即国家间贸易高度联系在一起（Garlaschelli and Loffredo，2005；De Benedictis and Tajoli，2011）。小世界特征也暗示着多国间可能存在超出双边合作的深度组织合作，在网络中称之为社群，在贸易网络中该性质也已经被现有的贸易文章所验证（Rugman et al.，2009；Lin et al.，2013）。

与大多数综述文献不同（Serrano and Boguñá，2003；Kali and Reyes，2007；Fagiolo et al.，2010），我们没有按照贸易关系的价值来筛选，也没有按照出口商或进口商的规模来加权。相反，我们在剔除了2001~2016年未能持续报告的所有国家（地区）后，保留了原始数据集；也就是说，我们没有删除较小的贸易流，保留网络的特征，保证国家（地区）间贸易联系的完整性同时避免在数据集中缺失未报告国家数据可能产生的偏差。除了传统的通过图形可视化的贸易网络，我们还提供了相应的最小生成树可视化。这种改变原始结构的可视化方法，揭示了贸易网络的层次结构，可以清晰地看出中国在世界贸易网络中地位和影响范围的演化过程，还可以将我们的结果与上述国际贸易的普遍引力模型初步联系起来（Maeng et al.，2012；Cepeda-López et al.，2019）。

（二）出口网络演化

1. 出口经验与出口网络演化的"路径依赖"

企业出口能力受到贸易经验的限制。企业在拓展市场时面临不确定性带来的风险，更容易也更有意愿出口到与现有市场比较类似的国家，这种类似包括目的地之间在产品偏好、需求结构、制度文化、官方语言或者地理区位等方面的相似程度。企业对某国的出口经验直接影响企业出口到该国的沉没成本，因为企业可以零成本直接获取企业边界内关于该国的市场信息和出口渠道，最大程度降低出口沉没成本和市场风险。一些理论研究关注了出口经验的作用（Eaton et al.，2008；Freund and Pierola，2010；Albornoz et al.，2012；Impullitti et al.，2013）。实证研究也发现企业出口到某国的概率依赖于历史经验。罗伯茨和泰鲍特（Roberts and Tybout，1997）、伯纳德和延森（Bernard and Jensen，2004）通过检验过去是否出口对现在出口的影响验证进入成本的存在，发现过去出口经验对出口概率有很重要的影响。西纳尼和霍达里（Sinani and Hobdari，2010）将现在的出口决策作为前两年出口历史的函数建立模型，发现企业的出口历史显著影响进入特定市场的概率。企业自身所积累的目的地市场知识会内化于企业基因中，如果之前与该国发生过贸易联系，就会增大其新产品进入该市场的概率。塞普尔维达和罗德里格斯（Sepúlveda and Rodriguez，2015）验证了企业前期出口过某个国家后会提高再出口该国的概率。阿尔瓦雷斯等（Álvarez et al.，2008）认为出口企业进入新的国际市场并不容易，也会面临一系列进入成本，例如广告宣传、研究新市场的制度环境以及重新建立分销渠道等。达斯等（Das et al.，2007）利用智利的企业数据发现出口经验显著地影响企业进入新市场的决策。

母国与目的地的经济、社会、教育或文化等方面越相似，出口的不确定性越低，成功率越高，说明国家间存在的制度、经济等差异会制约企业拓展市场，尤其是在企业搜寻成本高昂且拓展风险较大的时候。因此，在信息的受限情况下，企业会优先出口到出口经验比较丰富的地方以及出口条件与已有出口市场类似的地方。查内（Chaney，2014）认为企业的目的地扩展受到东道国与目的地之间距离的影响属于直接搜索方式，企业在目的地扩展过程中还可以通过间接搜索方式，一旦企业已经获得国外联系的网络，它会以已有贸易伙伴为中心向外远程搜索新的贸易伙伴，因为相似的市场情况能大大降低企业的搜索信息等沉没成本，提高市场扩展的成功率。阿尔伯诺兹等（Albornoz et al.，2012）与德弗尔等（Defever et al.，2015）分别发现出口企业进入国际市场具有顺序性，一个企业已有出口市场会影响企业未来出口策略。莫拉莱斯等（Morales et al.，2011）发现如果一个企业出口到一个国家，未来市场拓展时更可能出口到其他相似国家。希亚（Jia，2008）和霍姆斯（Holmes，2011）也发现企业的地理扩展受到市场间网络临近的影响。莫拉莱斯等（Morales et al.，2011）认为企业更可能进入与之前目的地更相似的国家，因为当进入新目的地时企业要面对适应成本，一些企业比另一些企业有更低的适应成本是因为这些企业之前出口过类似的市场，已经付出了部分适应成本。

对于同一企业出口贸易来说，出口经验和国家之间贸易环境的差异使得不同国家间会存在某些相似性，即相对更容易出口到某一类国家。国家间的相似性会使企业更容易拓展出口到与已有市场相似的国家，从而表现出路径依赖性。类似地，中国企业出口会优先拓展出口到与已有市场相似的国家，而且对于已有市场，也会优先增加出口量在出口经验最丰富的国家。

2. 外部冲击与出口网络演化

企业和地区具备某些出口惯性行为，会根据出口风险和自身经验来判断未来出口拓展的决策和顺序，展现出"路径依赖"的现象。然而，这种"路径依赖"现象会受到外部冲击的影响。外部冲击会改变行为主体对风险的判断，如贸易协定等正向的冲击可能会降低风险和不确定性，会促进企业和地区出口到新的市场（Handley and Limao，2017）。通过直接与对方国家建立联系，可以直接促进两国之间的贸易流，从而打破"路径锁定"的魔咒。同时，贸易壁垒等负向的外部冲击可能会增加行为主体对出口市场的风险，从而会更加依赖以往的出口经验来规避可能会存在的风险。

正向冲击主要指多边贸易协定、区域贸易协定等自由贸易协定和贸易促进政策等。区域贸易协定对贸易的重要性一直被广泛研究。自 1947 年根据《关税及贸易总协定》（关贸总协定）开始进行多边贸易谈判以来，已经有几个时期进行了密集的区域一体化努力（De Melo and Panagariya，1993）。虽然关于过去 50 年中经历了多少次区域主义浪潮的观点有所不同（Frankel，1997；Mansfield and Milner，1999），人们普遍认为，20 世纪 60 年代和 70 年代基于进口替代模式的区域贸易协定在很大程度上是无效的（Schiff and Winters，2003）。20 世纪 80 年代，随着美国和加拿大政策向双边和区域协定的转变，区域一体化的浪潮更加强劲（WTO，2011）。近期的文献普遍发现区域贸易协定对贸易增长有显著的正向作用（Rose，2004；Subramanian and Wei，2007；Baier and Bergstrand，2007；Head et al.，2010；Egger et al.，2011；Limao，2016）。此外，全球一半以上的贸易是通过优惠协定进行的，其余的主要是没有任何优惠贸易协定的欧盟、美国、日本和中国之间的贸易（WTO，2015）。只有少数国家不属于任何优惠协定，墨西哥和新加坡等国家在过去 10 年中，其自贸协定的数量增加了 1 倍多。自由贸易协定的形成过程还在继续，因为涉及世界上每一个地区和几乎每一个国家，其中中等收入国家表现出最大的活力。

贸易协定对一国贸易网络的影响存在时间和空间异质性。虽然在短期内，贸易伙伴共同体之间的贸易流动比与非成员之间的国际贸易流动更加密集（Chortareas and Pelagidis，2004），可以帮助国家突破之前长期稳定贸易关系，产生新的出口路径，但是贸易协定在长期内促进贸易开放的能力可能是有限的：随着国家的发展，最初在提高开放度方面取得的成功可能会随着时间的推移而减弱甚至下降（Kotcherlakota and Sack-Rittenhouse，2000）。从空间尺度来看，从 1959~1996 年间贸易网络的演化过程发现全球化和区域化都有所提高，而地理邻近的贸易伙伴之间的贸易强度要大于空间不邻近国家之间的贸易强度（Kim and Shin，2002），表明贸易协定即使可以打开新的贸易关系，但是在空间临近的国家间作用可能会更大，使一国参与的生产网络更可能在空间临近国家间产生。总体而言，已有研究表明，贸易协议会消除国家间贸易不确定性，从而促进国家间贸易（Lim and Maggi，2013；Handley，2014；Handley et al.，2014；Handley et al.，2015；Lim，2016；Feng et al.，2017；Handley and Limao，2017），比如汉德利和利马奥（Handley and Limao，2017）发现中国在 2001 年加入 WTO 降低贸易政策不确定性，解释了 2002~2010 年出口到美国货物中 1/3 的增长量。

外部负向冲击主要来自国家间贸易壁垒。尽管国际贸易可以通过提供更便宜的产品和更多的品种来有效地提升社会福利和刺激经济增长（Arkolakis et al.，2012；Lin and Sim，2013；Hu et al.，2016），但在任何经济体中，针对健康、安全和环境质量的监管措施都是社会所必须的。这些监管措施一直存在，并越来越多地由世贸组织成员的政府实施（Prusa，2001；Bown，2011；Zanardi，2006）。反倾销、反补贴、技术性贸易壁垒等贸易壁垒措施会增加向施行这些措施的国家出口的成本，比如实行技术性贸易壁垒可能会增加生产出口产品的可变成本（技术标准要求升级或至少调整产品或包装）。

对于出口企业来说，目的地施行贸易壁垒会增加出口的难度，使得企业更不容易拓展到该国家，并会导致出口生产率较低的企业退出出口市场（Chaney，2008）。为了降低贸易壁垒带来的风险，企业会首先出口到更加熟悉且更加安全的市场，从而在出口市场较少的前提下，可能会展现出显著的"路径锁定"现象。不过出口市场多样化的企业更容易应对贸易壁垒带来的影响，多目的地的出口企业由于转移成本较低，比其他企业更容易将贸易转移到没有实施贸易壁垒措施的其他目的地。企业会对比满足新标准的成本与货物转移成本决定是否进行市场拓展，其中成本包括转移到新的目的地将产生固定的进入成本和增量成本等（Arkolakis，2010）。当遵守贸易壁垒措施提出的要求成本越高，企业将出口放在其他目的地的可能性就越大。同时，通过减少竞争者的数量来降低竞争，从而增加企业出口（Fontagné et al.，2015）。总结而言，如果遇到贸易壁垒的情况比较多时，多出口目的地更容易调整风险（H´ericourt and Nedoncelle，2016）。

中国自加入WTO以来，已经成为其他国家实施非关税贸易壁垒措施最多的国家之一（Lu et al.，2013）。现有研究普遍针对贸易壁垒对产品出口数量、价值、质量等方面的影响。有研究调查了欧盟采用的统一标准对非洲国家纺织品和电力进口的影响（Czubala et al.，2009；Portugal-Perez et al.，2010）。包和邱（Bao and Qiu，2012）基于1995~2008年的贸易壁垒数据，研究了贸易壁垒对贸易利润的影响，并发现贸易壁垒减少了出口的广泛利润，但增加了密集利润。丰塔涅等（Fontagn´e et al.，2015）分析了限制性卫生与植物检疫措施（SPS措施）对法国企业出口行为的影响，发现这些措施降低了企业出口参与度，但对大企业的影响较小。陈等（Chen et al.，2006）使用世界银行技术性贸易壁垒调查资料，覆盖17个发展中国家的619家企业，发现潜在目的市场施加的检测程序会大幅降低出口份额。胡（Hu，2018）发现欧盟的贸易壁垒降低了中国打火机出口企业对欧盟的出口数量和价值。克罗利等（Crowley et al.，2016）发现关税提高会增加贸易风险，导致中国出口商进入国外市场的速度下降。总之，贸易壁垒可以降低其他国家对其出口的数量，但是也可能会促进部分高质量企业拓展新市场，并且可能会向该国家拓展质量更高的产品。

三、数据与方法

（一）数据来源

数据来自 UN Comtrade 数据库，是国际最为权威的贸易数据库之一，包括所有国家（地区）与其贸易目的地进口和出口的数据。我们选取了 2001~2016 年共 16 年的中国与其贸易目的地的进出口数据。双方之间的总贸易量在数据库统计过程中可能并不相同，原因是进口国家（地区）与出口国家（地区）有时存在统计误差和瞒报等问题。将 UN Comtrade 中的中国数据与中国海关贸易数据库进行比对发现，UN Comtrade 针对中国进口的数据与中国海关贸易数据库的数据更加匹配，因此我们使用数据库中各国（地区）统计的进口数据来衡量全世界的贸易网络。为了兼顾产品间异质性和同质性，产品细分尺度为四位数 HS 贸易产品。其他数据均来自中国统计年鉴和世界银行。为了与贸易数据保持一致，我们进行购买力折算处理。

（二）网络指标与计算方法

1. 节点度

节点度（degree）指与节点相连边的数量，可以分为入度和出度，反映了中国对外贸易联系的活跃程度（Fagiolo，2010）。计算公式为：

$$D_d(x) = d(x) \tag{2-1}$$

2. 中心性

中心性指标表示节点在网络中的核心程度，我们采用中介中心性（betweenness centrality）、临近中心性（closeness centrality）和特征向量中心性（eigenvector centrality）。

中介中心性指节点出现在网络中其他节点的最短距离加总的数量。中介中心性越高，表明网络中转能力越强，也表明对整个贸易网络流传播的控制能力越强。往往提供中介性质的连接服务，如中间产品生产和出口的国家可能该指标值越高。计算公式为（Fagiolo，2010）：

$$BC = \frac{2}{n^2 - 3n + 2} \sum_{i=1, j \neq k}^{n} \sum_{j \neq k}^{n} \frac{\delta_{ij}^k}{\delta_{ij}} \qquad (2-2)$$

临近中心性指该节点到所有节点距离和的大小，可衡量节点的网络空间可达性。临近中心性越高代表网络中其他各点到该点的可达性更强。一般来说，提供服务和基础设施的国家该指标值往往更高。计算公式为（Fagiolo，2010）：

$$CC_I = \left[\frac{1}{n-1} \sum_{j=1, j \neq i}^{n} d_{ij} \right]^{-1} \qquad (2-3)$$

特征向量中心性反映节点的重要程度与邻居节点数量和重要程度相关的指标。计算公式为（Fagiolo，2010）：

$$EC(i) = x_i = c \sum_{j=1}^{n} a_{ij} x_j \qquad (2-4)$$

3. 最小生成树网络

世界贸易网络包含大量国家及其相互联系，复杂的结构掩盖了等级结构，特别难以确定一个国家的重要贸易伙伴或整体网络结构（Maeng et al.，2012；Cepeda-López et al.，2019）。研究贸易网络的层次结构和确定一个国家的重要贸易伙伴，一种简单而又有用的方法就是最小生成树（minimal spanning tree，MST）。这种方法是贸易网络分析的一种补充，在贸易网络中，所有指标都是在整个网络上计算的，而最小生成树方法可以降低网络维度，包括选择 n 个节点的连接系统的最小权重（即最短距离），使产生的系统成为一个具有 $n-1$ 个链接的无环网络，使系统的权重最小化（León et al.，2014）。最小生成树提供了原始复杂网络的过滤版本，保留了最显著特征，因此，MST 也被称为网络内部的"骨架"（Wu et al.，2006）。

我们采用的 MST 方法最大限度地展示出国家（地区）间的无向贸易流量来提取世界贸易网络的主干。世界贸易网络无向图是根据权重对称加权得到的（Fagiolo et al.，2010；Maeng et al.，2012），国家（地区）间无向贸易流量计算公式如下：

$$W_{ij} = 0.5 \times (W_{ij} + W_{ji}) \qquad (2-5)$$

网络节点对应于国家（地区），由其国家（地区）代码（ISO）三个字母代码确定；边对应于每个国家（地区）进出口总值的贡献。在避开网络中的环路后，多边贸易体制中国家（地区）之间的边缘对应于每个国家（地区）最重要的贸易联系。节点按权重的布局定位，吸引相邻的顶点，排斥远处的顶点。

4. 网络社区分析

社区结构是网络的主要特征之一，网络被分割成若干个群落（Fortunato，2010）。同一群落中连接节点的边越多，不同群落之间连接节点强度越弱。纽曼和格文（Newman and Girvan，2004）首次提出模块化（modularity）概念，用来计算网络中存在的社区。我们借助纽曼和格文（2004）模块化优化方法来揭示全球贸易网络的中国社区。这种算法源于"随机网络不会具有明显社区结构"这一思想，通过衡量网络实际密度与随机连接情况下期望密度的差异大小来评估是否存在社群。子网络预期的边密度取决于所选择的随机模型，即保留部分网络结构特性但没有社区结构的原始图副本（Fortunato，2010）。公式如下：

$$Q = \frac{1}{2m} \sum_{ij} (A_{ij} - P_{ij}) \delta(C_i, C_j) \tag{2-6}$$

其中，如果两个节点 i 和 j 在同一个社区，则 d 函数等于 1，否则等于 0。由于世界贸易网络是一个加权网络，A 是加权邻接矩阵，A_{ij} 是 i 和 j 之间的边缘权重。$m = \frac{\sum_{ij} A_{ij}}{2}$ 是网络的总体边权重。$P_{ij} = \frac{s_i s_j}{2m}$ 是节点 i 和 j 在随机模型中可能出现边的概率，其中 $s_i = \sum_j A_{ij}$ 是节点 j 的力强度。Q 位于区间 [0，1]。网络的最优分区是获得 Q 值最大的社区结构。也就是说，Q 值越高，说明与随机对应的偏差越大。模块化方法存在各种问题，最重要的问题是存在分辨率限制（Fortunato and Barthlemy，2007），使其无法检测较小的模块。然而，它是目前使用最多的社区检测方法，能产生很好的结果，并且有一些很好的特点，比如它是一个全局性的标准，并且实现起来很简单。

（三）因变量

中国贸易网络本质上是以中国为节点、以向各国（地区）的贸易流为边的网络，其演化即向各国（地区）进出口产品贸易流从无到有和从弱到强的变化。我们使用每年中国向其他国家（地区）新出口产品贸易和贸易额增加作为衡量中国进出口贸易网络演化的指标，参考卡多等（Cadot et al.，2013）研究，将产品—市场配对关系做了分类。以 p、d、t 分别表示产品、市场和年份，则 V_{pdt0} 代表中国在第 t_0 期 p 产品到 d 市场出口额，V_{pdt1} 代表中国在第 t_1 期 p 产品到 d 市场出口额。被解释变量中，定义 $Entry_{pdt}$ 为 t 时期中国是否向 d 市场出口 p 产品，即当 V_{pdt1} 不为 0 而 V_{pdt0} 为 0 时，$Entry_{pdt}$ 取值为 1，其他结果都为 0；定义 $\ln AdV_{pdt}$ 为 t_0 时期中国向 d 市场出口 p 产品和 t_0 时的差值的对数，不过只取连续两年都有出口额的样本，并且只取增长部分样本。

（四）自变量

1. 国家（地区）关联

市场相似程度的测量一直以来是国际贸易研究领域的热点。莫拉莱斯等（Morales et al., 2011）采用四个虚拟变量，即共同边界、同属一个大陆、共同官方语言和相似的人均 GDP 来衡量国家间相似度，研究市场相似度对出口新市场的影响。四个变量对加总层面的国家间贸易具有较强的解释力，但对于特定产品的国家间贸易解释力有待验证，四个变量中只有目的地使用同一官方语言能够显著提高出口新市场的概率。参考伊达尔戈等（Hidalgo et al., 2007）的研究，我们采用共现分析法计算两个国家（地区）被同一企业出口的条件概率，因为企业是最基本的生产单元，做任何决定都依据成本最低或利润最大，不太可能选择两个完全不相关的目的地进行出口，付出两份沉没成本。我们不排除这种可能，所以计算条件概率更准确，即如果两个国家（地区）高频率地被同一企业当作出口目的地，说明出口两国（地区）所需要的信息相似或者所需要付出的成本相互重叠，那么出口其中一个国家（地区）以后，再出口另一个国家（地区）更容易获取市场信息或者所要付出的固定成本要少得多。因此，当这个条件概率足够高，就说明两个国家（地区）相互关联。计算公式与产品关联相似，

$$\varphi_{i,j} = \min \left\{ P(V_{pi} > 1 \mid V_{pj} > 1), P(V_{pj} > 1 \mid V_{pi} > 1) \right\} \tag{2-7}$$

其中，i 和 j 代表国家（地区），V 是出口额，$P(V_{pi}>0 \mid V_{pj}>0)$ 是 i 和 j 两国家（地区）被中国作为出口目的地出口 p 产品的条件概率，如果 $\varphi_{i,j}$ 很高，说明 i 和 j 国（地区）频繁进口中国的 p 产品，表示两国家（地区）的关联度高；反之，则关联度低。国家（地区）间的两两关联度的集合称为国家（地区）关联网络，是一个 225 × 225 的对称矩阵，矩阵中的每一项都是一对国家（地区）间的关联度。此外，取两个条件概率的最小值可以避免过大地估计国家（地区）关联程度。企业选择与出口过的国家（地区）相似或有关联的市场，不仅能够以较低成本获取新目的地市场需求、出口渠道、国家制度和法律等信息，而且更容易接触到此类国家（地区）的信息，提高备选范围，两者都能提高出口新目的地的概率。

为了分析每个产品对于每个国家的出口市场关联，我们借鉴伊达尔戈等（Hidalgo et al., 2007）和波斯玛等（Boschma et al., 2013）的思路，分别计算国家（地区）出口网络的关联程度（也可称"国家（地区）—产品"关联）。首先，国家（地区）与产品的关联程度的计算公式如下：

$$d_{i,p,t} = \sum_j x_{j,p,t}\,\varphi_{i,j,t} / \sum_j \varphi_{i,j,t} \tag{2-8}$$

其中，i 和 j 代表国家（地区），p 为 HS 四位产品码，t 代表年份，$\varphi_{i,j}$ 是上面定义的国家（地区）间关联程度。市场关联（$Density_{pi}$）越大，表明国家（地区）i 与产品 p 的出口网络越相近。

2. 贸易协定与贸易壁垒

贸易壁垒和贸易协定数据均来自世界银行，其中贸易壁垒数据是国家（地区）—产品级别的，不过产品仅仅到 2 位数产品；贸易协定数据是国家（地区）级别的。

3. 引力模型相关变量

引力模型中的核心解释变量为中国 GDP 对数（$\ln GDP_i$）、贸易目的地 GDP 对数（$\ln GDP_j$）以及中国与贸易国的地理距离（$\ln Geodist$）。地理距离与产品出口的运输成本直接相关。考虑到多维临近性的影响，增加经济距离（$\ln Ecodist$）和制度距离（$\ln Instdist$）变量。两国（地区）之间经济距离和制度差距对贸易的影响主要体现在增加了贸易的不确定性。经济距离测算两国（地区）之间人均 GDP 差值。

制度距离参考科格特和辛格（Kogut and Singh，1988）的计算方法，先计算各国（地区）的各项治理指数，然后按照以下公式计算中国与贸易目的地之间的制度距离（$\ln Instdist$）：

$$\ln Instdist = \frac{1}{n} \sum \left[(D_{ia} - D_{ib})^2 / V_i \right] \tag{2-9}$$

其中，n 代表国家治理指数的个数；D_{ia} 和 D_{ib} 分别代表中国 a 与贸易目的地 b 的 n 项指标中的第 i 项指标值；V_i 代表指标方差。参考考夫曼等（Kaufmann et al.，2011），采用政府责任、社会稳定、政策有效性、法律体制、监管能力和寻租控制 6 个维度来反映各国（地区）的治理环境。

（五）模型设置

中国贸易网络在 2000~2016 年发生较大的变化。我们构建面板 Probit 模型和面板普通最小二乘法（OLS）回归计量模型来揭示中国贸易从无到有和从弱到强演化的驱动机制，模型如下：

$$Entry_{pdt} = \alpha 1 Density + \alpha 2 Agree + \alpha 3 \ln Barrier + \alpha 4 Cmmnt + \alpha 5 Center + \alpha 6 \ln GDP_i + \alpha 7$$
$$\ln GDP_j + \alpha 8 \ln Geodist + \alpha 9 \ln Instdist + \alpha 10 \ln Ecodist + \beta 1 Year + \beta 2 Product + \gamma 1 Agr \times Den +$$
$$\gamma 2 Brr \times Den + \gamma 3 Cmt \times Den + \gamma 4 Cen \times Den + \varepsilon \tag{2-10}$$

$$lnAdV_{pdt} = \alpha1Density + \alpha2Agree + \alpha3lnBarrier + \alpha4Cmmnt + \alpha5Center + \alpha6lnGDP_i +$$
$$\alpha7lnGDP_j + \alpha8lnGeodist + \alpha9lnInstdist + \alpha10lnEcodist + \beta1Year + \beta2Product + \gamma1Agr \times Den +$$
$$\gamma2Brr \times Den + \gamma3Cmt \times Den + \gamma4Cen \times Den + \varepsilon \qquad\qquad (2-11)$$

其中，Year 和 Product 分别代表时间和产品的固定效应；ε 代表误差项。研究年限为 2001~2016 年，关注 4 位数贸易产品代码。为了更好地揭示关键解释变量的机制，分别设置了贸易壁垒（Barrier）、贸易协定（Agree）、同一社区（Cmmnt）和网络地位（Center）四个变量与市场关联的交互变量，分别是 $Agr \times Den$、$Brr \times Den$、$Cmt \times Den$ 和 $Cen \times Den$。

四、中国制造业产品贸易网络结构特征

（一）中国贸易态势

中国在 2001~2016 年，进出口贸易都增长近 10 倍，出口贸易增长幅度大于进口贸易（见图 2-1）。在 2001~2013 年，中国进出口贸易总量比较接近，但是从 2014 年开始，出口总量略微下降，而进口总量下降幅度较大。从中国对世界各国（地区）进出口贸易量的赫芬达尔 - 赫希曼指数（HHI）来看，中国从 2001~2016 年进出口贸易集中度逐渐下降，说明中国在拓展更多贸易市场。出口集中度一直高于进口集中度，仅仅在 2008 年两者比较接近，不过出口下降幅度更大，中国向少数国家（地区）出口量占总量的比率要大于向少数国家（地区）的进口比率，但是出口的市场拓展可能要多于进口。

图 2-1 中国进出口总额和进出口赫芬达尔指数

　　图 2-2 展示了世界主要贸易国家（地区）的总贸易额排名变化。2001~2016 年，前 7 名除了中国，排名基本比较稳定，较少发生波动，而中国从 2001 年的第 7 名上升到 2013 年的世界第一，并基本保持在第一名，说明中国贸易增长要快于世界其他主要贸易国家（地区）。图 2-3 展示了 2001~2016 年各经济体对贸易增长的贡献。中国在 16 年间贸易增长占全世界的 16.5%，远超世界其他国家及地区。两个贸易增长量主要国家为美国和德国，这可以解释为什么世界贸易网络中出现了"三核"结构。

图 2-2　2001~2016 年世界总贸易额排名前十的国家（地区）变化

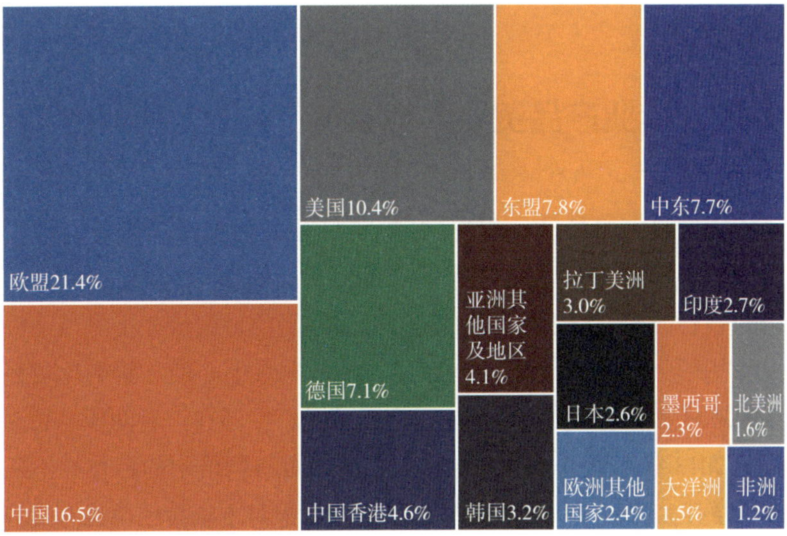

图 2-3　2001~2016 年各经济体对贸易增长的贡献

　　除了总量在世界排名第一，中国各种贸易产品的贸易总额在世界排名也十分靠前（见图 2-4）。中国在杂项制品、机械运输设备、材料加工、初级材料产品贸易逐渐成为贸易量最大的国家，而其他产品如化工产品、能源产品和农产品也位于世界前列，仅仅在动植物油和香烟与酒等产品没有绝对优势。中国提升最快的产品是能源产品和农产品，与中国工业化需求和食品需求息息相关。机械运输设备由 2001 年的第八上升到全球第一，这是中国加工制造业飞速发展的结果。

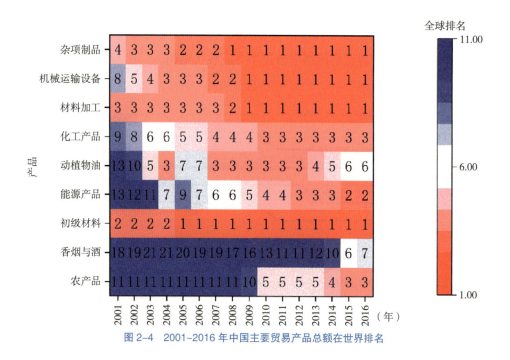

图 2-4　2001~2016 年中国主要贸易产品总额在世界排名

（二）中国制造业产品贸易网络特征

为了展示中国贸易网络特征，首先运用 Gephi 软件计算世界贸易网络拓扑关系，其中，中国的数据报告见表 2-1。从总体的产品"出度"和"入度"可以发现，中国在2001~2016 年出口目的地数量先上升后稳定，而进口目的地数量先上升后下降。中国总贸易"度中心性""中介中心性""临近中心性""特征向量中心性"排名比较稳定，说明中国在整个世界贸易网络中的地位比较稳定。有趣的是，中国在该时间段总贸易量一直处于世界前列，并在 2013 年达到世界第一，这与中国在贸易网络中的地位并不匹配。特征向量中心性的排名略有上升，说明虽然贸易总量上涨很快对于贸易地位也有提高，但是依赖中国贸易的国家（地区）其地位在下降，可能与近几年中国向非洲拓展贸易有关。几个重要产品部门的网络特征指标也报告在表 2-1。基本上各个部门都在各自产品贸易网络中的地位有所提高，但是并不能叠加解释总体网络的演化趋势。

表 2-1 　　　　　　　　　　2001 年和 2016 年中国贸易网络特征描述

分类	年份	入度	出度	度中心性排名	特征向量中心性排名	临近中心性排名	中介中心性排名
全产品	2001	189	208	27	26	26	32
农产品	2001	125	195	18	33	10	23
能源产品	2001	87	165	8	11	7	8
化工产品	2001	131	198	16	16	11	20
机械运输	2001	148	206	22	24	14	25
全产品	2006	168	207	27	28	28	32
农产品	2006	148	203	10	18	6	11
能源产品	2006	102	188	5	10	3	5
化工产品	2006	148	204	12	10	9	19
机械运输	2006	184	208	18	13	17	24
全产品	2011	207	211	29	23	23	3
农产品	2011	173	200	7	6	8	16
能源产品	2011	117	190	3	9	2	9
化工产品	2011	170	205	7	5	10	13
机械运输	2011	199	211	11	8	14	3
全产品	2016	210	211	30	21	30	32
农产品	2016	172	203	8	8	7	13
能源产品	2016	112	195	4	12	2	7
化工产品	2016	170	208	9	6	9	13
机械运输	2016	203	211	15	11	15	20

资料来源：数据来自 UNComtrade，若无特别说明，本章同。

（三）中国贸易等级结构地位

图 2-5 展示了基于 MST 方法测算的世界贸易网络等级结构，其中节点代表国家（地区），节点大小代表连接度；边代表国家（地区）之间的贸易量。在避开网络中的环路后，多边贸易结构中国家（地区）之间的边对应于每个国家（地区）最重要的贸易联系。顶点按力的布局定位，吸引相邻的节点，排斥远处的节点。在 2001 年和 2006 年，最明显的特点是，世界贸易网络呈现出两核等级结构，美国和德国是等级结构的领导者。在这两个时期，地理上的集群相当明显：大多数排在美国后面的国家（地区）属于美洲和东南亚及太平洋地区，而大多数排在德国后面的国家（地区）则属于欧洲和中亚。此外，这两年的等级结构基本符合国际贸易的引力模型预测结果。2001 年和 2006 年领先集团和分组的国家（地区）对应的是最大的经济体（如美国、德国、日本、英国、法国），悬垂顶点大多对应的是近邻国家（地区）（按边界、距离、语言等）。中国属于美国贸易集团，逐渐拥有自己的集团成员。

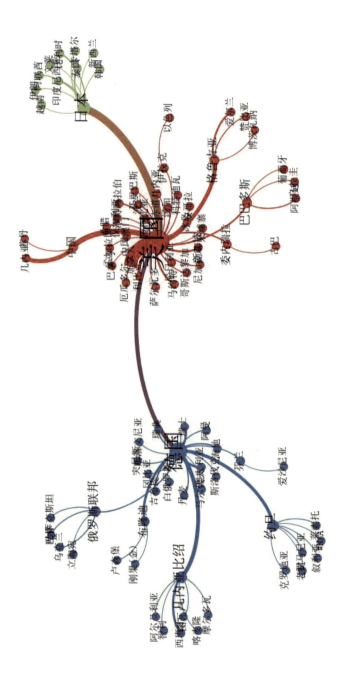

（a）2001 年

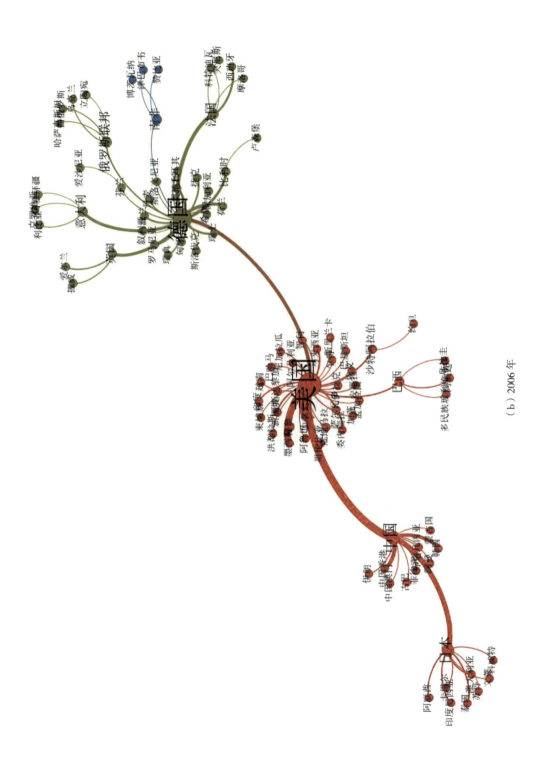

（b）2006 年

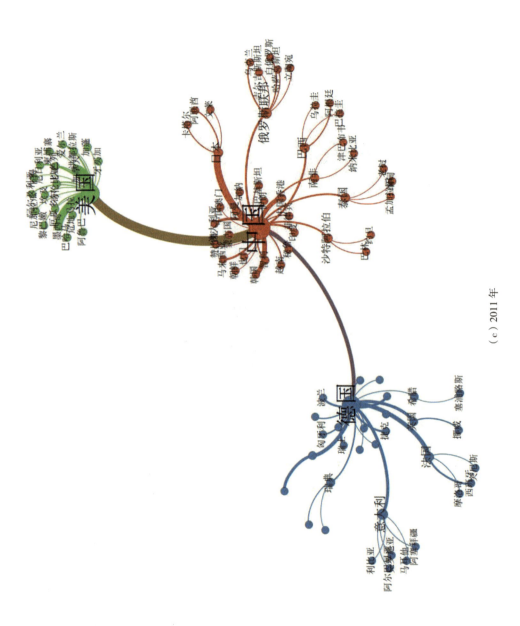

（c）2011 年

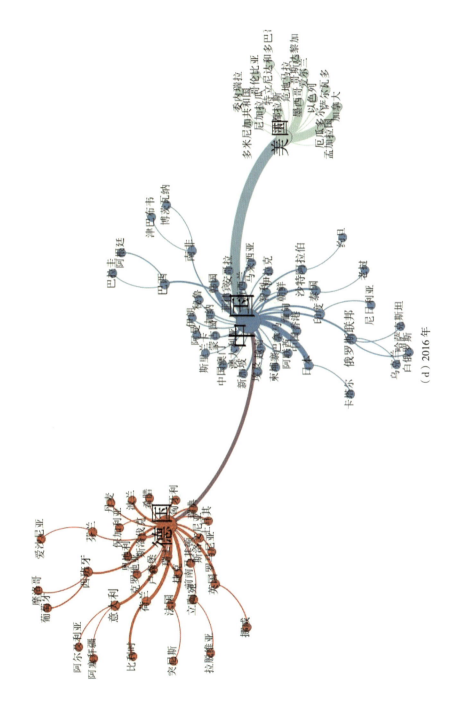

图 2-5 2001 年、2006 年、2011 年、2016 年世界贸易网络骨架

（d）2016 年

2011 年和 2016 年整个世界贸易网络的结构发生了显著改变。中国打破了贸易网络长期的双核结构，贸易网络开始走向"三核"结构。2011 年，中国与包括日本在内的东亚及太平洋地区约 10 个国家（地区）一起搬离了美国。之后，中国与美国和德国一起保持优势地位，三个大国分别领导东南亚及太平洋、美洲、欧洲及中亚三个地理集群。值得注意的是，以中国为首的集团吸引了几个在 2007 年以前与美国关系密切的国家，包括一些在地理上比中国更接近美国的国家（如阿根廷、巴西和智利）。同样，一些国家也逃离了欧洲和中亚集团，与更遥远的中国聚集在一起（如俄罗斯、乌克兰）。这种层次结构的转变，有些特征与地理聚类相矛盾。然而，世界贸易等级变化似乎与国际贸易的引力模型相一致，因为中国已超过德国成为第二大经济体，中美之间的规模差距缩小，随着贸易成本降低，距离阻碍效应有所下降。虽然我们在世界贸易网络中发现了三核结构，但并没有分析这种模式背后的原因，尤其是除了引力模型起到关键的解释作用，但是地理距离可能不会完全解释这种现象，政治距离和经济距离可能也同样有作用，需要借助量化模型来进行分析。借助 Mathematica 软件对数据进行可视化表达，用彩色区分不同的凝聚子群。

图 2-6 展示了 2001~2016 年主要国家（地区）在世界贸易网络社群结构的演变。我们发现：①在 2001 年，世界贸易网络社区比较分散，具有极强的地区性。比较成熟的社群包括北美社区（美国—加拿大—墨西哥）、东亚—大洋洲社区（日本—韩国—澳大利亚—印度）、西欧—非洲社群（德国—法国—英国—荷兰）、北欧社群（丹麦—瑞典—芬兰—挪威）、东北亚社群（中国—中国台湾—俄罗斯）。此时中国与中国香港自成一社群，但是成员非常少，并不是一个成熟的社群。②在 2006 年，各大社群开始兼并、扩张。日本引领的东亚社群被北美社群和中国社群瓜分，中国开始引领东南亚—大洋洲社群；北美社群吞并了东亚社群一部分和南美社群，形成环太平洋社群；德国主导的西欧社群吸收北欧社群并失去了非洲社群，形成了较为稳定且初具规模的欧洲社群。③在 2011 年，世界贸易网络展现出大社群之间零和博弈的现象：中国主导社群从环太平洋社群争夺来原本的东亚社群，形成了较为稳定的东亚—大洋洲社群（中国—日本—韩国—澳大利亚）；欧洲社群依然保持着稳定的结构；环太平洋社群失去东亚地区后，形成美洲贸易社群。④在 2016 年，东亚—大洋洲社群吞并了南美国家，逐渐形成东亚—大洋洲—南美社群；北美社群失去了南美社群，但是吸收了英国，形成了北美—英伦社群；欧洲大陆社群依然比较稳定。

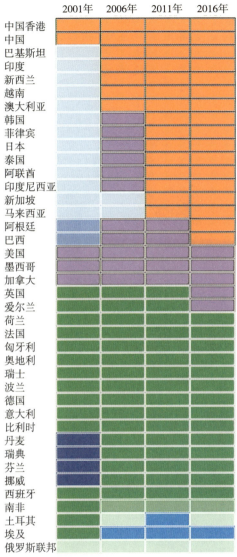

图 2-6 2001 年、2006 年、2011 年、2016 年世界贸易网络主要国家（地区）社区结构演变

注：同色代表在当年属于统一网络社群。

（四）中国对外贸易地理格局

图 2-7 展示中国不同产品出口目的地类型的变化。在 2001 年，中国贸易最多的产品是机械设备类产品，其中进口多于出口，而且进出口大部分是与发达国家（地区）进行贸易。其次贸易比较多的产品是材料加工类产品，其中出口要远远大于进口，出口的目的地主要也是发达国家（地区）。到 2016 年，产品的贸易量排名变化不大，前四名依然是机械设备、材料加工、手工艺品和化工产品。在 2016 年，机械设备类产品的贸易量大大增加，

其中出口量增长幅度要远大于进口增长幅度，此时机械设备产品更多出口到发展中国家而不再是发达国家（地区）。手工艺品的出口也大于进口，并且更多出口到发展中国家。

（a）2001 年

（b）2016 年

图 2-7　2001 年、2016 年中国贸易产品出口目的地类型变化

　　图 2-8 反映中国不同企业类型出口到其他国家（地区）的空间分布演化。2001 年出口占一大半比例的企业类型是外商与港澳台商投资企业，主要出口到美国、日本、中国香港；国有企业和私营企业出口目的地较为零散；最大出口市场是美国、日本、中国香港和欧盟。2016 年，出口占最大比例的企业类型仍然是外商与港澳台商投资企业，其出口的主要目的地没有太大变化；私营企业的地位突飞猛进，远超过国有企业出口，和外商与港澳台商投资企业出口量接近，其主要出口地是美国、欧盟、中国香港和东盟；中国主要出口市场除了美国、欧盟和中国香港，东盟替代日本，成为中国的主要出口市场之一，东盟地位提升可能与中国与东盟签订的自由贸易条约相关。自 2008 年开始，东盟与中国签订自由贸易协定，促使了中国大量向东盟进行贸易扩张。

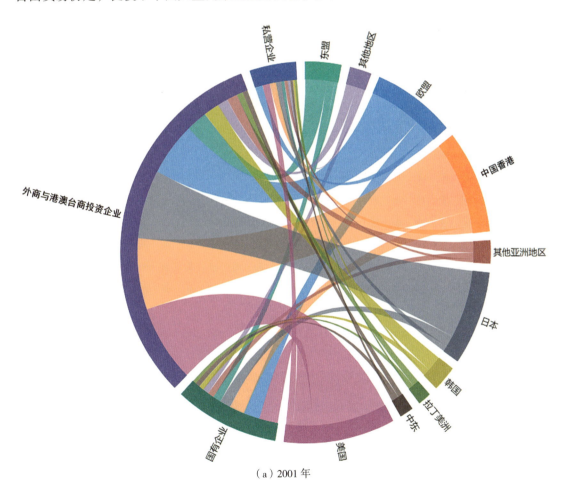

（a）2001 年

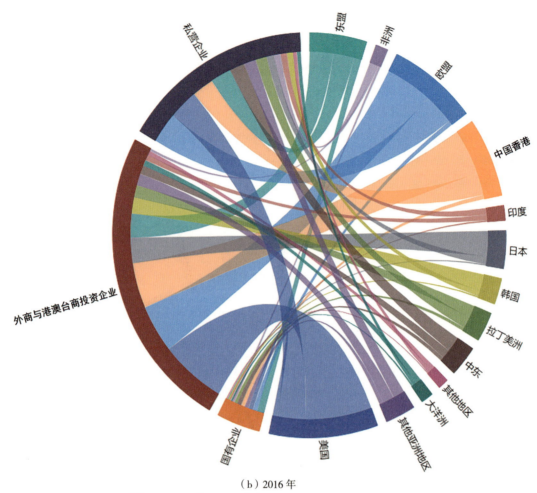

（b）2016 年

图 2-8 2001 年、2016 年中国不同企业类型出口目的地演化

五、中国制造业产品出口贸易网络演化影响因素

（一）描述性统计

表 2-2 报告了 2001~2016 年中国出口贸易基本关系。从表中可以发现，中国出口贸易市场基本变化不大，从 2001 年的 224 个出口市场扩展到 2016 年的 237 个出口市场；中国出口产品关系数量变化也不大，从 2001 年的 1185 项产品拓展到 2016 年的 1189 项产品；

产品—市场变化比较大，在 16 年间几乎增长了 2 倍，从 2001 年的 58108 个扩展到 2016 年的 118640 个出口关系，每年平均增长 15000 个以上出口关系。为了更直观说明这种出口关系变化，图 2-9 展示了新增关系占总关系的比例。基于产品的出口增长关系和基于市场的增长关系都变化不大，基本维持在 5% 以内；基于产品—市场的增长关系处于一直下降的趋势，从 2001 年的 25% 逐渐下降到 2016 年的 15%。

表 2-2　　　　　　　　　2001~2016 年中国出口贸易关系基本描述　　　　　　　　单位：个

年份	出口关系数量			新增关系		
	市场	产品	产品—市场	新增市场	新增产品	新增产品—市场
2001	224	1 185	58 108	6	10	14 274
2002	221	1 189	63 570	1	13	15 520
2003	222	1 194	70 191	2	9	16 014
2004	221	1 193	76 688	1	4	16 324
2005	222	1 190	83 289	3	4	16 600
2006	222	1 192	88 647	2	7	15 973
2007	216	1 199	95 059	2	15	17 735
2008	213	1 195	97 580	4	6	14 544
2009	217	1 184	99 386	0	5	14 433
2010	217	1 192	102 753	1	10	14 432
2011	214	1 185	104 571	1	6	13 429
2012	213	1 192	107 517	2	15	14 156
2013	215	1 189	111 423	2	6	14 367
2014	234	1 192	113 523	25	10	17 549
2015	235	1 186	111 399	3	7	12 507
2016	237	1 189	118 640	5	8	17 461

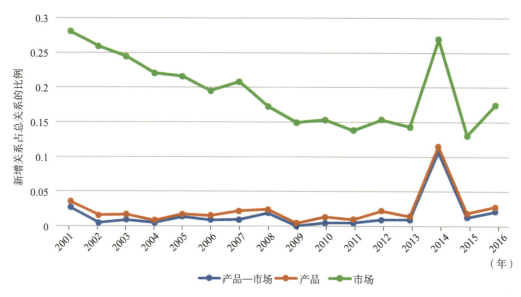

图 2-9　中国新增出口贸易关系占总关系的比例

（二）出口贸易"广度扩张"影响因素

描述性统计见表 2-3。模型回归结果展示在表 2-4，其中模型（2.1）～模型（2.4）为关键解释变量的稳健结果，模型（2.5）～模型（2.7）为加入交互变量的回归结果。从模型（2.1）～模型（2.7）可以看出，地理距离（$\ln Geodist$）、制度距离（$Instdist$）和经济距离（$\ln Ecodist$）显著为负，中国的 GDP（$\ln GDP_i$）和目的地 GDP（$\ln GDP_j$）显著为正，符合引力模型的预期。

表 2-3　　　　　　　　　　出口贸易广度扩展描述性统计

变量	解释	样本数（个）	均值	标准差	最小值	最大值
$Entry$	是否新进入市场	1 002 413	0.21	0.41	0	1.00
$Agree$	贸易协定	1 002 413	0.07	0.25	0	1.00
$\ln Barrier$	贸易壁垒	1 002 413	0.60	1.35	0	5.95
$Density$	市场关联	1 002 413	0.34	0.22	0	0.98
$\ln GDP_i$	中国 GDP 的对数	1 002 413	28.90	0.75	27.92	30.05
$\ln GDP_j$	目的地 GDP 的对数	973 964	23.77	2.14	17.22	30.46
$\ln Geodist$	地理距离	1 002 413	9.03	0.51	6.70	9.87
$\ln Ecodist$	经济距离	1 002 172	8.22	1.53	1.02	11.59
$Instdist$	制度距离	1 002 172	1.43	1.37	0.06	6.58

表 2-4　　　　　　　　　　　　中国制造业产品出口网络演化

变量	（2.1）	（2.2）	（2.3）	（2.4）	（2.5）	（2.6）	（2.7）	（2.8）
Density	2.351***			2.352***	2.356***	2.349***	2.353***	2.349***
	（0.009）			（0.009）	（0.009）	（0.009）	（0.009）	（0.009）
Agree		0.044***		0.085***	0.079***	0.086***	0.083***	0.089***
		（0.006）		（0.007）	（0.007）	（0.007）	（0.007）	（0.007）
lnBarrier		0.026***		0.022***	0.022***	0.021***	0.022***	0.022***
		（0.001）		（0.001）	（0.001）	（0.001）	（0.001）	（0.001）
Cmmnt			0.029***	0.047***	0.047***	0.048***	0.050***	0.049***
			（0.004）	（0.004）	（0.004）	（0.004）	（0.004）	（0.004）
Center			0.673***	0.456***	0.454***	0.448***	0.455***	0.409***
			（0.015）	（0.017）	（0.017）	（0.017）	（0.017）	（0.017）
Agr_Den					−0.280***			
					（0.026）			
Brr_Den						0.051***		
						（0.005）		
Cmt_Den							−0.054***	
							（0.016）	
Cen_Den								0.448***
								（0.044）
$\ln GDP_i$	0.160***	0.342***	0.319***	0.136***	0.134***	0.138***	0.135***	0.138***
	（0.004）	（0.004）	（0.004）	（0.004）	（0.004）	（0.004）	（0.004）	（0.004）
$\ln GDP_j$	0.141***	0.094***	0.054***	0.104***	0.104***	0.105***	0.104***	0.106***
	（0.001）	（0.001）	（0.001）	（0.001）	（0.001）	（0.001）	（0.001）	（0.001）
lnGeodist	−0.089***	−0.047***	−0.062***	−0.075***	−0.074***	−0.075***	−0.076***	−0.076***
	（0.003）	（0.003）	（0.003）	（0.004）	（0.004）	（0.004）	（0.004）	（0.004）
lnEcodist	−0.012***	−0.009***	−0.008***	−0.012***	−0.011***	−0.012***	−0.012***	−0.012***
	（0.001）	（0.001）	（0.001）	（0.001）	（0.001）	（0.001）	（0.001）	（0.001）
Instdist	−0.022***	−0.024***	−0.021***	−0.026***	−0.026***	−0.025***	−0.026***	−0.024***
	（0.001）	（0.001）	（0.001）	（0.001）	（0.001）	（0.001）	（0.001）	（0.002）
constant	−8.586***	−12.939***	−11.726***	−7.510***	−7.496***	−7.587***	−7.487***	−7.569***
	（0.137）	（0.132）	（0.136）	（0.142）	（0.142）	（0.142）	（0.142）	（0.142）
产品效应	Yes	Yes	Yes	Yes	Yes	Yes	Yes	Yes
时间效应	Yes	Yes	Yes	Yes	Yes	Yes	Yes	Yes
N	968222	968222	968222	968222	968222	968222	968222	968222
拟合优度	0.115	0.044	0.046	0.117	0.117	0.117	0.117	0.117
P 值	0	0	0	0	0	0	0	0

注：*** 表示 $p < 0.01$。

市场关联（*Density*）对中国出口贸易边界扩张有显著的正向作用，说明中国产品在拓展新市场时，以往出口经验和出口溢出效应会影响市场扩张的方向，未来出口到与已有市场语言、环境、制度等方面比较相似的国家（地区），展现出显著的"路径依赖"现象。

贸易协定（*Agree*）对中国出口边界扩张具有显著正向促进作用，表明中国会优先拓展到与中国签订贸易协议的国家（地区）。贸易协定最主要的作用就是降低贸易成本和降低贸易的不确定性，签订贸易协定会促进向该国家（地区）拓展出口是比较合理的现象。模型（2.5）展现出贸易协定对市场关联具有显著抑制的调节作用，说明贸易协定会打破出口经验和出口惯性导致的"路径锁定"现象。

贸易壁垒（ln*Barrier*）对中国出口拓展有显著的促进作用。这个结果比较出乎意料，但是又合情合理。衡量贸易壁垒的尺度为贸易国家（地区）对中国某一种二位数产品是否进行贸易制裁，但是往往贸易制裁只是针对某一种更加具体的产品，比如农产品的鸡蛋、蔬菜等都是四位数产品，一般不会将整个二位数产品都进行制裁，因变量为"国家（地区）—四位数产品"组合，在受到贸易壁垒的二位数产品中，除了实际受到贸易壁垒的四位数产品，其他四位数产品并不会有影响。结果说明贸易壁垒对二位数产品中某一种产品进行制裁，但是会促进中国拓展新的产品进入该国家（地区）的市场，并不会因为贸易壁垒的震慑，可能会采取规避受到壁垒的产品，拓展新产品来进行解决，这一点也在出口贸易深度扩张模型中有所体现，结果符合逻辑。从模型（2.6）中发现，贸易壁垒对市场关联的影响具有显著正向调节效应，说明中国向发起贸易壁垒的国家（地区）市场拓展时，会更加依赖出口经验的作用。

两个网络指标，同一社区（*Cmmnt*）和出口目的地中心度（*Center*）对中国出口市场拓展都有显著的正向作用，说明中国更容易向同一社区的国家（地区）和地位较强的国家（地区）拓展市场。复杂网络中认为同一社区的节点存在更密切的联系，展现出与社群外截然不同的联络方式。在社群内部特殊的交易规则下，中国更容易向同一社区的国家（地区）拓展市场。从模型（2.7）也可以发现，向社群内部成员拓展时，并不完全依赖出口经验，而是抑制了出口经验的作用，展现出一种特殊贸易规则下市场拓展的规律。模型（2.8）展示出高地位国家（地区）变量会促进市场关联的效应，说明相比于地位较弱的国家（地区），向地位高国家（地区）拓展时会更依赖出口经验，这符合现实的情况，在网络中地位较弱的国家（地区），产品竞争力较差，中国借助产品的比较优势很容易打开市场，但是对于地位比较高的国家（地区），复杂的交易规则、制度壁垒和竞争压力，会增加出口企业的出口成本，从而更加需要借助出口经验。

（三）出口贸易"深度扩张"影响因素

表 2–5 为中国出口贸易深度扩展模型变量描述性统计。回归结果见表 2–6，模型（2.9）～模型（2.16）列与出口模型设置一样。结果显示，引力模型变量 $\ln GDP_i$ 和 $\ln GDP_j$ 显著为正，地理距离（$\ln Geodist$）、制度距离（$Instdist$）和经济距离（$\ln Ecodist$）显著为负，在这里不过多解释。

表 2–5　　　　　　出口贸易深度扩张模型变量描述性统计

变量	解释	样本数（个）	均值	标准差	最小值	最大值
$\ln Addvalue$	出口增加量的对数	689 885	11.78	2.58	0.01	24.14
$Density$	市场关联	689 885	0.71	0.22	0.01	1.00
$Agree$	贸易协定	689 885	0.16	0.37	0	1.00
$\ln Barrier$	贸易壁垒	689 885	1.27	1.81	0	5.95
$\ln GDP_i$	中国 GDP	689 885	29.21	0.70	27.92	30.05
$\ln GDP_j$	目的地 GDP	676 154	25.53	2.01	17.82	30.46
$\ln Geodist$	地理距离	689 885	8.89	0.61	6.70	9.87
$\ln Ecodist$	经济距离	689 885	8.72	1.56	1.02	11.59
$Instdist$	制度距离	689 885	1.79	1.64	0.06	6.58

表 2–6　　　　　　中国出口贸易深度扩展模型

变量	（2.9）	（2.10）	（2.11）	（2.12）	（2.13）	（2.14）	（2.15）	（2.16）
$Density$	4.794***			4.803***	4.818***	4.782***	4.814***	4.670***
	(0.017)			(0.017)	(0.017)	(0.017)	(0.017)	(0.017)
$Agree$		0.231***		0.204***	0.198***	0.205***	0.208***	0.207***
		(0.009)		(0.008)	(0.008)	(0.008)	(0.008)	(0.008)
$\ln Barrier$		−0.004**		−0.011***	−0.011***	−0.011***	−0.011***	−0.013***
		(0.002)		(0.002)	(0.002)	(0.002)	(0.002)	(0.002)
$Cmmnt$			0.204***	0.204***	0.206***	0.207***	0.203***	0.209***
			(0.006)	(0.006)	(0.006)	(0.006)	(0.006)	(0.006)
$Center$			0.716***	0.269***	0.267***	0.227***	0.260***	0.060*
			(0.034)	(0.034)	(0.034)	(0.034)	(0.034)	(0.034)
Agr_Den					−0.340***			
					(0.032)			

续表

变量	(2.9)	(2.10)	(2.11)	(2.12)	(2.13)	(2.14)	(2.15)	(2.16)
Brr_Den						0.227^{***}		
						(0.007)		
Cmt_Den							-0.387^{***}	
							(0.028)	
Cen_Den								6.487^{***}
								(0.111)
$\ln GDP_i$	0.026^{***}	0.351^{***}	0.326^{***}	-0.030^{***}	-0.034^{***}	-0.008	-0.037^{***}	-0.015^{*}
	(0.008)	(0.008)	(0.008)	(0.008)	(0.008)	(0.008)	(0.008)	(0.008)
$\ln GDP_j$	0.614^{***}	0.595^{***}	0.566^{***}	0.599^{***}	0.600^{***}	0.601^{***}	0.600^{***}	0.606^{***}
	(0.001)	(0.002)	(0.002)	(0.002)	(0.002)	(0.002)	(0.002)	(0.002)
$\ln Geodist$	-0.550^{***}	-0.411^{***}	-0.429^{***}	-0.442^{***}	-0.440^{***}	-0.438^{***}	-0.438^{***}	-0.441^{***}
	(0.005)	(0.006)	(0.005)	(0.005)	(0.005)	(0.005)	(0.005)	(0.005)
$\ln Ecodist$	-0.076^{***}	-0.057^{***}	-0.066^{***}	-0.060^{***}	-0.060^{***}	-0.060^{***}	-0.059^{***}	-0.060^{***}
	(0.002)	(0.003)	(0.003)	(0.002)	(0.002)	(0.002)	(0.002)	(0.002)
$Instdist$	-0.008^{***}	-0.019^{***}	-0.017^{***}	-0.006^{**}	-0.005^{**}	-0.006^{**}	-0.006^{***}	-0.003
	(0.002)	(0.002)	(0.002)	(0.002)	(0.002)	(0.002)	(0.002)	(0.002)
$constant$	-1.087^{***}	-10.922^{***}	-9.945^{***}	-0.486	-0.420	-1.133^{***}	-0.402	-0.808^{***}
	(0.308)	(0.310)	(0.307)	(0.310)	(0.310)	(0.308)	(0.307)	(0.304)
产品效应	Yes	Yes	Yes	Yes	Yes	Yes	Yes	Yes
时间效应	Yes	Yes	Yes	Yes	Yes	Yes	Yes	Yes
N	673200	673200	673200	673200	673200	673200	673200	673200
F	3270.916	2278.604	2274.095	3184.156	3158.443	3248.850	3155.139	3431.121
拟合优度	0.377	0.290	0.291	0.379	0.379	0.380	0.379	0.383
P值	0	0	0	0	0	0	0	0

注：*，**，*** 分别表示 $p < 0.1$，$p < 0.05$，$p < 0.01$。

市场关联（Density）对出口深度扩展的作用与广度扩展一致，说明深度扩张也是受到历史出口经验的影响，展现出在较为熟悉的市场会进一步扩大出口规模。贸易协定（Agree）展现出与广度扩张模型一样的结果，当签订贸易协定时会促进已有中国的产品继续向该国家（地区）增加出口。贸易壁垒（lnBarrier）的结果与广度拓展的结果不同，会抑制中国继续向制裁中国的国家（地区）继续出口已经出口的产品。这个结果符合逻辑，因为当受到贸易制裁时，会增加贸易成本进而影响中国的出口量。其他结果与出口市场拓展模型一致，在这里不做过多解释。

　　总结出口广度和深度扩张模型的结果，可知"路径依赖"是在贸易拓展中一种普遍存在的规律。中国出口会受到已有出口经验的影响，从而更容易向比较熟悉的市场进行扩张。贸易协定既可以促进中国扩张到不同的市场，也可以促进已出口产品的进一步增加贸易额。贸易壁垒会抑制已有出口产品的增长，但是并不会抑制中国向制裁国拓展新产品，从而绕过被制裁的产品。以上结果可以发现，中国产品的贸易扩张其实可以概括为"星星之火，可以燎原"：在偶然的情况下或者贸易协定的作用下，我国出口到一部分国家（地区），与"放烟花"到一个地区燃烧起来类似，然后在出口贸易中积累出口经验，从而以出口的地点和中国本土为中心，搜寻与之相似的国家（地区），进一步拓展市场，逐渐贸易"燃烧到整个全球市场"，但是可能会遇到贸易制裁等现象，会抑制中国向其出口已有的产品，但是会促使中国进一步向其出口其他的类似产品，从而弥补在贸易制裁中的损失，在以上模式下逐渐占领全球市场，成为全球第一大贸易国。同时，贸易壁垒会加深中国依赖出口经验的趋势，可能会导致中国贸易"路径锁定"，但是贸易协定可以打破出口经验导致的贸易"路径锁定"，让中国不被原有出口经验束缚。同一社区（Cmmnt）和网络地位（Center）变量的结果说明，中国在向社群外成员拓展时，尤其是向地位比较高的国家（地区）拓展时，会打造新的贸易格局，有利于提高中国在世界贸易网络中的地位，但是向社群外地位较高的国家（地区）拓展相对难度更大，更加考验出口企业的出口经验和惯例。

六、结论与建议

　　本章基于 UN Comtrade 的贸易数据展示中国贸易网络特征与演化过程，并研究了中国出口网络拓展的影响因素。结论如下：（1）2001~2016 年，中国在贸易额方面的地位显著提高，逐渐成长为贸易网络三核结构中的一个重要核心，但是中国在贸易网络中的地位并没有同步提高，远远没有达到全球性的地位。（2）中国出口网络演化规律可以概括为"星星之火，可以燎原"，在贸易协定的作用下与其他国家（地区）直接开展贸易业务，打破原有出口惯例的"路径锁定"，然后围绕着现有出口市场出口到贸易经验丰富的市场。（3）贸易壁垒会抑制现有受到制裁的产品进一步扩张，但是会促使中国进一步向其出口其他的类似产品，加深了出口"路径依赖"的情况。（4）中国向所在贸易社群外部国家（地区）和地位高的国家（地区）拓展时，有利于提高中国在贸易网络中的地位，但是出口难度更大，更加需要出口企业经验的积累。

　　随着我国对外贸易的逐年增加，即使未来中国要扩大内需，但是庞大的贸易体系依然会左右着中国经济的走向，针对发现的中国在贸易网络地位情况和出口贸易网络扩张规律，我们提出如下建议：（1）鼓励企业拓展贸易业务，尤其是向非中国社群成员，旨在学习出口经验，为下一步提高中国在贸易网络中的地位打下基础。（2）通过增加自由贸易协定来拓展新的贸易市场，尤其是针对不是中国贸易社群的地区和网络中地位较高的国家（地区），比如欧洲的发达国家，从而打破可能因为贸易壁垒导致的"路径锁定"问题。考虑到签订自由贸易协议的难度，可以率先考虑与东欧或者已经脱欧的英国签署。（3）中国针对贸易壁垒不用过分慌张，中国可以拓展新的产品向发现贸易壁垒的目的地，以弥补贸易制裁的损失。

参考文献

［1］Abdollahian M，Yang Z，2014. Towards Trade Equalisation：A Network Perspective on Trade and Income Convergence Across the Twentieth Century［J］. New Political Economy，19（4）：601-627.

［2］Albert R，Barabasi A，2001. Statistical mechanics of complex networks［J］. Reviews of Modern Physics，74（1）：47-97.

［3］Albornoz F，Héctor F，Calvo Pardo，et al.，2012. Sequential exporting［J］. Journal of International Economics，88（1）：17-31.

［4］Alvarez R，Faruq H A，Lopez R A，2013. Is Previous Export Experience Important for New Exports［J］. Journal of Development Studies，49（3）：426-441.

［5］Alves L G，Mangioni G，Cingolani I，et al.，2019. The nested structural organization of the worldwide trade multi-layer network［J］. Scientific Reports，9（1）.

［6］Amurgo-Pacheco A，Pierola M，2008. Patterns of export diversification in developing countries：Intensive and extensive margins［J］. Policy Research Working Paper，No. 4473，The World Bank.

［7］Arkolakis C，2010. Market penetration costs and the new consumers margin in international trade［J］. Journal of Political Economy，118（6）：1151 – 1199.

［8］Arkolakis C，Costinot A，Rodriguezclare A，2012. New Trade Models，Same Old Gains?［J］. The American Economic Review，102（1）：94-130.

［9］Arribas I，Perez F，Tortosaausina E，2009. Measuring globalization of international trade：Theory and evidence［J］. World Development，37（1）：127-145.

［10］Baier S L，Bergstrand J H，2007. Do Free Trade Agreements Actually Increase Members' International Trade?［J］. Journal of International Economics，71（1）：72-95.

［11］Bao X H，Qiu L D，2012. How do technical barriers to trade influence trade?［J］. Review of International Eco- nomics，20（4）：691-706.

［12］Barigozzi M，Fagiolo G，Garlaschelli D，2010. Multinetwork of international trade：A commodity-specific analysis［J］. Physical Review E，81（4）：46-104.

［13］Basile R，Commendatore P，De Benedictis L，Kubin I，2018. The impact of trade costs on the European Regional Trade Network：An empirical and theoretical analysis［J］. Review of International Economics，26（3）：578-609.

［14］Bernard A B，Jensen J B，2004. Why some firms export［J］. The Review of Economics and Statistics，86（2）：561-569. doi：10.2139/ssrn.140074.

［15］Besedes T，Prusa T J，2011. The Role of Extensive and Intensive Margins and Export Growth［J］. Journal of Development Economics，96（2）：371-379.

［16］Bhattacharya K，Mukherjee G，Saramaki J，et al.，2008. The International Trade Network：weighted network analysis and modelling［J］. Journal of Statistical Mechanics：Theory and Experiment，2008（2）.

［17］Boehe D M，Jimenez A，2018. Does the sequencing of related and unrelated export diversification matter? Evidence from Colombian exporters［J］. International Business Review，27（6）：1141-1149.

［18］Boschma R，Minondo A，Navarro M，2013. The Emergence of New Industries at the Regional Level in Spain：A Proximity Approach Based on Product Relatedness［J］. Economic Geography，89（1）：29-51.

［19］Bowen H P，Sleuwaegen L，2017. Are international and product diversification substitutes or complements? Theoretical and empirical perspectives［J］. Global Strategy Journal，7（3）：241–256.

［20］Bown C P，2011. Taking stock of antidumping，safeguards and countervailing duties［J］. The World Economy，34：1955–1998.

［21］Brenton P，Newfarmer R，2007. Watching more than the discovery channel：Export cycles and diversification in development［R］. Policy Research Working Paper, No. 4302，The World Bank.

［22］Buchanan M，Caldarelli G，De Los Rios P，et al.，2010. Networks in cell biology［M］. Cambridge University Press.

［23］Cadot O，Iacovone L，Pierola M D，et al.，2013. Success and failure of African exporters［J］. Journal of Development Economics，101：284-296.

［24］Cadot O，Carrere C，Strausskahn V，2011. Export Diversification：What's behind the Hump?［J］. The Review of Economics and Statistics，93（2）：590-605.

［25］Caldarelli G，Chessa A，Pammolli F，et al.，2013. Reconstructing a credit network［J］. Nature Physics，9（3）：125-126.

［26］Caporale G M，Sova A，Sova R，2015. Trade Flows and Trade Specialisation：The Case of China［J］. China Economic Review，34：261-273.

［27］Cepeda-López F，Gamboa-Estrada F，León C，et al.，2019. The evolution of world trade from 1995 to 2014：A network approach［J］. Journal of International Trade and Economic Development，28（4）：452-485.

［28］Chaney T，2014. The Network Structure of International Trade［J］. The American Economic Review，104（11）：3600-3634.

［29］Chaney T，2008. Distorted gravity：the intensive and extensive margins of international trade［J］. American Economic Review，98（4）：1707–1721.

［30］Chen M X, Otsuki T, Wilson J S, 2006. Do standards matter for export success?［R］. Policy Research Working Paper, Series 3809, The World Bank.

［31］Chessa A, Morescalchi A, Pammolli F, et al., 2013. Is Europe Evolving Toward an Integrated Research Area［J］. Science, 339（6120）: 650-651.

［32］Chong Z, Qin C, Pan S, 2019. The Evolution of the Belt and Road Trade Network and Its Determinant Factors［J］. Emerging Markets Finance and Trade, 55（14）: 3166-3177.

［33］Chortareas G, Pelagidis T, 2004. Trade flows: A facet of regionalism or globalisation?［J］. Cambridge Journal of Economics, 28（2）: 253-271.

［34］Costa L D, Rodrigues F A, Travieso G, et al., 2007. Characterization of complex networks: A survey of measurements［J］. Advances in Physics, 56（1）: 167-242.

［35］Crowley M A, Song H, Meng N, 2018. Tariff Scares: Trade policy uncertainty and foreign market entry by Chinese firms［J］. Journal of International Economics, 96-115.

［36］Czubala W, Shepherd B, Wilson J S, 2007. Help or Hindrance - The Impact of Harmonized Standards on African Exports［J］. Journal of African Economies, 18（5）: 711-744.

［37］Das S, Roberts M J, Tybout J, 2007. Market Entry Costs, Producer Heterogeneity, and Export Dynamics［J］. Econometrica, 75（3）: 837-873.

［38］Davies S, Rondi L, Sembenelli A, 2001. Are multinationality and diversification complementary or substitute strategies? An empirical analysis on European leading firms［J］. International Journal of Industrial Organization, 19（8）: 1315-1346.

［39］De Benedictis L, Tajoli L, 2011. The world trade network［J］. The World Economy, 34（8）: 1417-1454.

［40］De Benedictis L, Nenci S, Santoni G, et al., 2014. Network Analysis of World Trade Using the BACI-CEPII Dataset［J］. Global Economy Journal, 14（3-4）: 287-343.

［41］De Melo J, A Panagariya, 1993. New Dimensions in Regional Integration［M］. Cambridge: Cambridge University Press.

［42］Defever F, Heid B, Larch M, 2015. Spatial exporters［J］. Journal of International Economics, 95（1）: 145- 156.

［43］Eaton J, Eslava M, Kugler M, 2008. The margins of entry into export markets: Evidence from Colombia［R］. Working Paper, 2008.

［44］Eckhardt G, 2002. Culture's Consequences: Comparing Values, Behaviors, Institutions and Organisations Across Nations［J］. Australian Journal of Management, 27（1）: 89-94.

［45］Mansfield E D, Milner H V, 1999. The New Wave of Regionalism［J］. International Organization, 53（3）: 589-627.

［46］Egger P, Larch M, Staub K E, et al., 2011. The Trade Effects of Endogenous Preferential Trade Agreements［J］. American Economic Journal: Economic Policy, 3（3）: 113-143.

［47］Evenett S, Venables A, 2002. Export growth in developing countries: Market entry and bilateral trade flows［R］. Working Paper, http://www.evenett.com/working/setvend.pdf.

［ 48 ］ Fagiolo G, Reyes J A, Schiavo S, 2009. World-trade web: Topological properties, dynamics, and evolution ［ J ］. Physical Review E, 79 (3): 36-115.

［ 49 ］ Fagiolo G, Reyes J A, Schiavo S, 2008. On the topological properties of the world trade web: A weighted network analysis ［ J ］. Physica A-statistical Mechanics and Its Applications, 387 (15): 3868-3873.

［ 50 ］ Fagiolo G, Reyes J A, Schiavo S, 2010. The evolution of the world trade web: A weighted-network analysis ［ J ］. Journal of Evolutionary Economics, 20 (4): 479-514.

［ 51 ］ Fagiolo G, 2010. The International-Trade Network: Gravity Equations and Topological Properties ［ J ］. Journal of Economic Interaction and Coordination, 5 (1): 1-25.

［ 52 ］ Fagiolo G, Reyes J A, Schiavo S, 2010. The evolution of the world trade web: A weighted-network analysis ［ J ］. Journal of Evolutionary Economics, 20 (4): 479-514.

［ 53 ］ Fagiolo G, Reyes J A, Schiavo S, 2008. On the topological properties of the world trade web: A weighted network analysis ［ J ］. Physica A-statistical Mechanics and Its Applications, 387 (15): 3868-3873.

［ 54 ］ Fan Y, Ren S, Cai H, et al., 2014. The state's role and position in international trade: A complex network perspective ［ J ］. Economic Modelling, 71-81.

［ 55 ］ Feng L, Li Z, Swenson D L, 2017. Trade Policy Uncertainty and Exports: Evidence from China's WTO Accession ［ J ］. Journal of International Economics, 20-36.

［ 56 ］ Fontagné L, Orefice G, Piermartini R, et al., 2015. Products standards and margins of trade: Firm - level evidence ［ J ］. Journal of International Economics, 97 (1): 29–44.

［ 57 ］ Fortunato S, Barthelemy M, 2007. Resolution limit in community detection ［ J ］. Proceedings of the National Academy of Sciences of the United States of America, 104 (1): 36-41.

［ 58 ］ Fortunato S, 2010. Community detection in graphs ［ J ］. Physics Reports, 486 (3): 75-174.

［ 59 ］ Frankel J A, 1997. Regional Trading Blocs in the World Trading System ［ M ］. Washington, DC: Institute for International Economics.

［ 60 ］ Freund C L, Pierola M D, 2010. Export entrepreneurs: Evidence from Peru ［ R ］. World Bank Policy Research Working Paper Series.

［ 61 ］ Friedman T, 2007. The world is flat: a brief history of the twenty-first century (2nd ed) ［ M ］. New York: Farrar, Straus and Giroux.

［ 62 ］ Garlaschelli D, Loffredo M I, 2005. Structure and Evolution of the World Trade Network ［ J ］. Physica A-statistical Mechanics and Its Applications, 355 (1): 138-144.

［ 63 ］ Geringer J M, Tallman S, Olsen D M, 2000. Product and international diversification among Japanese multinational firms ［ J ］. Strategic Management Journal, 21 (1): 51-80.

［ 64 ］ H´ericourt J, Nedoncelle C, 2016. How Multi-Destination Firms Shape the Effect of Exchange Rate Volatility on Trade: Micro Evidence and Aggregate Implications ［ R ］. Working Papers 2016-05, CEPII Research Center.

［ 65 ］ Handley K, 2014. Exporting under Trade Policy Uncertainty: Theory and Evidence ［ J ］. Journal of International Economics, 94 (1): 50-66.

［ 66 ］ Handley K, Limao N, 2015. Trade and Investment under Policy Uncertainty: Theory and Firm

Evidence［J］. American Economic Journal: Economic Policy, 7（4）: 189-222.

［67］Handley K, Limao N, 2017. Policy Uncertainty, Trade, and Welfare: Theory and Evidence for China and the United States［J］. The American Economic Review, 107（9）: 2731-2783.

［68］Handley K, Limao N, Ludema R, et al., 2014. Policy Credibility and Firm Performance: Theory and Evidence from Chinese Trade Reforms［R］. NBER Working Paper.

［69］Hashai N, Delios A, 2012. Balancing growth across geographic diversification and product diversification: A contingency approach［J］. International Business Review, 21: 1052–1064.

［70］Head K, Mayer T, Ries J, 2010. The erosion of colonial trade linkages after independence［J］. Journal of International Economics, 81（1）: 1-14.

［71］Hennart J, 2007. The Theoretical Rationale for a Multinationality-Performance Relationship［J］. Management International Review, 47（3）: 423-452.

［72］Hidalgo C A, Klinger B, Barabasi A, et al., 2007. The Product Space Conditions the Development of Nations［J］. Science, 317（5837）: 482-487.

［73］Holmes T J, 2008. The Diffusion of Wal-Mart and Economies of Density［J］. Econometrica, 79（1）: 253-302.

［74］Hu C, Lin F, Wang X, 2016. Learning from exporting in China: A firm - specific instrumental approach［J］. Economics of Transition, 24（2）: 299–334.

［75］Hu C, Lin F, Tan Y, et al., 2019. How exporting firms respond to technical barriers to trade［J］. The World Economy, 42（5）: 1400-1426.

［76］Hummels D, 2007. Transportation Costs and International Trade in the Second Era of Globalization［J］. Journal of Economic Perspectives, 21（3）: 131-154.

［77］Ikeda Y, Lyetomi H, 2018. Trade network reconstruction and simulation with changes in trade policy［J］. Evolutionary and Institutional Economics Review, 15（2）: 495-513.

［78］Impullitti G, Irarrazabal A A, Opromolla L D, 2013. A theory of entry into and exit from export markets［J］. Journal of International Economics, 90（1）: 75-90.

［79］Jia P, 2008. What happens when Wal-Mart comes to town: An empirical analysis of the discount retailing industry［J］. Econometrica, 76（6）: 1263-1316.

［80］Javier A Reyes, Raja Kali, 2007. The architecture of globalisation: A network approach to international economic integration［J］. Journal of International Business Studies, 38（4）: 595-620.

［81］Kaufmann D, Kraay A, Mastruzzi M, 2011. The worldwide governance indicators: Methodology and analytical issues［J］. Hague Journal on the Rule of Law, 3（2）: 220-246.

［82］Kim S, Shin E H, 2002. A Longitudinal Analysis of Globalization and Regionalization in International Trade: A Social Network Approach［J］. Social Forces, 81（2）: 445-468.

［83］Kistruck G M, Qureshi I, Beamish P W, 2013. Geographic and product diversification in charitable organizations［J］. Journal of Management, 39, 496–530.

［84］Kitsak M, Riccaboni M, Havlin S, et al., 2010. Scale-free models for the structure of business firm networks［J］. Physical Review E, 81（3）: 36-117.

［85］Kogut B，Singh H，1988. The Effect of National Culture on the Choice of Entry Mode［J］. Journal of International Business Studies，19（3）：411-432.

［86］Kotcherlakota V，Sackrittenhouse M，2000. Index of openness：Measurement and analysis［J］. Social Science Journal，37（1）：125-130.

［87］Kumar M V，2009. The relationship between product and international diversification：The effects of short - run constraints and endogeneity［J］. Strategic Management Journal，30（1）：99-116.

［88］León C，K Leiton，J Pérez，2014. Extracting the Sovereigns' CDS Market Hierarchy：A Correlation - Filtering Approach［J］. Physica A-statistical Mechanics and Its Applications，415，407-420.

［89］Li X，Jin Y Y，Chen G，2003. Complexity and synchronization of the World trade Web［J］. Physica A-statistical Mechanics and Its Applications，328（1）：287-296.

［90］Limo N，2016. Preferential trade agreements［J］. Handbook of Commercial Policy，12（23）：79-92.

［91］Limao N，Maggi G，2015. Uncertainty and Trade Agreements［J］. American Economic Journal：Microeconomics，7（4）：1-42.

［92］Lin F，2013. Are Distance Effects Really a Puzzle［J］. Economic Modelling，31，684-689. doi：10.2139/ssrn.1520864.

［93］Lin F Q，Sim N C，2013. Trade，income and Baltic Dry Index［J］. European Economic Review，59，1–18.

［94］Lu Y，Tao Z G，Zhang Y，2013. How do exporters respond to antidumping investigations?［J］. Journal of Inter- national Economics，91（2）：290–300.

［95］Maeng S E，Choi H W，Lee J W，2012. Complex networks and minimal spanning trees in international trade network［J］. International Journal of Modern Physics Conference，16，51-60.

［96］Mansfield E D，Milner H V，1999. The New Wave of Regionalism［J］. International Organization，53，3，589–627.

［97］Martin R，2010. Roepke lecture in economic geography-rethinking regional path dependence：Beyond lock-in to evolution［J］. Economic Geography，86（1）：1-27.

［98］Morales E，Sheu G，Zahler A，2014. Gravity and extended gravity：Using moment inequalities to estimate a model of export entry［R］. NBER Working Paper.

［99］Morales E，Sheu G，Zahler A，2011. Gravity and Extended Gravity：Estimating a Structural Model of Export Entry［R］. Job Market Paper，16（1）.

［100］Munoz-Sepulveda J A，Rodriguez D，2015. Geographical and industrial spillovers in entry decisions across export markets［J］. Applied Economics，47（37-39）：4168-4183.

［101］Newman M E，2003. The Structure and Function of Complex Networks［J］. Siam Review，45（2）：167-256.

［102］Newman M E，2004. Analysis of weighted networks［J］. Physical Review E，70（5）：56-131.

［103］Newman M E，Girvan M，2004. Finding and evaluating community structure in networks［J］. Physical Review E，69（2）：26113.

［104］OECD, 2013. Implications of global value chains for trade, investment, development and jobs. Paris［R］.

［105］Piccardi C,Tajoli L,2012. Existence and significance of communities in the World Trade Web［J］. Physical Review E, 85（6）:66-119.

［106］Portugal-Perez A, Reyes J D, Wilson J S, 2010. Beyond the information technology agreement: Harmonization of standards and trade in electronics［J］. The World Economy, 33（12）:1870–1897.

［107］Prusa T J, 2001. On the Spread and Impact of Antidumping［J］. Canadian Journal of Economics, 34（3）:591-611.

［108］Reyes J A, Wooster R B, Shirrell S, 2014. Regional Trade Agreements and the Pattern of Trade: A Networks Approach［J］. The World Economy, 37（8）:1128-1151.

［109］Riccaboni M, Rossi A, Schiavo S, 2013. Global networks of trade and bits［J］. Journal of Economic Interaction and Coordination. 8:33–56.

［110］Riccaboni M, Schiavo S, 2010. Structure and growth of weighted networks［J］. New Journal of Physics, 12（2）

［111］Riccaboni M,Schiavo S,2014. Stochastic trade networks［J］. Journal of Complex Networks,2（4）: 537-556.

［112］Massimo R, Stefano S, 2010. The structure and growth of international trade. Department of Economics［R］. University of Trento, Italia, Department of Economics Working Papers, 10.2139/ ssrn.1600030.

［113］Riccaboni M, Rossi A, Schiavo S, 2013. Global networks of trade and bits［J］. Journal of Economic Interaction and Coordination, 8（1）:33-56.

［114］Tybout R J R, 1997. The decision to export in colombia: an empirical model of entry with sunk costs［J］. American Economic Review, 87（4）:545-564.

［115］Roberts M J, Tybout J, 1997. The Decision to Export in Colombia: An Empirical Model of Entry with Sunk Costs［J］. The American Economic Review, 87（4）:545-564.

［116］Rose A K, 2004. Do We Really Know that the WTO Increases Trade［J］. The American Economic Review, 94（1）:98-114.

［117］Rugman A M, Li J, Oh C H, 2009. Are supply chains global or regional［J］. International Marketing Review, 26（4-5）:384-395.

［118］Schiff M, Winters A L, 2003. Regional Integration and Development［M］. Washington, DC: World Bank and Oxford University Press.

［119］Serrano M A,Boguna M,2003. Topology of the world trade web［J］. Physical Review E,68（1）.

［120］Shenkar O, 2001. Cultural distance revisited: Towards a more rigorous conceptualization and measurement of cultural differences［J］. Journal of International Business Studies, 32（3）:519-535.

［121］Shepherd B, 2010. Geographical Diversification of Developing Country Exports［J］. World Development, 38（9）:1217-1228.

［122］Sinani E,Hobdari B,2010. Export market participation with sunk costs and firm heterogeneity［J］.

Applied Economics, 42（25）: 3195-3207. doi: 10.1080/00036840802112372.

[123] Solano L V, Brummer B, Engler A, et al., 2019. Effects of intra- and inter-regional geographic diversification and product diversification on export performance: Evidence from the Chilean fresh fruit export sector [J]. Food Policy, 86. doi: 10.1016/j.foodpol.2019.101730.

[124] Sopranzetti S, 2017. Overlapping free trade agreements and international trade: A network approach [J]. The World Economy, 41（6）: 1549-1566. doi: 10.1111/twec.12599.

[125] Starnini M, Boguna M, Serrano M A, 2019. The interconnected wealth of nations: Shock propagation on global trade-investment multiplex networks [J]. Scientific Reports, 9（1）: 1-10.

[126] Subramanian A, Wei S, 2007. The WTO Promotes Trade, Strongly but Unevenly [J]. Journal of International Economics, 72（1）: 151-175.

[127] Tallman S, Li J, 1996. Effects of international diversity and product diversity on the performance of multinational firms [J]. Academy of Management Journal, 39, 179–196.

[128] Tzekina I, Danthi K, Rockmore D N, 2008. Evolution of community structure in the world trade web [J]. European Physical Journal B, 63（4）: 541-545.

[129] Wiersema M F, Bowen H P, 2008. Corporate diversification: the impact of foreign competition, industry globalization, and product diversification [J]. Strategic Management Journal, 29（2）: 115-132.

[130] World Trade Organization（WTO）, 2015. World Trade Report 2015: Speeding up trade: Benefits and challenges of implementing the WTO Trade Facilitation Agreement [R]. Geneva, Switzerland: WTO.

[131] WTO, 2011. The WTO and Preferential Trade Agreements: From Coexistence to Coherence [R]. Geneva: World Trade Organization.

[132] Zanardi M, 2006. Antidumping: A problem in international trade [J]. European Journal of Political Economy, 22（3）: 591–617.

[133] Zhou M, Wu G, Xu H, 2016. Structure and formation of top networks in international trade, 2001–2010 [J]. Social Networks, 44（44）: 9-21.

[134] Zhu Z, Cerina F, Chessa A, et al., 2014. The rise of china in the international trade network: A community core detection approach [J]. Plos One, 9（8）.

第三章
中国矿产资源产品贸易网络

一、引言

矿产资源是制造业生产和经济发展的物质基础。矿产资源作为大宗商品之一，在全球的空间分布极为不均衡，且供给和需求地空间分离严重，使得矿产资源成为全球重要的贸易商品。根据联合国商品贸易统计数据库数据显示，近年来全球矿产资源贸易总量处于波动上升趋势，在2017年矿产资源产品贸易量占据全球贸易额的1/4。第四次工业革命催生全球新一轮产业竞争，矿产资源国内外供需形势正在发生显著的变化，国际竞争日益激烈（王安建等，2019）。近几年，欧美等国家纷纷出台分析报告和相关文件，将矿产资源上升到战略高度（Blengini et al., 2017; Nassar et al., 2016）。我国矿产资源虽然储量和品种丰富，但是仍然无法满足经济快速发展所需的巨大消费需求，尤其在新时期资源开发与环境保护矛盾日益加剧，导致我国矿产资源供应日益紧张，因此矿产资源贸易量持续上升（曾现来等，2018）。

中国正处在经济发展转型升级的关键时期，矿产资源的需求量预计会持续上升，需要制定合理的贸易战略来保证矿产资源的稳定长期供给，而其前提是需要了解中国矿产资源贸易格局。矿产资源贸易对于中国这个制造大国越来越重要。关于中国矿产品贸易的传统研究主要集中在矿产资源贸易的描述（徐桂芬、王小菊，2015）、供需量的平衡（葛振华等，2009；崔荣国，2008）、贸易与产出率（程慧，2012）、贸易政策（安彤等，2018）、特定产品的研究（王诺等，2019）等，这部分研究主要对中国矿产资源贸易进行现象描述，更多关注中国贸易总量及其影响因素，很少涉及时空格局分布及其演化过程。研究中国矿产贸易网络，尤其展示中国矿产贸易系统的空间属性组织和在整个世界矿产资源网络中的演化过程，需要借助复杂网络分析方法（Barigozzi et al., 2010; Costa et al., 2007），通过无标度网络来刻画国家间的贸易联系（Fagiolo et al., 2008; 2010）。现有研究已经展示，国际贸易网络变得更加紧密、国家间的联系变得更多，展现出显著的小世界特征，即国家间贸易高度联系在一起（Benedictis and Tajoli, 2011; Garlaschelli and Loffredo, 2005）。小世界特征也暗示着多国间可能存在超出双边合作的深度组织合作，在网络中称之为组团，在贸易网络中该性质也已经被现有的贸易文章所验证（Rugman, Li and Oh 2013; Lin, 2013）。

中国作为发展中国家，自改革开放之后，企业逐渐融入全球价值链（GVC）（OECD, 2013），矿产资源产品贸易也逐渐基于本地比较优势融入国际贸易网络。大量空间上分散的发展中国家参与和在 GVC 中破碎化的空间分工，国际贸易关系逐渐呈现出"世界是平的"现象（Friedman，2007），即贸易网络中小世界的性质，使中国与许多国家在矿产资源中产生大量的产品贸易流。但是同时存在贸易壁垒、制度壁垒、国家关系等原因造成的区域化和组团化的现象，使中国逐渐与深度合作国家形成贸易组团。矿产资源在空间分布极度不均（Bremond，2012），但是随着国际贸易网络的发展和交通成本的下降，中国可以与遥远的非洲国家和南美国家建立在矿产资源领域的深度贸易，并逐渐形成深度合作的组团，而这显然需要大量的研究来展示中国矿产资源贸易网络的格局与演化过程。

近年来中国学者使用复杂网络方法研究贸易网络整体特征，通过分析国际矿产贸易网络中节点的性质，如中心性、族群、节点度和边数等拓扑指标来刻画贸易整体的演化特征（史超亚，2018），并借助此方法进一步对不同的产品进行分析（王祥等，2018；史超亚等，2018）。总结原有研究发现：（1）虽然不同矿产资源产品存在差异，但是相比于电子、机械或纺织等其他类型的产品，在贸易演化特征方面依然具有一定共性；（2）现有研究方法并不相同，如复杂网络分析和流分析，且针对贸易空间格局和贸易量的研究普遍是分开探讨的，因此得到的结论存在一定的差异，应该借助多种方法，以综合视角去看待中国矿产资源贸易网络演化特征；（3）对于演化的成因多以定性分析为主，缺乏量化模型的支持，其结论值得进一步验证。

现阶段虽然中国经济转型进入深水区，对矿产资源需求增速放缓，但是我国作为世界最大的矿产进口国和重要矿产出口国，了解进出口贸易格局及其演化是非常重要的。本章基于 UN Comtrade 世界矿产资源贸易数据，在现有研究的基础上结合复杂网络等多种方法描述中国矿产资源贸易网络演化特征，并借助量化模型分析贸易网络演化的影响因素，补充现有研究的不足。

二、数据与方法

（一）贸易数据与因变量设置

中国矿产资源贸易网络是以中国为节点、以向各国（地区）的贸易流为连接的网络，其演化即向各国（地区）进出口矿产产品贸易流变化。基于中国每年向其他国家进出口矿产资源贸易额作为衡量中国进出口贸易网络演化的指标，参考卡多等（Cadot et al.，2013）研究，将产品—市场配对关系做了分类。以 p、d、t 分别表示产品、出口市场和年份，定

义 $\ln Vpdt\_ex$ 代表中国在第 t 期 p 产品到 d 市场出口额的对数；$\ln Vpdt\_im$ 代表中国在第 t 期从 d 市场进口 p 产品额的对数。

　　贸易数据来自 UN Comtrade 数据库，选取 2001~2016 年共 16 年的中国与其贸易国（地区）矿产资源的进出口数据。该数据库是国际最为权威的贸易数据库之一，包括了所有国家（地区）与其贸易目的地进口和出口的数据。双方之间的总贸易量在统计过程中可能并不相同，原因是进口国家（地区）与出口国家（地区）有时存在统计误差和瞒报等问题。将 UN Comtrade 中的中国数据与中国海关贸易数据库进行比对时发现，UN Comtrade 针对中国进口的数据与中国海关贸易数据库的数据更加匹配，因此本章使用数据库中各国（地区）统计的进口数据来衡量全世界的贸易网络。研究对象为矿产资源产品，通过将 UN Comtrade 的数据库与中国海关贸易数据库相比较，将产品代码 27、28、3 筛选出来，分别代表"非金属矿产资源""金属矿产资源""能源矿产资源"。其中，"能源矿产资源"主要是化石燃料类矿产资源，包括煤炭、石油、天然气等；"金属矿产资源"为可以提炼出金属的矿产，包括黑色金属、有色金属等；"非金属矿产资源"为非"能源矿产资源"和"金属矿产资源"的矿产资源，包括石英、硫、萤石等。为了兼顾产品间异质性和同质性的问题，研究产品细分尺度为四位数贸易产品。

　　模型中使用的解释变量"国家（地区）关系"数据来自谷歌（Google）的 GDELT（global database of events，language，and tone project）项目。该项目提供了 1979 年至今的全球各语言媒体报道的新闻主要信息，此项目根据每条数据的两个行动者的性质给予一个评分，范围为 –10~10 分。其余解释变量与控制变量数据均来自中国统计年鉴和世界银行，如 GDP、对外投资等。为了与贸易数据保持一致，数据没有进行购买力折算处理。

（二）模型自变量设置

1. 国家（地区）关系和国家（地区）互动频率

　　中国矿产资源出口的企业主要是国有企业，矿产资源企业的出口受到国家的管控和配额。政府可以通过战略性贸易政策等方式来调整企业的出口行为（谢申祥等，2018），而大型国有企业可能受到的影响更大。在国家管控和国有企业特殊企业性质的双重背景下，矿产资源企业的行为经常肩负着国家意志，如对外投资、跨境并购等。矿产资源作为政治外交重要的筹码和手段，也由此受到国家关系的影响（王明清，2016）。因此，国家力量可能会影响或引导矿产资源企业的进出口拓展。

　　国家关系变量参考杨文韬（2018），采用互动频率和亲密程度来衡量。在杨文韬（2018）研究基础上，筛选两个行动者中有且仅有一方为中国且性质为政治相关的数据，共得到 986330 条记录。国家（地区）关系变量（*Relation*）使用每年其他国家（地区）与中国之间新闻报道平均得分来衡量，如果平均分越高，则表示该国（地区）与中国关系越好，反之表示关系更差。国家（地区）互动频率（ln*Link*）以双边国家（地区）间互相提及新闻数量的对数来衡量，如果该数值越大，表明两国（地区）间互动频率更高。

2. 中国对外投资

对外投资（FDI）影响国际贸易。艾森曼和诺伊（Aizenman and Noy，2006）发现发展中国家的 FDI 对贸易具有一定的促进作用。针对中国对外投资研究中，FDI 与贸易的关系还需进一步研究，FDI 既可能促进出口（王恕立、向姣姣，2014），也可能会促进进口（马涛，2015），但是很少有学者研究 FDI 和矿产资源贸易关系。中国目前对外投资主要方向是资源开发和技术学习（肖鹞飞、朱滨，2016），可见目的地矿产资源是 FDI 的一个重要考虑因素，因此对目的地的 FDI 很有可能会促进中国矿产资源的进出口贸易。

3. 引力模型相关变量

采用以引力模型为基础的模型。引力模型的核心变量为中国 GDP 的对数（ln*GDP_i*）、贸易目的地 GDP 的对数（ln*GDP_j*）和中国与贸易目的地的地理距离（ln*Geodist*）。地理距离与产品出口的运输成本直接相关，尤其是对于矿产资源这种大宗产品，因此地理距离与贸易成本相联系。考虑到多维临近性的概念，增加制度距离（ln*Instdist*）变量，也作为两国（地区）之间距离的衡量。两国（地区）之间制度差距对贸易的影响主要体现在增加了贸易的不确定性，因此将制度距离衡量为贸易的不确定性。

制度距离测算方法参考科格特等（Kogut et al.，1988）的计算方法，先计算各国（地区）的各项治理指数，然后按照以下公式计算中国与贸易目的地之间的制度距离（ln*Instdist*）：

$$\ln Instdist = \frac{1}{n} \sum \left[(D_{ia} - D_{ib})^2 / V_i \right] \tag{3-1}$$

其中，n 代表国家治理指数的个数；D_{ia} 和 D_{ib} 分别代表中国 a 与贸易目的地 b 的 n 项指标中的第 i 项指标值；V_i 代表指标方差。参考考夫曼等（Kaufmann et al.，2011），采用政府责任、社会稳定、政策有效性、法律体制、监管能力和寻租控制 6 个维度来反映各国的治理环境。

（三）模型设置

中国矿产资源贸易网络在 2000~2016 年间发生较大的变化。因此，构建面板回归模型分析矿产资源进出口贸易格局演化的影响因素，模型如下：

$$\ln Vpd_{em} = \alpha1 Relation + \alpha2\ln Link + \alpha3\ln Invest + \alpha4\ln GDP_i + \alpha5\ln GDP_j + \alpha6\ln Geodist +$$
$$\alpha7\ln Instdist + \alpha7 Landlocked + \alpha8 Developed + \beta1 Year + \beta2 Product + \gamma1 Rltn\_Geodist + \gamma2 Rltn\_$$
$$Instdist + \gamma3\ Link\_Geodist + \gamma4 Link\_Instdist + \gamma5 Invst\_Geodist + \gamma6 Invst\_Instdist + \varepsilon$$

$$(3-2)$$

$$\ln Vpd_{im} = \alpha1 Relation + \alpha2\ln Link + \alpha3\ln Invest + \alpha4\ln GDPi + \alpha5\ln GDPj + \alpha6\ln Geodist +$$
$$\alpha7\ln Instdist + \alpha7 Landlocked + \alpha8 Developed + \beta1 Year + \beta2 Product + \gamma1 Rltn\_Geodist + \gamma2 Rltn\_$$
$$Instdist + \gamma3 Link\_Geodist + \gamma4 Link\_Instdist + \gamma5 Invst\_Geodist + \gamma6 Invst\_Instdist + \varepsilon$$

$$(3-3)$$

其中，*Year* 和 *Product* 分别代表时间和产品的固定效应；ε 代表误差项。研究年限为 2001~2016 年，关注 4 位数代码贸易产品。根据现有文献（*Bastos*，2010），增加目的地是否内陆国家或地区（*Landlocked*）和是否为发达国家或地区（*Developed*）作为控制变量。为了更好理解关键解释变量的机制，分别设置了国家（地区）关系、互动频率和对外投资与地理距离和制度距离的交互变量，分别是 *Rltn_Geodist*、*Rltn_Instdist*、*Link_Geodist*、*Link_Instdist*、*Invst_Geodist* 和 *Invst_Instdist*。考虑到矿产资源贸易网络演化具有时间和空间异质性，如中国的矿产资源进口可能会受到国际金融危机的影响，因此将研究年限分为 2001~2008 年和 2009~2016 年两个时间段。

国家（地区）关系可以作为打破贸易稳定的信号，尤其矿产资源大宗产品贸易成本极大，当两国（地区）关系较好时可能会促进两国（地区）之间矿产资源贸易。国家（地区）互动频率可以作为企业了解目的地市场信息的一种方式，更频繁互动联系可以有助于中国企业获得更多目的地市场信息，从而带来更多的双边贸易。中国矿产资源的贸易与中国的对外投资联系密切，中国大量矿产进口其实是中国在海外矿产投资企业的企业内贸易，而且大量出口贸易可以伴随着本国的对外投资进行扩张，因此对中国对外投资可能会直接促进中国矿产资源进出口贸易。$\ln GDP_i$ 和 $\ln GDP_j$ 预期符号为正，而地理距离（$\ln Geodist$）、制度距离（$\ln Instdist$）和是否内陆国家或地区（*Landlocked*）预期显著抑制中国与贸易目的地矿产资源贸易。

（四）网络指标与计算方法

1. 节点度

节点度（*degree*）为与节点相连边的数量，可以分为入度和出度，反映了中国对外贸易联系的活跃程度（Fagiolo，2010）。计算公式为：

$$D_d(x) = d(x) \tag{3-4}$$

2. 中心性

中心性指标表示节点在网络中的核心程度，中心性指标为中介中心性（betweenness centrality）、临近中心性（closeness centrality）和特征向量中心性（eigenvector centrality）。

中介中心性指节点出现在网络中其他节点的最短距离和的数量。如果中国的中介中心性越高，表明对中国在网络中中转能力越强，也表明对整个贸易网络流传播的控制能力越强。计算公式为（Fagiolo，2010）：

$$BC = \frac{2}{n^2 - 3n + 2} \sum_{i=1, j\neq k}^{n} \sum_{j\neq k}^{n} \frac{\delta_{ij}^k}{\delta_{ij}} \tag{3-5}$$

临近中心性指该节点到所有节点距离和的大小，可以衡量节点的网络空间可达性。计算公式为（Fagiolo，2010）：

$$CC_I = \left[\frac{1}{n-1} \sum_{j=1, j\neq i}^{n} d_{ij} \right]^{-1} \tag{3-6}$$

特征向量中心性反映节点的重要程度与邻居节点数量和重要程度相关的指标，计算公式为（Fagiolo，2010）：

$$EC(i) = x_i = c \sum_{j=1}^{n} a_{ij} x_j \tag{3-7}$$

三、中国矿产资源贸易网络结构特征

（一）中国矿产资源贸易网络

为了展示中国矿产资源贸易网络特征，首先运用 Gephi 软件计算矿产资源贸易网络的特征，如表 3-1 所示。从"出度"和"入度"可以发现，中国在 2001~2016 年出口国家（地区）数量先上升后下降，而进口国家（地区）数量一直在上升。从中介中心性、临近中心性和特征向量中心性指标排名可知，中国在整个矿产资源贸易网络中的地位一直在提高，逐渐成为世界上矿产资源贸易最核心的国家之一。

表 3-1　　　　　　　　　　　2001~2016 年中国矿产资源贸易网络特征描述

年份	出度	入度	中介中心性排名	临近中心性排名	特征向量中心性排名
2001	149	127	9	10	3
2006	164	161	2	2	1
2011	166	167	2	3	1
2016	147	167	3	3	2

资料来源：数据来自 UN Comtrade，若无特别说明，本章同。

　　图 3-1 的（a）、（b）、（c）、（d）分别是 2001 年、2006 年、2011 年和 2016 年矿产资源贸易网络拓扑关系图，其中节点的大小代表中介中心性，用来表示节点在网络中的地位；线的粗细代表节点与节点之间的贸易量；不同的颜色代表不同的组团结构，表示贸易相对紧密的一部分国家（地区）。从图 3-1 可以看出，美国一直是整个矿产资源贸易网络中最重要的节点，处在网络中间核心位置，主导美洲组团的矿产资源贸易；不过随时间变化，其组团的成员数量显著减少。中国地位在 2001 年处在 10 名左右，处在东亚组团相对次核心的位置，但是之后在贸易网络中的地位提升非常快，逐渐处在网络核心位置，并且在 2006 年开始主导围绕中国的贸易组团，其组团成员到 2016 年有明显的增加。从 2001 到 2016 年贸易网络图可以看出，虽然中国在贸易网络中地位明显提升，但是其贸易网络并不是同步的扩大，而是对各国（地区）贸易额不均质地发生变化。中国主导组团的势力扩大，中国也逐渐成为许多国家（地区）最重要的贸易伙伴，组团内部联系日益紧密，而对非重要贸易伙伴的贸易相对比较复杂，不容易从图中获得答案，需要借助计量模型来研究。

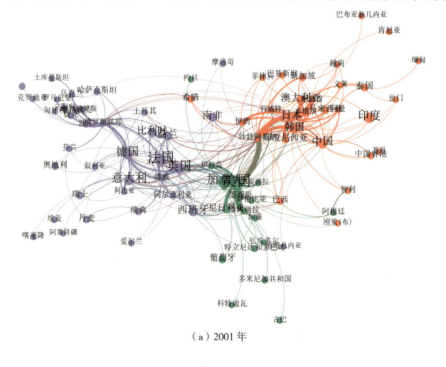

（a）2001 年

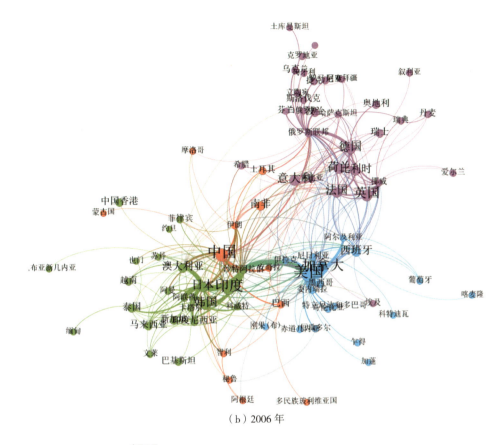

（b）2006 年

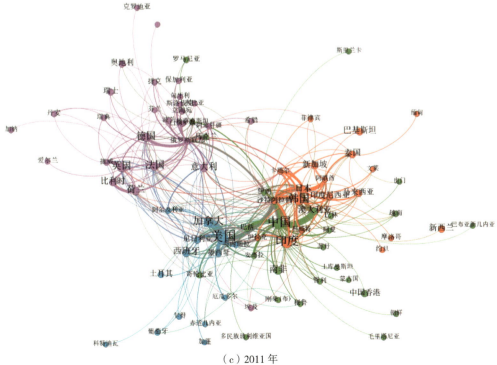

（c）2011 年

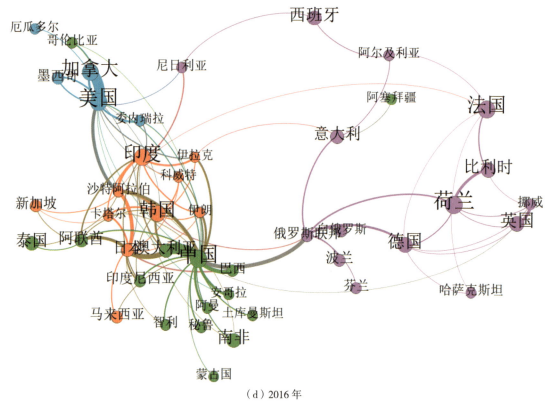

（d）2016 年

图 3-1　2001 年、2006 年、2011 年、2016 年矿产资源贸易网络拓扑关系

（二）中国矿产资源贸易格局

图 3-2 反映中国矿产资源产品贸易量和市场数量演化趋势。从图 3-2 可以看出不同产品对我国矿产资源出口和进口总量影响差别较大，贸易量最多的一直是矿物燃料，非金属矿产次之，金属矿物最少，因此需要增加产品维度来研究中国出口市场的演化过程。图 3-2（a）展示总出口额的变化趋势与市场数量变化并不一致，2001~2008 年我国矿产资源出口量和出口市场数量一直在稳步增长，而 2009~2016 年出口额一直处于波动状态，但是市场数量变化趋势呈现出先缓慢增长，然后缓慢下降的趋势，这可能由于 2008 年金融危机后全球市场矿产资源交易萎靡导致的，因此需要分 2008 年前后两个时间段来分析我国矿产出口演化的影响因素。从图 3-2（b）也可以被发现，中国进口量和进口市场变化趋势也有所不同：进口市场数量从 2001 年开始迅速增长，到 2008 年基本达到顶峰，之后处于下降趋势，但是总进口量在 2009 年之后仍然迅速增加，表明中国矿产资源进口

在 2008 年之前可能采取"不要将鸡蛋放在一个篮子里"策略，广泛拓展进口市场，但是 2008 年金融危机之后中国国内需求量仍然非常巨大，而且国际上矿产资源价格普遍处在低位，从而采取放弃小市场、集中从大市场购买矿产资源的策略。

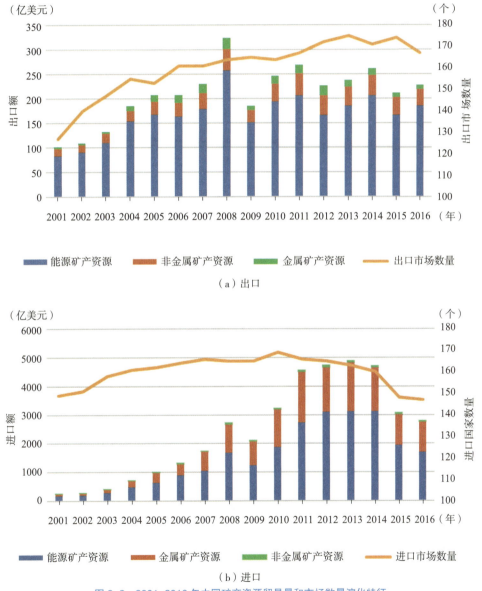

（a）出口

（b）进口

图 3-2　2001~2016 年中国矿产资源贸易量和市场数量演化特征

图 3-3 展示 2001~2016 年不同类型矿产资源的贸易市场分布。从图 3-3（a）和 3-3（b）可以看出 2001 年我国不同矿产资源的出口市场相对集中，日本和韩国是我国最大的出口市场，约占总市场的 50%；出口的产品和其市场也相对集中，煤炭主要出口到日

韩，石油主要出口到日本和东盟。到 2016 年时，中国不同产品种类出口量比率开始分散，出口市场也相比于 2001 年更加分散，其中石油代替煤炭成为我国最大的出口产品，非金属矿产也逐渐成为重要的出口产品；日本市场迅速萎缩，中国香港和东盟逐渐成为我国矿产资源重要的出口市场。在 2001~2016 年，中国制造业迅速发展，对矿产资源的需求也逐年上升，导致外部市场对中国出口吸引力逐渐下降，但是此时矿产出口逐渐展现出明显的分散市场的策略，这可能与利润之外的因素有关。在 16 年间，中国矿产出口总量变化不大，但是出口市场迅速扩张，逐渐展现出市场分散格局。伴随中国全球化战略和国际地位的提升，有理由猜测矿产出口可能具有外交的作用，如通过出口稀土来缓和国家（地区）间关系等。中国海外投资伴随着大量基础设施建设，尤其是在发展中国家，此时需要大量的非金属矿产资源作为基础设施建设的原材料，由此导致非金属矿产出口量迅速增加。

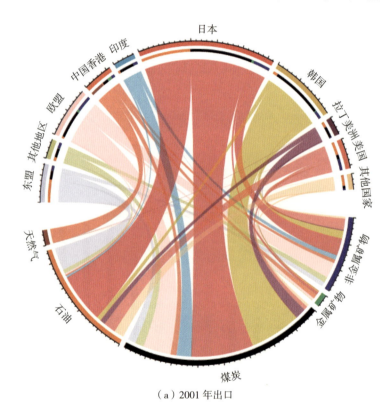

（a）2001 年出口

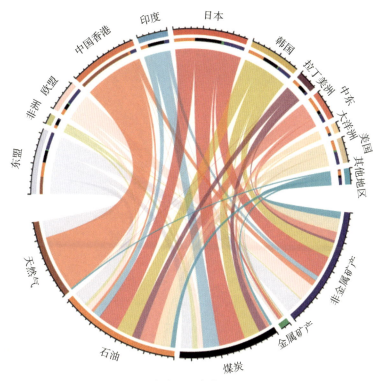

（b）2016 年出口

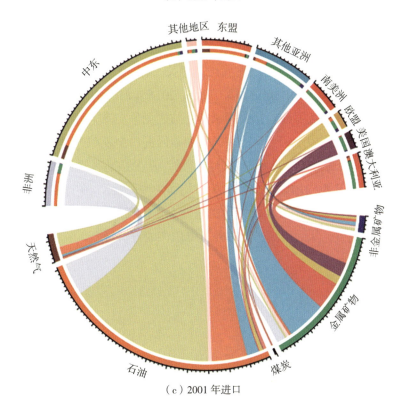

（c）2001 年进口

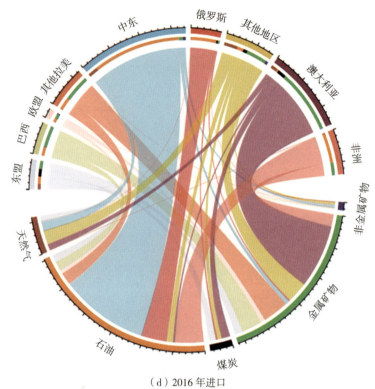

（d）2016 年进口

图 3-3　2001 年、2016 年中国矿产资源各产品贸易市场分布

从图 3-3（c）和图 3-3（d）可以发现，中国最主要需求的矿产资源是石油，其次是金属矿产资源，这与中国制造业蓬勃发展息息相关。在 2001 年时，中国矿产资源最主要的进口市场是中东，主要进口中东的石油，而在 2016 年时，中东在石油出口方面不再具有绝对垄断地位，非洲、俄罗斯、拉美国家开始与之竞争。除了石油资源，中国在进口方面逐渐从"多来源产品集中"到"从很多国家和地区进口少量矿产，但是每种产品依赖重要来源国的供应"，演变为"少来源产品分散"的"从少数地区进口大量的资源，每种进口产品来源更分散，从不同地区进口数量相对均衡"。一方面，矿产资源进口市场过于集中不利于国家能源安全；另一方面，中国在海外大量投资矿产资源行业，尤其是在非洲、澳大利亚、巴西等地方，从而逐渐扩大海外投资矿产的进口量。

四、中国矿产资源贸易网络演化影响因素

（一）矿产资源出口贸易网络影响因素

表 3-2 为中国矿产资源出口扩展模型变量描述性统计。为了降低国家关系、互动频率和对外投资变量的内生性，三个变量分别滞后了一期。回归结果展示在表 3-3，其中模型（3.1）~模型（3.4）列为 2001~2008 年样本回归结果，模型（3.5）~模型（3.8）列为 2009~2016 年样本回归结果。从模型（3.1）~模型（3.8）可以看出，地理距离（$\ln Geodist$）显著为负，因为地理距离直接影响货物运输成本，尤其是对于矿产资源这种大宗产品更敏感，符合引力模型的预期。国家属性变量中，内陆国家及地区（$Landlocked$）显著为负，发达国家及地区（$Developed$）显著为正，说明我国更容易向发达国家及地区和沿海国家及地区出口矿产资源。在 2008 年以前，制度距离（$\ln Instdist$）变量对我国矿产资源出口没有显著的影响，而在 2008 年之后有显著的负向影响，说明两国（地区）的制度距离越远，我国向出口国家（地区）出口矿产资源越少。首先，这与我国与其矿产资源出口目的地治理指数间差距再缩小有关，从 2001 年到 2016 年中国与主要出口目的地的制度距离一直在减小。2008 年之前中国矿产出口延续粗放式"出口赚外汇"模式，对国家（地区）间制度差异导致的风险并不敏感，但是随着中国矿产资源需求逐渐增加，出口不再是粗放式出口，逐渐转变为"分散市场"的模式，即矿产出口量基本不变而出口市场增加，因此对制度距离造成的风险更加敏感。

表 3-2　出口模型变量描述性统计

变量	解释	样本数（个）	均值	标准差	最小值	最大值
$\ln Value$	出口量的对数	82 432	4.81	5.80	0	21.60
$Relation$	与目的地国家关系	73 611	2.56	1.27	−10	8
$\ln Link$	互动频率的对数	73 611	4.40	1.84	0	10.54
$\ln Invest$	对目的地投资的对数	82 432	3.82	4.29	0	14.11
$\ln GDP_i$	中国 GDP 的对数	82 432	29.10	0.74	27.92	30.05
$\ln GDP_j$	目的地 GDP 的对数	79 494	24.57	2.27	16.40	30.56

续表

变量	解释	样本数(个)	均值	标准差	最小值	最大值
ln$Geodist$	地理距离的对数	78 432	8.94	0.56	6.86	9.87
ln$Instdist$	制度距离的对数	80 096	0.03	0.95	−2.69	1.88
$Landlocked$	是否是内陆国家或地区，是为1	82 432	0.16	0.37	0	1
$Developed$	是否是发达国家或地区，是为1	82 432	0.19	0.39	0	1

表 3-3　　　　　　　　　　　　　中国矿产资源出口网络演化

变量	2001~2008 年				2009~2016 年			
	（3.1）	（3.2）	（3.3）	（3.4）	（3.5）	（3.6）	（3.7）	（3.8）
$Relation$	−0.047***	−0.073***	−0.045***	−0.047***	−0.032**	−0.074***	−0.028	−0.026
	（0.015）	（0.018）	（0.015）	（0.015）	（0.020）	（0.022）	（0.019）	（0.020）
ln$Link$	0.122***	0.124***	0.109***	0.122***	0.034*	0.017*	0.044**	0.031
	（0.020）	（0.020）	（0.020）	（0.020）	（0.020）	（0.020）	（0.020）	（0.020）
ln$Invest$	0.033**	0.032**	0.024*	0.039***	0.072***	0.075***	0.064***	0.064***
	（0.014）	（0.014）	（0.014）	（0.014）	（0.008）	（0.008）	（0.008）	（0.008）
lnGDP_i	0.658***	0.666***	0.671***	0.649***	0.067	0.053	0.089	0.050
	（0.095）	（0.095）	（0.095）	（0.095）	（0.123）	（0.123）	（0.123）	（0.123）
lnGDP_j	1.089***	1.086***	1.094***	1.086***	1.068***	1.073***	1.075***	1.079***
	（0.015）	（0.015）	（0.015）	（0.015）	（0.017）	（0.017）	（0.017）	（0.017）
ln$Geodist$	−1.835***	−1.826***	−1.926***	−1.719***	−1.395***	−1.347***	−1.287***	−1.382***
	（0.050）	（0.050）	（0.051）	（0.063）	（0.053）	（0.053）	（0.065）	（0.076）
ln$Instdist$	0.054	0.049	0.187**	0.069*	−0.370***	−0.368***	−0.379***	−0.502***
	（0.034）	（0.034）	（0.037）	（0.042）	（0.037）	（0.037）	（0.037）	（0.041）
$Landlocked$	−0.604***	−0.598***	−0.605***	−0.604***	−0.269***	−0.224***	−0.227***	−0.271***
	（0.059）	（0.059）	（0.059）	（0.059）	（0.065）	（0.065）	（0.065）	（0.065）
$Developed$	0.264***	0.273***	0.153*	0.281***	1.046***	1.080***	0.701***	0.863***
	（0.095）	（0.095）	（0.097）	（0.095）	（0.094）	（0.095）	（0.096）	（0.095）
$Rltn\_Geodist$		0.138***				0.304***		
		（0.040）				（0.048）		
$Rltn\_Instdist$						0.101***		
						（0.024）		
$Link\_Geodist$			−0.126***				−0.186***	
			（0.026）				（0.024）	
$Link\_Instdist$							0.156***	
							（0.015）	

续表

变量	2001~2008 年				2009~2016 年			
	（3.1）	（3.2）	（3.3）	（3.4）	（3.5）	（3.6）	（3.7）	（3.8）
Invst_Geodist				0.051***				−0.021**
				（0.015）				（0.013）
Invst_Instdist								0.051***
								（0.007）
constant	−25.19***	−25.40***	−24.83***	−25.91***	−11.46***	−11.44***	−13.29***	−11.26***
	（2.738）	（2.734）	（2.732）	（2.747）	（3.684）	（3.683）	（3.687）	（3.712）
产品效应	控制	控制	控制	控制	控制	控制	控制	控制
时间效应	控制	控制	控制	控制	控制	控制	控制	控制
N	35105	35105	35105	35105	36763	36763	36763	36763
R²	0.435	0.435	0.437	0.435	0.392	0.393	0.396	0.393
P 值	0	0	0	0	0	0	0	0

注：*、**、*** 分别表示 $p < 0.1$，$p < 0.05$，$p < 0.01$。

国家（地区）关系（Relation）对矿产资源出口拓展有显著的负向作用，说明中国主要向关系不好的国家（地区）出口更多矿产资源，这与实际情况相符，中国最大的出口市场是日本、韩国、东盟等国家，与中国国家关系并不是十分友好。但是，从模型（3.2）和模型（3.6）可知，国家（地区）关系对地理距离抑制出口量具有显著的调节效应，表明国家（地区）关系可以减缓地理距离较远所带来的贸易量减少。好的国家（地区）关系可能会促使出口国（地区）减税和降低关税，也可以减少国家（地区）间贸易壁垒发生的概率和程度，从而减少了矿产产品贸易的出口成本。2008 年后国家（地区）关系对制度距离具有显著的调节作用，说明国家（地区）关系可以显著减少制度距离带来的不确定性。现有研究普遍认为不确定性会抑制中国的出口市场拓展（鲁晓东、刘京军，2017），而国家（地区）间的友好关系可能会降低出口的不确定性，尤其规模大、国企为主的矿产资源企业对降低不确定性更为敏感。国家（地区）关系可以克服一些信息壁垒或贸易摩擦带来的负面影响，而且作为一个贸易利好的信号，也会促进国内的矿产寡头厂商出口到目的地。

国家（地区）间互动频率（lnLink）对矿产资源出口具有显著促进作用，表明中国会向与中国互动更多的国家（地区）出口矿产资源。国家（地区）间互动越频繁，可以促进国家（地区）间的行政手段、政策工具和交易方式等方面相互了解，从而达到促进贸易的现象。从模型（3.3）和模型（3.7）结果可知，国家（地区）间互动频率会增加地理距离对出口的抑制作用，但是会显著抑制制度距离所带来的不确定性，说明互动频率是一把双刃剑，虽然可以降低矿产资源这种大宗产品交易不确定性，但是会使国内厂商更加了解出口到该国（地区）时商品交易的成本，反而会降低中国厂商的出口意愿。

中国对外投资（ln$Invest$）对矿产资源出口有显著促进作用。通过模型（3.8）可知中国对外投资经常可以显著降低制度距离带来的不确定性，对外投资作为一种对目的地信息搜寻作用，当中国投资项目进入目的地，会加深中国对目的地的了解，而信息扩散到中国企业后会促进矿产资源的出口。从模型（3.4）和模型（3.8）结果发现，对外投资对于出口成本的影响是双向的，在2008年之前对外投资会显著降低矿产资源出口成本，可能与中国大量输出资本进行基础设施建设有关。但是到2008年之后，中国对外投资会增加地理距离所带来的抑制效应，这与中国收购国外矿产企业有关。中国企业大量收购和入股国外矿产资源企业，可以促进投资国家（地区）向中国出口矿产资源，但是会与中国向投资目的地出口的矿产形成竞争，从而抑制了中国矿产资源的出口。

（二）矿产资源进口贸易网络影响因素

表3-4为中国矿产资源进口扩展模型变量描述性统计。回归结果（见表3-5）与出口模型设置一样。结果显示，引力模型变量lnGDP_i和lnGDP_j显著为正，地理距离（ln$Geodist$）显著为负。制度距离（ln$Instdist$）在2008年之前显著为正，在2008年之后显著为负，说明在前期中国主要从治理能力相差较大的地区进口矿产，而2008年之后主要从治理能力相似的地方进口矿产，主要原因是中国与其主要矿产进口国（地区）的治理能力逐渐从相差较大到比较接近，导致制度距离在前一期展现出正向显著。

表 3-4　　　　　　　　　　进口格局演化模型变量描述性统计

变量	解释	样本数（个）	均值	标准差	最小值	最大值
ln$Value$	进口量的对数	51 184	5.55	6.97	0	24.73
$Relation$	与目的地国家关系	48 067	2.54	1.14	−10	8
ln$Link$	互动频率的对数	48 067	4.85	1.85	0	10.54
ln$Invest$	对目的地投资的对数	51 184	4.47	4.49	0	14.11
lnGDP_i	中国 GDP 的对数	51 184	29.10	0.74	27.92	30.05
lnGDP_j	目的地 GDP 的对数	49 442	25.26	2.15	16.40	30.56
ln$Geodist$	地理距离的对数	48 960	8.85	0.64	6.70	9.87
ln$Instdist$	制度距离的对数	50 752	0.10	1.00	−2.80	1.88
$Landlocked$	是否是内陆国家或地区，是为1	51 184	0.16	0.36	0	1
$Developed$	是否是发达国家或地区，是为1	51 184	0.24	0.43	0	1

　　国家（地区）关系（*Relation*）在 2008 年之前对矿产资源进口有显著的负向作用，说明中国从与中国关系不好的国家（地区）进口矿产资源更多；在 2008 年以后，国家（地区）关系对中国矿产资源进口没有显著的影响。中国的矿产资源需求量已经达到全球第一，庞大的需求量和矿产资源来源地相对固定导致中国进口市场也相对稳定，即使国家（地区）关系不好也很难找到矿产产品的替代来源地，因此出现国家（地区）关系在 2008 年后并不显著。从模型（3.10）可以看出，国家（地区）关系越好可以降低矿产进口交易的成本，这一点与出口模型一致；国家（地区）关系对制度距离有显著的调节作用，说明当两国（地区）关系越好时，中国可能会对两国（地区）制度距离差异更敏感。

　　两国（地区）交往频率（ln*Link*）展现了与出口模型一样的结果，说明交往频率越高会让国内厂商更了解与对方矿产交易时的风险，同时会降低两国（地区）制度差异所带来的不确定性，总体而言会促进中国进口矿产来源地的资源。中国的对外投资（ln*Invest*）会促进中国从投资目的地进口矿产资源，因为中国为了获得矿产资源稳定的供给，会在海外投资矿产资源作为战略储备，进而会促进中国向投资目的地进口矿产资源。

表 3-5　　　　　　　　　　　　中国矿产资源进口网络演化

变量	2001~2008 年				2009~2016 年			
	（3.9）	（3.10）	（3.11）	（3.12）	（3.13）	（3.14）	（3.15）	（3.16）
Relation	−0.071***	−0.099***	−0.070**	−0.071***	−0.056	−0.066	−0.049	−0.041
	（0.027）	（0.031）	（0.027）	（0.027）	（0.039）	（0.042）	（0.039）	（0.039）
ln*Link*	0.309***	0.311***	0.295***	0.314***	0.231***	0.229***	0.234***	0.201***
	（0.030）	（0.030）	（0.030）	（0.030）	（0.035）	（0.035）	（0.035）	（0.035）
ln*Invest*	0.225***	0.221***	0.216***	0.225***	0.190***	0.190***	0.185***	0.189***
	（0.025）	（0.025）	（0.025）	（0.025）	（0.015）	（0.015）	（0.015）	（0.016）
lnGDP_i	0.336**	0.288*	0.315*	0.336**	0.714***	0.719***	0.699***	0.649***
	（0.170）	（0.170）	（0.170）	（0.170）	（0.210）	（0.210）	（0.211）	（0.210）
lnGDP_j	1.089***	1.088***	1.103***	1.087***	1.085***	1.086***	1.098***	1.143***
	（0.025）	（0.026）	（0.025）	（0.026）	（0.032）	（0.032）	（0.032）	（0.033）
ln*Geodist*	−1.300***	−1.300***	−1.398***	−1.343***	−0.762***	−0.755***	−0.718***	−0.239**
	（0.071）	（0.071）	（0.073）	（0.097）	（0.078）	（0.079）	（0.095）	（0.111）
ln*Instdist*	0.345***	0.340***	0.467***	0.291***	−0.154**	−0.154**	−0.150**	−0.045
	（0.055）	（0.055）	（0.061）	（0.070）	（0.061）	（0.062）	（0.065）	（0.076）
Landlocked	−0.624***	−0.631***	−0.624***	−0.627***	−0.381***	−0.375***	−0.358***	−0.337***
	（0.102）	（0.102）	（0.102）	（0.102）	（0.121）	（0.122）	（0.122）	（0.121）
Developed	−0.729***	−0.733***	−0.948***	−0.728***	−0.532***	−0.531***	−0.641***	−0.810***
	（0.140）	（0.141）	（0.146）	（0.141）	（0.149）	（0.150）	（0.153）	（0.156）

续表

变量	2001~2008 年				2009~2016 年			
	（3.9）	（3.10）	（3.11）	（3.12）	（3.13）	（3.14）	（3.15）	（3.16）
Rltn_Geodist		0.080*				0.050		
		（0.060）				（0.079）		
Rltn_Instdist		-0.090***				-0.005		
		（0.032）				（0.045）		
Link_Geodist			-0.083**				-0.071**	
			（0.035）				（0.038）	
Link_Instdist			0.115***				0.045**	
			（0.023）				（0.024）	
Invst_Geodist				-0.019				-0.144
				（0.021）				（0.021）
Invst_Instdist				-0.019				0.001
				（0.013）				（0.013）
constant	-2.999	-4.295	-3.011	-2.586	3.966	4.041	2.804	-3.935
	（4.861）	（4.868）	（4.855）	（4.876）	（6.297）	（6.298）	（6.313）	（6.386）
产品效应	控制	控制	控制	控制	控制	控制	控制	控制
时间效应	控制	控制	控制	控制	控制	控制	控制	控制
N	22470	22470	22470	22470	23114	23114	23114	23114
R^2	0.314	0.315	0.315	0.314	0.268	0.268	0.268	0.269
P 值	0.000	0.000	0.000	0.000	0.000	0.000	0.000	0.000

注：*、**、*** 分别表示 $p < 0.1$，$p < 0.05$，$p < 0.01$。

五、结论与建议

本章基于 UN Comtrade 的矿产资源贸易数据分析了中国矿产资源贸易网络特征与演化过程，并研究了中国矿产资源进出口网络演化的影响因素。得到了以下结论：（1）2001~2016 年，中国在世界贸易网络中的地位显著提高，与中国发生贸易的国家（地区）数量增加和总贸易量增加密不可分；（2）中国矿产出口逐渐展现出市场分散策略，而进口逐渐从"多来源产品集中"演化为"少来源产品分散"的策略；（3）好的国家（地区）关系会降低中国与贸易目的地矿产资源交易时的成本，也会降低制度差异所带来的不确定性;(4)中国与贸易目的地互动频率越高会减少制度差异所带来的不确定性,但是会增加对贸易成本的关注;(5)对外投资可能伴随的基础设施投资和海外并购矿产企业可以促进我国向投资目的地进口矿产,也会通过获取信息等方式促进我国出口到该地区。

随着我国对矿产的需求提高,未来矿产资源进出口贸易会更加频繁,针对中国矿产资源贸易现状与进出口拓展情况,我们提出如下建议:(1)随着中国对矿产资源需求量上升,未来中国矿产资源出口量可能并不会增加,为了避免出口到少数国家(地区)被压价的情况,可以采取进一步分散市场的策略;(2)为了满足中国庞大的矿产需求量,进口矿产总量和进口来源地非常多,可以考虑在原有进口市场中进一步多进口新的矿产资源产品,并开拓新的矿产来源市场,以避免国家(地区)关系波动带来的贸易摩擦;(3)针对我国矿产资源安全方面,中国要考虑到国家(地区)间制度差异所带来的贸易成本,并通过增加海外矿产资源投资和维护好国家(地区)间关系来稳定矿产资源贸易。

参考文献

[1]安彤,马哲,刘超,等,2018.中国石墨矿产资源现状与国际贸易格局分析[J].中国矿业,27(7):1-6.

[2]程慧,2012.我国优势战略矿产资源出口管制问题研究[D].北京:中国地质大学(北京)博士学位论文.

[3]崔荣国,2008.正确认识中国的矿产品贸易[J].国土资源情报,(2):24-26.

[4]郝晓晴,安海忠,陈玉蓉,等,2013.基于复杂网络的国际铁矿石贸易演变规律研究[J].经济地理,33(1):92-97.

[5]葛振华,郑勇军,肖荣阁,2009.中国矿产品进出口贸易特点及建议[J].资源与产业,11(3):103-109.

[6]鲁晓东,刘京军,2017.不确定性与中国出口增长[J].经济研究,(9):41-56.

[7]马涛,2015.中国吸引外商直接投资的发展回顾与展望[J].国际经济合作,(8):68-71.

[8]史超亚,2018.大宗矿产品国际贸易格局演变对经济增长影响研究[D].北京:中国地质大学(北京)硕士学位论文.

[9]史超亚,高湘昀,孙晓奇,等,2018.复杂网络视角下的国际铝土矿贸易演化特征研究[J].中国矿业,27(1):57-62.

[10]王祥,强文丽,牛叔文,等,2018.全球农产品贸易网络及其演化分析[J].自然资源学报,33(6):940-953.

[11]王安建,王高尚,邓祥征,等,2019.新时代中国战略性关键矿产资源安全与管理[J].中国科学基金,33(2):133-140.

[12]王明清,2016.中国东北与俄罗斯远东地缘经济关系研究[D].长春:东北师范大学博士学位

论文.

［13］王诺，张进，吴迪，等，2019. 世界煤炭资源流动的时空格局及成因分析［J］. 自然资源学报，34（3）：487-500.

［14］王恕立，向姣姣，2014. 对外直接投资逆向技术溢出与全要素生产率：基于不同投资动机的经验分析［J］. 国际贸易问题，（9）：109-119.

［15］徐桂芬，王小菊，2015. 中国大宗矿产品贸易概况［J］. 国土资源情报，（1）：40-43.

［16］谢申祥，刘培德，王孝松，2018. 价格竞争、战略性贸易政策调整与企业出口模式选择［J］. 经济研究，53（10）：127-141.

［17］肖鹞飞，朱滨，2016. 中国对外直接投资的区位选择研究［J］. 金融教育研究，29（4）：47-58.

［18］杨文韬，2018. 地缘关系对中国出口影响研究［D］. 北京：北京大学硕士学位论文.

［19］杨鑫，安海忠，高湘昀，等，2012. 国际天然气贸易关系网络结构特征研究：基于复杂网络理论［J］. 资源与产业，14（2）：81-87.

［20］曾现来，闫晓宇，张宇平，等，2018. 中国资源的进出口与产出率：演化、挑战及对策［J］. 自然资源学报，33（4）：552-562.

［21］朱丽丽，2016. 基于复杂网络的锂矿产品国际贸易格局研究［D］. 北京：中国地质大学（北京）博士学位论文.

［22］Aizenman J, Noy I, 2006. FDI and trade—Two-way linkages? ［R］. Working Papers, 46（3）:317-337.

［23］Bastos P, Silva J, 2010. The quality of a firm's exports: Where you export to matters［R］. Discussion Papers, 82（2）:99-111.

［24］Barigozzi M, Fagiolo G, Garlaschelli D, 2010. Multinetwork of international trade: A commodity-specific analysis［J］. Physical Review E, 81（4）：46-104.

［25］Bremond V, Hache E, Mignon V, 2012. Does OPEC still exist as a cartel? An empirical investigation ［J］. Energy Economics, 34（1）：125-131.

［26］Blengini G A, Blagoeva D, Dewulf J, et al., 2017. Methodology for establishing the EU list of critical raw materials –Guidelines［J］. Luxemburg: European Union.

［27］Costa L D, Rodrigues F A, Travieso G, et al., 2007. Characterization of complex networks: A survey of measurements［J］. Advances in Physics, 56（1）:167-242.

［28］Cadot O, Iacovone L, Pierola M D, et al., 2013. Success and failure of African exporters［J］. Journal of Development Economics, 101：284-296.

［29］De Benedictis L, Tajoli L, 2011. The world trade network［J］. World Economy, 34（8）, 1417-1454.

［30］Friedman T, 2007. The world is flat: A brief history of the twenty-first century（2nd ed）［M］. New York：Farrar, Straus and Giroux.

［31］Fagiolo G, Reyes J, Schiavo S, 2008. On the topological properties of the world trade web: A weighted network analysis［J］. Physica A: Statistical Mechanics and its Applications, 387（15）：3868-3873.

［32］Fagiolo G, Reyes J, Schiavo S, 2010. The evolution of the world trade web: A weighted-network analysis［J］. Journal of Evolutionary Economics，20（4）：479-514.

［33］Fagiolo G，2010. The international-trade network：Gravity equations and topological properties［J］. Journal of Economic Interaction and Coordination，5（1）：1-25.

［34］Garlaschelli D，Loffredo M I，2005. Structure and evolution of the world trade network［J］. Physica A：Statistical Mechanics and its Applications，355（1），138-144.

［35］Kogut B，Singh H，1988. The effect of national culture on the choice of entry mode［J］. Journal of International Business Studies，19（3）：411-432.

［36］Kaufmann D，Kraay A，Mastruzzi M，2011. The worldwide governance indicators：Methodology and analytical issues［J］. Hague Journal on the Rule of Law，3（2）：220-246.

［37］Lin F G，2013. Are distance effects really a puzzle?［J］. Economic Modelling，31：684-689.

［38］Nedal N，Sean X，Steven F，et al.，2016. Assessment of Critical Minerals：Screening Methodology and Initial Application［R］. Washington，D. C.：National Science and Technology Council.

［39］OECD，2013. Implications of global value chains for trade，investment，development and jobs［R］. Paris.

［40］Rugman Am，Li J，Oh Ch，2009. Are supply chains global or regional?［J］. International Marketing Review，26（4-5）：384-395.

第四章
中国中间产品贸易网络

一、引言

随着经济全球化不断推进，国际分工从产业间分工到产业内分工、再到产品内分工，分工尺度不断细化，由此催生了全球中间产品贸易。中间产品贸易是全球化的结果，也是全球分工最直接的体现。根据 WTO 2018 年发布的统计年报显示，2016 年全球中间产品出口贸易额为 7.032 万亿美元，中国贡献了 0.882 万亿美元，占全球中间产品出口的 12.54%，全球中间产品进口贸易额为 7.359 万亿美元，中国进口为 1.035 万亿美元，占全球总进口的 14.07%。同时，中国出口产品质量提升也与中间产品的出口贸易有密切联系（余淼杰等，2017）。因此，研究中国的中间产品贸易网络对于中间产品贸易网络的全局研究也有一定的启示。

国际分工和中间产品贸易的兴起源自全球化背景下跨国企业的行为（Markusen，1994；Taylor et al.，2001）。迪肯（2007）将跨国企业定义为"具有协调和控制一个以上国家中经营活动的能力"的企业，在协调全球生产网络中起着越来越关键的作用。一些大型跨国企业为了追求更低的成本在全球范围内组织跨区域生产，由此开始了产品内分工（Yeung，2009），即中间产品的生产和贸易。这种产品内分工最早的理论讨论是杰里菲（Gereffi，1994），提出和发展了全球价值链，并指出不同生产环节创造的价值存在差异（Gereffi，2001）。不同国家因其所处价值链的环节不同，从同一产品生产中所获得的收益也不同。发展中国家参与全球价值链多以加工装配为起点，专业化低附加值活动，中间产品的贸易是实现价值链升级的重要途径（余淼杰等，2016）。斯特金等（Sturgeon et al.，2004）提出，在全球化的今天，企业的供应商必须同时具有独立开发能力和进行提升附加值的加工能力，提升附加值的加工就是对中间产品的加工。

中间产品贸易的地理格局很大程度上取决于各国企业在跨区域生产之前的区位选择。传统国际贸易理论对于中间产品的讨论也是基于生产成本差别产生的比较优势，即在全球分工中，各国应该承担各自具有比较优势的工序。基于比较优势理论，多项研究探讨了生产工序在不同国家间的分配以及零部件和成品的生产布局（Dornbusch et al.，1977；Sanyal，1982；Jones，2000；Deardorff，1998）。传统贸易理论认为贸易产生是基于要素禀赋，新贸易理论最初补充了规模效应的影响（Krugman，1979），但这些理论都不能很好地解释中间产品贸易的产生。克鲁格曼（Krugman，1994）进一步拓展了规模经济对产品内分工的作用，认为全球范围内的工序生产分工是为了达到最佳规模水平。实证研究从通信、交通运输、劳动资本等方面的规模经济论证了克鲁格曼的理论（Yi，2003；Jones et al.，2005；卢峰，2006）。虽然新贸易理论已经关注到了企业层面，但仍然是对企业同质化的处理，新新贸易理论则关注企业异质性和企业内贸易。梅里兹（Melitz，2003）指出，企业若要出口产品，在生产成本外，还要支付两种成本：出口固定成本以及为每单位出口产品支付的运输成本。安特拉斯（Antràs，2003）提出，企业内贸易的重要程度与劳动相对密集程度有关。对不同行业和不同的中间产品出口国，同样的企业结构会带来不同利润预期，而这种差异来自国家间要素禀赋差异（段颀，2011）。可以说，中间产品贸易格局是企业决策的结果，而企业在中间产品贸易布局决策则是基于国家间的要素禀赋差异，以最低成本获得最佳收益。

随着全球贸易增长，传统贸易分析难以体现贸易网络的丰富性，越来越多的贸易研究引入了复杂网络的方法。现有贸易网络研究在方法上多通过贸易网络的拓扑结构中发现组团和社群，研究国家间的关系和地缘政治（宋周莺等，2017）；在研究内容上主要是针对某一特定产业甚至特定产品的研究，如郑蕾等（2016）对全球整车和零部件贸易网络的分析，王倩倩等（2019）对全球手机贸易网络进行研究，以及农产品、原油、天然气、服装、电子信息产业（孙晓蕾等，2012；郝晓晴等，2013；姚秋慧等，2018；高菠阳等，2017）。这些研究多从不同产业间在贸易结构上存在异质性出发，分析特定产业内的国际贸易格局。但是，贸易结构还存在资本品、中间品和消费品的异质性。研究表明，中间产品与消费品的贸易网络结构存在显著差异，如汽车零部件与整车、面料与服装（郑蕾等，2016；卜国琴等，2006）。鲜有文献聚焦于中间产品的贸易网络及其特征，跨产业比较其网络形成机制中的共性和特性。因此，本章结合社会网络分析方法对中间产品贸易发展历程和现状进行描述性分析，并从贸易成本视角切入中间产品贸易网络，探究影响我国中间产品出口贸易格局的驱动力，为价值链升级提供政策建议。

二、文献综述与研究假说

中间产品往往会作为投入品参与下一个环节的生产过程。因此相比于资本品和消费品，中间产品在生产过程中产业上下游联系更加紧密（张彬等，2013；刘庆玉等，2011）。跨国公司需要中间产品作为生产投入，对投入成本就会相对敏感，投入成本包括中间产品本身的价格，同时还包括交易成本。交易成本含义较为广泛，包括劳动力和交通运输成本、东道国和母国的赋税程度、贸易壁垒情况和区域一体化情况等（马风涛等，2011）。因此，我们从制度成本（制度距离）、交流成本（文化距离）、运输成本（地理距离）和劳动力成本四个方面研究交易成本对中间产品网络演化形成的影响及其产业差异。

（一）制度距离与交易成本

制度与贸易研究始于科斯托娃（Kostova，1997），提出制度距离为"国家质检在管制、规范和认知制度等方面的差异"。据此，魏等（Wei et al.，2000）基于 OECD 国家的研究发现，制度距离会显著抑制国际贸易。与此同时，制度距离会进一步引发贸易摩擦，不利于双边贸易和区域贸易合作的顺利展开（许佳云等，2017）。除制度距离外，大量研究通过契约、产权、投资者保护等制度环境因素解释不同经济体之间的生产率差异（Porta et al.，1998；Acemoglu et al.，2001；2002；李坤望等，2010）。制度因素通过影响经济体之间的生产率，进一步影响一个国家的比较优势和对外贸易格局。由于不同行业对契约实施制度的依赖性存在差异，契约质量高的地区将按照比较优势生产和出口契约密集度高的产品（Levchenko，2007）。经济自由度、政府治理等制度因素对不同产品双边贸易的影响显著，且相较于同质产品，契约实施质量对差异化产品的影响更大（Anderson et al.，2002）。王爱虎等（2006）探讨了中国经济和制度环境对中国参与全球产品内分工贸易的影响宏观经济环境和工业发展水平都对吸引跨国外包有重要影响，开放的对外经济政策也有助于中国更加积极地参与全球分工。中间产品就是典型的差异化产品，相较于一般产品贸易，中间产品贸易意味着贸易双方更加密切的合作和配合，由于中间产品多为根据下游企业特殊要求定制，若一方违约，则产品销往其他企业的可能性较小，因此契约质量必然显著影响中间产品贸易伙伴的选择。

（二）文化距离与交易成本

非正式制度如语言文化对贸易的影响也不容忽视。梅里兹（Melitz，2008）指出两国若有一部分人口使用相同语言则会促进双边贸易的增长。塞尔米耶等（Selmier et al.，2013）表明，语言对贸易的影响主要体现在其降低交易成本的能力，交流成本在国际贸易中体现出了语言差异性。文化是重要的经济中介要素，语言文化的积极传播会减少双方贸易认知盲区、降低信息获取成本，从而促进出口贸易（康继军等，2019）。如连大祥（2012）发现，孔子学院通过增强其所在国对中国语言文化的了解，降低了贸易活动的交易成本。谢孟军（2017）认为，文化输出对资本输出具有正向推动作用，显著地推动了中国对外直接投资的发展。中间产品贸易双方的合作交流程度比一般对外贸易更高，因此信任要素在中间产品贸易的选择中很重要，而文化和语言的熟悉程度能够促进信任提升。因此，跨国企业在布局全球生产时更倾向于语言相同的国家和地区。

（三）地理距离与贸易成本

地理距离从两个方面产生成本：一是产品运输成本；二是贸易双方进行面对面沟通交流的成本。地理邻近性能够显著降低交易成本，经济主体发生联系通常是以地理邻近为前提的，技术和知识的传递都有显著的地理距离衰减效应。由于中间产品的上下游联系具有"不可分性"，这种联系要求贸易双方在贸易之前有较一般产品更为深入的沟通和交流，如对具体技术细节的探讨等（张彬等，2013）。因此，地理距离带来的贸易成本对中间产品贸易有影响显著。

（四）劳动力成本与比较优势

劳动力成本一直以来都是影响制造业产业布局的重要因素。古典经济学家就对劳动力成本与产业结构的关系进行了探讨，配第—克拉克定理认为劳动力的流动会导致产业结构的变动。刘易斯则认为发达国家劳动力成本的上升会导致产业向发展中国家转移。这种劳动力成本导致产业转移的背景也是全球产品内分工的发展背景，跨国公司在全球范围内选择劳动力成本较为低廉的地区进行中间产品生产，从而降低生产成本。阳立高等（2014）研究表明劳动力成本对劳动、资本和技术密集型制造业的影响存在显著差异。目前我国的重要比较优势仍然为劳动力成本低，贸易目的地的劳动力成本越高，我国的比较优势就越大。

三、数据来源与研究方法

（一）数据来源

中间产品贸易数据主要依据联合国经社理事会统计司《经济大类分类标准》（Broad Economic Category，即 BEC 分类），通过对 UN Comtradek 中的相关数据计算得到。BEC 分类可以将货物分为三大基本类别：资本品、中间品和消费品。其中中间产品包括工业用初级食品和饮料（111）、未另归类的初级工业用品（21）、初级燃料和润滑剂（31）、工业用加工食品和饮料（121）、未另归类的加工工业用品（22）、加工燃料和润滑剂（322）、运输设备除外的零配件（42）、运输设备零配件（53）。由于中间产品涉及行业过多，特点繁杂难以总结，参考迪肯（2007）的研究，我们选择了三种在全球分工中具有鲜明特征的产业：电子产业、纺织服装业和运输业。电子产业中间产品是相对技术密集型的产业，也是最早应用离岸装配的产业，率先贴上"全球化工厂"标签，在电子产业中，不同生产阶段存在明显的地理分层。纺织服装业是典型的劳动力密集型产业，同时也是全球范围内分布最广的产业；然而，相对其他广泛进行外包的产业，纺织业往往为发达国家（地区）提供了较高比例的就业（迪肯，2007）。而对于运输业的生产来说，无论是汽车、火车还是轮船、飞机，本质上就是一种组装工业（迪肯，2007；Freyssenet et al.，2003）。由于其生产的模块化，运输业往往在空间和组织上更易分离（郑蕾等，2016）。在现实生产中，地理上的分工也更为彻底。本章使用 UN Comtrade 数据库的贸易数据，包含全球所有国家和地区的双边贸易数据。1998~2017 年的全球所有国家和地区中间产品出口贸易数据，并将中间产品分为电子产业、纺织业和运输业三个产业进行分析和比较，计算中国向其他国家（地区）的显性贸易偏好，总结中间产品贸易的区域化及全球化格局，并基于交易成本角度解释贸易格局演化。

（二）研究方法

国家（地区）间贸易联系可以通过显性贸易偏好（revealed trade preference，RTP）体现（Cingolani et al.，2018）。这一指标最早由亚帕德雷等（Iapadre et al.，2014）提出，用于衡量国家（地区）间贸易强度。自从巴拉萨（Balassa，1965）提出显性比较优势指标以来，大量研究应用这一指标来衡量某一国家（地区）出口某种产品的相对能力：

$$RCA_{ij} = \frac{S_{ij}}{W_{ij}} = \frac{T_{ij}/T_{iw}}{T_{wj}/T_{ww}} \qquad (4-1)$$

其中，T_{ij} 为报告国（地区）i 与对应国家（地区）j 之间的贸易，T_{iw} 为报告国（地区）i 与全球的贸易；T_{wj} 为全球与国家（地区）j 之间的贸易，T_{ww} 为全球所有国家（地区）间的总贸易。但与此同时，大量研究对于如何科学地体现显性比较优势这一思想进行了大量讨论。如耶茨（Yeats，1985）提出，显性比较优势指标作为一个序列性指标是合理的，但是否能够直接用其数值进行国家（地区）间和年份间的比较仍有待讨论。有学者认为巴拉萨（Balassa，1965）的算法在两个方面存在问题，即上限浮动和跨时间比较，通过应用大量实例举证了这两个问题（De Benedictis and Tamberi，2001）。首先，由于，$0 \leqslant I_{ij} \leqslant (1/W_j)$，$RCA$ 的最大值出现在国家（地区）i 仅与国家（地区）j 贸易时的情况下，即 RCA 的最大值与贸易伙伴的总贸易额 W_j 呈负向相关，因此，不同国家或不同时间的 RCA 的数值不能很好地进行相互比较。针对这一问题安德森和诺尔海姆（Anderson and Norheim，1993）提出了同质双边贸易强度指数 HI_{ij}，HI_{ij} 的取值范围是 $[0，\infty)$，当完全不存在双边贸易时，$HI_{ij} = 0$，当仅存在双边贸易时，$HI_{ij} = \infty$。之所以称其"同质"，是因为在这一指标中，其最大值不再依赖贸易伙伴的体量。

$$HI_{ij} = \frac{S_{ij}}{V_{ij}} = \frac{T_{ij} / T_{iw}}{T_{oj} / T_{ow}} \qquad (4-2)$$

然而 HI_{ij} 仍未能解决不对称的问题，也就是说如果将 HI_{ij} 直接作为连续变量放入模型中，会导致估计结果的偏误。

除了不对称性问题，HI_{ij} 还存在动态解释不明确的问题。HE_{ij} 是反映非双边贸易强度的指标，但在某些情况下，HI_{ij} 的变化与 HE_{ij} 的变化一致。这种情况下，两种指标表达的含义是相互矛盾的，即两国（地区）之间的双边贸易强度和与其他国家（地区）间的非双边贸易强度同时增强（或减弱），在描述上存在漏洞。

$$HE_{ij} = \frac{1 - S_{ij}}{1 - V_{ij}} \qquad (4-3)$$

现有的一种同时解决不对称性问题和动态解释不明确问题的方法是亚帕德雷和蒂罗尼（Iapadre and Tironi，2009）提出的显性贸易偏好 RTP_{ij}，这一指标是 HI_{ij} 和 HE_{ij} 之差与两者之和的比值：

$$RTP_{ij} = \frac{HI_{ij} - HE_{ij}}{HI_{ij} + HE_{ij}} \qquad (4-4)$$

本章研究中国在中间产品出口贸易伙伴选择中的偏好变化，而不是仅对有无偏好进行研究，需要对贸易偏好数值上的变化进行分析，巴拉萨（1965）提出的 RCA 算法，仅适用于有优势（$RCA>1$）和无优势（$RCA<1$）两种状态的同时期比较，而不能放入模型研究动态的优势扩大或缩小。因此在这里，我们采用 RTP 作为分析的因变量。

四、中国中间产品贸易网络演化

（一）全球中间产品贸易网络格局

随着跨国公司的崛起，世界经济一体化逐步加深，制造业跨国分工也不断深化，国际分工从产业间分工转型为产业内分工和产品内分工，不同国家充分发挥各自的比较优势，充分参与到全球分工体系中。产品内分工的扩大催生了全球中间产品贸易额的大幅增长。1998~2017 年 20 年间全球中间产品贸易规模大幅提升，从 9755 亿美元增长到 29720 亿美元。

在全球中间产品贸易额不断增长的过程中，中间产品的生产布局也在不断变化（见表 4-1）。电子产业是中间产品中的最主要贡献者。从贸易格局来看，可以分为三个阶段：（1）第一阶段是 20 世纪 90 年代末期，中国加入世界贸易组织前，我国尚未大规模参与全球中间产品贸易网络，由发达国家（地区）主导，美国为主要节点，同时欧洲也很重要。在这一时期，东亚除了日本和韩国外都没有大规模进入全球贸易网络。（2）第二阶段可以概括为我国崛起阶段，2005 年，中国已经成为中间产品贸易网络中的重要节点，成为能够与德国相提并论的次级中心，北美、欧洲、东亚初步形成了三足鼎立的局面。（3）第三阶段为三足鼎立阶段，从 2012 年开始，在北美、欧洲和东亚三足鼎立的基础上，我国正式成为最重要的节点，并带动周边国家（地区）提升其贸易网络地位。

表 4-1 　　　　　　　　　　全球电子业中间产品主要贸易线路

1998 年	2005 年	2012 年	2017 年
美国—加拿大	美国—加拿大	韩国—中国	韩国—中国
日本—美国	日本—美国	中国—美国	中国—美国
美国—墨西哥	日本—中国	日本—中国	墨西哥—美国
加拿大—美国	墨西哥—美国	墨西哥—美国	日本—中国
墨西哥—美国	加拿大—美国	美国—加拿大	美国—墨西哥
美国—日本	中国—美国	日本—美国	美国—加拿大

续表

1998 年	2005 年	2012 年	2017 年
美国—英国	美国—墨西哥	美国—墨西哥	日本—美国
德国—法国	韩国—中国	马来西亚—中国	中国—美国
德国—美国	德国—法国	加拿大—美国	加拿大—美国
美国—德国	德国—美国	中国—日本	马来西亚—中国

　　通过 Gephi 软件对三种不同产业中间产品贸易网络进行可视化。图 4-1 中的节点是国家（地区），边代表国家（地区）间的贸易流，分别为 2017 年电子产业、运输业和纺织业中间产品的全球贸易网络。图中每一个节点代表一个国家（地区），节点的大小为网络中的特征向量中心度。特征向量中心度是网络分析中衡量节点重要性的一种指标，一个节点的特征向量中心性与其临近节点的中心性得分的总和成正比，即与重要的节点连接的节点更重要，有少量重要联系的节点的中心性可能超过拥有大量边缘联系的节点。在贸易网络的语境下，可以理解为，两个节点国家（地区）的总贸易额相同时，拥有单一大贸易伙伴的国家（地区）比拥有多个较小贸易伙伴的国家（地区）的中心性更高。这种与重要节点的联系体现了某个国家（地区）在全球网络中的重要性。网络图中的边是实际贸易流，边的粗细代表贸易额。节点的布局依据 FR（fruchterman reingold）算法，这种方法体现了国家（地区）间的联系强度，可以防止节点重合。

　　图 4-1 可以看出，全球电子业中间产品网络呈现出一个较为紧密的核心集团，包括中国、美国、墨西哥、韩国、比利时、新加坡等，而中国已经成为核心集团中最重要的节点。运输业和纺织业的结构则相对松散，运输业的五个重要节点为中国、南非、俄罗斯、新西兰和印度，均为发展中国家和南半球国家，体现了运输业全球价值链的结构，跨国企业将零部件的生产和装配组织在这些欠发达国家，然而具有最多外部联系，位于网络的中心位置则是美国。纺织业与电子业和运输业的结构差异较大，纺织业最大节点为美国，但是整个网络并未体现出联系紧密的核心，整体结构松散，多为区域性联系，说明纺织业的跨区域生产活动较少，纺织业跨国公司中间产品的生产和购买多是区域性的，就近选择成本低廉的国家（地区）进行生产。

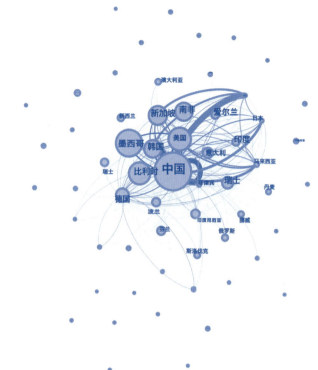

（a）电子业

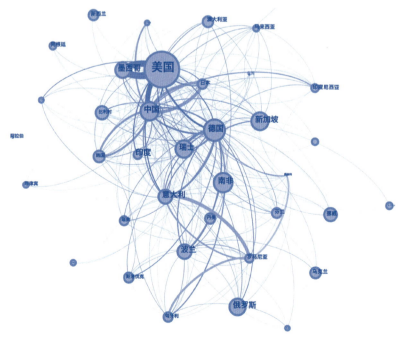

（b）纺织业

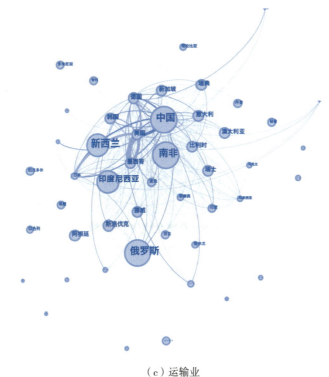

（c）运输业

图 4-1　2017 年全球中间产品贸易网络

（二）中国中间产品贸易格局

随着全球化不断发展，我国逐渐成为中间产品贸易网络的重要节点。中国在中间产品网络中的重要性可以通过网络拓扑特征如中心度体现。中心性有许多种类型，包括：最直接的度中心性，即采用节点度数来衡量节点的中心性；介数（betweenness），是指有多少对节点的链接必须经过这里；紧密度中心性（closeness），基于节点与网络所有其他节点的平均最短路径长度计算得到。我们选择使用加权的特征向量中心性来衡量节点的中心性。特征向量中心性是指通过节点周围的节点的中心度决定的，其主要思想是，一个节点与中心度更高的节点发生联系比与较低中心度的节点有联系能够获得更高的中心度。特征向量中心性通过多次迭代，为网络中的每个节点分配［0，1］的中心性。便于比较和排序。在贸易网络中，贸易额的大小显然也能够体现国家（地区）的地位，因此为了体现出贸易网络的这种性质，采取了加权的中心性。在中早期我国对中间产品的贸易主要是从发达国家（地区）进口中间产品，随着市场需求的不断扩大，加之我国生产技术的提升，我国开始大量出口中间产品，中心度排名也从 2001 年的第 11 提升至第 1。从贸易额来看，中国（香港和澳门特区的贸易额单独统计）进出口前 10 名的贸易伙伴如表 4-2 所示。前 5 名的贸易伙伴除美国外均为亚洲国家和地区；6~10 名则出现更多的欧洲和美洲国家，如德国、法国、英国、加拿大等。从东南亚国家的进口逐年增加，马来西亚、菲律宾、越南和泰国逐渐占据重要的位置，这可能是由于我国的劳动力密集型产业向东南亚转移，因此开始从这些国家进口大量的相关产品。

表 4-2 　　　　　　　　　　　　中国进出口前 10 名的贸易伙伴

排序	1998 年		2007 年		2016 年	
	出口	进口	出口	进口	出口	进口
1	中国香港	日本	中国香港	日本	中国香港	韩国
2	美国	韩国	美国	韩国	美国	马来西亚
3	日本	美国	日本	菲律宾	韩国	日本
4	新加坡	中国香港	韩国	马来西亚	墨西哥	美国
5	韩国	新加坡	新加坡	美国	日本	菲律宾
6	德国	德国	德国	新加坡	新加坡	新加坡
7	马来西亚	马来西亚	墨西哥	德国	德国	泰国
8	法国	芬兰	马来西亚	泰国	马来西亚	越南
9	英国	英国	英国	中国香港	印度	德国
10	加拿大	法国	西班牙	哥斯达黎加	越南	墨西哥

五、中国中间产品贸易网络演化驱动力

（一）模型与变量设置

由于不同国家（地区）在生产网络中的分工不同、所处价值链的环节各异，中间产品出口的驱动因素差异较大，难以在一个模型中统括，因此模型主要聚焦于中国中间产品出口的影响因素。以企业视角切入，从跨国公司组织跨区域生产贸易的多项成本进行分析。因变量为中国对各国（地区）出口中间产品的 RTP。自变量均体现目的地国家（地区）的异质性，从贸易成本的角度对中国向不同国家（地区）出口的贸易偏好进行解释，包括交通运输成本、交流沟通成本、制度成本和劳动力成本等。

1. 变量选择

贸易成本是贸易理论中的重要组成部分。梅里兹（Melitz，2003）开创了新新贸易理论，认为正是出口沉没成本的存在促使了企业异质性对贸易行为产生影响。伯纳德等（Bernard et al.，2006）则通过不同产品的出口沉没成本来解释公司的生产调整。科斯坦蒂尼等（Costantini et al.，2008）通过企业进入不同国家需支付不同的出口成本以解释单边贸易。因此，贸易成本是解释贸易行为的重要视角，尤其在以跨国企业为主导的中间产品贸易中，企业在组织跨区域生产中的区位选择是左右中间产品贸易流的重要因素。模型自变量归纳在表 4-3。

（1）地理距离为传统的贸易模型中的重要变量，采用的指标为目的地最大城市与中国最大城市间的地理距离（s_dist）和是否与中国接壤（$contig$）。

（2）文化成本（$CommCost$）以是否使用相同的官方语言为指标（$comlang\_off$）；同时加入人均孔子学院数量，以衡量我国文化推广度，作为文化沟通成本的动态变化指标（$kzpp$）。

（3）制度成本则以全球治理指数作为国家（地区）制度环境质量的测量标准。全球治理指数包括六个维度：话语权和可靠性、政治稳定性与无暴乱/恐怖主义、政府有效性、管制质量、法治程度、腐败控制。采用降维分析，筛选出三个最主要的维度：话语权和可靠性（vad）、政治稳定性与无暴乱/恐怖主义（pvd）、管制质量（rqd）。

（4）劳动力成本，通过两个指标反映：一是人均国民收入，衡量目的地的劳动力成本；二是劳动人口占比，以 15~64 岁人口占总人口的比重表征。除此之外增加 GDP 和总人口以控制国家（地区）经济发展水平和市场规模大小。

表 4-3　　　　　　　　　　　　　自变量基本信息

解释维度	变量名称	变量描述	数据来源
交通运输成本	$TransCost$	$contig$　目的地与中国是否接壤 s_dist　目的地与中国最大城市间的地理距离	CEPII 数据库
沟通成本	$CommCost$	$comlang\_off$　使用相同的官方语言	CEPII 数据库
		$kzpp$　人均孔子学院数量	孔子学院官方网站整理
制度壁垒成本	$InstCost$	vad　话语权和可靠性 pvd　政治稳定性与无暴乱/恐怖主义 rqd　管制质量	全球治理指数 世界银行
劳动力成本	$LaborCost$	s_income　人均国民收入	世界银行
		$s\_laborratio$　15~64 岁劳动力占比	世界银行
控制变量	GDP	s_gdp　GDP	世界银行
	$Population$	s_popu　总人口	世界银行

2. 模型构建

由于不同年份不同国家（地区）的贸易数据汇报情况不同，有部分年份缺失，因此构建 1998~2017 年混合截面数据，构建模型如下：

$$RTP_{i,t} = \alpha + \beta_1 TransCost_{i,t} + \beta_2 CommCost_{i,t} + \beta_3 InstCost_{i,t}$$
$$+ \beta_4 LaborCost_{i,t} + \beta_5 GDP_{i,t} + \beta_6 Population_{i,t} + \varepsilon_{i,t} \tag{4-5}$$

式中，$RTP_{i,t}$ 表示 t 年中国对国家（地区）i 的显性贸易偏好；$TransCost_{i,t}$、$CommCost_{i,t}$、$InstCost_{i,t}$、$LaborCost_{i,t}$ 分别代表交通运输成本、沟通成本、制度成本、劳动力成本，$GDP_{i,t}$ 和 $Population_{i,t}$ 为控制变量国民生产总值和人口数量，$\varepsilon_{i,t}$ 为残差项。

（二）回归结果分析

在进行统计回归分析之前对变量进行了相关性检验（见表 4-4），大部分变量间不存在强烈的相关性，制度质量的相关变量 rqd 与收入 s_income、vad、pvd 间存在较高的相关性分别为 0.705、0.768 和 0.699，收入与劳动力比例间也存在较高的相关性（0.624）。对模型的多重共线性进行了 VIF 检验，各变量 VIF 值均小于 10，平均 VIF 值 2.41，因此不存在多重共线性。

表 4-4　　自变量相关系数

变量	RTP_{ij}	contig	s_dist	comlang_off	kzpp	s_income	s_laborratio	vad	pvd	rqd	s_gdp	s_popu
RTP_{ij}	1.000											
contig	0.231	1.000										
s_dist	−0.105	−0.418	1.000									
comlang_off	0.183	0.262	−0.262	1.000								
kzpp	−0.076	−0.017	−0.067	−0.028	1.000							
s_income	−0.143	−0.026	−0.300	0.294	0.132	1.000						
s_laborratio	−0.056	0.133	−0.377	0.233	0.173	0.624	1.000					
vad	−0.239	−0.217	0.100	−0.031	0.227	0.427	0.295	1.000				
pvd	−0.283	−0.111	−0.091	0.157	0.226	0.595	0.429	0.662	1.000			
rqd	−0.202	−0.126	−0.176	0.237	0.185	0.705	0.508	0.768	0.699	1.000		
s_gdp	0.149	0.083	−0.059	−0.030	−0.007	0.214	0.127	0.179	0.026	0.172	1.000	
s_popu	0.168	0.347	−0.133	−0.046	−0.068	−0.079	−0.008	0.009	−0.218	−0.091	0.531	1.000

　　模型回归结果如表 4-5~4-8 所示。结果表明，中国对接壤国家（地区）的出口贸易偏好显著高于非接壤国家（地区）；然而，在电子和运输业，地理衰减效应不存在，反而地理距离的增加意味着更高的贸易偏好，但是在纺织和其他产业中，贸易偏好随地理距离增加而降低。这说明，在电子和运输业等相对技术和资本密集型的产业中，贸易中的运输成本并不是影响企业决策的重要因素。制度环境对中间产品出口贸易偏好的影响也较为显著，但是不同方面制度对不同产业的影响存在差异性，整体来看，话语权和可靠性高会促进贸易偏好的形成，而相反管制质量越高却不利于出口。这一结果与戴翔等（2014）对制度质量的研究结果一致，该研究结果表明制度质量是一国（地区）比较优势的重要来源，对于我国来说，出口目的地的制度质量相对我国较低，正是我国制度质量的体现。同时说明，我国的出口一方面利用目的地国家（地区）好的制度环境来保证契约质量，但是同时又在规避目的地国家（地区）严格管制可能带来的风险。

表 4-5　　　　　　　　　　　　　　全产业回归结果

维度	变量	（4.1）	（4.2）	（4.3）	（4.4）	（4.5）
TransCost	contig	0.251***	0.367***			
	s_dist	0.029	−0.009			
CommCost	comlang_off	0.393***		0.519***		
	kzpp	0.030***		0.023***		
LaborCost	s_income	0.009			0.004	
	s_laborratio	0.149***			0.170***	
InstCost_i	vad	0.048***				
	pvd	−0.027***				0.184***
	rqd	−0.118***				0.076***
	s_gdp	0.051***	0.014**	0.062***	−0.005	0.006
	s_popu	0.094***	0.097***	0.166***	0.102***	0.052**
	constant	−0.207***	−0.216***	−0.185***	−0.164***	1.532***
	observations	8 698	10 844	10 776	8 796	10 781
	N	648	700	696	657	695

注：***、** 分别表示 p<0.01，p<0.05。

表 4-6　　　　　　　　　　　　　　电子产业回归结果

维度	变量	（4.6）	（4.7）	（4.8）	（4.9）	（4.10）
TransCost	contig	0.348***	0.421***			
	s_dist	0.101***	0.063*			
CommCost	comlang_off	0.319*		0.318		
	kzpp	0.040***		0.025***		

续表

维度	变量	（4.6）	（4.7）	（4.8）	（4.9）	（4.10）
LaborCost	s_income	0.015			0.012	
	s_laborratio	0.119***			0.135***	
$InstCost_i$	vad	0.023				
	pvd	−0.038**				0.183***
	rqd	−0.103***				0.067***
	s_gdp	0.055***	0.000	0.062***	−0.015	0.007
	s_popu	0.052	0.085***	0.114***	0.082***	0.055
	constant	−0.016	−0.053*	−0.014	−0.003	1.527***
	observations	2 225	2 787	2 770	2 242	2 787
	N	167	178	177	168	178

注：***、**、* 分别表示 p<0.01，p<0.05，p<0.1。

表 4-7　　　　　　　　　　　　纺织行业回归结果

维度	变量	（4.11）	（4.12）	（4.13）	（4.14）	（4.15）
TransCost	contig	0.102	0.323***			
	s_dist	−0.095***	−0.127***			
CommCost	comlang_off	0.414**		0.673***		
	kzpp	0.011		0.021***		
LaborCost	s_income	0.018			−0.005	
	s_laborratio	0.143***			0.175***	
$InstCost_i$	vad	0.041				
	pvd	−0.043*				0.190***
	rqd	−0.131***				0.109***
	s_gdp	0.087***	0.057***	0.096***	0.027	0.006
	s_popu	0.094**	0.029	0.164***	0.084**	0.058
	constant	−0.276***	−0.318***	−0.290***	−0.274***	1.530***
	observations	2 061	2 502	2 485	2 078	2 503
	N	159	170	169	160	170

注：***、** 分别表示 p<0.01，p<0.05。

表 4-8　　　　　　　　　　　运输产业回归结果

维度	变量	（4.16）	（4.17）	（4.18）	（4.19）	（4.20）
TransCost	contig	0.345***	0.422***			
	s_dist	0.101***	0.064*			
CommCost	comlang_off	0.330*		0.318		
	kzpp	0.033***		0.025***		
LaborCost	s_income	0.012			0.013	
	s_laborratio	0.110***			0.135***	
InstCosti	vad	0.020				
	pvd	−0.036**				0.179***
	rqd	−0.104***				0.064***
	s_gdp	0.057***	0.000	0.062***	−0.015	0.007
	s_popu	0.048	0.085***	0.114***	0.082***	0.050
	constant	−0.006	−0.052*	−0.014	−0.000	1.541***
	observations	2 194	2 778	2 761	2 241	2 714
	N	161	178	177	167	173

注：***、**、* 分别表示 $p<0.01$，$p<0.05$，$p<0.1$。

沟通成本和文化距离越低，能够显著提高中国对贸易目的地的出口偏好；同时，积极的汉语言文化推广同样能够显著提高中国对贸易目的地的中间产品出口偏好。劳动力成本的差异在所有类型的中间产品贸易中体现出重要的作用，并未体现出已有研究中在劳动力密集型、技术密集型和资本密集型产业中的差异。阳立高等（2014）指出，劳动力成本上升对劳动、资本、技术密集型制造业的影响分别为显著为负、显著为正、为正但不显著。因此可见，对于中间产品来说，我国仍然是处于消化发达国家（地区）跨国公司的低附加值生产环节，还处于依靠廉价劳动力获得比较优势的阶段。

为了保证结果的稳健性，通过缩尾的方法，分别截取了左右两端 2.5%（共 5%）和 5%（共 10%）的样本后进行了回归。两组回归的结果均稳健。

六、结论与讨论

经济全球化推动国际分工从产业间分工到产业内分工，催生了大规模中间产品贸易。中间产品的生产不是为了本地市场，而是为了提升效率和降低成本。本章对纺织业、电子产业和运输业的中间产品贸易网络进行研究，首先描述我国在全球贸易网络中地位变化，通过比较我国在三种产业的网络中的位置展现了我国在不同产业网络中的不同地位。其次从贸易成本角度入手分析了影响我国中间产品出口贸易的因素。整体来看，地理距离对中间产品出口偏好的影响显著，但是仅在纺织业中体现出了地理距离衰减效应，在电子和运输业中，地理距离越大，贸易偏好反而越高；降低沟通成本能够显著提高中国对贸易目的地的出口偏好，中国文化在贸易目的地的推广能够提高贸易偏好；目的地制度质量对贸易偏好的影响显著，其话语权和可靠性能够提高中国对贸易目的地的中间产品出口偏好，但同时，规制质量越高，出口偏好则降低；劳动力成本的差异在三种产业中均体现出重要的作用，说明我国的劳动力成本优势仍然是促进中间产品出口的重要因素。由于数据限制，本章研究尺度仍停留在国家（地区）层面，然而中间产品的生产布局受到跨国公司的区位选择影响很大，需要分析更小地理尺度中间产品贸易发生的动因和机制。

参考文献

［1］卜国琴，刘德学，2006.中国服装加工贸易升级研究：基于全球服装生产网络视角［J］.国际贸易，（11）：27-31.

［2］戴翔，金碚，2014.产品内分工、制度质量与出口技术复杂度［J］.经济研究，49（7）：4-17，43.

［3］彼得·迪肯，2007.全球性转变：重塑21世纪的全球经济地图［J］.刘卫东等，译.北京：商务印书馆.

［4］段颀，2011.企业异质性与企业内贸易：新新贸易理论［J］.中国商贸，（26）：241-242，256.

［5］高菠阳，李俊玮，2017.全球电子信息产业贸易网络演化特征研究［J］.世界地理研究，26（1）：1-11.

［6］郝晓晴，安海忠，陈玉蓉，等，2013.基于复杂网络的国际铁矿石贸易演变规律研究［J］.经济地理，33（1）：92-97.

［7］康继军，张梦珂，黎静，2019.孔子学院对中国出口贸易的促进效应：基于"一带一路"沿线国家的实证分析［J］.重庆大学学报（社会科学版），25（5）：1-17.

［8］李坤望，王永进，2010.契约执行效率与地区出口绩效差异：基于行业特征的经验分析［J］.经济学（季刊），9（3）：1007-1028.

［9］连大祥，2012.孔子学院对中国出口贸易及对外直接投资的影响［J］.中国人民大学学报，26（1）：88-98.

［10］刘庆玉，熊广勤，2011.中间产品、工业化转型与中国经济增长［J］.改革与战略，27（9）：29-32.

［11］卢锋，2006.中国国际收支双顺差现象研究：对中国外汇储备突破万亿美元的理论思考［J］.世界经济，29（11）：3-10.

［12］马风涛，李俊，2011. 国际中间产品贸易的发展及其政策含义［J］. 国际贸易，（9）：12-17.

［13］孙晓蕾，杨玉英，吴登生，2012. 全球原油贸易网络拓扑结构与演化特征识别［J］. 世界经济研究，（9）：11-17，87.

［14］宋周莺，车姝韵，杨宇，2017."一带一路"贸易网络与全球贸易网络的拓扑关系［J］. 地理科学进展，36（11）：1340-1348.

［15］王爱虎，钟雨晨，2006. 中国吸引跨国外包的经济环境和政策研究［J］. 经济研究，（8）：81-92.

［16］王倩倩，杜德斌，张杨，等，2019. 全球手机贸易网络演化特征研究［J］. 世界地理研究，28（2）：170-178.

［17］谢孟军，2017. 文化"走出去"的投资效应研究：全球 1326 所孔子学院的数据［J］. 国际贸易问题，（1）：39-49.

［18］阳立高，谢锐，贺正楚，等，2014. 劳动力成本上升对制造业结构升级的影响研究：基于中国制造业细分行业数据的实证分析［J］. 中国软科学，（12）：136-147.

［19］姚秋蕙，韩梦瑶，刘卫东，2018. 全球服装贸易网络演化研究［J］. 经济地理，38（4）：26-36.

［20］余淼杰，李乐融，2016. 贸易自由化与进口中间品质量升级：来自中国海关产品层面的证据［J］. 经济学（季刊），15（3）：1011-1028.

［21］余淼杰，张睿，2017. 中国制造业出口质量的准确衡量：挑战与解决方法［J］. 经济学（季刊），16（2）：463-484.

［22］张彬，桑百川，2013. 中国中间产品出口与产业升级研究［J］. 亚太经济，（6）：105-111.

［23］郑蕾，刘毅，刘卫东，2016. 全球整车及其零部件贸易格局演化特征［J］. 地理科学，36（5）：662-670.

［24］Acemoglu D，Johnson S，Robinson J A，2001. The colonial origins of comparative development：An empirical investigation［J］. American Economic Review，91（5）：1369-1401.

［25］Acemoglu D，Johnson S，Robinson J A，2002. Reversal of fortune：Geography and institutions in the making of the modern world income distribution［J］. The Quarterly Journal of Economics，117（4）：1231-1294.

［26］Anderson K，Norheim H，1993. From imperial to regional trade preferences：Its effect on Europe's intra-and extra-regional trade［J］. Review of World Economics，129（1）：78-102.

［27］Anderson J E，Douglas M，2002. Insecurity and the pattern of trade：An empirical investigation［J］. The Review of Economics and Statistics，84（2）：342-52.

［28］Antràs P，2003. Firms，contracts，and trade structure［J］. The Quarterly Journal of Economics，118（4）：1375-1418.

［29］Balassa B，1965. Trade liberalisation and "revealed" comparative advantage［J］. The Manchester School，33（2）：99-123.

［30］Bernard A B，Jensen J B，Schott P K，2006. Trade costs，firms and productivity［J］. Journal of monetary Economics，53（5）：917-937.

［31］Costantini J，Melitz M，2008. The dynamics of firm-level adjustment to trade liberalization［J］. The organization of firms in a global economy，4：107-141.

［32］Cingolani I, Iapadre L, Tajoli L, 2018. International production networks and the world trade structure［J］. International economics, 153: 11–33.

［33］Deardorff A V, 1998. Fragmentation in simple trade models［J］. The North American Journal of Economics and Finance, 12（2）: 121–137.

［34］De Benedictis L, Tamberi M, 2001. A note on the Balassa index of revealed comparative advantage［S］. Available at SSRN 289602.（October 15, 2001）. Available at SSRN: https://ssrn.com/abstract=289602 or http:// dx.doi.org/10.2139/ssrn.289602.

［35］Dornbusch R, Fischer S, Samuelson P A, 1977. Comparative advantage, trade, and payments in a Ricardian model with a continuum of goods［J］. The American Economic Review, 67（5）: 823–839.

［36］Freyssenet M, Shimizu K, Volpato G, 2003. Globalization or regionalization of American and Asian car industry［M］. London: Palgrave Macmillan.

［37］Gereffi G, 2001. Beyond the Producer–driven/buyer–Driven Dichotomy: The Evolution of Global Value Chains in the Internet Era［J］. IDS Bulletin, 32（3）: 30–40.

［38］Gereffi G, 1994. Commodity chains and global capitalism［M］. Westport: Praeger.

［39］Iapadre L, Tironi F, 2009. Measuring trade regionalisation: The case of Asia. In UNU–CRIS［R］. Working Paper, 9: 1–42.

［40］Iapadre P L, Tajoli L, 2014. Emerging countries and trade regionalization: A network analysis［J］. Journal of Policy Modeling, 36: S89–S110.

［41］Jones R W, Kierzkowski H, Lurong C, 2005. What does evidence tell us about fragmentation and outsourcing?［J］. International Review of Economics & Finance, 14（3）: 305–316.

［42］Jones R W, 2000. Private interests and government policy in a global world. European［J］. Journal of Political Economy, 16（2）: 243–256.

［43］Kostova T, 1997. Country institutional profiles: Concept and measurement［J］. Academy of Management Proceedings,（1）: 180–184.

［44］Krugman P R, 1979. Increasing returns, monopolistic competition, and international trade［J］. Journal of international Economics, 9（4）: 469–479.

［45］Krugman P R, 1994. The myth of Asia's miracle［J］. Foreign affairs, 73（6）: 62–78.

［46］Levchenko A A, 2007. Institutional quality and international trade［J］. The Review of Economic Studies, 74（3）: 791–819.

［47］Markusen A, 1994. Studying regions by studying firms［J］. The Professional Geographer, 46（4）: 477–90.

［48］Melitz J, 2008. Language and Foreign Trade［J］. European Economic Review, 52（4）: 667–699.

［49］Melitz M J, 2003. The impact of trade on intra–industry reallocations and aggregate industry productivity［J］. Econometrica, 71（6）: 1695–1725.

［50］Porta R L, Lopez–de–Silanes F, Shleifer A, et al., 1998. Law and finance［J］. Journal of Political Economy, 106（6）: 1113–1155.

［51］Sanyal K K, Jones R W, 1982. The theory of trade in middle products［J］. The American Economic

Review，72（1）：16-31.

［52］Selmier W T，Oh C H，2013. The power of major trade languages in trade and foreign direct investment［J］. Review of International Political Economy，20（3）：486-514.

［53］Sturgeon T，Lester R K，2004. The new global supply base：New challenges for local suppliers in East Asia // Yusuf S，Altaf A M，Nabeshima K. Global production networking and technological change in East Asia［M］. Washington DC：The World Bank，2004：35-87.

［54］Taylor M，Asheim B，2001. The concept of the firm in economic geography［J］. Economic Geography，77（4）：315-328.

［55］Wei S J，Shleifer A，2000. Local corruption and global capital flows［J］. Brookings Papers on Economic Activity，（2）：303-346.

［56］Yeats A J，1985. On the appropriate interpretation of the revealed comparative advantage index：Implications of a methodology based on industry sector analysis［J］. Weltwirtschaftliches Archiv，121（1）：61-73.

［57］Yeung H-W，2009. Regional development and the competitive dynamics of global production networks：An East Asian perspective［J］. Regional Studies，43（3）：325-351.

［58］Yi K-M，2003. Can Vertical Specialization Explain the Growth of World Trade?［J］. Journal of Political Economy，111（1）：52-102.

第五章
中国与世界市场产业联系

一、引言

交通通信技术发展、贸易与投资自由化、制造业模块化转变驱使跨国公司在全球布局生产网络。在这种新国际劳动分工体系下，各国产业间互动联系愈发频繁，形成了错综复杂的产业联系网络。世界各国产业之间既相互影响、又相互制约，存在着千丝万缕的经济关联性。从经济地理视角来看，这种全球与地方的产业联系正在不断地重塑世界各国产业空间格局，进一步深化了专业化与网络化的国际分工与贸易格局。因此，全面剖析世界各国产业联系及其动态演变有助于更好地理解当前的国际分工和国际竞争格局，进而更好地分析国际生产、贸易及利益分配过程。

改革开放以来，中国充分发挥土地、劳动力与市场等方面的比较优势，通过贸易和投资深度融入经济全球化并嵌入全球生产网络以推动区域发展。然而进入新常态时期，中国融入经济全球化的过程却遭遇诸多障碍：一方面，中国以加工贸易为主的贸易方式使得锁定在附加值较低的产品组装加工环节，而在附加值较高的研发、设计与中间产品制造方面话语权较低，不利于国民经济高质量发展。随着劳动力、土地等生产要素成本的提升，中国的"人口红利""土地红利"逐渐消失，中国与世界市场"薄利多销"式的产业联系也将难以为继；另一方面，2008年金融危机对世界各区域经济体造成了不同范围与强度的冲击，对中国经济开放程度较高的区域和行业的影响尤为严重。在内外交困之中，中国融入经济全球化的方式亟待转型。在此背景下，剖析中国同世界其他国家或地区间的产业联系及其动态演化机制，有助于深入了解中国在全球生产网络中的地位演变，并为中国优化其全球产业联系网络指明方向。

现有文献已经对中国与全球的产业联系进行了较为全面的研究。但现有研究的基础理论多来源于经济学与管理学的简化模型，其实证研究多关注一对国家或一个区域内国家间的产业联系，全面刻画世界主要经济体间的产业关联方面的研究较少。现有研究多停留在刻画产业联系的亲疏远近，很少深入探讨中国在其中的角色、话语权与实际获利情况演变。在格局背后的演变机制方面，现有的全球价值链理论有助于理解全球—地方产业联系的形成机制，但需要更多实证研究解释产业联系形成后的演化机制。现有研究对全球—地方产业联系演变机制的讨论较少，与之相关的讨论多分散在贸易、投资等联系的具体研究中，且很少区分产业联系中的中间生产与最终市场需求联系差异。最后在区域方面，现有研究多关注欧盟、北美自由贸易区等发达国家与全球市场的产业联系，对以中国为代表的发展中国家与全球市场的产业联系关注不足。中国作为后发接入全球生产网络的发展中国家，其独特的制度环境将在很大程度上影响中国与世界市场的产业关联强度、形式与效益。

本章从国家尺度刻画全球产业相互依赖网络，并着重关注中国在这一格局中的角色与地位演变和实际获利情况。而在机制探讨方面，演化经济地理学整合的多维邻近性理论为解释全球—地方产业联系及其影响效益提供了丰富的理论基础。本研究将分中间生产与最终市场需求产业联系探讨国家（地区）间多维临近性、联系国（地区）对中国的贸易保护对中国与全球产业联系的影响机制。

二、文献综述与研究假说

（一）产业联系

产业联系研究最早可以追溯到古典政治经济学时期。亚当·斯密（2011）在《国民财富的性质和原因的研究》中阐述了资本的四种投资方法，揭示了不同产业之间的关联性。但严格意义上的产业联系源于 20 世纪 30 年代列昂惕夫开创的投入产出分析：产业之间在生产、交换和分配上发生的联系。在 20 世纪 40 年代，列昂惕夫研发了美国的投入产出表，并逐步将投入产出分析应用到世界经济结构研究（Leontief，1970）。

实证研究不断积累催生了理解全球—地方产业联系的全球价值链理论框架。全球价值链指为实现产品价值增长而连接各生产和销售过程的全球性企业网络组织，可以视作传统价值链理论在全球尺度下的延展（Humphrey and Schmitz，1970）。相对于注重实物生产的全球商品链，全球价值链更注重生产活动的基本诉求，即价值创造，包括生产性服务业在生产过程中的价值贡献。这一理论框架主要关注价值在全球—地方产业联系的生产和分配情况及其影响因素（如区域间的信息交流复杂度、交易的标准化程度、上位区域对下游区域的主导权等，Góra，2013）。从全球价值链的视角来看，新国际劳动分工的经济地理格局是由不同种类的价值链所塑造（Koopman et al.，2002）。这一格局最终被抽象为投入—产出的空间分配模式。在研究方法上，全球价值链继承并发扬了以投入产出表为基础的定量研究。

值得一提的是，新古典经济学认为，产业联系不仅仅是投入产出分析强调的生产供给联系，还包括劳动力流动、知识技术关联两大类型（马歇尔，2011）。因此也产生了不同的定义产业联系的方式，例如用在同一经济实体中同时发现两个行业的频率来定义产业联系的强弱等（Hidalgo et al.，2007）。但在诸多产业联系定义与度量方法中，生产供给联系最为直接清晰，且用部门之间的资源流来定义产业联系的投入产出方法能够精确辨析产业联系的方向、强度、类型。故本研究采用投入产出方法刻画生产供给联系定义产业联系。

（二）多维邻近性与全球—地方产业联系

多维邻近性在产业关联研究中涉及较少，主要分散于贸易、投资等具体形式的产业联系类型研究中。法国邻近动力学派最早提出地理邻近性、组织邻近性、制度邻近性会影响企业创新，随后其他学者对邻近性概念进一步拓展（Rallet and Torre，2013）。本章沿用波斯玛（Boschma）的研究框架从以下三个角度界定国家间的多维邻近性（Boschma，2005）。

1. 制度邻近性

制度邻近性是地区间建立产业联系的重要基础。产业联系不仅仅是各行业企业在市场作用下搜寻、配对并合作的结果，也是国家与区域的战略引导等制度安排的结果（Essletzbichler，2015）。制度邻近性包括用于一系列调控个人和集体关系及互动方式的习惯、规则和法律等，决定了共同规则以及共同目标的建立（North，1990）。目前有关贸易、投资等产业联系具体形式的研究侧重知识、技术与经济环境对产业联系的影响，忽略了塑造社会关系、指导资源配置的制度因素对产业联系的建立与维持发挥的重要作用。研究表明，跨界制度的差异会不利于产业间的知识交流，从而影响新产业联系路径的形成。例如戈利耶等（Gaulier et al.，2007）发现中国同东亚区域内其他国家或地区的中间品贸易强度与这些国家间经济自由度的差别密切相关，差异越大越不利于产业联系的形成与强化。在具体路径上，制度可以通过增强知识溢出，促进企业间自发供需搭配以及利用政府干预手段，自上而下进行产业推广与桥接两种方式推动产品结构演化（Pike et al.，2016）。

2. 社会邻近性

社会邻近性可以促进具有相似文化与社会背景的区域间形成产业联系。社会邻近性，具体指行为主体间社会嵌入性关系的远近。根植性理论提出，社会文化联系会对经济活动及结果产生重要影响。由于知识具有路径依赖性和语境依赖性，语言不通导致知识传输和转译的成本大大增加（Inkpen and Tsang，2005）。社会邻近的主体通过嵌入相同或相邻的社会网络可以获得信任，信任机制的建立能够促进知识转移与信任构建，特别是复杂或敏感性知识的交换，为知识溢出与契约形成创造条件（Audretsch and Feldman，2005）。因此，基于共同语言的社会邻近有助于不同产业之间的对话，促进知识传播和交流，提高产业联系发生的可能性。

3. 地理邻近性

地理邻近性主要通过降低交易成本和提供面对面交流机会两种途径促进产业联系的发生。经济主体发生联系是以地理邻近为前提的，产业联系的建立具有显著的地理衰减效应，尤其当产业间的互动依赖大量缄默知识时，地理邻近和面对面交流变得尤为重要（Nooteboom，2001；Frenken et al.，2007）。一方面，地理邻近可以减少企业的运输成本和沟通成本，有助于地区提升自身产业的竞争力，从而依赖原有的生产路径建立与其他地区的产业联系（Gertler，2003）；另一方面，地理邻近无形降低了地方产业与外部交流的成本，通过面对面交流避免信息不对称带来的交易成本的增加（Steinmueller，2000）。例如21世纪以来德国不断将部分制造业外包到劳动力成本较低且需求不断增长的中欧和东欧国家（Cerina et al.，2015）。

因此，我们提出假说5-1：中国与联系国（地区）之间的制度、社会与地理邻近性有助于中国与世界产业联系的形成与强化。

（三）贸易壁垒与全球—地方产业联系

在产业发展趋势不变，外部冲击为零的前提下，全球—地方产业联系将沿着国家间多维邻近网络不断自我强化，形成路径依赖。但事实上产业联系并非稳定不变，非预期的外部冲击和人为干预将破坏产业联系的路径锁定模式。研究发现区域外生力量，如贸易壁垒，可能导致产业联系脱离原有演化轨道。刘红光等（2019）对全球金融危机前后主要国家和地区间产业联系格局变化进行了对比，发现金融危机后陡增的贸易壁垒对全球生产链造成了重大破坏性影响，并使全球产业联系网络的集群化程度和分类性降低。桑森等（Kuwamori et al.，2007）发现贸易壁垒对与亚洲国家间的产业联系网络效率产生了重大负面影响，其中以中国为核心的加工贸易链条是这种负面影响传递的主要渠道。切里纳等（Cerina et al.，2015）等认为全球产业联系既是高度关联的，又是非对称关联的，意味着本地贸易壁垒措施所产生的负面效应有可能在世界经济中传播，并产生巨大的全球波动。决策者必须意识到其针对特定行业的政策不仅可能对预期的行业产生影响，而且还会对看似无关的国内外市场产生意想不到的后果。

具体来看，贸易壁垒对产业联系的阻碍作用在现实中表现为三种贸易壁垒冲击：卫生安全检疫（SPS）对动植物产品、食物制品的检疫过程有严格的限制，而复杂的检测流程有可能会增加设备成本以及时间成本。一些对时间成本非常敏感的产品如食品制品会受到严重的威胁；技术贸易壁垒（TBT）则包括严格繁杂的技术法规和技术标准以及复杂的合格评定程序，这类严苛的标准可能直接导致某些产品由于难以达到进口国的技术标准或者产品进入的渠道直接受到限制；反倾销调查（ADP）将对涉案产品产生巨额的诉讼成本或者面临高额的反倾销税（陈万灵、杨永聪，2014）。除了直接削弱贸易保护国与目的国的产业联系，贸易保护还可能通过以下两种方式影响产业联系：一方面在上下游的投入产出关联中，贸易保护作为需求侧的冲击将沿着产业关联较为密切的产业联系路径逐步扩散，形成产业波及效应（耿鹏、赵昕东，2009）；另一方面与贸易保护国市场结构类似的国家为了避免受到限制的产业联系大量涌入本国，也会采取相似的壁垒以限制同类产业联系（康晓玲、宁艳丽，2009）。在这些方式中，不同贸易壁垒具有行业差异性，对面向中间生产的贸易联系与最终市场的贸易联系可能具有不同的影响机制。

　　基于此，我们提出假说5-2：中国面临来自其他国家和地区的贸易壁垒措施越多，越不利于中国与之形成产业联系。负相关关系与贸易壁垒的种类、生产环节的类型密切相关。

三、中国—世界产业联系的格局演化

（一）数据来源与指标

　　为系统刻画中国与世界产业联系的演化格局，我们基于世界投入产出表（WIOD）从产业直接联系、产业波及强度与产业联系附加值三大角度进行指标构建。WIOD由欧盟委员会资助、多个机构合作共同研究开发。WIOD数据库以官方统计为基础，根据正式公布的国民账户数据和国际贸易统计数据编制，包含全球40个主要经济体，各经济体GDP之和占全球GDP总额的85%以上，从而可以反映全球生产网络中的主要经济活动。WIOD数据库的编制是按照欧盟经济活动分类统计标准第一版（NACE1）进行分类统计的，包含39个行业和部门，其中制造业部门14个（Timmer et al.，2015）。此外，WIOD数据库提供了1995~2014年的时间序列数据，故可以通过勾画历年全球—地方产业联系格局并分析其动态演变。

　　国际投入产出模型是分析国家（地区）间产业关联的基础。在一个由 m 个国家（地区）、n 个部门组的投入产出表中，令总产出矩阵为 $Y = \begin{bmatrix} Y^1 \\ \vdots \\ Y^m \end{bmatrix}$，其中 Y^m 为 m 国（地区）

在投入产出表中统计的全行业总产出；令最终需求矩阵为 $F = \begin{bmatrix} F^{11} & \cdots & F^{1m} \\ \vdots & \ddots & \vdots \\ F^{m1} & \cdots & F^{mm} \end{bmatrix}$，其中 $F^{\alpha\beta}$

为 α 国（地区）生产的被 β 国（地区）使用的最终产品。令投入系数矩阵为 $A = \begin{bmatrix} A^{11} & \cdots & A^{1m} \\ \vdots & \ddots & \vdots \\ A^{m1} & \cdots & A^{mm} \end{bmatrix}$，其中 $A^{\alpha\beta}$ 是 α 国（地区）生产的投入到 β 国（地区）的中间投入系数矩

阵，子元素为 $a_{pq}^{\alpha\beta} = A_{pq}^{\alpha\beta} / Y_q^{\beta}$（$A_{pq}^{\alpha\beta}$ 为投入产出表中 α 国（地区）p 行业投入 β 国（地区）q 行业的中间投入品，Y_q^{β} 为 β 国（地区）q 行业的总产出）。据此，本研究建立行方向上的投入产出模型，其中 $(I - A)^{-1}$ 为列昂惕夫逆矩阵（王岳平、葛岳静，2007）：

$$Y = AY + F = (I - A)^{-1} F \qquad (5-1)$$

同理，令分配系数矩阵为 $B = \begin{bmatrix} B^{11} & \cdots & B^{1m} \\ \vdots & \ddots & \vdots \\ B^{m1} & \cdots & B^{mm} \end{bmatrix}$，其中 $B^{\alpha\beta}$ 是 α 国（地区）产出中用于

β 国的分配系数矩阵，子元素为 $b_{pq}^{\alpha\beta} = A_{pq}^{\alpha\beta} / Y_p^{\alpha}$（$A_{pq}^{\alpha\beta}$ 为投入产出表中 α 国（地区）p 行业投入 β 国（地区）q 行业的中间投入品，Y_p^{α} 为 α 国（地区）p 行业的总产出）；令增加值矩阵 $V = \begin{bmatrix} V^1 & \cdots & V^m \end{bmatrix}$，其中 V^m 为投入产出表中统计的 m 国（地区）增加值。据此，本研究建立列方向上的戈什分配模型（Ghosh，1958），其中 $(I - B)^{-1}$ 为分配系数逆矩阵：

$$Y^T = V (I - B)^{-1} \qquad (5-2)$$

1. 前向联系、后向联系与总体产业联系度

根据公式（5-1）与列昂惕夫逆矩阵：$L = (I - A)^{-1}$，可以得到一国（地区）某行业最终需求的变化对另外国家（地区）其他行业产出变化的影响，反映的是需求拉动作用。以 β 国（地区）q 行业最终需求增加对 α 国（地区）p 行业产出的影响为例，β 国（地区）q 行业最终需求增加一单位，α 国（地区）p 行业的产出就会增加 $\Delta y_p^{\alpha} = l_{pq}^{\alpha\beta}$，其中 $l_{pq}^{\alpha\beta}$ 为列昂惕夫逆矩阵的元素。故可以通过对列昂惕夫逆矩阵的列加和得到 β 国（地区）q 行业和 α 国（地区）的后联系数：

$$BL_q^{\alpha\beta} = \sum_p l_q^{\alpha\beta} \qquad (5-3)$$

对分配系数逆矩阵 $G = (I - B)^{-1}$，其元素 $g_{pq}^{\alpha\beta}$ 反映的是 α 国（地区）i 行业投入的变动对 β 国（地区）j 行业产出的影响，即 α 国（地区）p 行业对 β 国（地区）q 行业产

生的前向关联效应。同理对分配系数逆矩阵进行行向加和，可以得到 α 国（地区）p 行业对 β 国（地区）的前向关联系数（路乾乾，2017）：

$$FL_p^{\alpha\beta} = \sum_q g_{pq}^{\alpha\beta} \qquad (5-4)$$

行业—国家（地区）的产业前后向关联系数需要进行加权加总至国家（地区）间产业前后向关联系数。本研究使用各制造业行业产出占制造业总体的比重为权重进行加权，得到国家（地区）间产业前后向关联系数：

$$BL^{\alpha\beta} = \sum_q BL_q^{\alpha\beta} \times \frac{Y_q^{\beta}}{Y_{Total}^{\beta}} \qquad (5-5)$$

$$FL^{\alpha\beta} = \sum_q FL_q^{\alpha\beta} \times \frac{Y_q^{\alpha}}{Y_{Total}^{\alpha}} \qquad (5-6)$$

结合两国（地区）间前向产业关联与后向产业关联强度，我们可以得到两国（地区）间产业联系的总体强度：

$$TL^{\alpha\beta} = BL^{\alpha\beta} + FL^{\alpha\beta} \qquad (5-7)$$

2. 感应度系数

列昂惕夫逆矩阵中每一行的合计值 $\sum_q l_q^{\alpha\beta}$ 代表的是如果全球产业所有部门的产出都增加一个单位时，α 国（地区）q 产业增加的产出，即 α 国（地区）q 产业对全球产业需求变化的感应程度（Meng et al.，2013；De Backer and Miroudot，2012）。如果该行业供给其他国家（地区）行业的中间品份额越多，那么该行业的感应度就越大。因此可以通过感应度指数分析一国（地区）产业对全球产业的支撑作用。为了与其他国家（地区）行业的感应度进行比较，感应度系数一般用列昂惕夫逆矩阵中的行求和与各行求和的平均值做比：

$$r_{\alpha q} = \sum_q l_q^{\alpha} / \frac{1}{n} \sum_p \sum_q l_{pq}^{\alpha\beta} \qquad (5-8)$$

3. 影响力系数

列昂惕夫逆矩阵中每一列的合计值 $\sum_p l_q^{\alpha}$ 代表的是 α 国（地区）q 产业最终需求增加一个单位时，引发的对全球产业总产出的需求（Meng et al.，2013；De Backer and Miroudot，2012）。如果该行业对其他产业的中间产品需求越大，那么该行业的影响力就越大。因此可以通过影响力指数分析一国产业对其他国家（地区）产业的拉动作用。为了与其他国家（地区）行业的影响力进行比较，影响力系数一般用列昂惕夫逆矩阵中的列求和与各列求和的平均值做比：

$$r_{\alpha q} = \sum_p l_q^{\alpha} / \frac{1}{n} \sum_p \sum_q l_{pq}^{\alpha\beta} \qquad (5-9)$$

4. 生产诱发系数

产业产出部分中除了供给其他行业中间生产的部分，还有一部分直接供给最终消费市场，后者反映了社会最终需求。生产诱发系数表示最终需求额增加时，通过产业直接关联与产业波及效应诱发的某产业所有产出（Aroche，2006）。这一指标可以反映消费、投资与出口三大类最终市场需求对全球各产业的拉动作用大小，计算公式如下：

$$U_{pk} = \sum_q b_{pq} \times F_{qk} / \sum_q F_{qk} \qquad (5-10)$$

其中，b_{pq} 为完全消耗系数矩阵的元素，F_{qk} 为最终需求矩阵的元素。$k=1$，2，3 分别表示消费、投资与出口。

5. 最终依存度系数

与生产诱发系数相反，最终依存度反映的主体不是某项最终需求，而是某个具体产业。某产业的最终依存度越大，表明该产业对消费、投资或出口的最终需求变化越敏感，即该产业生产对各类最终需求的依赖程度（Aroche，2006）。其计算公式如下：

$$C_{pk} = Z_{pk} / \sum_q Z_{pk} \qquad (5-11)$$

其中，Z_{pk} 为最终消费对 p 产业的生产诱发额，是诱发额向量 Z 的元素，后者可以通过 $Z = (I-A)^{-1} F$ 计算得出。

6. 本地增加值

我们依据库普曼（Koopman，2008）提出的 KPWW 方法计算中国在参与全球产业联系过程中的本地附加值。这一方法完整地反映了产品价值在各国（地区）间的分配，且排除了传统贸易统计方式中重复计算的部分。以一国（地区）为例，用 V 表示增加值占总产出的份额，A 为投入系数矩阵，则该国（地区）单位产出所含的直接和间接增加值总和 $VL = V + VA + VAA\cdots = V(I-V)^{-1}$。令 V 为由各国（地区）各行业直接增加值系数沿对角线分布而构成的对角矩阵，L 为各国各行业列昂惕夫逆矩阵，Y 为各各行业最终品产值沿对角线分布而构成的对角矩阵，则一国最终品增加值可分解为：

$$TVA = \begin{bmatrix} V_1 L_{11} Y_1 & \cdots & V_1 L_{1m} Y_m \\ \vdots & \ddots & \vdots \\ V_m L_{m1} Y_1 & \cdots & V_m L_{mm} Y_m \end{bmatrix} \qquad (5-12)$$

然后再按照国内增加值（DVA）、区域性国外增加值（RFVA）以及全球性国外增加值（GFVA）3 部分进行分别加总，则可得到 3 者各自增加值分配总量。其中本研究采用国内增加值（DVA），即各国（地区）生产最终品中保留在本国（地区）内的增加值部分来衡量中国在全球生产网络中的获利情况。上述各项指标归纳在表 5-1。

表 5-1   中国—全球产业联系指标体系

测度对象	测度方法	理论意义
产业联系（产业间的直接联系）	前向关联度	A 国（地区）产业产品投入对 B 国（地区）产业生产的比率
	后向关联度	A 国（地区）产业对 B 国（地区）产业中间产品的需求率
	总体关联度	结合前后相关联的两产业间直接关联
产业波及（产业对某国（地区）产业体系的综合影响，包括直接与间接影响）	感应度系数	A 国（地区）产业生产对全球产业体系生产的拉动作用（包括间接拉动）
	影响力系数	全球产业体系生产对 A 国（地区）产业生产的拉动作用（包括间接拉动）
	生产诱发系数	全球市场最终需求变化对 A 国（地区）产业生产的拉动作用
	最终依存度系数	A 国（地区）产业对全球最终需求变化的敏感度
产业联系附加值	DVA	最终 / 中间产品国内附加值

（二）中国—世界产业联系网络演变

我们依据 1995~2014 年各国（地区）产业间的总体关联度绘制全球产业联系网络。图 5-1 展示两个时间段的全球产业联系网络，可以发现：如图 5-1（a）所示，在 1995~2005 年，美国处于全球产业联系的绝对核心，其周边环绕着德国、法国、英国、日本四个副核心。"一主四副"构成了全球产业联系网络的核心圈层。在核心圈层外围，四大副核心分别与世界其他地区经济体形成分支产业联系组团。其中包括：（1）以日本为核心的东亚产业组团，包括中国、中国台湾、韩国、澳大利亚四个边缘国家 / 地区；（2）以英国为核心的西欧边缘产业组团，包括西班牙；（3）以德国和法国为双核心的西南欧产业组团，包括意大利、比利时、荷兰、奥地利、瑞典等欧盟成员国。在以上组团外，俄罗斯、印度相对独立。墨西哥与加拿大直接与最核心的美国形成北美产业组团，北美自由贸易协定（NAFTA）无疑促进了这一地区贸易协定的发展。

如图 5-1（b）所示，在 2005~2014 年，随着中国加入世贸组织后的一系列改革与发展中国家的崛起，全球产业联系网络发生了显著变化：（1）全球产业网络参与国家（地区）增多，其中多为发展中国家，如印度尼西亚、巴西、印度等。（2）中国从全球生产联系网络的边缘国家，一跃成为网络上关联最多的中心国，取代日本成为沟通东亚、东南亚地区与巴西产业的桥梁。（3）德国成为欧盟组团的核心，其影响力不仅局限于西欧，还扩散到了中东欧地区。这一组团有可能是生产活动从德国外包到劳动力成本较低、需求不断增长的中东欧国家的结果。相比之下，原本与德国并驾齐驱的法国降级为德国的副核心。（4）随着中国与德国的崛起，美国不再是全球产业联系的绝对核心。可见，伴随着各国（地区）参与全球价值链分工的深化，各经济体在全球产业联系网络中的位置和地位也呈现出动态的变化，形成了多中心格局。

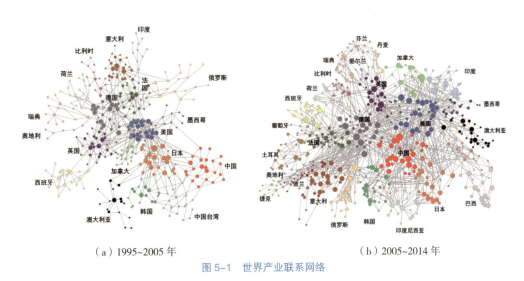

（a）1995~2005 年　　　　　　　　　　　　　（b）2005~2014 年

图 5-1　世界产业联系网络

注：只保留存年均联系额度大于 10 亿美元的产业联系链条，节点大小为连接至该节点的总联系强度。

　　尽管全球产业联系网络的格局在不断变化和发展，这一网络也在 20 年间保持着一定的共性，即全球产业联系网络还远远没有完全"全球化"。相反，世界生产仍然是在国家（地区）或最多是在区域范围内进行的。网络中大部分的产业节点要么集中在个别经济体中，要么集中在地理上界定明确的区域内。这意味着全球价值链的一体化大体上仍然是区域性的（英国是一个有趣的案例，其产业体系在 20 年来从未真正融入最邻近的以德国为核心的欧盟产业联系网络中，反而更倾向于融入北美产业联系网络。这反映了制度与社会邻近性的作用，并在一定程度上解释了英国脱欧的经济基础）。而这种区域性造就了另一个明显的特征：东亚、欧盟和北美地区一直是全球产业联系最集中的三大区域，新成员的加入并没有割裂现有的网络格局以形成新板块，反而加入现成的区域产业组团。这使得三大区域的生产网络更加集群化。

　　图 5-2 展示了世界产业联系网络总体集聚度的变化，印证了上述判断。自 1995 年以来，全球产业联系网络的总体集聚度一直在稳步增长。但 2008~2009 年的金融危机对全球产业网络产生了重大的破坏性影响，使后者的聚集性和协调性降低。这很有可能是因为金融危机带来的局部特殊冲击通过原有形成的产业联系网络进行传播，并产生大规模的全球扰动。这也印证了阿西莫格鲁等学者的观点，即投入产出网络连接的非对称性分布是宏观经济波动的微观根源（Acemoglu et al., 2012）。

图 5-2　1995~2014 年世界产业联系网络的总体集聚度变化

　　为具体分析全球产业联系网络的社群结构演变历程，我们引入凝聚子群分析方法，识别不同时期内全球产业网络内组团的起落兴衰。凝聚子群分析主要基于拓扑关系以及属性，识别网络中子群结构。其最终目的是使得子群内部节点间联系紧密，而子群间节点联系相对较弱。现有网络子群检测方法存在多种类型，我们选择并通过快速匹配的方法对网络进行模块化解析（解析度统一选择为 1；Girvan et al.，2002；吕云龙、吕越，2017）。为避免庞杂数据的干扰及方便可视化，我们选取骨干网络作为整体网络的替代。借助Mathematica 软件对数据进行可视化表达，用颜色区分不同的凝聚子群。

　　根据图 5-3，我们发现：（1）在 1995 年，大多数产业联系社群都仅仅是单一经济体，社群普遍体量较小，且有极强的区域性。较为成熟的社群包括北美社群（美国—加拿大—墨西哥）、东北亚社群（中国—中国台湾—俄罗斯）、北欧—波罗的海社群（瑞典—丹麦—芬兰—爱沙尼亚）和低地三国社群（比利时—荷兰—卢森堡）。（2）在 2005 年，各大社群开始兼并、扩张：韩国与日本加入东北亚社群中，取代了俄罗斯的位置；德国吸收丹麦、捷克、奥地利等邻近国家形成了初具规模的欧洲社群。（3）在 2014 年，全球产业联系网络形成了新的社群格局。以中国为核心的东亚社群（日本、韩国、印度、印度尼西亚与中国台湾）、以德国为核心的欧盟社群（比利时、荷兰、卢森堡、匈牙利等）、以美国为核心的北美社群（美国、加拿大、墨西哥）、以俄罗斯为核心的波罗的海社群（拉脱维亚、立陶宛）与北欧社群（瑞典、丹麦、芬兰）。

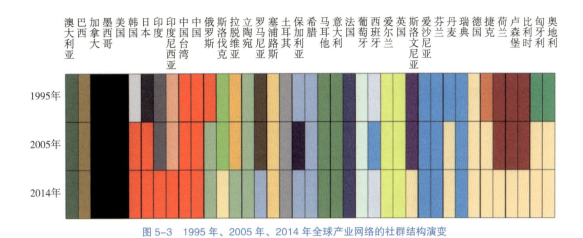

图 5-3 1995 年、2005 年、2014 年全球产业网络的社群结构演变

注：同色代表在当年属于统一网络社群。

（三）中国产业联系网络中的角色与地位演变

我们进一步从影响力、感应度、生产诱发度、最终依存度四个维度分析中国在世界产业联系网络中的角色与地位演变。其中，影响力与感应度部分关注中国与中间产品生产网络的互动关系，生产诱发度与最终依存度关注中国与最终产品市场的互动关系。

影响力指数反映了一国产业对世界其他国家（地区）产业的拉动作用。如果该行业对其他国家（地区）产业的中间产品需求越大，那么该行业的影响力就越大。影响力指数大于 1 则表明该行业的影响力高于全球同行业平均水平。根据图 5-4，中国影响力系数大于 1 的产业部门主要集中在制造业与基础设施行业。中国作为"世界工厂"与基础设施建设大国，在制造业与基建方面具有全球性的影响力。其中平均影响力最高的几类行业：通信设备、计算机及其他电子设备制造业、仪器仪表及文化办公用机械制造业、电气机械及器材制造业、交通运输设备制造业、通用与专用设备制造业等均属于技术含量较高、产业链较为复杂、附加值较大的制造业门类，表明中国已深度嵌入全球生产网络中的核心部分。

从时间变化来看，中国初级产品行业（资源开采、金属、能源）的影响力多在 2005 年左右达到顶峰，而在 2005~2015 年出现不同程度的下降，表明中国外向型产业正经历转型升级的过程；大部分中国制造业在 2005~2015 年的影响力逐步提升，但部分在 2005 年处于影响力高位的高技术行业（通信设备、计算机及其他电子设备制造业、仪器仪表及文化办公用机械制造业）在 2005 年后出现影响力回落的趋势。这很可能是由于金融危机与愈演愈烈的技术性贸易壁垒使得需求弹性较低的高技术产品市场遭到严重打击，进而导致上游行业的规模缩水；而在服务业门类中，中国生产型服务业（金融、交通、物流、信息、科研等）的国际影响力在 2005 年后逐步提升，与大部分制造业影响力提升的趋势相吻合。与之相反的是，大部分消费型服务业的国际影响力在 2005 年后逐步下降，这一方面可能是源于大众服务业内需市场扩张遭遇瓶颈，另一方面可能是上游产业逐步本地化，不再需要来自海外的服务业资源供给。

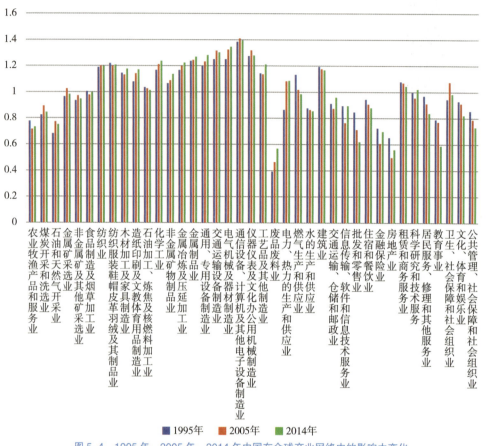

图 5-4 1995 年、2005 年、2014 年中国在全球产业网络中的影响力变化

感应度指数反映了一国产业对全球产业的支撑作用。如果该行业供给其他国家行业的中间品越多，那么该行业的感应度就越大。感应度指数大于 1 则表明该行业的感应度高于全球同行业平均水平。由图 5-5 可知，中国并不是一个资源、产品与服务输出大国，大部分产业的感应度系数小于 1。其中感应度大于 1 的部分集中在原材料、能源等为其他行业提供基础中间产品的行业。感应度最突出的是石油和天然气开采业及金属矿采选业，这两个部门的感应度系数在 1995 年、2005 年和 2014 年都在中国其他行业平均值的 2~3 倍，表明石油、天然气与金属是中国输入全球生产网络的三类主要基础资源。

从时间变化来看，大部分初级产品行业的感应度在 1995~2014 年间不断提升，表明大部分制造业的感应度在 1995~2014 年逐步降低，结合图 5-4 表明中国制造业正从原料供给侧向成品需求侧转型升级。而在服务业方面，大部分服务业的感应度系数小于1，表明其对全球产业网络的供给能力低于全球平均水平。其中交通运输、金融保险、商务服务业等生产型服务业的感应度在 2005 年后逐步提升，但大部分消费型服务业的影响力一直处于下降状态。结合图 5-4 中消费型服务业类似的疲软走势，我们认为中国消费型服务业的对外供给能力正在下降，且没有向成品需求侧进行转型。这很可能是因为中国服务业与全球产业网络的嵌入度较低，大部分业务流程停留在本地范围，仍有较大的全球市场嵌入空间。

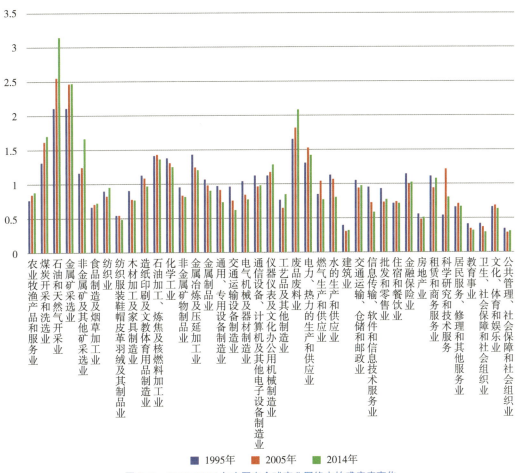

图 5-5　1995~2014 年中国在全球产业网络中的感应度变化

生产诱发系数表示最终需求额增加时，通过产业直接关联与产业波及效应诱发的某产业所有产出。这一指标可以反映全球范围内消费、投资与出口三大类最终市场需求对中国各产业的拉动作用大小。从图 5-6 可知，投资一直是"三驾马车"中对中国产业生产的主要驱动力，其生产诱发度自 1995 年来一直维持在高位，并在 2008 年后猛增并持续稳定在更高的水平。2008 年的突变很可能来源于中国政府于 2008 年为应对金融危机实行的一揽子投资计划。而在出口诱发方面，1995~2002年出口市场需求对中国产业的生产诱发较为稳定。而在2002年中国加入世贸组织后，外部市场需求极大地刺激了中国产业的生产能力：2002~2007年外部市场对中国的出口生产诱发度增幅达到了60.7%。这一趋势在2008年金融危机爆发后出现逆转：仅2009年一年，外部市场对中国的出口生产诱发度就降低了23.3%。而在2010~2014年，外部市场对中国的出口生产诱发度逐步回升。最后在消费诱发方面，中国内部市场对中国产业的生产诱发度在2001年后就逐步降低，直到2012年才开始缓慢回升。综上所述，中国产业体系的生产驱动力主要来源于投资，其次是出口，内需的驱动潜力巨大。

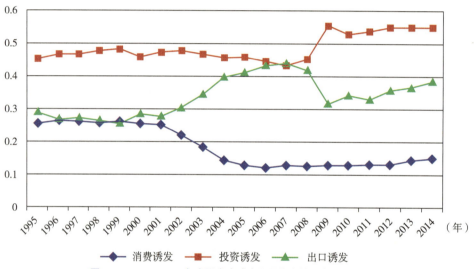

图5-6　1995~2014年中国在全球产业网络中的生产诱发度变化

最终依存度反映中国产业生产对各类最终需求的依赖程度。最终依存度越大，表明中国产业对消费、投资或出口的最终需求变化越敏感。由图5-7可知，中国产业体系对投资的敏感度最高，其次是出口，而对消费市场的敏感度最低。2002年前，中国产业对三大类最终需求的敏感程度均缓慢下降。而在2002年中国加入世贸组织后，中国产业生产对出口与投资的依赖程度迅速提升。尽管在2007年次贷危机与2008年金融危机后，中国产业对这两类最终需求的最终依存度出现短暂回落，但随后一直稳定在高位。相比之下，中国产业对内部市场需求的依赖程度一直较低。综上所述，中国产业体系以投资与出口导向为主，对内需市场的依赖性较低。

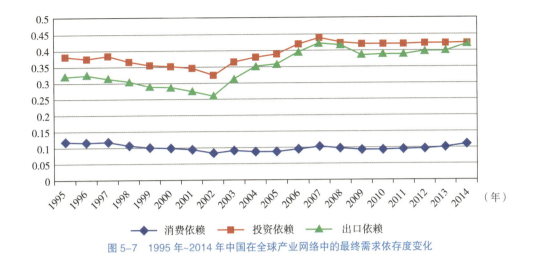

图 5-7　1995 年~2014 年中国在全球产业网络中的最终需求依存度变化

（四）中国在中国—世界产业联系网络中的附加值演变

以上从四个方面刻画了中国在世界产业联系网络中的角色与地位演变。但更高的影响力与地位并不一定意味着中国在该网络中能获取更大的实际利益。例如处于微笑曲线中段与末段的地区都对上游具有较大的产业影响力，但前者在分工过程中实际获得的附加值远远小于后者。我们进一步测度中国在全球产业相互依赖关系中的附加值留存率变化。

由图 5-8 可知，中国产业参与全球生产网络分工所获得的本地附加值总量保持持续增长态势。在 1995~2001 年处于缓慢增长阶段，在 2001~2008 年为快速增长阶段。中国加入 WTO 后，对外贸易高速增长，劳动密集型产品在全球市场上占据价格优势，从全球生产网络中获取的本地附加值也快速提升，年平均增速达到 28.92%。在 2008~2014 年为波动增长阶段。在 2008~2009 年，由于金融危机的影响，中国在全球产业互动网络中获得的附加值出现了短暂下降，但在 2009 年之后又重新恢复快速增长。在 2011 年，世界贸易总量萎缩，许多国家（地区）面临着外贸需求疲软的困境，经济外向度回落。这一转变使得中国在全球生产网络中获取本地附加值增长进入了短暂的平台期。而到了 2011~2014 年，随着产业转型的不断深化与外部市场的逐渐回暖，中国获取的本地附加值重回快速增长轨道。

图 5-8   1995~2014 年中国在全球产业网络中的本地附加值变化

从附加值留存率的角度看，中国产业在全球—地方产业互动过程中获取增加值的效率自 1995 年以来长期保持下降的态势，直到 2011 年才开始有所上升（见图 5-9）。在 1995~2002 年处于波动平稳状态，除 1995~1996 年有所下降外，其他年份均无明显起伏。2002 中国加入 WTO 以后，对外贸易量高速提升，大量低端及廉价产品出口到国际市场，中国从中获得的增加值比重大幅下降，出口产品质量提升速度落后于出口产品数量的增长。因此，在 2002~2007 年中国的附加值留存率快速下降，2007 年，增加值获取效率降低到 27.2%。这一低值维持至 2011 年，随着各国（地区）生产过程中使用的中间品来源更多地由欧美向中国转移，中国高附加值中间品得以进入这些区域市场，增加值留存率也开始快速提升，从 2011 年的 26.6% 增加到 2014 年的 31.5%。总体来看，相比附加值的总体增长态势，中国的附加值留存率总体处于波动状态，表明中国产业获取附加值的方式类似于"把饼做大，分成不变"，仍需要提升附加值捕获的效率。

图 5-9   1995~2014 年中国在全球产业网络中的附加值留存率变化

四、中国—世界市场产业相互依赖性的演变机制

（一）模型与变量设定

为识别促进和阻碍中国与世界市场建立产业联系的动力与阻力，重点分析基于多维临近性的路径依赖和贸易壁垒冲击的作用下的产业联系演变，我们构建模型进行验证。为考察多维邻近性和贸易保护对中国—世界各国（地区）产业联系的总体作用效应，核心解释变量引入三种邻近性以及三类贸易壁垒措施，建立如下模型：

$$Total_{ict} = a_0 + a_1\, Geodist_{it} + a_2\, Instdist_{it} + a_3\, Socdist_{it} + a_4\, NTMS_{it} + a_5\, Control_{it} + \varepsilon_{ict}$$

$$(5-13)$$

在上述模型基础上，将中国与世界各国（地区）总体产业联系分解为中间生产产业联系与最终市场需求联系，分别考察多维邻近性与贸易壁垒措施对这两种产业联系的作用机制。

$$Middle_{ict} = a_0 + a_1\, Geodist_{it} + a_2\, Instdist_{it} + a_3\, Socdist_{it} + a_4\, NTMS_{it} + a_5\, Control_{it} + \varepsilon_{ict}$$

$$(5-14)$$

$$Final_{ict} = a_0 + a_1\, Geodist_{it} + a_2\, Instdist_{it} + a_3\, Socdist_{it} + a_4\, NTMS_{it} + a_5\, Control_{it} + \varepsilon_{ict}$$

$$(5-15)$$

其中，a_0 为常数项，$a_1 \sim a_5$ 为系数，ε_{ict} 用以控制行业特性、国家（地区）特性与时间特性。

本章假设中国与联系国（地区）之间的制度、社会与地理邻近性能够提升知识与信息交流的效率与准确性，进而有助于中国与世界产业联系的形成与强化。相反，中国面临来自其他国家（地区）的贸易壁垒措施越多，越容易削弱中国与这些国家（地区）间的中间品贸易并产生"多米诺骨牌"式的扩散效应，进而越不利于中国与这些国家（地区）形成产业联系。这种负相关关系与贸易壁垒的种类、生产环节的类型密切相关。据此，因变量是中国整体产业与投入产出表中各国（地区）各产业的产业关联强度，而自变量则主要包括多维邻近性变量和贸易壁垒变量。

地理邻近性主要通过以下两种途径促进产业联系的发生：一方面，地理邻近可以减少企业的运输成本，有助于地区提升自身产业的外向竞争力，从而依赖原有的生产路径建立

与其他地区的产业联系；另一方面，面对面交流能减少信息壁垒，进而降低交易成本。因此将地理邻近性作为核心变量，预期其将对中国与目的国（地区）的产业联系强度产生正向显著的影响。

与地理邻近性类似，过小的制度邻近性不利于产业间的知识交流，从而影响新产业联系路径的形成。从正面效果看，高邻近的制度组合可以通过增强知识溢出，促进企业间自发供需搭配以及利用政府干预手段，自上而下进行产业推广与桥接两种方式形成并强化区域间产业联系。因此将制度邻近性作为核心变量，预期其将对中国与目的国（地区）的产业联系强度产生正向显著的影响。

社会邻近通过信任形成机制有助于复杂缄默知识的交换，为契约形成与知识扩散创造条件。因此，社会邻近性可以促进具有相似文化与社会背景的区域间形成产业联系。我们将社会邻近性作为核心变量，预期其将对中国与目的国（地区）的产业联系强度产生正向显著的影响。

贸易壁垒对产业联系产生的影响具体表现为三种贸易壁垒的冲击：卫生安全检疫（SPS）复杂的检测流程将增加初级行业（尤其是农业与食品制造业）的检验成本与时间成本，一些对时间成本非常敏感的产品将受到更严重的影响；技术贸易壁垒（TBT）的技术法规和标准将直接导致某些产品由于难以达到进口国（地区）的技术标准或者产品进入的渠道直接受到限制；反倾销调查（ADP）将对涉案产品产生巨额的诉讼成本或者面临高额的反倾销税，进而限制相关的产业联系。以上负面效应可能沿着上下游投入产出网络扩散，并导致市场结构类似的国家（地区）实施恐慌性壁垒，进一步增强负面效应强度。我们将三种贸易壁垒的数量作为核心变量，预期其将对中国与目的国（地区）的产业联系强度产生负向显著的影响。因其各自针对的产品处于全球生产网络中不同的生产环节，三种贸易壁垒的负向影响在中间生产与最终需求联系中的表现可能有差异。考虑到贸易保护与产业联系间存在时间滞后性，采用各类贸易壁垒措施的一阶滞后项。

控制变量主要控制目的国（地区）的社会经济特性与行业特性。中上游产业垄断会通过中间品价格和生产率的渠道显著降低制造业行业出口的比较优势（Lopez et al., 2015），因此需要控制国家（地区）产业的上游垄断度；制造业服务化可能通过成本降低和技术创新提升制造业企业对外产业联系强度（Sampath and Vallejo, 2018），因此需要控制国家（地区）产业的服务化程度；国家（地区）的激励政策与补贴作为短期政策有助于国家（地区）产业降低生产与交易成本，提升综合创新能力，进而提高了国家（地区）产业对外联系的竞争力（Fagiolo et al., 2008），因此需要控制国家（地区）的补贴强度；国家（地区）的开放性政策将使当地产业面对外国竞争和面向外部的生产，进而提升国家（地区）产业的对外联系竞争力（Bown and Crowley, 2007），因此需要控制国家（地区）的市场开放性；国家（地区）间的规模与发展水平差异可能通过本地市场效应影响国家（地区）间的产业贸易，因此需要控制国家（地区）的人均 GDP。

模型变量与数据归纳在表 5–2，所有变量在进入模型前均进行标准化处理。变量间的相关性检验如表 5–3 所示：技术贸易壁垒与反倾销之间的相关系数高达 0.55，为了避免共线性的问题需要在引入贸易壁垒时分别处理。

表 5–2　模型变量设定

变量类型	变量名称	变量描述	测度方法与数据解释	数据来源
因变量：产业联系方向与强度	$Total_{ict}$	产业关联度	中国产业整体与 i 国（地区）c 产业的关联指数（可分解为中间产品联系与最终市场需求联系）	WIOD 数据库
核心自变量：国家（地区）间多维邻近性	$Geodist_{it}$	地理邻近性	i 国（地区）与中国间的地理距离的倒数	CEPII 数据库
	$Instdist_{it}$	制度邻近性	i 国（地区）与中国的"社会法治指数"之差的倒数	世界银行
	$Socdist_{it}$	社会邻近性	i 国（地区）与中国是否使用同一种官方语言（是取 1，不是取 0）	CEPII 数据库
核心自变量：贸易壁垒（$NTMS_{it}$）	SPS_{it}	卫生安全检疫	i 国（地区）对中国发起的卫生安全检疫通报数占本国（地区）同类壁垒比例	世界贸易组织
	TBT_{it}	技术贸易壁垒	i 国（地区）对中国发起的技术贸易壁垒通报数占本国（地区）同类壁垒比例	世界贸易组织
	ADP_{it}	反倾销调查	i 国（地区）对中国发起的反倾销调查通报数占本国（地区）同类壁垒比例	世界贸易组织
控制变量：目的地社会经济属性（$Control_{it}$）	$PGDP_{it}$	人均 GDP	i 国（地区）人均 GDP	世界银行
	$Subsidy_{it}$	政府补贴	i 国（地区）政府的产业补贴与基础设施头入占 GDP 比重	世界银行
	$Openness_{it}$	市场开放度	i 国（地区）外来直接投资与 GDP 之比	世界银行
	$Upstream_{it}$	上游垄断度	i 国（地区）c 产业接受不同产业投入的赫芬达尔指数	WIOD 数据库
	$Servitization_{ict}$	服务化比重	i 国（地区）c 产业接受服务业投入占总接受投入的比重	WIOD 数据库

表 5–3　相关性检验

变量	$Geodist_{it}$	$Instdist_{it}$	$Socdist_{it}$	SPS_{it}	TBT_{it}	ADP_{it}	$PGDP_{it}$	$Subsidy_{it}$	$Upstream_{it}$	$Servitization_{ict}$	$Openness_{it}$
$Geodist_{it}$	1										
$Instdist_{it}$	0.14	1									
$Socdist_{it}$	0.22	0.24	1								
SPS_{it}	−0.02	−0.05	−0.25	1							
TBT_{it}	−0.03	−0.04	−0.06	0.22	1						
ADP_{it}	−0.05	−0.06	−0.09	0.14	0.55	1					
$PGDP_{it}$	0.14	0.24	0.25	0.23	0.19	0.12	1				

续表

变量	$Geodist_{it}$	$Instdist_{it}$	$Socdist_{it}$	SPS_{it}	TBT_{it}	ADP_{it}	$PGDP_{it}$	$Subsidy_{it}$	$Upstream_{it}$	$Servitization_{ict}$	$Openness_{it}$
$Subsidy_{it}$	0.21	0.16	0.26	0.12	0.11	0.25	0.29	1			
$Upstream_{it}$	−0.05	0.23	0.11	−0.05	0.04	0.15	0.13	0.11	1		
$Servitization_{ict}$	−0.31	−0.17	0.15	0.21	0.13	−0.2	0.22	0.25	−0.1	1	
$Openness_{it}$	0.26	0.12	0.31	0.18	0.21	0.12	0.23	0.23	0.16	0.13	1

（二）总体产业联系的演变机制

表 5-4 报告了多维邻近性与贸易壁垒对中国—世界产业联系的影响，分 1995~2005 年与 2005~2014 年两个时间段进行回归统计，结果高度一致。为测试模型的稳健性，将因变量替换为依据产业关联网络计算的节点间引力强度，结果高度一致（见表 5-5）。在多维邻近性方面，在 1995~2005 年，地理邻近性对中国—全球产业联系的作用在 1% 的显著性水平上显著为正，说明地理邻近性能促进中国—全球产业联系的形成与强化。这印证了已有研究关于地理邻近性促进区域垂直专业化的规律，地理邻近性可以通过减少企业的运输成本与交流成本促进中国与邻近国家（地区）发生产业联系（Cerina et al.，2012；De Backer and Miroudot，2012）。而在这一时间段，制度与社会邻近性对中国—全球产业联系的作用并不显著，表明该阶段中国对外产业联系主要受到地理邻近性的影响并据此形成路径依赖。基于这种依赖形成的产业联系较为初级，受实体地理空间的物流条件限制较大，较少涉及缄默信息的交流与复杂生产活动在不同制度经济体间的协同问题。而在 2005 年后，地理、社会与制度邻近性对中国—全球产业联系的作用全部显著为正，表明在该阶段中国对外产业联系的演化会受地理、社会与制度三个维度的邻近性影响并形成路径依赖，假说 5-1 部分正确。在这一阶段，中国对外产业联系的形式与结构更加复杂，对缄默知识与信息的交流效率和跨国生产的制度便利度更加敏感。

表 5-4 　　　　　　　中国—世界总体产业联系的演变机制

变量	多维邻近性与 ADP 壁垒的影响		多维邻近性与 TBT 壁垒的影响		多维邻近性与 SPS 壁垒的影响	
	（5.1）	（5.2）	（5.3）	（5.4）	（5.5）	（5.6）
	1995~2005 年	2005~2014 年	1995~2005 年	2005~2014 年	1995~2005 年	2005~2014 年
$Geodist_{it}$	0.373***	0.233***	0.371***	0.227***	0.372***	0.231***
$Instdist_{it}$	0.214	0.262**	0.209	0.261**	0.251	0.233*
$Socdist_{it}$	0.114	0.131**	0.107	0.147*	0.109	0.152**
$PGDP_{it}$	0.391**	0.325**	0.388**	0.323*	0.387*	0.329*

续表

变量	多维邻近性与 ADP 壁垒的影响		多维邻近性与 TBT 壁垒的影响		多维邻近性与 SPS 壁垒的影响	
	（5.1）	（5.2）	（5.3）	（5.4）	（5.5）	（5.6）
	1995~2005 年	2005~2014 年	1995~2005 年	2005~2014 年	1995~2005 年	2005~2014 年
$Subsidy_{it}$	0.197**	0.113**	0.195	0.112*	0.198*	0.116*
$Openness_{it}$	0.162**	0.096*	0.135*	0.091*	0.149*	0.106*
$Upstream_{it}$	−0.013*	−0.142*	−0.053*	−0.125	−0.042*	−0.131
$Servitization_{ict}$	0.027*	0.019	0.015	0.012*	0.008*	0.025
SPS_{it}	−0.011	−0.094				
TBT_{it}			−0.021**	−0.031**		
ADP_{it}					−0.018**	−0.017**
年份	YES	YES	YES	YES	YES	YES
行业	YES	YES	YES	YES	YES	YES
目的地	YES	YES	YES	YES	YES	YES
常数项	−2.14***	−2.81***	−2.36***	−2.74***	−2.67***	−3.11***
样本数	13912	12582	13912	12582	13912	12582

注：***、**、* 分别表示 p<0.01，p<0.05，p<0.1。

表 5-5　　　　　中国—世界总体产业联系的演变机制（以网络连通强度为因变量）

变量	多维邻近性与 ADP 壁垒的影响		多维邻近性与 TBT 壁垒的影响		多维邻近性与 SPS 壁垒的影响	
	（5.7）	（5.8）	（5.9）	（5.10）	（5.11）	（5.12）
	1995~2005 年	2005~2014 年	1995~2005 年	2005~2014 年	1995~2005 年	2005~2014 年
$Geodist_{it}$	0.282***	0.191***	0.215***	0.185***	0.265***	0.256***
$Instdist_{it}$	0.224	0.281**	0.218	0.283**	0.224	0.224*
$Socdist_{it}$	0.102	0.142**	0.107	0.147*	0.109	0.152**
$PGDP_{it}$	0.391**	0.325**	0.388**	0.323*	0.387*	0.329*
$Subsidy_{it}$	0.197*	0.113	0.195	0.112*	0.198*	0.116
$Openness_{it}$	0.283**	0.224	0.224*	0.283**	0.224	0.224*
$Upstream_{it}$	0.147*	0.109	0.152**	0.224	0.281**	0.218
$Servitization_{ict}$	0.197*	0.113	0.195	0.112*	0.198*	0.116
SPS_{it}	−0.0131	−0.096				
TBT_{it}			−0.0231**	−0.0412**		
ADP_{it}					−0.0192**	−0.0173**
年份	YES	YES	YES	YES	YES	YES
行业	YES	YES	YES	YES	YES	YES
目的地	YES	YES	YES	YES	YES	YES

续表

变量	多维邻近性与 ADP 壁垒的影响		多维邻近性与 TBT 壁垒的影响		多维邻近性与 SPS 壁垒的影响	
	（5.7）	（5.8）	（5.9）	（5.10）	（5.11）	（5.12）
	1995~2005 年	2005~2014 年	1995~2005 年	2005~2014 年	1995~2005 年	2005~2014 年
常数项	-2.146^{***}	-2.861^{***}	-3.326^{***}	-3.124^{***}	-3.621^{***}	-3.121^{***}
样本数	13912	12582	13912	12582	13912	12582

注：***、**、* 分别表示 $p<0.01$，$p<0.05$，$p<0.1$。

在贸易壁垒方面，技术贸易壁垒与反倾销调查对中国对外产业联系的影响在 5% 的显著性水平上显著为负，表明这两类贸易壁垒会削弱中国对外产业联系。在关于新贸易保护主义的研究中，已有许多研究证明贸易壁垒对产业内与产品内贸易的削弱作用。技术贸易壁垒提高中间品的准入门槛，而反倾销通过反倾销税与连带的诉讼和调查让中间品出口商承担巨大的交易成本进而削弱加工贸易（Shepherd and Wilson，2013）。除直接影响贸易保护国（地区）与目的国（地区）之间的产业联系外，特定国家（地区）施行的贸易壁垒会导致与该国（地区）市场结构相似的其他出口目的地加大限制与中国进行同类型的产业联系，更深层次地削弱了中国与外部市场的产业联系。而贸易壁垒产生的负面市场信息也将通过外部市场关联阻碍中国企业进行对外产业联系活动。相比之下，卫生安全检疫措施对中国对外产业联系并无显著影响。已有研究表明卫生安全检疫措施主要集中于动植物制品、食品制品等初级产品，提高其生产过程的沉没成本（Accetturo and Giunta，2018）。而这部分产品在世界投入产出数据库涉及的各类产业联系中份额较低。

（三）中间生产与最终需求产业联系的演变机制

表 5-6 与表 5-7 分别报告各类要素对中国对外中间产业联系与最终需求联系的影响。为测试模型的稳健性，将因变量替换为依据产业关联网络计算的节点间引力强度，结果高度一致（表 5-6、表 5-7 分别对应表 5-8、表 5-9）。对比表 5-4、表 5-6 与表 5-7 可得到如下结论：（1）在 1995~2005 年，地理、制度与社会邻近性对中国对外中间生产联系的作用均为正向显著，后二者对最终市场需求联系和总产业联系的作用均不显著。这从侧面印证了已有研究中关于产业联系行业异质性的发现：价值链上不同位置的行业形成或维持产业联系的能力具有差异（Timmer et al.，2015）。中间产品生产联系涉及产业间、产业内甚至产品内分工，关联链条远长于最终需求联系，更注重缄默信息的交流效率与在不同制度经济体中协调生产活动的便捷性。但随着中国对全球生产网络嵌入的深化，两种类型的产业联系都开始依赖制度、社会邻近度进行拓展。（2）卫生安全检疫措施对最终市场需求联

系有显著削弱作用，而对中间产品生产联系的作用并不显著。动植物制品等卫生相关的初级产品产业链条较短，大部分可以直接作为最终消费品进入市场，占最终需求联系的份额大于中间生产联系。故卫生安全检疫措施仅仅对最终市场需求有明显削弱作用。

表 5-6　　　　　　　　　　中国—世界中间生产产业联系的演变机制

变量	多维邻近性与 ADP 壁垒的影响		多维邻近性与 TBT 壁垒的影响		多维邻近性与 SPS 壁垒的影响	
	（5.13）	（5.14）	（5.15）	（5.16）	（5.17）	（5.18）
	1995~2005 年	2005~2014 年	1995~2005 年	2005~2014 年	1995~2005 年	2005~2014 年
$Geodist_{it}$	0.382***	0.279***	0.389***	0.272***	0.393***	0.278***
$Instdist_{it}$	0.215*	0.247**	0.212**	0.258**	0.213*	0.254*
$Socdist_{it}$	0.153*	0.172**	0.156*	0.181*	0.151*	0.184**
$PGDP_{it}$	0.283**	0.225**	0.279**	0.229*	0.286*	0.214*
$Subsidy_{it}$	0.145*	0.162*	0.138*	0.179*	0.131*	0.105
$Openness_{it}$	0.247*	0.213*	0.255*	0.222**	0.258**	0.240*
$Upstream_{it}$	-0.014*	-0.151*	-0.026*	-0.115	-0.013*	-0.146*
$Servitization_{ict}$	0.114*	0.091*	0.108**	0.089*	0.112*	0.101*
SPS_{it}	-0.015	-0.125				
TBT_{it}			-0.027**	-0.062**		
ADP_{it}					-0.024**	-0.018**
年份	YES	YES	YES	YES	YES	YES
行业	YES	YES	YES	YES	YES	YES
目的地	YES	YES	YES	YES	YES	YES
常数项	-3.01***	-3.21***	-3.39***	-3.76***	-3.11***	-3.38***
样本数	12991	11562	12991	11562	12991	11562

注：***、**、* 分别表示 p<0.01，p<0.05，p<0.1。

表 5-7　　　　　　　　　　中国—世界中间最终市场需求的演变机制

变量	多维邻近性与 ADP 壁垒的影响		多维邻近性与 TBT 壁垒的影响		多维邻近性与 SPS 壁垒的影响	
	（5.19）	（5.20）	（5.21）	（5.22）	（5.23）	（5.24）
	1995~2005 年	2005~2014 年	1995~2005 年	2005~2014 年	1995~2005 年	2005~2014 年
$Geodist_{it}$	0.363***	0.273***	0.367***	0.262***	0.364***	0.275***
$Instdist_{it}$	0.199	0.283*	0.201	0.281**	0.203	0.288*
$Socdist_{it}$	0.189	0.125**	0.186	0.127*	0.19	0.125**
$PGDP_{it}$	0.451**	0.387**	0.453**	0.389*	0.448*	0.383*
$Subsidy_{it}$	0.216*	0.078	0.211	0.062	0.221*	0.066
$Openness_{it}$	0.197**	0.113**	0.195	0.112*	0.198*	0.116*
$Upstream_{it}$	0.162**	0.096*	0.135*	0.091*	0.149*	0.106*

续表

变量	多维邻近性与 ADP 壁垒的影响		多维邻近性与 TBT 壁垒的影响		多维邻近性与 SPS 壁垒的影响	
	(5.19)	(5.20)	(5.21)	(5.22)	(5.23)	(5.24)
	1995~2005 年	2005~2014 年	1995~2005 年	2005~2014 年	1995~2005 年	2005~2014 年
$Servitization_{ict}$	-0.013^*	-0.142^*	-0.053^*	-0.125	-0.042^*	-0.131
SPS_{it}	-0.014^{**}	-0.124^{**}				
TBT_{it}			-0.022^{**}	-0.037^{**}		
ADP_{it}					-0.025^{**}	-0.015^{**}
行业	YES	YES	YES	YES	YES	YES
年份	YES	YES	YES	YES	YES	YES
目的地	YES	YES	YES	YES	YES	YES
常数项	-2.728^{***}	-2.912^{***}	-2.726^{***}	-2.924^{***}	-2.719^{***}	-2.928^{***}
样本数	921	1020	921	1020	921	1020

注：***、**、* 分别表示 $p<0.01$，$p<0.05$，$p<0.1$。

表 5-8　　中国—世界中间生产产业联系的演变机制（以网络连通强度为因变量）

变量	多维邻近性与 ADP 壁垒的影响		多维邻近性与 TBT 壁垒的影响		多维邻近性与 SPS 壁垒的影响	
	(5.25)	(5.26)	(5.27)	(5.28)	(5.29)	(5.30)
	1995~2005 年	2005~2014 年	1995~2005 年	2005~2014 年	1995~2005 年	2005~2014 年
$Geodist_{it}$	0.382^{***}	0.279^{***}	0.389^{***}	0.272^{***}	0.393^{***}	0.278^{***}
$Instdist_{it}$	0.215^*	0.247^{**}	0.212^{**}	0.258^{**}	0.213^*	0.254^*
$Socdist_{it}$	0.153^*	0.172^{**}	0.156^*	0.181^*	0.151^*	0.184^{**}
$PGDP_{it}$	0.283^{**}	0.225^{**}	0.279^{**}	0.229^*	0.286^*	0.214^*
$Subsidy_{it}$	0.145^*	0.162^*	0.138^*	0.179^*	0.131^*	0.105
$Openness_{it}$	0.247^*	0.213^*	0.255^*	0.222^{**}	0.258^{**}	0.240^*
$Upstream_{it}$	-0.014^*	-0.151^*	-0.026^*	-0.115	-0.013^*	-0.146^*
$Servitization_{ict}$	0.114^*	0.091^*	0.108^{**}	0.089^*	0.112^*	0.101^*
SPS_{it}	-0.015	-0.125				
TBT_{it}			-0.027^{**}	-0.062^{**}		
ADP_{it}					-0.024^{**}	-0.018^{**}
年份	YES	YES	YES	YES	YES	YES
行业	YES	YES	YES	YES	YES	YES
目的地	YES	YES	YES	YES	YES	YES
常数项	-3.01^{***}	-3.21^{***}	-3.39^{***}	-3.76^{***}	-3.11^{***}	-3.38^{***}
样本数	12991	11562	12991	11562	12991	11562

注：***、**、* 分别表示 $p<0.01$，$p<0.05$，$p<0.1$。

表 5-9 中国—世界中间最终市场需求的演变机制（以网络连通强度为因变量）

变量	多维邻近性与 ADP 壁垒的影响		多维邻近性与 TBT 壁垒的影响		多维邻近性与 SPS 壁垒的影响	
	（5.31）	（5.32）	（5.33）	（5.34）	（5.35）	（5.36）
	1995~2005 年	2005~2014 年	1995~2005 年	2005~2014 年	1995~2005 年	2005~2014 年
$Geodist_{it}$	0.366***	0.353***	0.376***	0.212***	0.234***	0.175***
$Instdist_{it}$	0.199	0.283*	0.201	0.281**	0.203	0.288*
$Socdist_{it}$	0.189	0.125**	0.186	0.127*	0.19	0.125**
$PGDP_{it}$	0.451**	0.387**	0.453**	0.389*	0.448*	0.383*
$Subsidy_{it}$	0.216*	0.078	0.211	0.062	0.221*	0.066
$Openness_{it}$	0.197**	0.113**	0.195	0.112*	0.198*	0.116*
$Upstream_{it}$	0.162**	0.096*	0.135*	0.091*	0.149*	0.106*
$Servitization_{ict}$	−0.013*	−0.142*	−0.053*	−0.125	−0.042*	−0.131
SPS_{it}	−0.014**	−0.124**				
TBT_{it}			−0.0218**	−0.0372**		
ADP_{it}					−0.0254**	−0.0148**
行业	YES	YES	YES	YES	YES	YES
年份	YES	YES	YES	YES	YES	YES
目的地	YES	YES	YES	YES	YES	YES
常数项	−2.728***	−2.912***	−2.726***	−2.924***	−2.719***	−2.928***
样本数	921	1020	921	1020	921	1020

注：***、**、* 分别表示 $p<0.01$，$p<0.05$，$p<0.1$。

五、结论与建议

（一）结论与讨论

新国际劳动分工体系使世界各国及地区形成了错综复杂的产业网络，重塑了全球经济与产业的空间格局。在这一网络格局中，中国自改革开放以来充分发挥土地、劳动力与市场等方面的比较优势，通过贸易和投资深度融入经济全球化以实现区域发展。然而，原有人口与土地红利的消退、愈演愈烈的贸易争端正不断制约着中国在全球生产网络中实现长远发展。剖析中国同世界其他国家及地区间的产业联系及其动态演化机制，寻找中国对外产业联系的破局方向至关重要。本研究从国家（地区）尺度刻画全球产业相互依赖网络，并着重关注中国在这一格局中的角色与地位演变和实际获利情况。本章探讨了多维邻近性、贸易保护对中国—全球产业联系的作用机制。

在全球产业联系网络的演变特征方面，本研究发现：（1）1995~2014年全球产业联系网络从单一经济体为主的区域性小社群结构逐步演化为以东亚、欧盟、北美三大产业组团结构。其中东亚社群与欧盟社群的扩张最为迅猛，反映了东亚与欧盟的经济一体化进程。（2）发展中国家进一步深化参与全球生产网络分工的进程中。中国从全球生产联系网络的边缘国家，一跃成为全球生产网络的中心国，取代日本成为沟通东亚、东南亚地区与其他新兴市场的桥梁，并从美欧主干联系的"局外人"升级成为链接欧美产业网络的重要枢纽。

关于中国在全球生产网络中的角色、地位与实际获利情况，本研究发现：（1）中国作为"世界工厂"与基础设施建设大国，在制造业与基建方面具有全球性的影响力，且这些部门的影响力逐步提升。然而，大部分消费型服务业的国际影响力在2005年后逐步下降。（2）中国基础资源行业正不断嵌入全球生产网络的供给侧。中国制造业正从原料供给侧向成品需求侧转型升级。但中国消费型服务业的对外供给能力正在下降，且没有向成品需求侧进行转型。（3）中国产业体系的生产驱动力与主要依赖方都以投资与出口为主，对内需市场的依赖性较低。（4）中国产业获取本地附加值总体持续增长，但附加值捕获的效率较低。

关于中国与全球产业联系的形成与强化机制，本研究发现：（1）中国对外产业联系的演化会受地理、社会与制度三个维度的邻近性影响并形成路径依赖。其中地理邻近性的影响是最广泛的，而社会与制度邻近性仅仅对产业联系形式更加复杂的中间生产联系与发展较为成熟的最终需求联系有促进与强化作用。（2）技术贸易壁垒与反倾销调查会削弱各类中国对外产业联系，卫生安全检疫措施对最终市场需求联系有显著削弱作用，而对中间产品生产联系的作用并不显著。

根据本研究的发现，未来世界—中国产业联系的格局与演变因素可能存在一定不确定性。从格局上看，受新冠肺炎疫情与美国逆全球化主义的影响，以美国为首的发达国家（地区）将可能更注重产业链的本土化并逐步从全球产业联系网络中边缘化，进而加大中国与这些市场进行产业联系拓展的难度。随着新兴市场的不断崛起与中国包容性全球化进程的推进，全球产业网络将进一步多极化，新的增长轴可能集中于中国与西欧以及新兴市场间。其中受疫情影响较小的非实体服务业可能成为全球产业联系网络的新主角。而从演变因素上看，发达国家（地区）的贸易壁垒，尤其是卫生检疫措施对中国对外产业联系的影响能力可能会更加显著。而中国与新兴市场的社会、制度邻近性将对中国分散产业联系风险、拓展产业联系潜力空间至关重要。

（二）政策建议

在内部产业转型升级如火如荼、外部国际贸易摩擦不断升级的当下，中国政府应重视：

（1）在对外产业联系的产业门类层面，一方面补齐制造业关键生产环节短板，另一方面结合互联网产业促进服务业，尤其是消费型服务业在供需两头与全球产业联系接轨，充分挖掘其带动产业上游的潜力。在制造业层面，中国具有劳动力与土地成本、人才、供应链配套与营商环境等多重优势，在研究中表现为世界范围内的影响力与感应度。但在部分高端制造业的关键环节上，中国仍然单方面依赖于发达国家（地区）提供的中间产品（如芯片），受制于不可控的国际政治环境。因此通过科技创新修炼内功，补齐制造业产业链中的关键短板将至关重要；而在服务业方面，尤其是消费型服务业方面，中国对外产业联系的表现要比制造业疲软得多，应抓住中国互联网产业飞速发展的机遇进行弯道超车。尽管消费型服务业中有一部分本地化程度很高的产业门类，但互联网与传统产业的飞速融合使得诸如"新零售"之类的新服务业态迅速涌现，为本地化产业走向国际市场打下基础。此外，科教文体等非物质服务产品也能够借助互联网产业进一步拓展国际市场潜力空间。

（2）在对外产业联系的本地政策层面：一方面通过促进创新与制度保障提升本地附加值留存效率。规范社会经济制度建设，提升社会开放度，创造有利于建立对外产业联系的制度与社会环境。另一方面注重出口与内销平衡，推动企业出口转内销，挖掘本地产业链与消费市场潜力。受疫情影响，中国对外产业联系的主要关联方均陷入不同程度的产业瘫痪，未来可能持续影响其与中国产业的联系强度，前景不容乐观。在此基础上，尽管中国目前整体产业体系对内需市场的依存度较低，但中国本身的市场体量和生产能力使得其具有新技术发展应用的巨大空间。因此应鼓励对外产业联系企业将部分对外产业联系本地化，借助互联网等新技术挖掘本地市场潜力，促进内需与外需市场的平衡。具体措施包括对出口转内销的产业联系进行一定时间范围内的出口退税同等待遇优惠等。

（3）在对外产业联系的对外政策层面：一方面采用区域合作等迂回方式缓解贸易壁垒的直接冲击，并通过促进产业多元化分散贸易壁垒的风险。另一方面在非核心生产环节部分加大进口产业联系规模，逐步缩小中国对外贸易顺差。与核心生产环节的进口依赖性不同，非核心生产环节的进口联系不容易形成单向不稳定的依赖关系，还有助于中国对外产业联系环境的优化：一方面更平衡的贸易顺差将吸引更多的新兴市场与中国进行进出口产业联系的双向互动，形成更紧密的市场共同体。另一方面进口联系方将在其所在领域具有更多的定价话语权与标准制定权，有助于中国产业进一步扩大国际影响力。

参考文献

［1］陈万灵，杨永聪，2014.全球进口需求结构变化与中国产业结构的调整［J］.国际经贸探索，30（9）：13-23.

［2］耿鹏，赵昕东，2009.基于 GVAR 模型的产业内生联系与外生冲击分析［J］.数量经济技术经济研究，（12）:32-45.

［3］康晓玲，宁艳丽，2005.外国对华实施技术性贸易壁垒问题的博弈分析［J］.经济体制改革，（2）:145-148.

［4］刘红光，张婕，朱忠翔，等，2019.金融危机前后全球产业贸易转移定量测度分析［J］.经济地理，39（1）:99-106.

［5］路乾乾，2017.基于区域产业关联的京津冀区域产业结构优化升级［D］.首都经济贸易大学.

［6］吕云龙，吕越，2017.上游垄断与制造业出口的比较优势——基于全球价值链视角的经验证据［J］.财贸经济，38（8）:98-111.

［7］马歇尔，2011.经济学原理：上卷［M］.商务印书馆.

［8］王岳平，葛岳静，2007.我国产业结构的投入产出关联特征分析［J］.管理世界，（2）:61-68.

［9］亚当·斯密，2011.国民财富的性质和原因的研究：上卷［M］.商务印书馆.

［10］Accetturo A，Giunta A，2018. Value chains and the great recession：Evidence from Italian and German firms［J］. International Economics，153（5）:55-68.

［11］Acemoglu D, Carvalho V, Ozdaglar A, et al., 2012. The network origins of aggregate fluctuations［J］. Econometrica. 80（5）:1977–2016.

［12］Aroche F, 2006. Trees of the Essential Economic Structures：A Qualitative Input - Output Method［J］. Journal of Regional Science，46（2）:333-353.

［13］Audretsch D，Feldman M，1996. Spillovers and the geography of innovation and production［J］. American Economic Review，86（3）：630-640.

［14］Boschma R，2005. Proximity and innovation：A critical assessment［J］. Regional Study，39（1）：61-74.

［15］Bown C P，Crowley M A，2007. Trade deflection and trade depression［J］. Journal of International Economics，72（1）:176-201

［16］Cerina，F.，Zhu，Z.，Chessa，A. et.al.，2015. World Input-Output Network［J］. Plos One，10（7）:e0134025.

［17］De Backer K，Miroudot S，2012. Mapping Global Value Chains［C］. WIOD Conferences Paper.

［18］Essletzbichler J，2015. Relatedness，Industrial Branching and Technological Cohesion in US Metropolitan Areas［J］. Regional Studies，49（5）:752-766.

［19］Fagiolo G，Reyes J A，Schiavo S，2008. Assessing the evolution of international economic integration using random walk betweenness centrality：The cases of East Asia and Latin America［J］. Advances in Complex Systems，11（5）:685-702.

［20］Frenken K，Van Oort F，Verburg T，2007. Related variety， unrelated variety and regional economic growth［J］. Regional Studies，41（5）：685-697.

［21］Gaulier G，Lemoine F， ü nal D，2007. China's Integration in East Asia：Production Sharing， FDI & High-Tech Trade［J］. Economic Change and Restructuring，40（1-2）:27-63.

［22］Gertler M，2003. Tacit knowledge and the economic geography of context， or the undefinable tacitness of being there［J］. Journal of Economic Geography，3（1）：75-99.

［23］Ghosh A，1958. Input-Output Approach in an Allocation System［J］. Economica，25（97）:58-64.

［24］Girvan M， Newman M，2002. Community structure in social and biological networks［J］. Proceedings of the National Academy of Sciences of the United States of America，99（21）：7821-7826.

［25］Góra J，2013. Global Value Chains as a Tool for Globalization Studies［J］. Organization &Management，43-64.

［26］Hidalgo C，Klinger B，Barabasi A，et al.，2007. The product space conditions the development of nations［J］. Science，317:482 - 487.

［27］Humphrey J，Schmitz H，2002. How does insertion in global value chains affect upgrading in industrial clusters?［J］. Regional Studies，36（9）：1017-1027.

［28］Inkpen A，Tsang E，2005. Social capital， networks， and knowledge transfer［J］. Academy of Management Review，30（1）：146-165.

［29］Koopman R，Wang Z，Wei S，2008. How Much of Chinese Exports is Really Made in China？ Assessing Domestic Value-Added When Processing Trade is Pervasive［R］. NBER Working Papers，No.14109.

［30］Koopman R， Wang Z， Wei S，2002. Estimating domestic content in exports when processing trade is pervasive［J］. Journal of Development Economics. 99（1）：178-189.

［31］Kuwamori H，Okamoto N，2007. Industrial Networks between China and the Countries of the Asia-Pacific Region［R］. Ide Discussion Papers，（2）:49.

［32］Leontief W，1970. Environmental repercussions and the economic structure：An input-output approach ［J］. The Review of Economics and Statistics，262-271.

［33］Lopez J，Ugarte C，Kowalski P，et al.，2015. Participation of Developing Countries in Global Value Chains：Implications for Trade and Trade-Related Policies［R］. OECD Trade Policy Papers.

［34］Meng B，Zhang Y，Inomata S，2013. Compilation and applications of IDE-JETRO's international input-output tables［J］. Economic Systems Research，25（1）：122-142.

［35］Nooteboom B，2001. Learning and innovation in organizations and economies［J］. Learning & Innovation in Organizations & Economies，（14）：177-205.

［36］North D，1990. Institutions， Institutional Change and Economic Performance［M］. London： Cambridge University Press.

［37］Pike A，MacKinnon D，Cumbers A，et al.，2016. Doing evolution in economic geography［J］. Economic Geography，92（2）：123-144.

［38］Rallet A，Torre A，1999. Is geographical proximity necessary in the innovation networks in the era of global economy?［J］. GeoJournal，49（4）：373-380.

［39］Sampath P G，Vallejo B，2018. Trade，Global Value Chains and Upgrading: What，When and How?［J］. European Journal of Development Research，30（3）:481–504.

［40］Shepherd B，Wilson N L W，2013. Product standards and developing country agricultural exports: The case of the European Union［J］. Food Policy，2013，42（42）:1–10.

［41］Steinmueller W，2000. Will new information and communication technologies improve the 'codification' of knowledge?［J］. Industrial and Corporate Change，9（2）: 361–376.

［42］Timmer M，Dietzenbacher E，Los B，et al.，2015. An Illustrated User Guide to the World Input – Output Database: The Case of Global Automotive Production［J］. Review of International Economics，（23）: 575 – 605.

第六章
中国省级行政区出口
贸易地理网络

一、引言

改革开放以来中国对外贸易随着经济转型进入高速发展阶段，贸易规模迅速增长。1978~2017 年中国货物贸易出口额从 97.5 亿美元增长至 22635.2 亿美元，年均增长率为15.7%。中国在世界贸易中的地位不断提高，2009 年出口额首次位居世界第一，2013 年进出口总额首次位列第一。中国对外贸易规模高速增长的同时伴随着进出口产品结构、市场结构、国内区域格局的重构。渐进式开放路径更使得贸易地理格局演变具有鲜明的阶段性和梯度特征。在中国对外贸易总体格局方面，已有学者对贸易规模、商品结构、方式结构、贸易主体结构进行广泛研究（Qiu and Xue, 2014；傅自应，2008；张群，2015）。在中国总体对外贸易蓬勃发展的背景下，内部不同省份出口发展的情况不尽相同，部分地区存在对外贸易下滑的态势。因此，探究中国省级行政区对外贸易地理网络演变是必要的。

在贸易地理格局方面，伴随贸易活动在地理空间上的集聚和扩散，贸易来源地和目的地网络结构在不断变化。众多文献运用社会网络分析等方法，在国家和省级尺度上研究贸易网络特征（邹嘉龄、刘卫东，2016）、网络演化（Fagiolo et al., 2010；De Benedictis et al., 2011）、网络组团（蒋小荣等，2018）、聚类结构（公丕萍等，2015）。对于区域间贸易是如何形成的，地理邻近性是造成区域贸易高度集中的驱动力（Krugman, 1991；Fujita et al., 1999）。随着交通通信技术发展，运输成本下降减弱地理距离的影响，研究开始关注多维邻近性对贸易的作用。劳奇和特林达德（Rauch and Trindade, 2002）发现，海外华人网络有助于匹配国际卖家和买家，继而促进双边贸易。这一发现证明了信息障碍的影响，社会网络有助于克服这些障碍。大多研究基于引力模型，发现文化距离和制度距离对国家间贸易流量存在负面影响（潘镇，2006；Felbermayr and Toubal, 2010；Zhou, 2011；田晖和蒋辰春，2012；许家云等，2017）。这些研究探讨了国家间贸易流量和贸易地理格局的影响因素，但对于省级尺度对外贸易格局的关注尚不足。

对于贸易目的地的拓展，"邻近性"起重要作用。研究证实地理邻近、文化邻近等多维邻近性能够促进地方对外贸易，促进进入新市场和生产新产品（Boschma, 2005；贺灿飞等，2017；贺灿飞等，2019）。知识溢出是发生在不同主体之间的互动、交流以及无意识的传播过程（赵勇、白永秀，2009）。出口企业为吸收本地知识溢出，在集聚外部性作用下实现空间聚集的驱动力（Krugman, 1979；Ottaviano et al., 2002）。关于贸易信息溢出的研究多从企业出口入手，探讨集聚的溢出效应，及其对贸易的促进作用（Koenig, 2009；

Choquette and Meinen，2011；Swenson，2008）。其中一些文献同时关注了国家"邻近性"的作用。莫拉莱斯等（Morales et al.，2011）发现，企业进行目的地拓展的成本，很大程度上取决于新目的地与企业所在国之间的差异，以及新目的地与企业原有出口目的地之间的差异。王和赵（Wang and Zhao，2013）使用涵盖 116 个国家和 5013 个产品的中国企业层面贸易数据，发现和新目的地在地理和文化方面相似的市场的出口经验，能显著促进企业进入新出口市场。由上述文献可见，多维邻近性和溢出效应为研究贸易网络的演化、贸易联系拓展提供了思路。众多研究已经在企业维度证实了邻近和溢出效应的作用，对区域尺度的关注尚不足。区域出口结构是区域内企业出口结构的集合，上述文献可为区域层面的研究提供参考。

总结现有相关研究，对于中国省级行政区对外贸易格局的研究尚停留在描述层面，尚缺乏实证研究探讨贸易地理网络演化及贸易网络拓展的驱动力。多维邻近性框架和溢出效应应用于企业和产业层面的贸易目的地拓展，探索其对区域尺度贸易网络拓展的影响是有益的。本章围绕中国省级区域出口目的地网络，系统分析中国省级行政区对外贸易地理格局的演变，并探讨贸易地理格局如何形成、贸易网络如何拓展。使用节点中心度、结构熵分析各省份出口目的地多样化水平和特征。使用聚类分析研究各省份出口目的地的结构相似性。最后通过计量模型实证检验国家间多维邻近性对贸易格局和贸易网络演化的影响，以及省份间出口结构的空间溢出效果。

二、数据来源与研究方法

（一）数据来源与数据处理

数据来源包括：（1）国家统计局提供的各省份 1993~2017 年 GDP 数据、出口数据；（2）中国 31 个省区市（不包括港澳台地区，本章同此）临接矩阵数据；（3）世界银行提供的各国（地区）GDP 数据；（4）CEPII 数据库提供的国家（地区）间是否接壤的矩阵数据、国家（地区）间地理距离；（5）2000~2016 年中国海关贸易数据库；（6）根据 Hofstede 数据库和世界银行全球治理指标计算所得的国家（地区）间文化距离和制度距离数据。为保证数据分析结果连贯性、准确性，对海关数据库样本进行如下处理：选取公司编码前两位作为省区市代码；剔除缺失年份、缺失贸易额；剔除中间贸易公司贸易额。为研究中国省级行政区出口贸易格局演变，在多样化水平分析和聚类分析等部分，以中国 31 个省区市和世界 227 个国家和地区的贸易额建立贸易网络。其中，以中国 31 个省区市及世界 227 个国家和地区作为节点，省份与出口目的地的出口贸易额作为边。

（二）研究方法

研究方法主要包括社会网络分析、聚类分析和计量分析。根据我国各省份每年的出口贸易伙伴数量，计算出口节点中心度（degree）。在贸易网络中，某节点的节点中心度是指与该节点有贸易联系的节点数目，即某年、某省份出口目的地贸易伙伴数量。这一指标较为简单直观，用以衡量省级行政区贸易伙伴多样化水平。熵指数（Entropy）用于展示出口目的地多样性，熵指数是计算多样化的常用方法（Frenken et al.，2007），其计算公式为：

$$Entropy_i = \sum_{i=1}^{R} \frac{P_i}{P} \log \left(\frac{1}{P_i/P} \right) \qquad (6\text{-}1)$$

其中 P_i/P 是某省份与第 i 个贸易伙伴出口（或进口）贸易额占该省份总出口额（或总进口额）的比重。与节点中心度相比，熵指数受省级行政区贸易伙伴数量和贸易集中度的影响。

依据各省份与不同地区的贸易额占比进行聚类分析，研究各省份对外贸易伙伴结构的相似性。使用海关贸易数据库计算每个省份出口目的地结构（即不同地理区划范围国家（地区）的出口额占比），使用 IBM SPSS Statistics 24 软件的 K 均值聚类分析，将每年的 31 个省区市划分为 7 个类别。分别对多年出口情况进行聚类，以多年聚类结果中出口目的地结构的相似性对类别进行命名。

（三）研究区域

（1）省级行政区。考察中国 31 个省、自治区、直辖市（不包括香港、澳门特别行政区和台湾地区）对外贸易网络结构演变。根据国家统计局和《中国统计年鉴》的方式将其划分为东部（北京、天津、河北、上海、江苏、浙江、福建、山东、广东、海南）、中部（山西、安徽、江西、河南、湖北、湖南）、西部（内蒙古、广西、重庆、四川、贵州、云南、西藏、陕西、甘肃、青海、宁夏、新疆）、东北（辽宁、吉林、黑龙江）四个区域。

（2）目的地及其所属区域。参考联合国地理区划 M49 标准[①] 及聚类结果，将海关数据

---

① 联合国国家和地区代码及区划 M49 标准，https://unstats.un.org/unsd/methodology/m49/。

库中的 227 个国家和地区划分为十个地理大区，分别为：东亚、东南亚、中亚西亚和南亚、东欧、北欧和西欧、南欧、北美、拉丁美洲和加勒比地区、大洋洲、非洲。

三、中国省级行政区出口贸易地理格局演变

（一）省级行政区出口贸易演变

改革开放以来，中国对外贸易发展迅速，但内部区域结构发展并不均衡。东部地区是我国对外出口的主要地区，1993 年，东部地区出口占全国出口总额的 79.01%，2005 年上升到 89.22%，东部地区出口占比的显著下滑始于金融危机前后，此后缓慢下降至 2017 年的 82.02%。以金融危机为分水岭，四大区域占比结构产生明显变化，东部占比下降，东北占比延续下降趋势，中西部占比迅速上升。

在地域空间水平方向上，由沿海向内陆、从东向西各省份出口规模递减的梯度特征十分明显。这一区域渐进性特征反映我国对外开放历程的阶段性和渐进性。选取 1993 年、2001 年、2007 年、2017 年等四个代表年各省份出口贸易总额制作表格。1993 年东部以外的东北、四川、湖南、湖北均有较高的出口额。2017 年，出口贸易规模的东中西梯度递减特征更加显著。广东出口额远远高于其他省份，其次为江苏、浙江、山东、福建。中部大多数省份及西部部分省份的出口额落在 231.71 亿 ~585.66 亿美元区间，与东部省份的差距较大（见表 6–1）。

表 6–1　　1993 年、2001 年、2007 年、2017 年各省份出口额排序　　单位：亿美元

1993 年出口额排序		2001 年出口额排序		2007 年出口额排序		2017 年出口额排序	
广东	373.9	广东	954.3	广东	3693.2	广东	6228.7
上海	65.7	江苏	288.7	江苏	2036.1	江苏	3630.3
辽宁	51.7	上海	276.2	上海	1438.5	浙江	2867.9
福建	51.6	浙江	229.8	浙江	1282.6	上海	1936.4
江苏	46.5	山东	181.2	山东	751.1	山东	1470.4
浙江	43.2	福建	139.3	福建	499.4	福建	1049.2

续表

1993 年出口额排序		2001 年出口额排序		2007 年出口额排序		2017 年出口额排序	
山东	42.0	北京	117.9	北京	489.3	北京	585.7
天津	20.6	辽宁	110.1	天津	380.7	河南	470.3
黑龙江	16.9	天津	94.9	辽宁	353.2	辽宁	448.7
河北	16.8	河北	39.6	河北	170.0	天津	435.6
湖北	12.3	安徽	22.8	黑龙江	122.6	重庆	426.0
吉林	12.0	湖北	18.0	新疆	115.0	四川	375.5
四川	11.6	湖南	17.5	安徽	88.1	江西	324.9
北京	11.4	河南	17.0	四川	86.1	河北	313.6
湖南	11.4	黑龙江	16.1	河南	83.7	安徽	306.0
海南	9.2	四川	15.8	湖北	81.7	湖北	304.9
广西	8.9	山西	14.7	山西	65.3	广西	280.9
云南	8.0	吉林	14.6	湖南	65.2	陕西	245.4
安徽	7.8	云南	12.4	江西	54.4	湖南	231.7
河南	7.5	广西	12.4	广西	51.1	新疆	176.3
陕西	7.3	陕西	11.1	云南	47.7	云南	114.7
江西	6.1	重庆	11.0	陕西	46.8	山西	102.0
内蒙古	4.8	江西	10.4	重庆	45.1	贵州	57.9
山西	4.1	海南	8.0	吉林	38.6	黑龙江	52.1
新疆	3.8	新疆	6.7	内蒙古	29.4	内蒙古	48.8
甘肃	2.2	内蒙古	6.3	甘肃	16.6	吉林	44.2
贵州	2.0	甘肃	4.8	贵州	14.7	海南	43.7
西藏	1.0	贵州	4.2	海南	13.6	宁夏	36.5
青海	0.8	宁夏	3.5	宁夏	10.9	甘肃	17.1
宁夏	0.6	青海	1.5	青海	3.9	西藏	4.3
重庆		西藏	0.8	西藏	3.3	青海	4.2

注：根据东部、中部、西部、东北部四大区域由浅到深配色。

资料来源：国家统计局。

  各省份出口额排序反映出我国出口贸易地理格局的稳定性和重构过程（见图 6-1）。稳定性体现在东部地区（图中灰色线）长期占据出口贸易的重要位置，东北三省（蓝色线）和中部六省（绿色线）交织在中游位置，西部地区（黄色线）位次相对靠后。1997

年以来出口总额最高的前六位均为东部地区：广东、江苏、浙江、上海、山东、福建，并且这六个省份的相对位次变化不大。出口贸易地理格局的重构过程主要体现在中西部和东北地区位次的变动。我国中部和西部部分地区出口位次增长明显，其中，中部地区以河南为代表，2009 年后位次迅速上升，2013 年位列全国第八、东部地区以外第一的位置。西部地区以重庆为代表，2007 年后位次迅速上升，2013~2017 年保持西部第一的位次。东北三省则整体后移。

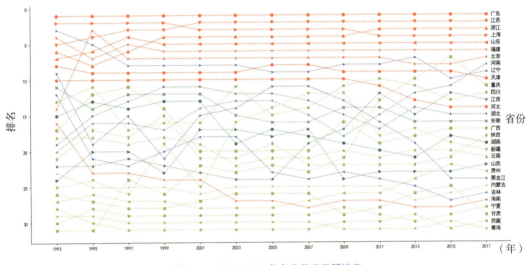

图 6-1　1993~2017 年各省份出口额排序

资料来源：国家统计局。

（二）省级行政区出口贸易多样化演变

出口贸易地理格局的演变不仅体现在贸易规模变化，还体现在出口省份—目的地网络结构的变化。社会网络是行动者及其关系的集合（Scott and Carrinigton，2011），在社会网络分析中，中心性可用于评价节点的重要性。我们选取节点中心度、结构熵衡量各省份在贸易网络中的节点地位（见图 6-2）。

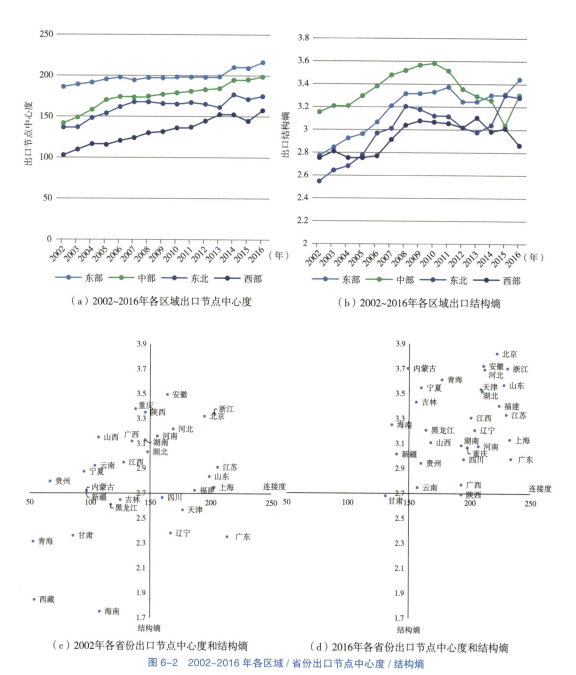

（a）2002~2016年各区域出口节点中心度

（b）2002~2016年各区域出口结构熵

（c）2002年各省份出口节点中心度和结构熵

（d）2016年各省份出口节点中心度和结构熵

图6-2　2002~2016年各区域/省份出口节点中心度/结构熵

资料来源：根据中国海关数据库（2000~2016）计算。

　　分析四大区域平均节点中心度演变，可见我国各省份出口节点中心度的地理格局具有从沿海到内陆递减的特征，且在时间上具有稳定性。据图6-2（a）展示，2002~2016年，大多数省份的出口节点中心度呈现上升趋势；其中，中西部地区的上升趋势较为明显，说明随着对外开放的深化，中西部地区开始加快开拓新的国际市场。2002~2007年各区域平均节点中心度迅速增长，2008 年金融危机导致我国出口额显著下滑，同期我国各省份节点中心度增长趋缓，东北省份出现小幅下降。2013~2016 年是调整期，各区域节点中心度经历显著波动，总体上进一步增长。出口多样化地理格局兼有稳定性和动态性。广东、江苏、上海、浙江和山东五省份在 2002~2016 年始终占据出口节点中心度的前五位，反映出口贸易多样化地理格局的稳定性。部分地区在 2006~2008 年节点中心度下降，包括福建、广东、河北、河南、江西、吉林、辽宁、山东、上海、山西、浙江 11 个省份。在大多数地区保持节点中心度相对稳定的情况下，少数省份经历了中心度的较大波动，典型省份为黑龙江、青海、西藏、新疆。

　　节点中心度仅考虑到节点间是否存在联系，没有衡量联系的强弱。结构熵综合衡量省级行政区出口目的地的数量以及各目的地出口额占比是否均衡。图 6-2（b）展示 2002~2016 年四大区域出口结构熵演变，其趋势与节点中心度存在差异。整体趋势可分为三个阶段，2002~2008 年，各区域出口结构熵呈整体增加趋势，反映各省份对不同贸易伙伴的出口规模趋于均衡；2009~2013 年，各区域结构熵波动下降，反映出口贸易开始趋于集中；2014~2016 年，出口结构熵地理格局发生显著变化，各区域在结构熵数值上发生较大波动，东部超越中部成为平均结构熵最高的区域，东北省份增长显著。

　　根据结构熵和节点中心度两个维度绘制象限图（见图 6-2（c）和（d）），综合考察各省份出口多样化水平，反映我国各省份出口多样化程度总体呈现上升趋势，但不同出口目的地的占比并不均衡。如图 6-2（c）所示，2002 年，浙江、北京、河北、江苏等省份位于象限图第一象限，说明这些省市具有多样的出口目的地，且在不同目的地之间的出口额分布较为均衡；西藏、海南、甘肃、青海位于象限图左下角，说明其出口目的地少且集中；辽宁、广东位于象限图右下角，反映其出口目的地多，但个别市场的占比较大，例如广东出口香港占比较高；贵州、宁夏、甘肃、内蒙古、青海、吉林位于象限图左上角，反映其出口目的地少，但出口额在不同目的地的分布更均衡。对比 2002 年和 2016 年出口象限图，各省份分布整体向右上方移动，说明我国各省份整体出口目的地增多，且出口额分布更平均。其中北京、浙江、河北、安徽出口多样化程度最高。

（三）省份—目的地贸易网络演变

　　贸易多样化演变的背后是省份—目的地节点之间贸易联系的变化。依据各省份当年与各个目的地出口贸易额排序，将各省份的五大贸易伙伴纳入分析，考察省份—目的地贸易地理网络的演变。2002 年出口额最高的省份是广东、江苏、浙江、上海，其中广东的主要出口目的地是中国香港、美国、日本、荷兰、德国，江苏的主要出口目的地是美国、日本、中国香港、荷兰、德国，与广东的出口目的地相比仅排序不同。可见 2002 年贸易地理网络中目的地节点较为单一，反映中国出口较为依赖少数市场。

根据每个出口目的地所连接的省份数量排序，如表 6-2 所示，2002 年出口目的地中核心节点是日本、美国、中国香港、韩国，与该年中国最大的出口贸易伙伴美国、中国香港、日本、韩国、德国相吻合。就目的地连接省份区划类型来看，日本、美国、中国香港、韩国连接省份超过 20 个，属于混合型目的地；德国所连接的八个节点——广东、江苏、上海、浙江、福建、北京、天津、山东皆为东部省份。其他目的地主要分布在中国周边的东南亚、中亚和欧洲，所连接的省份绝大多数为中西部和东北部省份。2002~2016 年出口贸易网络发生显著变化，目的地节点数量上从 21 个增长至 27 个，空间上新增众多南亚、中亚等"一带一路"沿线国家，总体上半数分布在"一带一路"沿线，反映出我国出口贸易多元化水平的提高。

表 6-2 各目的地在省份出口网络中的地位

序号	目的地代码	目的地	2002 年连接数（个）	目的地代码	目的地	2016 年连接数（个）
1	JPN	日本	30	USA	美国	30
2	USA	美国	28	JPN	日本	23
3	HKG	中国香港	27	HKG	中国香港	23
4	KOR	韩国	22	KOR	韩国	16
5	GER	德国	8	IND	印度	10
6	TWN	中国台湾	6	VNM	越南	7
7	NLD	荷兰	5	SGP	新加坡	6
8	SGP	新加坡	5	GER	德国	6
9	IND	印度	5	NLD	荷兰	6
10	ITA	意大利	5	RUS	俄罗斯	6
11	MYS	马来西亚	2	TWN	中国台湾	3
12	RUS	俄罗斯	2	PAK	巴基斯坦	2
13	VNM	越南	2	PHL	菲律宾	2
14	KAZ	哈萨克斯坦	1	THA	泰国	2
15	MMR	缅甸	1	IRN	伊朗	1
16	SDN	苏丹	1	AUS	澳大利亚	1
17	IRQ	伊拉克	1	TUR	土耳其	1
18	AZE	阿塞拜疆	1	MNG	蒙古国	1
19	GBR	英国	1	PRK	朝鲜	1
20	HUN	匈牙利	1	KAZ	哈萨克斯坦	1
21	NPL	尼泊尔	1	KGZ	吉尔吉斯	1

续表

序号	目的地代码	目的地	2002 年连接数（个）	目的地代码	目的地	2016 年连接数（个）
22				TJK	塔吉克斯坦	1
23				NPL	尼泊尔	1
24				CHL	智利	1
25				TZA	坦桑尼亚	1
26				MMR	缅甸	1
27				GBR	英国	1

注：根据各目的地作为我国各省份主要出口伙伴的次数制表。

（四）省级行政区出口贸易目的地相似性聚类分析

使用 SPSS 24 软件"使用运行平均值的 K 均值聚类分析"方法，以及通过海关库计算所得的各省份不同目的地出口额占比进行聚类分析。分别将 2002 年、2013 年、2016 年各省份分为 7 类。按照多年间不同类别出口目的地结构的相似性重新命名，三年中结构相似的命名为同一组，若无相似种类，则单独命名为一类，共得到 9 个类型（A–I），各类型特征及包含省份如表 6–3 所示。中国各省份出口目的地结构聚类结果如图 6–3 所示。

表 6–3　　　　　2002 年、2013 年、2016 年出口目的地结构聚类结果

类别	主要出口结构特征	2002 年该类别省份	2013 年该类别省份	2016 年该类别省份
A	北美、北欧、西欧占比在 8 种类型中最高，各区域较均衡	福建 江苏 上海 四川 天津	安徽 北京 重庆 福建 甘肃 广西 河北 河南 湖北 江苏 宁夏 山东 上海 山西 四川 天津 浙江	安徽 北京 重庆 福建 河北 河南 湖北 江苏 吉林 内蒙古 宁夏 山东 上海 山西 四川 天津 浙江
B	东亚占比高，其他区域较平均	广东 湖北 湖南 江西 吉林 辽宁 内蒙古 青海 山东	广东 湖南 江西 吉林 辽宁 内蒙古 青海 陕西	广东 贵州 海南 湖南 江西 辽宁 青海
C	各大区域占比十分均衡，没有突出区域	安徽 北京 重庆 广西 贵州 河北 河南 宁夏 陕西 山西 浙江	贵州	—

续表

类别	主要出口结构特征	2002 年该类别省份	2013 年该类别省份	2016 年该类别省份
D	东亚、东南亚占比之和超过 70%	甘肃 云南	海南 云南	广西 云南
E	东欧占比在 8 种类型中最高	黑龙江	黑龙江	黑龙江
F	中亚、西亚、南亚占比过半	新疆 西藏	新疆	新疆
G	东南亚占比均值为 50%，其他区域均衡	—	西藏	—
H	东亚占比极高，超过 75%，其他区域均衡	海南	—	甘肃 陕西
I	中亚、西亚、南亚占比超过 90%，其他区域占比极少	—	—	西藏

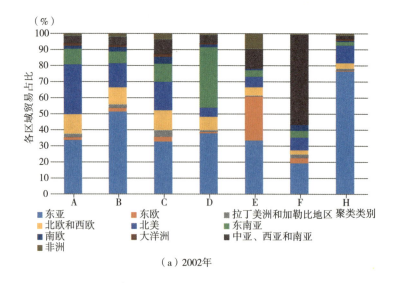

（a）2002年

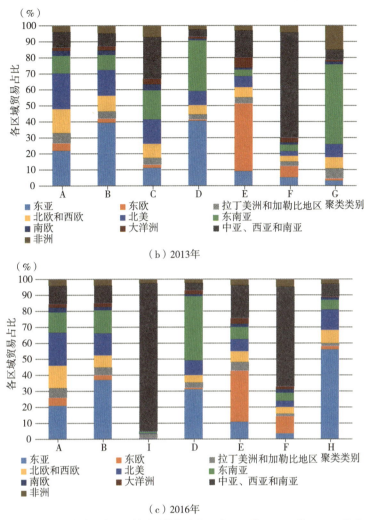

（b）2013年

（c）2016年

图6-3　中国各省份出口目的地结构聚类结果（2002年、2013年、2016年）

资料来源：作者根据中国海关贸易数据库（2000~2016）计算。

　　由2002~2016年出口目的地结构聚类的演变可观察到如下几个特征：①出口贸易类型有一定的地理聚集特征，相同类型的省份往往彼此相邻。例如南部地区的广东、湖南、江西三省在三年中同属B类。②出口贸易聚类的地理格局具有一定的稳定性，东部地区的广东、江苏、福建，中部地区的湖南、江西，西部地区的云南、青海、新疆、四川，东北地区的辽宁、黑龙江等省份在这三个代表年中没有发生类别变化，说明其出口目的地结构比较稳定。③出口目的地地理格局在不断演变，导致各类别数量的此消彼长。具有代表性的是A类省份，其数量不断增加，成为最主要的类别，反映越来越多的省份以北美、北欧和西欧为最重要的出口贸易目的地。④省份和出口目的地距离与贸易联系强弱可能存在关联。例如，B 类（云南）、D 类（广东、湖南、江西）出口结构中东亚和南亚占重要位置；F 类和 I 类（新疆、西藏）出口结构中西亚、南亚和中亚占比较高。

四、多维邻近性、溢出效应与省级行政区出口贸易格局

（一）计量模型与变量设定

基于中国省级行政区出口贸易地理格局演变设计两个计量模型，分别探讨省级行政区对外贸易地理格局形成的影响因素以及省级行政区对外贸易网络拓展的驱动力。

模型 1：省级行政区出口贸易地理格局形成的影响因素。中国省级行政区出口贸易目的地相似性聚类分析显示出口贸易格局演变呈现一定的规律，相邻省份更有可能具有相似的出口结构，省份—目的地贸易网络联系的强弱存在空间特征。为检验省份—目的地贸易网络联系的地理特征，并探讨省份间出口结构是否存在溢出效应，构建如下计量模型：

$$prop_{pct} = \beta_0 + \beta_1 dist\_geow_c + \beta_2 dist\_cul_c + \beta_3 dist\_inst_{ct} + \beta_4 ProxRegion_{pct}$$
$$+ \beta_5 \ln GDPregion_{pt} + \beta_6 \ln GDPregion\_per_{pt} + \beta_7 \ln GDPcountry_{ct} + \varepsilon_{pct} \quad (6-2)$$

其中，p 表示省份，c 表示出口目的地，t 表示年份，ε 表示扰动项。模型使用面板数据 OLS 回归估计方法。式（6-2）中各变量定义及测度方式见表 6-4。

表 6-4   变量定义与计算

分类	符号	变量名称	赋值与计算
被解释变量	$prop_{pct}$	出口结构	t 年 c 国（地区）占 p 省份出口额比重
	$Entry\_trade_{pct}$	贸易联系拓展	对于省份 p 到国家（地区）c 的出口，若 t 年有贸易记录而 $t-1$ 年无贸易，则 $Entry\_tradepct=1$，否则为 0
解释变量	$dist\_geow_c$	地理距离	c 国（地区）与中国地理距离，来源于 CEPII 数据库，根据主要人口聚集地距离及其所占总人口比重加权计算
	$dist\_cul_c$	文化距离	c 国（地区）与中国文化距离，根据 Hofstede 数据计算
	$dist\_inst_{ct}$	制度距离	c 国（地区）与中国制度距离，来源于美国传统基金会（The Heritage Foundation）提供的每年更新一次的各地区经济自由度指标（index of economic freedom），计算方法如式（6-4）所示
	$ProxRegion_{pct}$	接壤省份出口特征	$t-1$ 年 c 国（地区）在 p 省份接壤省份出口结构中占比的平均值

续表

分类	符号	变量名称	赋值与计算
控制变量	$\ln GDPregion_{pt}$	省份 GDP	使用国家统计局数据。单位：亿元人民币
	$\ln GDPregion\_per_{pt}$	省份人均 GDP	使用国家统计局数据。单位：元人民币
	$\ln GDPcountry_{ct}$	国家（地区）GDP	使用世界银行数据。单位：美元，现价

模型 2：省级行政区出口贸易网络拓展的驱动力。如前所述，中国省级行政区出口贸易网络演化的体现之一是省级行政区出口贸易多样化的演变。东部以外省份发生了更多的贸易网络联系拓展；省级行政区在发生贸易网络联系拓展时对目的地可能存在选择性。为检验省份—目的地贸易网络联系拓展的地理特征，探讨多维邻近性对省级行政区出口贸易拓展选择性的影响，构建如下计量模型：

$$Entry\_trade_{pct} = \beta_0 + \beta_1 dist\_geow_c + \beta_2 dist\_cul_c + \beta_3 dist\_inst_{ct}$$
$$+ \beta_4 \ln GDPregion_{pt} + \beta_5 \ln GDPregion\_per_{pt} + \beta_6 \ln GDPcountry_{ct} + \varepsilon_{pct}$$

$$(6-3)$$

其中，p 表示省份，c 表示出口目的地，t 表示年份，ε 表示扰动项。模型使用 Probit 回归估计方法。式（6-3）中各变量定义及测度方式见表 6-4。

其中地理距离指标采用的是 CEPII 数据库中根据各国（地区）主要人口聚集地距离及其所占总人口比重加权计算所得的国家（地区）间距离。这一指标能够更好地反映两国（地区）间经济活动的地理距离，与本章探究的省级行政区出口结构及贸易联系拓展问题更加契合。一般认为，随着地理距离的上升，贸易的动力将因运输成本、时间成本等因素而被削弱。

文化距离使用霍夫斯泰德文化观察（Hofstede Insights）构建的全球各地区文化特征指标体系，对全球各地区的文化特征进行打分。霍夫斯泰德（Hofstede，1983）研究发现，国家（地区）之间文化制度距离的存在会增加双边贸易的成本，从而会阻碍贸易的开展，而文化相似的国家（地区）之间进行贸易的可能性更高。参考许家云等（2017）、刘晓凤等（2017）等的研究，选取覆盖面较广且应用较多的四项指标，包括个人主义/集体主义、对权威的服从性、风险厌恶/偏好、男女平等程度。计算方法如式（6-4）所示，其中 $I_{m,c,t}$ 代表 t 年国家（地区）c 的第 m 项指标，$I_{m,PRC,t}$ 代表 t 年中国的第 m 项指标，Var_m 代表 m 项指标的方差，N 表示指标数量。

$$dist\_cul = \frac{1}{N}\sum_{m=1}^{N}[(I_{m,c,t} - I_{m,PRC,t})^2/Var_m] \qquad (6-4)$$

制度距离指中国与出口目的地制度的相似性，现有研究认为制度相似性更高的地区之间更容易发生贸易联系（魏浩等，2010；Angkinand and Chiu，2011）。我们根据美国传统基金会提供的每年更新一次的各地区经济自由度指标，基于式（6-5）计算国家（地区）间每年的制度距离。

$$dist\_inst = \frac{1}{N}\sum_{m=1}^{N}[(I_{m,c,t} - I_{m,PRC,t})^2/Var_m] \qquad (6-5)$$

其中，$I_{m,c,t}$ 代表 t 年国家（地区）c 的第 m 项指标，$I_{m,PRC,t}$ 代表 t 年中国的第 m 项指标，Var_m 代表 m 项指标的方差，N 表示指标数量。本章选用经济自由度指标中的 6 项子指标，分别为商业自由化、货币自由化、贸易自由化、投资自由化、金融自由化和产权保护。

接壤省份出口特征的计算方法如式（6-6）所示。使用全国 31 个省区市（不含港澳台地区）0-1 接壤矩阵表，与 p 省份接壤的省份命名为 m，p 省份的接壤省份数量为 N，$prop_{m,c,t-1}$ 代表 $t-1$ 年 c 国（地区）在 m 省份出口贸易额的占比。

$$ProxRegion_{p,c,t} = \frac{1}{N}\sum_{m=1}^{N}prop_{m,c,t-1} \qquad (6-6)$$

（二）回归结果

1. 多维邻近性、溢出效应与省级行政区出口贸易地理格局

探讨国家间多维邻近性及省级行政区间信息溢出效应对省级行政区出口贸易地理格局，即某目的地在某省出口结构中占比的影响。通过地理距离、文化距离、制度距离刻画中国与目的地之间的多维邻近性；通过计算本省份的周边省份上一年出口额中目的地所占比例，刻画信息溢出效应。统计结果如表 6-5 所示，其中模型（6.1）为全样本，模型（6.2）～模型（6.5）区分省份所属四大地理区划。

表 6-5　　　　　　　　　　省级行政区出口贸易地理格局回归结果

变量	全样本	东部省份	中部省份	西部省份	东北省份
	（6.1）	（6.2）	（6.3）	（6.4）	（6.5）
ProxRegion	0.459***	0.288***	0.765***	0.447***	0.553***
	（0.00685）	（0.00846）	（0.0123）	（0.0124）	（0.0230）
dist_geow	$-5.21e{-}07$***	$-5.81e{-}07$***	$-1.86e{-}07$	$-5.17e{-}07$***	$-8.70e{-}07$**
	（$9.41e{-}08$）	（$1.70e{-}07$）	（$1.19e{-}07$）	（$1.42e{-}07$）	（$4.39e{-}07$）
dist_cul	-0.000416*	-0.000539	-0.000150	-0.000512	-0.000123
	（0.000229）	（0.000417）	（0.000291）	（0.000346）	（0.00108）
dist_inst	0.000119	0.000501***	-0.000418***	0.000120	-0.000144
	（$8.91e{-}05$）	（0.000112）	（0.000147）	（0.000173）	（0.000260）

续表

变量	全样本	东部省份	中部省份	西部省份	东北省份
	（6.1）	（6.2）	（6.3）	（6.4）	（6.5）
ln$GDPregion$	4.05e−05	−0.00133**	−0.00128	0.000488	−0.000565
	（0.000364）	（0.000590）	（0.00130）	（0.000511）	（0.00769）
ln$GDPcountry$	0.00292***	0.00431***	0.00120***	0.00245***	0.00440***
	（0.000151）	（0.000226）	（0.000220）	（0.000253）	（0.000551）
ln$GDPregion\_per$	−0.00178***	−0.00157**	0.000627	−0.00180***	−0.00248
	（0.000398）	（0.000675）	（0.00135）	（0.000563）	（0.00782）
constant	−0.0460***	−0.0676***	−0.0195***	−0.0385***	−0.0685***
	（0.00331）	（0.00499）	（0.00487）	（0.00562）	（0.0148）
observations	46 469	14 990	8 994	17 988	4 497
number of indexid	2 945	950	570	1 140	285

注：***、**、* 分别表示 $p<0.01$，$p<0.05$，$p<0.1$。

回归结果显示，第一，从邻近省份出口结构的溢出效应来看，其在各模型中均显著且为正向，说明一个省份出口结构中某目的地的比重受周边省份出口结构特征影响。省级行政区出口目的地相似性聚类分析部分显示，相邻省份往往具有相似的出口目的地结构，回归结果印证了这一现象。

第二，在多维邻近性方面，地理距离在除中部省份以外的模型中均显著为负向，说明地理距离对贸易联系强弱具有削弱作用，各省份更容易与距离中国更近的国家和地区建立起更强的贸易联系。省级行政区出口贸易格局分析中显示，省级行政区普遍与邻近国家和地区具有更强的贸易联系，特别是西部和东部省份。文化距离有一定的显著性，反映国家（地区）间文化邻近有助于增强省级行政区和目的地的贸易联系。制度距离对全样本的显著性不足，考察不同区域可见东部省份与制度距离更远的国家（地区）建立了更强的贸易联系，而中部省份则相反，与制度距离更近的国家（地区）建立了更强的贸易联系。

第三，控制变量方面，目的地 GDP 在模型中回归结果为显著并且是正向。GDP 变量和地理距离变量的回归结果与贸易引力模型相符。

2. 多维邻近性与省级行政区出口贸易网络拓展

探讨中国与目的地的多维邻近性对中国省级行政区对外贸易网络联系拓展的影响。依据省级行政区出口贸易多样化演变部分所示贸易网络联系拓展变化趋势，将样本按时间划分为三部分，分别为2001~2006年快速拓展期，2007~2012年缓慢调整期，2013~2016年波动上升期，回归所得结果如表6-6所示。其中模型（6.6）为全样本，模型（6.7）~模型（6.9）区分不同时间范围。

表 6-6　　　　　　　　　　　　省级行政区出口贸易网络拓展回归结果

变量	全样本 （6.6）	2001~2006 年 （6.7）	2007~2012 年 （6.8）	2013~2016 年 （6.9）
dist_geow	$-1.83e{-}05^{**}$	$3.77e{-}06$	$-1.72e{-}05$	$-6.33e{-}05^{**}$
	（7.70e-06）	（9.50e-06）	（1.84e-05）	（2.48e-05）
dist_cul	-0.0116	0.00824	-0.0261	-0.0352
	（0.0149）	（0.0184）	（0.0358）	（0.0450）
dist_inst	-0.0282^{*}	0.0204	-0.0163	-0.291^{***}
	（0.0150）	（0.0186）	（0.0325）	（0.0610）
ln*GDPregion*	0.000934	0.109^{***}	-0.262^{***}	-0.173^{***}
	（0.0213）	（0.0283）	（0.0461）	（0.0615）
ln*GDPcountry*	0.00836	0.000374	-0.201^{***}	0.142^{***}
	（0.0146）	（0.0199）	（0.0458）	（0.0379）
ln*GDPregion_per*	-0.579^{***}	-0.433^{***}	-0.238^{*}	0.115
	（0.0381）	（0.0690）	（0.134）	（0.226）
constant	4.026^{***}	1.853^{**}	7.529^{***}	-4.162^{*}
	（0.410）	（0.779）	（1.684）	（2.457）
observations	9 604	3 633	3 594	2 377

注：***、**、* 分别表示 p<0.01，p<0.05，p<0.1。

回归结果显示，多维邻近性三个维度的作用均为负向，其中地理距离作用较为显著，制度距离次之，文化距离不具有统计意义上的显著性，反映当中国和目的地的地理距离、制度距离越大时，越不利于省级行政区实现贸易网络拓展，和目的地建立贸易联系，而文化距离不存在明显作用。区分时间段考察解释变量作用，在 2001~2006 快速拓展期和 2007~2012 缓慢调整期，多维邻近性不存在显著作用；在 2013~2016 波动上升期，地理距离和制度距离负向作用显著。

在控制变量方面，省级行政区 GDP 在全范围时段不存在显著作用，在 2001~2006 全国各省份快速拓展贸易联系的时期存在显著的正向作用，反映在这一时段内经济规模更大的省份产生了更多的贸易网络联系拓展，与更多的目的地建立了联系。在 2007~2012 和 2013~2016 两个时期，省份 GDP 存在显著的负向作用，反映在这一时段内经济规模更小的省份产生了更多的贸易网络联系拓展。国家（地区）GDP 在全范围时段不存在显著作用，在 2007~2012 缓慢调整期存在显著负向作用，反映该时期各省份更倾向与经济规模更小的国家（地区）产生贸易联系拓展；在 2013~2016 波动上升期存在显著正向作用，反映该时期各省份倾向与经济规模更大的国家（地区）产生贸易联系拓展。

五、结论与讨论

现有关于中国省级行政区对外贸易地理格局和贸易网络的研究多关注特征的描述，对格局形成的影响因素、贸易网络的拓展尚缺乏深入研究。多维邻近性框架和空间信息溢出效应提供了良好的思路，并在企业和产业层面进行了探讨，尚缺乏区域尺度实证检验。本章详细刻画了省份—出口目的地地理格局的演变，并使用计量模型分析国家（地区）间多维邻近性和省级行政区间信息溢出效应对省级行政区出口贸易地理格局和网络演化的影响。主要得出以下结论：

（1）在1993~2017年，我国各省份出口贸易规模呈由东向西梯次递减的特征，体现了我国对外开放历程的渐进性。东部地区出口规模占全国比重随时间呈"倒U形"变化，但由东向西递减特征不断增强。2008年全球金融危机以来，中西部地区出口贸易占全国比重上升，东北地区占比持续下降。1997年以来我国出口贸易规模最大的六个省份始终为广东、江苏、浙江、上海、山东和福建，均为东部省份，以重庆和河南为代表的部分中部和西部省份位次增长明显，反映我国出口贸易地理格局的稳定性和一定程度上的重构过程。

（2）在2002~2016年，我国四大区域出口多样化均呈现上升趋势，可划分为2001~2006快速拓展期、2007~2012缓慢调整期和2013~2016波动上升期三个阶段。由节点中心度反映出的省级行政区出口多样化程度，呈现由东向西递减特征。结构熵演变反映出各省份出口均衡化特征在不断波动，且金融危机以来各省份出口趋向集中于少数目的地。用节点中心度和结构熵两个维度衡量2002~2016年各省份出口多样化演变，呈现总体上升趋势。

（3）省份—目的地贸易网络显示，我国31个省区市（不含港澳台地区）中核心节点为东部省份，出口目的地核心节点为美国、日本、中国香港和韩国。内陆省份与海外节点联系不断增强，目的地节点显著增多，且半数以上是"一带一路"沿线国家。东部省份大多连接发达市场，而中西部、东北省份更多地连接"一带一路"及非洲、南美洲节点。

（4）出口目的地结构聚类分析显示，相邻省份往往具有相似的出口目的地结构，且省份和出口目的地的距离与该目的地占省份出口结构比例可能存在正向关联。这一地理格局具有相对稳定性，众多省份在2002~2016年的出口结构聚类结果保持不变。地理格局的演变体现在部分类别所涵盖的省份发生了变化。

（5）模型结果显示，一个省份的出口目的地结构受周边省份出口目的地结构影响，印证了聚类分析中相邻省份具有相似出口目的地结构这一特征。中国和目的地的地理距离和文化距离会削弱省级行政区和目的地之间的贸易联系，制度距离的作用不明显。探讨国家间多维邻近性对省级行政区出口目的地拓展的模型结果显示，中国和目的地的地理距离、制度距离均对省级行政区出口目的地的拓展存在阻碍。

本章对出口贸易结构的刻画和实证分析立足于省级尺度，注重探讨省份—目的地贸易网络演变、聚类结构及其驱动力。为进一步探究省级行政区出口贸易地理格局的演变，考虑产业和省份异质性，以及省份和目的地之间的特征关系是有必要的。

参考文献

［1］傅自应，2008.中国对外贸易三十年［J］.中国财政经济出版社，12.

［2］公丕萍，宋周莺，刘卫东，2015.中国与"一带一路"沿线国家贸易的商品格局［J］.地理科学进展.（5）：571–580.

［3］贺灿飞，胡绪千，罗芊，2019.全球—地方出口溢出效应对新企业进入出口市场的影响［J］.地理科学进展，38（5）.

［4］贺灿飞，金璐璐，刘颖，2017.多维邻近性对中国出口产品空间演化的影响［J］.地理研究，36（9）：1613–1626.

［5］蒋小荣，杨永春，汪胜兰，2018. 1985~2015年全球贸易网络格局的时空演化及对中国地缘战略的启示［J］.地理研究.（3）：495–511.

［6］刘晓凤，葛岳静，赵亚博，2017.国家距离与中国企业在"一带一路"投资区位选择［J］.经济地理，37（11）:99–108.

［7］潘镇，2006.制度质量、制度距离与双边贸易［J］.中国工业经济.（7）：45–52.

［8］田晖，蒋辰春，2012.国家文化距离对中国对外贸易的影响——基于31个国家和地区贸易数据的引力模型分析［J］.国际贸易问题，（3）:45–52.

［9］魏浩，何晓琳，赵春明，2010.制度水平、制度差距与发展中国家的对外贸易发展——来自全球31个发展中国家的国际经验［J］.南开经济研究，（5）:18–34.

［10］许家云，周绍杰，胡鞍钢，2017.制度距离、相邻效应与双边贸易——基于"一带一路"国家空间面板模型的实证分析［J］.财经研究，43（1）:75–85.

［11］张群，2015.中国货物贸易结构演进研究［D］.长春：东北师范大学.

［12］赵勇，白永秀，2009.知识溢出：一个文献综述［J］.经济研究，（1）:145–157.

［13］邹嘉龄，刘卫东，2016. 2001~2013年中国与"一带一路"沿线国家贸易网络分析［J］.地理科学，36（11）:1629–1636.

［14］Angkinand A P，Chiu E M P，2011. Will institutional reform enhance bilateral trade flows? Analyses from different reform aspects［J］. Journal of Economic Policy Reform，14（3）:243–258.

［15］Boschma R，2005. Proximity and innovation：A critical assessment［J］. Regional Study，39（1）:61–74.

［16］Choquette E，Meinen P，2011. Export spillovers and the extensive and intensive margins of trade ［Z］. URL http://www. etnpconferences. net/sea/sea2011/PaperSubmissions/Submissions2011/SF–22.pdf. unpublished.

［17］De Benedictis L，Tajoli L，2011. The World Trade Network［J］. The World Economy，34（8）:1417–1454.

［18］Fagiolo G，Reyes J，Schiavo S，2010. The evolution of the world trade web：A weighted–network analysis ［J］. Journal of Evolutionary Economics，20（4）：479–514.

［19］Felbermayr G J，Toubal F，2010. Cultural proximity and trade［J］. European Economic Review，54（2）：279–293.

［20］Frenken K，Van Oort F，Verburg T，2007. Related variety，unrelated variety and regional economic growth ［J］. Regional studies，41（5）：685–697.

［21］Fujita M，Krugman P R，Venables A，1999. The spatial economy：Cities，regions，and international trade ［M］. MIT press.

［22］Hofstede G，1983. National cultures in four dimensions：A research–based theory of cultural differences among nations ［J］. International Studies of Management and Organization，13（1/2）:46–74.

［23］Koenig P，2009. Agglomeration and the export decisions of French firms ［J］. Journal of Urban Economics，66（3）:186–195.

［24］Krugman P R，1991. Geography and trade ［M］. MIT press.

［25］Krugman P，1979. Increasing returns，monopolistic competition and international trade ［J］. Journal of International Economics，9（4）:469–479.

［26］Morales E，Sheu G，Zahler A，2011. Gravity and extended gravity：Estimating a structural model of export entry ［R］. Job Market Paper，16（1）.

［27］Ottaviano G，Tabuchi T，Thisse J F，2002. Agglomeration andtrade revisited ［J］. International Economic Review，43（2）：409–435.

［28］Qiu L D，Xue Y，2014. Understanding China's foreign trade：A literature review（I）［J］. China Economic Journal，7（2）：168–186.

［29］Rauch J E，Trindade V，2002. Ethnic Chinese networks in international trade ［J］. Review of Economics and Statistics，84（1）：116–130.

［30］Scott J，Carrington P J，2011. The SAGE handbook of social network analysis ［M］. SAGE Publications.

［31］Swenson D L，2008. Multinationals and the creation of Chinese trade linkages ［J］. Canadian Journal of Economics/Revue Canadienne d'é Conomique，41（2）：596–618.

［32］Wang L，Zhao Y，2013. Does Experience Facilitate Entry into New Export Destinations?［J］. China & World Economy，21（5）：36–59.

［33］Zhou M，2011. Intensification of geo–cultural homophily in global trade：Evidence from the gravity model ［J］. Social Science Research，40（1）:193–209.

第七章
农产品出口贸易地理网络

一、引言

农产品是人民生活的必需品，农业是国民经济的基础产业。农产品贸易对中国农业发展具有重要的意义，虽然中国是农业生产大国，但是依然无法完全满足人民日益增长的农产品需求，导致中国农产品对外贸易量持续增加，逐渐成为世界第一大农产品进口国，同时也是第六大农产品出口国。由于中国对农产品（尤其是粮食）有非常大的国内需求，大量研究从农产品供需平衡的安全角度、粮食贸易政策等角度分析中国农产品进口贸易（Fang and Beghin，2000；毛学峰等，2015；谢高地等，2017；Huang et al.，2017）。相较于进口贸易，农产品出口贸易的重要性过去没有得到充分重视，而农产品出口贸易对于中国农业生产、农村经济、农民生活也具有十分重要的意义。

近年来，社会网络分析方法被广泛应用到国际贸易研究。研究发现国际农产品贸易网络已经发展成为一个高度异质、复杂的供应链网络，中国是农产品贸易网络的核心之一，具有较高的中介中心度（Ercsey-Ravasz et al.，2012）。除了全球性的贸易网络研究外，区域性的农产品贸易网络研究也得到了学者们的关注，如与"一带一路"国家农产品贸易网络分析是近年来国内的研究热点（詹森华，2018；苏昕、张辉，2019）。除此之外，也有研究针对特定品种的农产品贸易，如大豆（McFarlane and O'Connor，2014；Wilcox，2016）、小麦（Fair et al.，2017）、水稻（Burkholz and Schweitzer，2019）等。

现有研究多在国家尺度上展开，少有涉及中国内部各地区的农产品贸易差异，所关注的产品或是农产品整体，或是具有特定战略意义的农产品种类，较少关注到农产品贸易内部的分类结构。根据WTO的定义，HS编码中第四类的"食品；饮料、酒及醋；烟草、烟草及烟草代用品的制品"也属于农产品的范畴，而在国民经济体系中，这对应食品加工业等制造业。这体现了工业发展与农产品出口贸易间存在的联系。已有研究发现，农副产品及其他的加工过的饮食类产品在农产品贸易中的占比相当高（Michael R. Reed，2001）。

农业与工业间的关系研究由来已久，最典型的是二元经济结构理论。这一理论指出，生产效率较高的工业部门的发展会吸收农业部门多余的劳动力，最终的均衡状态下，农业的生产率会提高（Lewis，1954；Ranis and Fei，1961）。根据新新贸易理论，效率是决定企业是否能出口的门槛（Melitz，2003）。因此，工业部门的发展推动农业部门的生产率提高，可能会促进农产品贸易。同时，由于饮食及烟草类农副产品的生产是联系农业和工业的重要纽带，农业为工业提供原料，最终有助于提高农民的收入和扩大整体的福利（Dethier and Effenberger，2012）。

古典贸易理论强调比较优势和生产要素结构的重要性（Heckscher and Ohlin，1991）。相较于其他贸易，农产品贸易更强调地方禀赋。相较于制造业，农业具有非常强的区位依赖性（Schultz，1964）。农业生产受到地形地势、气候、耕地等自然资源禀赋和劳动力、化肥、机械等要素投入的多方面影响，其中自然条件影响的重要性是其他行业少见的（尹朝静等，2016；陈实等，2018）。土地是农业生产重要的生产要素，研究认为，通过扩大种植面积、实现规模化生产有助于提高生产率（Foster and Rosenzweig，2010）。研究发现，户均种植规模的扩大有利于促进机械生产、新品种种植等农业技术的推广和应用，从而提高生产率（高鸣、宋洪远，2014）。但关于发展中国家的研究表明，由于劳动监督成本和道德风险的存在，种植规模可能和农业生产效率间是反向的关系（Eastwood et al.，2010）。因此，也有学者认为种植规模和生产率之间存在倒"U"形关系（Chavas，2001）。同时，大规模的农业生产更容易实现标准化管理、取得认证资质（Reardon et al.，2009）。尤其在世界多国逐渐提高技术性贸易壁垒（TBT）、实施卫生和植物卫生措施协定（SPS）等非关税壁垒以限制农产品贸易、保护本国农业生产的情况下（Anne-Célia Disdier et al.，2008），种植面积更大的生产或许有利于农产品出口。

除了土地条件，农业生产高度依赖气候条件，气候是影响农业生产率增长的重要因素（Antle，2008）。气候变化对农业的影响十分复杂，针对不同地区、不同品种的农作物，降雨、气温、日照等不同气候条件的贡献有所不同（白秀广等，2015；尹朝静等，2016）。对美国的研究表明，降水量和降水密度对农业全要素生产率增长有显著影响，而温度的影响并不明显（Villavicencio et al.，2013）。对中国的研究表明，气候因素对水稻的全要素生产率的增长有显著的作用（Jin et al.，2002）。近年来，由于全球气候持续变暖，极端天气多发，恶劣的气候条件会对农业生产带来极大的挑战，阻碍农业生产率的增长（IPCC，2007），各国都需要做好应对。

农业生产极度依赖土地、气候等自然条件，自然条件也成为发展农业的约束。因此20世纪，在国际上尤其是在发展中国家，掀起了"绿色革命"，以提高农业产出。"绿色革命"通过加大农业科技投入、使用化肥、改善灌溉条件、培育良种、农业机械化等方式提高产出和促进农业生产率的增长（Dethier and Effenberger，2012；Pingali，2012），现代农业生产逐渐利用技术优势来克服自然条件的约束。农业机械化即是现代农业生产的表现之一。已有研究表明，在中国，农业机械作为一种先进的技术投入，可以有效地提高农业生产效率（Jetté-Nantel et al.，2020）。现有研究发现在中国，农业机械的投入与农业劳动力、人均农业用地之间存在替代关系（Liu，2014；刘凤芹，2006；高延雷等，2020）。同时，不仅土地规模化有助于农业机械的推广应用，农业机械的使用也可能会扩大农场的规模（Schmitz and Moss，2015），机械化和规模化之间存在相互促进的关系。同样地，机械化可以一定程度地缓解恶劣天气对农业生产的影响，尤其是水利机械（Harun-ur-Rashid and Shirazul Islam，2007；Aggarwal，2008 ）。

本章分析中国省级尺度的农产品出口贸易地理网络形成演化及其驱动机制。首先界定农产品范围，进而基于中国海关数据描述农产品出口的源地、目的地以及源地—目的地格局，最后建立计量模型辨识影响农产品出口贸易的影响因素。

二、数据来源与农产品界定

在贸易研究中，对农产品的范围界定及分类口径迄今没有统一的标准，不同国家、不同数据公布部门使用的概念和产品类别均有不同（王琦等，2007）。目前，国内研究常用的数据来自国内的农业部、商务部和海关总署和国外的 WTO 和联合国粮食及农业组织（FAO），使用的标准主要有 SITC 编码和 HS 编码。HS 编码 1~24 章是最简单的一种处理方法，在研究中常被采用，涵盖了大部分农产品，口径简单，数据易得，便于统计。但是该范围缺少部分重要农产品，会影响统计结果。如近几年占中国进口比重越来越大的棉花就没有统计在内，会对统计结果有一定影响（张玉娥等，2016）。WTO《农业协定》农产品范围对于农产品的涵盖范围较为全面，但其排除了水产品，根据中国的统计习惯和划分方式，水产品通常作为农产品的一部分。因此，我们基于中国海关贸易数据库（2000~2016年），参考现有研究（覃诚等，2018），采用"《农业协定》口径 + 水产品"的口径统计农产品数据（见表 7-1）。

表 7-1　　　　基于 HS 编码的农产品的界定

HS 编码	涵盖范围	简称
01~05	活动物及动物产品	动物类产品
06~14	植物产品	植物类产品
15	动植物油、脂、腊，精致食用油脂	油脂腊类产品
16~24	食品、饮料、酒及醋，烟草及制品	饮食及烟草类产品
290543, 290544, 3301, 3501~3505, 380910, 382360, 4101~4103, 4301, 5001~5003, 5101~5103, 5201~5203, 5301, 5302	甘露糖醇（290543），山梨醇（290544），精油（3301），蛋白类物质、改性淀粉、胶（3501~3505），整理剂（380910），290544 以外的山梨醇（382360），生皮（4101~4103），生毛皮（4301），生丝和废丝（5001~5003），羊毛和动物毛（5101~5103），原棉、废棉和已梳棉（5201~5203），生亚麻（5301），生大麻（5302）	其他农产品

　　根据上述界定方法，在中国海关贸易数据库（2000~2016 年）中提取农产品贸易数据。中国海关贸易数据库包含详细的进出口贸易记录信息，包括：进出口时间（年份）、产品 HS 代码、企业代码、企业类型、贸易方式、出口国家（地区）和贸易额等。海关贸易数据需要做如下预处理：（1）提取企业代码前两位（即企业注册地的省份代码）作为出口记录的省份信息；（2）将各年份的 HS 代码统一调整为 2007 版本；（3）对贸易额数据作美元价格平减处理，得到以 2000 年为基期的实际值；（4）海关贸易数据库中包括了由贸易公司进行的贸易，贸易公司通常没有实际的生产活动，为了获取准确的出口信息，基于安等（Ahn et al., 2011）的方法，剔除了贸易公司的出口记录。最终，构建了省份—国家（地区）—年份面板数据集，共覆盖 2000~2016 年涉及农产品出口贸易的 31 个中国省区市（不含港澳台地区，本章同此）和 238 个国家及地区。

三、中国农产品出口贸易格局

（一）中国农产品出口贸易和产品结构

　　图 7-1 反映了 2000~2016 年，中国农产品出口额及其年增长率变化，其主要特点为：（1）农产品出口贸易高速增长。在 2000~2016 年，中国农产品出口额从 77.32 亿美元增长到 529.88 亿美元，年平均增速为 12.78%。（2）出口产品种类集中。动物类产品、植物类产品和饮食及烟草类产品占比维持在 95% 以上，油脂腊类产品和其他农产品的占比很小。（3）饮食及烟草类产品既是农产品出口的主要种类，也是推动农产品出口贸易高速增长的动力，在农产品出口总额中占比一直在 40% 以上，且年均增速为 13.25%，高于农产品出口贸易整体的年均增长率。这说明，在农产品贸易中几乎占据了半壁江山的饮食及烟草类产品，同时也是过去 17 年间农产品出口贸易保持较高增长率的驱动引擎。

　　图 7-2 通过弦图更细致地展示了中国各地区农产品出口品种的结构变化。将中国的 31 个省区市（不含港澳台地区）分为东北、华北、华东、华中、华南、西北、西南七个区域①，根据不同区域出口的不同品种的农产品贸易额绘制得到弦图。弦图反映相对比例关系。

---

　　① 东北地区为黑龙江、吉林、辽宁，华北地区为北京、天津、河北、山西、内蒙古，华东地区为山东、江苏、上海、浙江、安徽、福建、江西，华中地区为河南、湖北、湖南，华南地区为广东、广西、海南，西南地区为重庆、四川、贵州、云南、西藏，西北地区为陕西、甘肃、青海、宁夏、新疆。

图 7-1　2000~2016 年中国农产品出口贸易产品结构变化

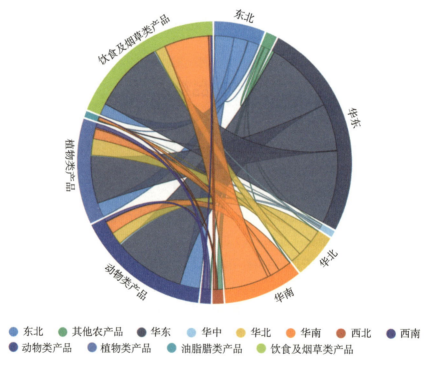

（a）2000 年

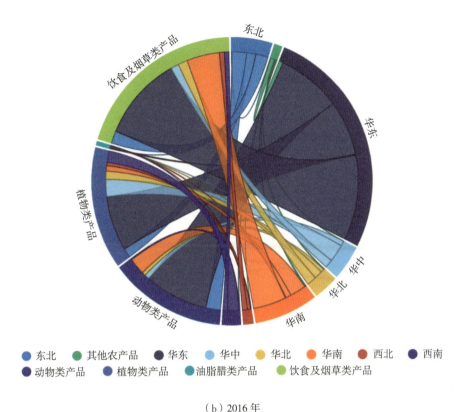

（b）2016 年

图 7-2　2000 年和 2016 年中国区域农产品出口产品结构

中国各地区农产品出口的种类集中于饮食及烟草类产品。在 2000 年，华东地区和华南地区出口最多的农产品是饮食及烟草类产品；东北地区和华北地区出口最多的是动物类产品；华中地区和西南地区出口最多的是植物类产品；西北地区出口最多的是其他农产品，主要是新疆等省区，是棉花等纺织原料的出口大省（区）。到 2016 年，以出口饮食及烟草类产品为第一位的区域新增了西北地区和华北地区，饮食及烟草类产品成为四个地区出口最多的产品，在其他三个区域也与第一位基本相当。这一变化与前面所述的，农产品出口及其增长主要以饮食及烟草类产品为主一致。

在国民经济行业中，饮食及烟草类产品与制造业中的食品制造业，酒、饮料和精制茶制造业，烟草制品业相对应。我们根据对原始农产品的加工、利用程度不同，将农产品分为两类：第一类为初级产品，多为利用原始的自然物或进行非常简单的加工，在国民经济行业分类中与农林牧渔业相关，包括海关数据库中识别的动物类产品、植物类产品和其他农产品中的生皮（4101~4103），生毛皮（4301），生丝和废丝（5001~5003），羊毛和动物毛（5101~5103），原棉、废棉和已梳棉（5201~5203），生亚麻（5301），生大麻（5302）；第二类为加工农产品，为其他非第一类初级产品的农产品，基本经历过较为复杂的农副产品加工或食品加工过程。

图 7-3 反映了初级产品和加工农产品的结构演变。整体来看，初级产品的占比先下降后上升，加工农产品则表现出相反的趋势。加工农产品的占比仅在 2006~2008 年超过了初级产品。尽管两者的占比存在一定的波动，但波动范围不大，围绕着 50% 上下浮动，平均来看，初级产品占比为 53.81%，加工农产品占比为 46.19%。这说明饮食及烟草类产品为主的加工农产品在农产品出口贸易中具有非常重要的地位。同时，与国民经济中的农林牧渔业关系密切的动植物原始品或简单加工品也依然是农产品出口贸易中的主要部分，这类产品受气候、土地等自然禀赋条件的影响大。

图 7-3　2000~2016 年初级产品和加工农产品出口贸易

综合来看，21 世纪以来，中国农产品出口贸易快速增长，其中以饮食及烟草类产品为主的加工农产品成为中国和各地区农产品出口贸易的主要产品。在农产品贸易中，受自然条件影响大的初级产品和与食品加工业密切相关的饮食及烟草类产品都极为重要，都需要重视。

（二）中国农产品出口源地

表 7-2 反映了 2000 年、2008 年和 2016 年中国各省份农产品出口的地理格局，多数省份的农产品出口额有显著的增长，农产品出口形成了以东部沿海省份为主的"一超多强"的出口格局。这一出口格局与图 7-2 所反映的华东、华南地区主导的结论一致。

表 7–2　　　　　　　　　　　中国各省份农产品出口贸易额及排名　　　　　　　　单位：亿美元

排名	2000 年		2008 年		2016 年	
	省份	出口额	省份	出口额	省份	出口额
1	山东	19.35	山东	82.38	山东	131.89
2	广东	14.22	广东	34.37	福建	68.09
3	浙江	7.93	辽宁	24.97	广东	65.68
4	辽宁	6.96	浙江	22.58	辽宁	36.77
5	福建	5.25	福建	18.21	浙江	36.60
6	江苏	3.63	江苏	15.97	江苏	28.55
7	上海	3.03	北京	9.42	云南	19.22
8	北京	2.63	吉林	8.58	河南	18.11
9	河北	2.26	河北	7.44	湖北	15.29
10	天津	1.69	上海	6.69	河北	12.03
11	内蒙古	1.44	陕西	6.31	上海	10.41
12	黑龙江	1.38	新疆	5.71	安徽	9.73
13	新疆	1.36	黑龙江	5.48	吉林	9.46
14	四川	1.26	天津	5.22	广西	9.25
15	吉林	1.14	湖北	4.92	湖南	9.00
16	安徽	0.73	云南	4.12	北京	7.29
17	云南	0.53	四川	4.04	天津	6.21
18	河南	0.50	安徽	3.98	黑龙江	5.33
19	陕西	0.31	海南	3.77	新疆	4.90
20	湖南	0.26	广西	3.68	海南	4.89
21	海南	0.26	湖南	3.30	内蒙古	4.31
22	湖北	0.25	河南	3.06	江西	4.08
23	江西	0.22	甘肃	2.54	陕西	4.01
24	广西	0.22	内蒙古	1.93	四川	2.95
25	甘肃	0.16	江西	1.72	甘肃	2.23
26	山西	0.15	重庆	0.88	宁夏	1.11
27	宁夏	0.08	山西	0.70	重庆	1.08
28	青海	0.05	宁夏	0.26	山西	0.73
29	贵州	0.04	青海	0.07	贵州	0.36
30	西藏	0.02	贵州	0.03	西藏	0.20
31	重庆	/	西藏	0.02	青海	0.15

在 2000 年，农产品出口总额最高的省份为山东和广东，出口超过 10 亿美元，多数省份的农产品出口额超过 1000 万美元。到 2008 年时，绝大多数省份的农产品出口额都超过 1 亿美元，东部沿海省份均超过 10 亿美元，其中，山东继续维持第一出口大省地位，出口额也率先突破了 50 亿美元，达到 82.38 亿美元，是排名第二的广东的 2.4 倍。中国农产品出口形成了以东部沿海省份为主的一超多强的出口格局。"一超"指山东，一直保持着中国农产品出口第一大省的地位，与排名第二的省份间的出口额差距从 2000 年的 5.12 亿美元扩大到 2008 年的 48.01 亿美元、2016 年的 63.80 亿美元。在 2016 年，山东是唯一农产品出口贸易额超过 100 亿美元的省份，达到了 131.89 亿美元，而排名第二的福建仅为 68.09 亿美元。

由于饮食及烟草类产品在农产品出口中的重要地位，表 7-3 展示了中国各省份饮食及烟草类产品的出口格局变化。饮食及烟草类产品整体格局特点与农产品出口贸易相同。在 2016 年，形成了以东部沿海省份为主导的出口格局，山东在 2001 年后保持出口第一的地位，格局整体有"一超多强"的特点。在出口增长变化情况看，除自然条件不利于农业发展的西北省份、贵州和长期以能源重工业发展为主的山西外，多数省份的出口额有了明显的增加，突破了 1 亿美元。

表 7-3 中国各省份饮食及烟草产品出口贸易额及排名 单位：亿美元

排名	2000 年		2008 年		2016 年	
	省份	出口额	省份	出口额	省份	出口额
1	广东	9.07	山东	33.20	山东	52.72
2	山东	7.21	广东	24.41	广东	42.03
3	福建	2.35	浙江	11.36	福建	25.07
4	浙江	2.13	福建	11.27	浙江	15.63
5	辽宁	1.76	辽宁	8.10	江苏	13.01
6	上海	1.59	江苏	7.41	辽宁	11.53
7	江苏	1.35	陕西	5.83	河北	5.24
8	北京	0.88	新疆	4.68	上海	4.99
9	天津	0.59	吉林	3.79	河南	4.86
10	河北	0.52	北京	3.50	云南	4.36
11	黑龙江	0.31	天津	3.28	广西	3.85
12	新疆	0.29	湖北	3.21	新疆	3.84
13	吉林	0.24	河北	3.16	湖北	3.61
14	陕西	0.21	海南	3.08	吉林	3.52
15	重庆	0.20	上海	2.84	北京	3.20
16	江西	0.18	广西	2.39	湖南	2.91

续表

排名	2000 年		2008 年		2016 年	
	省份	出口额	省份	出口额	省份	出口额
17	河南	0.17	安徽	1.68	安徽	2.82
18	内蒙古	0.16	河南	1.68	天津	2.81
19	广西	0.13	黑龙江	1.24	江西	2.40
20	安徽	0.11	云南	1.11	陕西	2.18
21	湖南	0.08	甘肃	1.02	黑龙江	1.91
22	湖北	0.08	江西	0.99	内蒙古	1.80
23	海南	0.07	四川	0.90	四川	1.26
24	云南	0.06	内蒙古	0.84	甘肃	0.74
25	山西	0.05	湖南	0.82	重庆	0.64
26	宁夏	0.02	山西	0.40	海南	0.55
27	甘肃	0.02	重庆	0.20	宁夏	0.44
28	贵州	0.01	宁夏	0.08	山西	0.31
29	西藏	0	贵州	0.01	贵州	0.07
30	青海	0	青海	0	青海	0.01
31	重庆	—	西藏	0	西藏	0.01

表 7-4 报告了排名第一的省份占比、排名前五的省份出口额总和占比和集中化指数，衡量 2001~2016 年中国农产品出口和饮食及烟草类产品出口的区域集中程度。其中，集中化指数是对区域不平衡情况的一种测度指标，是对基尼系数的一个近似（陈彦光，2011）。

表 7-4 　　　　　 2001~2016 年中国农产品和饮食及烟草类产品出口源地集中程度

年份	农产品			饮食及烟草类产品		
	排名第一省份占比（%）	前五位省份和占比（%）	集中化指数	排名第一省份占比（%）	前五位省份和占比（%）	集中化指数
2001	28.51	71.50	0.74	27.54	61.00	0.64
2002	28.32	69.80	0.72	26.09	67.45	0.70
2003	29.18	67.61	0.71	27.89	72.75	0.76
2004	29.35	69.11	0.71	25.63	71.69	0.74
2005	30.25	67.86	0.70	27.64	71.13	0.74
2006	30.19	66.50	0.69	25.97	67.77	0.71
2007	29.60	64.54	0.67	25.28	64.38	0.69
2008	28.18	62.43	0.65	23.30	62.01	0.66

续表

年份	农产品			饮食及烟草类产品		
	排名第一省份占比（%）	前五位省份和占比（%）	集中化指数	排名第一省份占比（%）	前五位省份和占比（%）	集中化指数
2009	28.23	63.09	0.66	24.56	61.97	0.67
2010	28.79	63.95	0.66	25.32	58.03	0.62
2011	28.36	65.14	0.67	26.03	66.37	0.70
2012	27.57	65.02	0.67	27.14	59.74	0.62
2013	25.97	64.25	0.66	26.28	60.18	0.63
2014	25.69	63.73	0.67	26.42	60.38	0.63
2015	25.02	63.81	0.67	26.05	67.70	0.70
2016	24.89	63.98	0.67	24.15	68.01	0.69

集中化指数（I）的计算，在对数据进行倒序排序时（即存在凸型洛伦兹曲线时）：

$$I = \frac{A - R}{M - R} \qquad (7-1)$$

其中，A 是实际累积百分比总和，R 是均匀分布时的累积百分比总和，M 是集中分布的累积百分比总和。集中化指数的取值范围是 0 到 1。

表 7-4 说明，无论是整体农产品出口，还是农产品中最重要的饮食及烟草类产品的出口，都是高度集中的出口格局。农产品出口排名第一的省份一直为山东，其出口额长期占到中国的 30% 左右，在 2013 年以后下降到 25% 左右，而前五位省份之和占到了全国的 60%~70%，集中化指数一直在 0.7 左右，属于高度集中的不均衡分布。饮食及烟草类产品的出口也是如此。同时从各省份排名的变化发现，出口格局较为固定，排名第一的省份一直为山东，广东、江苏、浙江、福建四省长期排名前五。

综上，中国各省份的农产品出口在 2000~2016 年都有了显著的增长，出口高度集聚在自然条件优越和加工制造业水平发达的东部沿海省份，形成了"一超多强"的格局，农产品贸易增长从沿海向内陆地区扩散。

（三）中国农产品出口目的地

从出口目的地维度看，中国对主要经济体的农产品出口额都有显著增长，与全球多数国家和地区间建立了农产品出口贸易联系。表 7-5 反映了中国对世界各国家和地区的农产品出口联系，出口目的地主要为东亚、东南亚、北美和西欧地区，目的地的地理邻近性和经济发展水平是影响农产品出口的重要因素。东亚和东南亚地区与中国地理距离近，贸易交通成本低，同时日本、韩国是经济发达、自然资源相对不足的国家，对农产品有较大的进口需求。北美地区的美国和西欧地区的荷兰、德国、英国等国家同样是中国农产品重要的出口目的地。从农产品出口目的地的相对重要性来看，南亚国家的地位有所提高，西欧国家的地位下降。相较于 2000 年，泰国、越南、马来西亚、菲律宾在 2016 年进入了中国农产品出口前十的国家，而英国和荷兰退出了前十位。饮食与烟草类产品的情况与农产品整体情况特点相同（见表 7–6）。

表 7–5   中国农产品出口目的国贸易额及排名   单位：亿美元

排名	2000 年		2008 年		2016 年	
	国家	贸易额	国家	贸易额	国家	贸易额
1	日本	37.57	日本	61.88	日本	85.66
2	韩国	8.07	美国	43.03	美国	62.28
3	美国	7.90	韩国	24.20	韩国	37.54
4	德国	2.61	德国	12.50	泰国	24.32
5	荷兰	2.07	俄罗斯	9.03	越南	20.58
6	新加坡	1.28	马来西亚	7.74	马来西亚	17.61
7	英国	1.21	荷兰	7.31	菲律宾	15.09
8	印度尼西亚	1.14	英国	5.64	德国	15.08
9	马来西亚	1.13	泰国	5.43	印度尼西亚	13.49
10	俄罗斯	0.94	加拿大	5.10	俄罗斯	11.32
11	意大利	0.92	印度尼西亚	4.64	荷兰	9.71
12	西班牙	0.83	澳大利亚	4.59	英国	8.54
13	法国	0.82	西班牙	4.49	加拿大	8.46
14	法国	0.82	菲律宾	3.55	澳大利亚	8.14
15	加拿大	0.76	意大利	3.47	西班牙	7.75
16	泰国	0.70	法国	3.25	新加坡	6.69
17	澳大利亚	0.57	法国	3.25	墨西哥	5.92
18	菲律宾	0.53	新加坡	3.22	意大利	4.77
19	印度	0.41	墨西哥	3.15	巴西	4.27
20	波兰	0.40	印度	2.96	印度	4.21

表 7-6　　　　　　　　　　中国饮食及烟草类产品出口目的国贸易额及排名　　　　　　　单位：亿美元

排名	2000 年		2008 年		2016 年	
	国家	贸易额	国家	贸易额	国家	贸易额
1	日本	17.34	日本	36.82	日本	46.11
2	美国	3.43	美国	27.18	美国	29.27
3	韩国	1.79	韩国	10.21	韩国	16.54
4	荷兰	0.58	俄罗斯	5.70	菲律宾	7.05
5	德国	0.55	马来西亚	3.45	俄罗斯	5.90
6	俄罗斯	0.51	澳大利亚	3.38	越南	5.72
7	新加坡	0.43	荷兰	2.89	泰国	5.65
8	泰国	0.42	加拿大	2.70	马来西亚	5.19
9	马来西亚	0.40	德国	2.68	印度尼西亚	4.95
10	澳大利亚	0.36	泰国	2.16	澳大利亚	4.47
11	印度尼西亚	0.35	墨西哥	2.13	德国	3.96
12	西班牙	0.34	英国	1.92	墨西哥	3.51
13	意大利	0.32	菲律宾	1.49	荷兰	3.37
14	加拿大	0.29	西班牙	1.48	新加坡	3.18
15	英国	0.28	新加坡	1.48	英国	3.18
16	菲律宾	0.26	乌克兰	1.40	加拿大	2.92
17	越南	0.20	印度尼西亚	1.33	西班牙	1.68
18	法国	0.15	意大利	1.28	阿联酋	1.30
19	法国	0.15	越南	1.20	智利	1.27
20	瑞典	0.10	法国	1.16	南非	1.18

　　与分析出口源地格局类似，我们通过出口额前五位国家的占比、前二十位国家的占比和集中化指数三个指标分析中国农产品出口目的市场分布的集中程度（见表 7-7）。农产品和饮食及烟草类产品的出口目的地市场都呈现高度集中的格局，集中化指数在 0.9 以上，属于高度集中的不均衡分布。从出口排名前五和前二十位国家的占比来看，排名靠前的国家的占比都在下降，尤其是排名前五的国家占比从 70%~80% 下降到了 50%，说明尽管中国农产品出口目的地市场的分布仍然是高度集中的格局，但内部结构已经发生变化，从原来的排名靠前的极少数国家承接绝大多数出口，演变成为排名靠前的一批国家主导，中国农产品出口优势国家从少数点极分布演变成为面分布。日本、美国和韩国一直是中国最重要的出口目的地。

表 7-7　　　　2001~2016 年中国农产品和饮食及烟草类产品出口目的地集中程度

年份	农产品			饮食及烟草类产品		
	前五位国家和占比（％）	前二十位国家和占比（％）	集中化指数	前五位国家和占比（％）	前二十位国家和占比（％）	集中化指数
2001	77.50	93.63	0.95	83.17	96.15	0.96
2002	75.90	92.07	0.94	81.53	95.79	0.95
2003	73.95	92.09	0.94	81.15	95.84	0.95
2004	70.48	89.66	0.93	78.64	94.30	0.95
2005	69.95	89.42	0.93	76.91	93.81	0.95
2006	67.58	88.07	0.92	74.50	92.09	0.94
2007	64.47	87.20	0.91	70.98	90.08	0.93
2008	59.94	84.98	0.90	68.07	88.47	0.92
2009	55.99	81.93	0.89	63.82	86.17	0.91
2010	55.97	83.10	0.89	63.66	86.04	0.90
2011	53.35	82.81	0.89	61.62	85.60	0.90
2012	52.29	83.15	0.88	60.48	84.68	0.89
2013	56.24	84.73	0.90	63.06	87.04	0.91
2014	54.32	84.40	0.89	61.29	86.50	0.90
2015	53.37	84.32	0.90	60.12	86.34	0.91
2016	53.86	84.00	0.89	59.30	84.95	0.90

（四）出口源地—目的地联系格局

为分析中国各省份与世界各国家和地区的农产品出口贸易关系动态变化，以每两年为一个分析单元，根据其前后年的出口状态变化，我们将出口源地—目的地的出口关系分为5 类，如表 7-8 所示。

表 7-8　　　　　　　　"出口源地—目的地"出口关系类型及定义

关系类型	定义
零贸易	在 $t-1$ 年，某省份对某国家（地区）的出口额为 0；在 t 年，某省份对某国家（地区）的出口额仍为 0
进入	在 $t-1$ 年，某省份对某国家（地区）的出口额为 0；在 t 年，某省份对某国家（地区）的出口额不为 0
退出	在 $t-1$ 年，某省份对某国家（地区）的出口额不为 0；在 t 年，某省份对某国家（地区）的出口额为 0
在位增长	在 $t-1$ 年和 t 年，某省份对某国家（地区）的出口额不为 0，且 t 年的出口额不低于 $t-1$ 年
在位减少	在 $t-1$ 年和 t 年，某省份对某国家（地区）的出口额均不为 0，且 t 年的出口额低于 $t-1$ 年

图 7-4 展示中国农产品出口源地—目的地出口关系数量变化。从贸易关系的动态变化看，中国农产品出口新市场扩张可分为两个阶段：在 2008 年以前，"零贸易"的数量下降明显；在 2008~2016 年，"零贸易"较为稳定。本研究包括中国 31 个省区市（不含港澳台地区）和 225 个目的地国家及地区，每年计 6975 组贸易关系。在 2008 年以后，"零贸易"

的数量维持在 3500 左右，说明各省份在农产品出口的边际市场扩张上没有较大的突破。两种持续型贸易关系（在位增长和在位减少）合计占比在后期较为稳定，反映了在支付出口沉没成本的情况下，大部分省份会维持既有的出口关系。"进入"和"退出"的贸易关系数量都较少，2008 年以前，"进入"高于"退出"，2008 年以后，两者相较持平。

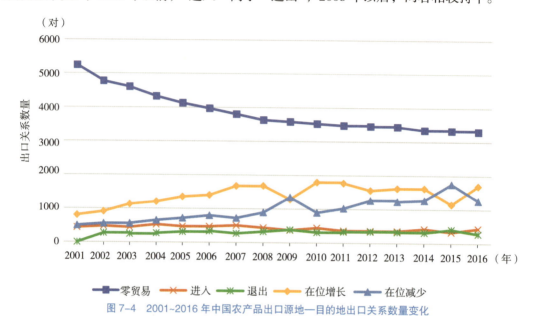

图 7-4　2001~2016 年中国农产品出口源地—目的地出口关系数量变化

　　我们以 2008 年为分界线，将研究期分为 2000~2008 年和 2009~2016 年两个时间段，分东、中、西部地区统计其出口到世界各区域的农产品出口额（见表 7-9）。通过比较前后两个时间段可知，中国农产品出口增长主要来自东部地区的出口增长，整体增长为 165.47 亿美元，是中西部地区合计的 3.2 倍。从增长速度看，中部地区增长最快，西部地区其次，东部地区第三。从世界各区域的农产品出口增长分布看，东部地区的农产品出口增长主要来自东亚、东南亚、北美、西欧市场，中部和西部地区的农产品出口增长主要来自东亚、东南亚市场。这说明目的地市场的经济水平和地理邻近性可能是影响农产品出口增长的重要因素。

表 7-9　2001~2006 年中国东、中、西部地区出口到世界各区域的农产品出口额　　单位：亿美元

区域划分	东部地区		中部地区		西部地区	
	2000~2008 年	2009~2016 年	2000~2008 年	2009~2016 年	2000~2008 年	2009~2016 年
东亚	67.00	130.00	7.50	18.00	2.10	5.00
东南亚	9.10	38.00	1.80	11.00	0.96	6.20
东欧	3.70	8.30	0.72	2.50	0.80	1.40
中亚	0.14	0.34	0.06	0.56	0.18	0.52
加勒比地区	0.50	0.89	0.04	0.05	0.01	0.02
北欧	2.90	7.50	0.41	1.60	0.22	0.44
北美	18.00	42.00	1.90	6.40	1.40	3.40

续表

区域划分	东部地区		中部地区		西部地区	
	2000~2008年	2009~2016年	2000~2008年	2009~2016年	2000~2008年	2009~2016年
北非	0.92	2.60	0.15	0.70	0.06	0.25
南亚	1.10	5.00	0.32	1.20	0.14	0.57
南欧	2.90	7.90	0.36	0.95	0.56	1.10
大洋洲	1.80	6.20	0.18	0.72	0.17	0.37
拉丁美洲	1.90	8.30	0.34	1.20	0.08	0.36
撒哈拉以南非洲	1.90	6.90	0.27	1.50	0.19	0.92
西亚	2.20	5.90	0.48	1.50	0.30	0.86
西欧	8.20	18.00	1.20	3.80	1.50	2.60
出口额合计	122.26	287.83	15.73	51.68	8.67	24.01

　　为进一步分析出口源地—目的地层面的主要贸易流量和各省份的出口市场结构，我们对 2000~2016 年各省份出口到世界各国及地区的累积贸易额占比数据采用平方欧氏距离和组间平均连接法进行聚类，结果如图 7-5 和表 7-10 所示。

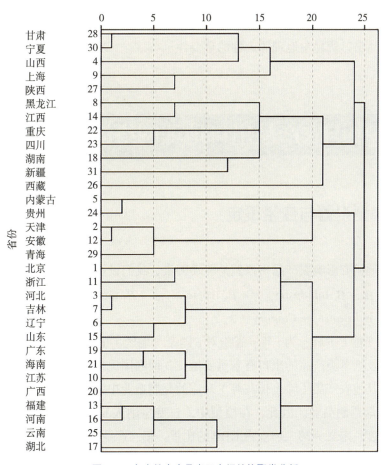

图 7-5　各省份农产品出口市场结构聚类分析

表 7-10 各省份农产品出口市场结构聚类分析结果（以距离 =20 位划分依据）

分类	省份	主导市场
1	甘肃、宁夏、山西、上海、陕西	东亚、北美、西欧、南欧
2	黑龙江、江西、重庆、四川、湖南、新疆	东亚、东南亚、北美、西欧、东欧
3	内蒙古、天津、安徽、青海	东亚、东南亚、北美、非洲
4	西藏	南亚、东亚、南欧
5	北京、浙江、河北、吉林、辽宁、山东、广东、海南、江苏、广西、福建、河南、云南、湖北	东亚、东南亚、北美、西欧

根据聚类结果可知，不同省份的农产品出口主要贸易流向和市场结构有一定的相似性。东亚、东南亚、北美地区是多数省份的主要出口地，不同聚类省份的区别在于三大主导出口地之外的出口地的不同，以西欧、南欧市场为辅的省份包括西部的甘肃、宁夏、山西、陕西和上海；以西欧、东欧市场为辅的省份包括黑龙江、江西、重庆、四川、湖南、新疆；以非洲市场为辅的省份包括内蒙古、天津、安徽、青海。包括多数省份的第 5 类集中了华东和华南地区的主要省份，出口目的市场为东亚、东南亚、北美、西欧，与中国整体的出口市场一致。西藏的出口主导市场较为特殊，其最大的出口市场为南亚地区，这也说明了在农产品出口贸易中地理邻近性的重要性。

四、中国农产品出口地理网络演化驱动因素

（一）模型设置与变量设定

为了更好地研究影响农产品出口贸易驱动因素，我们设置如下模型：

$$\ln Export_{p,c,t} = \beta_0 + \beta_1 \ln industry_{p,t-1} + \beta_2 \ln pcland_{p,t-1} + \beta_3 \ln climate_{p,t-1} + \beta_4 \ln mech_{p,t-1} + \beta_5$$
$$\ln distance_p + Country + \varepsilon_{p,c,t-1} \qquad (7-2)$$

其中，因变量 $Export_{p,c,t}$ 为 t 年 p 省份对 c 国家（地区）的农产品出口量。中国农产品出口中，饮食及烟草类产品的出口有着重要地位，而在国民经济中，这一部分产品以及油脂腊类产品、其他农产品（除去棉花等）对应的是制造业中的食品制造业，酒、饮料和精制茶制造业，烟草制品业。因此，在模型中，自变量纳入 $\ln industry_{p,t-1}$ 以衡量 $t-1$ 年 p 省份的工业化程度，定义为第二产业占 GDP 的比重。第二产业的发展可能会挤占农业用地、吸引走劳动力，也可能通过促进食品制造业的发展提高农产品出口，β_1 的正负较难判断。

农产品出口中其他产品多以自然品为主的动物类产品和植物类产品，其生产依赖于地方自然禀赋条件。自变量 $pclanc_{p,t-1}$ 为 $t-1$ 年 p 省份的人均农作物播种面积，土地是重要的农业生产投入，人均农业用地可以较好地刻画地方的农业禀赋（高奇正等，2018）。人均农作物播种面积越大，越可能实现规模化生产，提高效率，β_2 预计为正；$climate_{p,t-1}$ 为 $t-1$ 年 p 省份的农作物受灾面积，农作物受灾面积越大，说明当年气候条件越恶劣，不利于农业生产，β_3 预计为负。

工业化的发展对农产品出口的促进不仅体现在对农产品的加工制造，也可以直接参与农业生产，使用农业机械就是一种方式。$mech_{p,t-1}$ 为 p 省份在 $t-1$ 年末农业机械拥有量，农业机械的使用会提高生产效率，β_4 预计为正。经典的贸易理论指出，距离是影响贸易的重要因素，因此，模型中纳入自变量 $distance_p$，定义为 p 省份的省会距离其最近的港口城市的距离，通过城市的经纬度计算得到，β_5 预计为负。$Country$ 为国家虚拟变量，控制出口目的地间的差异。$\varepsilon_{i,c,t-1}$ 为残差项。上述变量使用的数据来自历年的中国海关库数据、《中国统计年鉴》《中国农村统计年鉴》等。

工业发展在农业生产中的应用，不仅可以作为直接的要素投入，也可以克服自然条件的限制。因此，设置模型（7-3），通过加入交互项，研究农业机械是否有助于土地规模化生产和克服不利气候条件：

$$\ln Export_{p,c,t} = \beta_0 + \beta_1 \ln industry_{p,t-1} + \beta_2 \ln pcland_{p,t-1} + \beta_3 \ln climate_{p,t-1} + \beta_4 \ln mech_{p,t-1} + \beta_5 \ln distance_p + \beta_6 \ln mech_{p,t-1} \times \ln pcland_{p,t-1} + \beta_7 \ln mech_{p,t-1} \times \ln climate_{p,t-1} + Country + \varepsilon_{p,c,t-1} \qquad (7-3)$$

上述模型解释中国各省份农产品出口规模，我们进一步探讨中国农产品出口市场扩张的驱动因素，构建如下模型：

$$Entry_{p,c,t} = \beta_0 + \beta_1 \ln industry_{p,t-1} + \beta_2 \ln pcland_{p,t-1} + \beta_3 \ln climate_{p,t-1} + \beta_4 \ln mech_{p,t-1} + \beta_5 \ln distance_p + \beta_6 \ln mech_{p,t-1} \times \ln pcland_{p,t-1} + \beta_7 \ln mech_{p,t-1} \times \ln climate_{p,t-1} + Country + \varepsilon_{p,c,t-1} \qquad (7-4)$$

贸易扩张模型和贸易增长模型在因变量的设定上不同。在贸易扩张模型中，因变量 $Entry_{p,c,t}$ 表示在 t 年 p 省份是否新进入 c 国家（地区）市场，对于新进入的定义如前面表7-8所示：在 $t-1$ 年，p 省份对 c 国家（地区）的出口额为0，在 t 年，p 省份对 c 国家（地区）的出口额不为0，此时 $Entry_{p,c,t}$ 取值为1，否则为0。

（二）模型统计结果分析

模型回归结果如表7-11所示，模型（7.1）是全样本回归结果；模型（7.2）和模型（7.3）分别对应2008年前后的回归结果，以分析不同因素影响在不同时间段的区别；模型（7.4）、模型（7.5）和模型（7.6）分别对应东部、中部和西部地区的回归结果，以考虑地区异质性。从表 7-11 的回归结果来看，回归系数与之前的预计基本相符。lnpcland 的系数显著为正，说明通过提高人均农作物播种面积，实现规模化生产、提高生产效率，促进农产品出口。lnclimate 的系数显著为负，体现了自然气候条件对农业生产的限制。lnmech 的系数显著为正，农业机械作为一种资本要素，可以直接投入农业生产中，促进农业出口。lndisatance 的系数显著为负，农业出口贸易中海运是重要的运输方式，因此距离港口城市的距离越远，越不利于农产品出口，符合经典的贸易引力模型理论。上述自变量的结果在不同时间段和不同地区均保持一致，而 lnindustry 并非如此。在全样本回归中，lnindustry 并不显著；在分时间段的回归中，lnindustry 的系数显著为正，可能通过食品制造业等促进农产品出口；在分地区的回归中，在东部地区 lnindustry 的系数显著为负，而在中部和西部地区 lnindustry 的系数显著为正，这可能与不同地区的第二产业结构不同有关。在东部地区，其他制造业的发展超过了食品加工业等与农产品加工有关的产业，表现为挤出作用，而在中部和西部地区，主要以发展劳动力密集的、较为低端的制造业，食品加工业符合这样的特点，因此表现为促进作用。

表 7-11　　　　　　　　　　不含交互项回归结果

变量	全样本	分时间段		分地区		
		2000~2008 年	2009~2016 年	东部地区	中部地区	西部地区
	（7.1）	（7.2）	（7.3）	（7.4）	（7.5）	（7.6）
lnindustry	−0.0152	1.300***	0.542***	−0.826***	1.335***	1.213***
lnpcland	0.665***	0.299***	0.180***	0.563***	0.836***	0.762***
lnclimate	−0.319***	−0.273***	−0.0560***	−0.379***	−0.110***	−0.175***
lnmech	1.386***	0.979***	0.540***	1.368***	1.654***	1.492***
lndistance	−0.494***	−0.301***	−0.415***	−0.242***	−0.658***	−1.102***
constant	4.848***	8.099***	10.92***	4.145***	−6.142***	−9.840***
国家效应	控制	控制	控制	控制	控制	控制
N	38 023	15 736	19 615	19 436	11 313	7 274

注：*** 代表 p < 0.001。

表 7-12 为引入交互项的回归结果。对比表 7-11 和表 7-12 可以发现，在加入交互项后，交互项之外的自变量的有关结论没有发生改变。lnmech × lnpcland 的系数在全样本显著为正，分时间段和分地区的回归中或显著为正或不显著，说明农业机械的投入使用与人均农作物播种面积的增加之间有相互促进，机械化生产和土地规模化生产在农业生产中存在正向的相互促进作用。lnmech × lnclimate 的系数在全样本不显著，但在分时间和分地区

的回归中均显著为正，而相应的 lnclimate 的系数为负，说明农业机械化的使用，可以降低灾害气候对农业生产的损害，有助于突破自然气候条件的限制。交互项的结果表明，农业机械的使用，不仅可以作为一项资本要素直接投入生产，也可以帮助突破自然条件的限制。

表 7-12　　　　　　　　　　　　含交互项的回归结果

变量	全样本	分时间段		分地区		
		2000~2008 年	2009~2016 年	东部地区	中部地区	西部地区
	(7.7)	(7.8)	(7.9)	(7.10)	(7.11)	(7.12)
lnindustry	−0.00852	1.215***	0.485***	−1.050***	0.889***	1.085***
lnpcland	0.523**	4.459**	0.699**	2.663***	6.621***	2.970*
lnclimate	−0.304***	−0.00979	−0.0703	−0.390***	−2.114***	−2.025***
lnmech	1.358***	0.0542**	0.657***	2.622***	1.233***	0.0768*
lndistance	−0.495***	−0.356***	−0.409***	−0.184***	−0.578***	−1.018***
lnmech × lnpcland	0.0207*	0.713***	−0.0701	0.322***	0.699***	−0.290
lnmech × lnclimate	−0.00216	0.0398***	0.00197*	0.120***	0.239***	0.310***
constant	5.054***	14.69***	9.973***	−4.234***	−2.254	1.454
国家效应	控制	控制	控制	控制	控制	控制
N	38 023	15 736	19 615	19 436	11 313	7 274

注：*、**、*** 分别代表 $p < 0.05$、$p < 0.01$、$p < 0.001$。

农业贸易拓张模型的回归结果如表 7-13 所示。从全样本模型看，各解释变量符合预测：lnindustry 的回归系数不显著，可能与工业发展同时存在促进食品加工业等农产品延伸产业和吸收劳动力、占用土地等农产品投入要素有关；lnpcland、lnmech 及其交互项 lnmech × lnpcland 的系数显著为正，说明土地规模化生产、农业机械的利用有助于促进农产品出口贸易关系的扩展，且这两种作用存在正向的相互促进效应；lnclimate 和 lndistance 的系数显著为负，说明恶劣的自然条件和地理距离过远都不利于农产品出口贸易扩张；lnmech × lnlimate 的系数显著为正，与 lnlimate 的系数符号相反，说明农业机械的投入可以减缓灾害天气对农产品出口的不利影响。在分时间段的模型中，其大部分结果和全样本模型一致，不再赘述。lnindustry 的系数在 2009~2016 年显著为负，反映了工业发展对农业的挤出；lndistance 的系数在 2000~2008 年显著为正，在 2009~2016 年显著为负，这说明在 2008 年前后，建立新贸易的出口源省份发生了改变，2008 年以前，距离沿海港口距离更近的省份更容易与世界各国建立新的贸易联系，而在 2008 年以后，沿海各省份与主要经济体已经建立了贸易联系，新的出口贸易扩张主要发生在距离沿海港口较远的内陆省份。

在分地区的模型中，中部地区的回归结果不显著，或许与中部地区省份构成复杂、特点不够突出有关。在东部地区，ln*industry* 的系数显著为正，说明在东部地区，工业发展有助于农产品出口贸易扩张，与东部各省份加工制造业发达的特点吻合。在西部地区，ln*industry* 的系数显著为正，可能也与西部省份的工业结构有关；ln*distance* 的系数显著为正，说明了当研究出口贸易拓张时，原距离港口较远的省份起点较低，已建立的出口贸易关系少，有更大的建立新贸易联系的空间；ln*mech* × ln*pcland* 的系数显著为负，在西部地区，两者没有体现出相互促进的效应，反而呈现了相互替代的效应，背后原因需要进一步解释。

表 7–13　　　　　　　　　　　　农产品贸易拓张模型回归结果

变量	全样本	分时间段		分地区		
		2000~2008 年	2009~2016 年	东部	中部	西部
	(7.13)	(7.14)	(7.15)	(7.16)	(7.17)	(7.18)
ln*industry*	0.0231	−0.0248	−0.460**	0.820***	−0.0595	1.126***
ln*pcland*	0.766***	0.951***	0.755***	−1.374	0.709	2.245***
ln*climate*	−0.0532**	0.0217	−0.0304	−0.159***	−0.181	0.160
ln*mech*	0.107**	0.391***	0.0337	0.607**	0.0792	0.736***
ln*distance*	−0.0354***	−0.0505***	0.00627*	0.00814	−0.0353	0.151***
ln*mech* × ln*pcland*	0.0916***	0.111***	0.0879***	0.177***	−0.0838	−0.296***
ln*mech* × ln*climate*	0.0123***	0.00955*	0.0134**	0.0288***	0.0241	−0.0129
constant	−2.466***	−4.075***	−1.967***	2.509***	−1.881	−9.160***
国家效应	控制	控制	控制	控制	控制	控制
N	103 819	53 010	48 112	34 595	29 920	31 280

注：*、**、*** 分别代表 $p < 0.05$、$p < 0.01$、$p < 0.001$。

五、结论与讨论

中国是重要的农产品进出口贸易大国，以往研究对农产品出口贸易没有给予重视，针对农产品出口进行的研究中少有关注农产品贸易内部的品种结构特点和中国各地的异质性。本章研究中国省级行政区农产品出口贸易地理网络形成与演化，主要发现如下：（1）在 2000~2016 年，中国农产品出口经历了迅速扩张，年平均增速为 12.78%，其中与食品加工业有关的饮食及烟草类产品既是农产品出口的主要类别，也是农产品出口高速增长的主要引擎之一。农产品出口贸易中，自然原始的初级产品和需要经历加工的加工农产品规模大体相当。（2）中国农产品出口源地格局高度集中，呈现"一超多强"的格局，山东优势地位明显，华东沿海地区是农产品出口的主导区域。出口增长的扩散呈现三级阶梯格局。中国的农产品出口在地理上高度集中。农产品出口的目的市场格局同样高度集中，东亚、东南亚、北美、西欧地区是主导市场，但出口分布的集中情况有所下降，由极少数大国主导演变为多个国家主导，顶端国家的占比下降。（3）在"出口源地—目的地"维度上，新的贸易关系主要建立在 2008 年以前。中国农产品出口贸易扩张主要来自华东地区对东亚地区出口的增长。聚类分析结果表明，华东、华南地区各省份的出口都集中在东亚、东南亚、北美、西欧的国家及地区，具有一致性。（4）模型统计分析表明，提高人均农作物品种面积和农业机械的使用有利于农产品出口，反映气候条件和农作物受灾面积和地理距离均不利于出口。工业化程度的作用不显著，或许与它既可能促进食品加工业发展以促进出口，也可能挤占大量农业生产需要的土地和劳动力资源有关，作用较为复杂。农业机械不仅可以作为资本要素直接投入，同时可以促进土地规模化生产和克服不利气候，体现了工业化有利于克服自然条件对农业生产的限制。农产品贸易拓张模型的结论基本与农产品贸易增长模型一致，但在考虑新建立出口贸易联系时，距离港口的地理距离的作用在 2008 年前后发生改变，在 2008 年以后，原距离港口较远的、内陆省份因为原有的出口贸易联系较少，更容易发生新的贸易联系。

改革开放以来，中国经历了快速工业化过程。工业化发展占用了农业发展需要的要素，但也通过对农产品深度加工、农业机械的使用等，提高了农业生产的效率、延伸了农业的上下游产业链。通过对农产品出口贸易的研究，证实了这一点。工业反哺农业是重要的命题，从农产品出口贸易的角度切入，可以为中国三农问题提供新的思路。

参考文献

[1] 白秀广，陈晓楠，霍学喜，2015. 气候变化对苹果主产区单产及全要素生产率增长的影响研究 [J]. 农业技术经济，（8）：98–111.

[2] 陈实，刘颖，宋宝辉，2018. 湖北省水稻技术推广率时空演变及其影响因素研究 [J]. 农业现代化研究，39（4）：601–609.

[3] 陈彦光，2011. 地理数学方法：基础和应用 [M]. 北京：科学出版社.

[4] 高鸣，宋洪远，2014. 粮食生产技术效率的空间收敛及功能区差异——兼论技术扩散的空间涟漪效应 [J]. 管理世界，（7）：83–92.

[5] 高奇正，刘颖，叶文灿，2018. 农业贸易、研发与技术溢出——基于 38 个国家（地区）的验证分析 [J]. 中国农村经济，（8）：99–116.

[6] 高延雷，张正岩，王志刚，2020. 城镇化提高了农业机械化水平吗？——来自中国 31 个省（区、

市）的面板证据［J］.经济经纬，（3）：1-10.

［7］刘凤芹，2006. 农业土地规模经营的条件与效果研究：以东北农村为例［J］.管理世界，（9）：71-79+171-172.

［8］毛学峰，刘靖，朱信凯，2015. 中国粮食结构与粮食安全：基于粮食流通贸易的视角［J］.管理世界，（3）：76-85.

［9］苏昕，张辉，2019. 中国与"一带一路"沿线国家农产品贸易网络结构与合作态势［J］.改革，（7）：96-110.

［10］覃诚，刘合光，周珂，等，2018. 中美农产品贸易发展演变与展望［J］.世界农业，（12）：37-44.

［11］王琦，孙咏华，田志宏，2007. 农产品对外贸易的产品分类问题研究［J］.世界农业，（7）：16-19.

［12］谢高地，成升魁，肖玉，等，2017. 新时期中国粮食供需平衡态势及粮食安全观的重构［J］.自然资源学报，32（6）：895-903.

［13］尹朝静，李谷成，范丽霞，等，2016. 气候变化、科技存量与农业生产率增长［J］.中国农村经济，（5）：16-28.

［14］詹淼华，2018. "一带一路"沿线国家农产品贸易的竞争性与互补性——基于社会网络分析方法［J］.农业经济问题，（2）：103-114.

［15］张玉娥，曹历娟，魏艳骄，2016. 农产品贸易研究中农产品范围的界定和分类［J］.世界农业，（5）：4-11.

［16］Aggarwal P K, 2008. Global climate change and Indian agriculture：Impacts, adaptation and mitigation［J］. Indian Journal of Agricultural Sciences, 78（11）:911-919.

［17］Antle J M, 2008. Climate Change and Agriculture：Economic Impacts［J］. Choices, 23（1）: 9-11.

［18］Burkholz R, Schweitzer F, 2019. International crop trade networks：The impact of shocks and cascades［J］. Environmental Research Letters, 14, 114013.

［19］Chavas J P, 2001. Structural change in agricultural production：economics, technology and policy. In：［6］Gardner, B. L., Rausser, G. C.（eds.）［J］. Handbook of Agricultural Economics, 1A：263-285.

［20］Dethier J J, Effenberger A, 2012. Agriculture and development：A brief review of the literature［J］. Economic Systems, 36（2）:175-205.

［21］Disdier A, Fontagné L, Mimouni M, 2008. The Impact of Regulations on Agricultural Trade：Evidence from the SPS and TBT Agreements［J］. American Journal of Agricultural Economics, 90（2）: 336-350.

［22］Eastwood R, Lipton M, Newell A, 2010. Farm size. In：Evenson, R., Pingali, P.（eds.）［J］. Handbook of Agricultural Economics, 44：3323-3397.

［23］Ercsey-Ravasz M, Toroczkai Z, Lakner Z, et al., 2012. Complexity of the International Agro-Food Trade Network and Its Impact on Food Safety［J］. Plos One, 7（5）: e37810.

［24］Fair K R, Bauch C T, Anand M, 2017. Dynamics of the Global Wheat Trade Network and Resilience to Shocks［J］. Scientific Reports, 7：71-77.

［25］Fang C，Beghin J C，2000. Food Self-Sufficiency，Comparative Advantage，and Agricultural Trade：A Policy Analysis Matrix for Chinese Agriculture［R］. CARD Working Papers.

［26］Foster A，Rosenzweig M，2010. Barriers to farm profitability in India：mechanization，scale and credit markets［C］. In：Paper Presented at the Conference Agriculture for Development–Revisited，University of California at Berkeley，CA.

［27］Harun-ur-Rashid M，Shirazul Islam M，2007. Adaptation to climate change for sustainable development of Bangladesh agriculture［N］. Bangladesh country paper in APCAEM.

［28］Heckscher E F，Ohlin B，Flam H，ET AL.，1991. Heckscher-Ohlin trade theory［M］. The MIT Press.

［29］Huang J，Chen C，Scott D，et al.，2007. Trade liberalization and China's food economy in the 21st century：Implications for China's food security. In：Scott D. Rozelle（eds.），Agricultural Trade and Policy in China：Issues，Analysis and Implications［M］. New York：Routledge，55-168.

［30］International Panel on Climate Change（IPCC），2007. Climate change 2007. In：Fourth Assessment Report of the Intergovernmental Panel on Climate Change［M］. Cambridge：Cambridge University Press.

［31］Jetté-Nantel S，Hu W，Liu Y，2020. Economies of scale and mechanization in Chinese corn and wheat production［J］. Applied Economics，52（25）：2751-2765.

［32］Jin S，Huang J，Hu R，et al.，2002. The Creation and Spread of Technology and Total Factor Productivity in China's Agriculture［J］. American Journal of Agricultural Economics，84：916-930.

［33］Lewis W A，1954. Economic development with unlimited supply of labour［J］. Manchester School of Economic and Social Studies，22：139–191.

［34］Liu Y，Hu W，Jetté - Nantel S，et al.，2014. The Influence of Labor Price Change on Agricultural Machinery Usage in Chinese Agriculture［J］. Canadian Journal of Agricultural Economics，62：219-243.

［35］McFarlane I，O'Connor E，2014. World soybean trade：growth and sustainability［J］. Modern Economy，5（5）：580-588.

［36］Melitz M J，2003. The Impact of Trade on Intra-Industry Reallocations and Aggregate Industry Productivity［J］. Econometrica，71（6）:1695-1725.

［37］Michael R，2001. International Trade in Agricultural Products［M］. Upper Saddle River：Prentice Hall.

［38］Pingali P L，2012. Green Revolution：Impacts，limits，and the path ahead［J］. Proceedings of the National Academy of Sciences of the United States of America，109（31）：12302-12308.

［39］Ranis G，Fei J C H，1961. A theory of economic development［J］. The American Economic Review，51，533–565.

［40］Reardon T，Barrett C，Kelly V，et al.，1999. Policy reforms and sustainable agriculture intensification in Africa［J］. Development Policy Review，17：375–395.

［41］Schmitz A，Moss C B，2015. Mechanized Agriculture：Machine Adoption，Farm Size，and Labor Displacement［J］. AgBioForum，18（3）：278-296

［42］Schultz T W，1964. Transforming Traditional Agriculture. New Haven：Yale University Press.

［43］Villavicencio X，McCarl B，Wu X，et al.，2013. Climate change influences on agricultural research productivity ［J］. Climatic Change，119（3）：815-824.

［44］Wilcox J R，2016. World Distribution and Trade of Soybean. In：R.M. Shibles et al（eds.）［M］. Soybeans：Improvement，Production，and Uses.

第八章
电子产品出口贸易地理网络

一、引言

信息与通信技术（ICT）产品的出口贸易在国际贸易中具有重要地位，被 WTO 列为反映"全球贸易景气指数"变化的核心指标之一。作为高新技术产业，ICT 产业链纵深而复杂，其研发、制造和服务等价值环节广泛分散或集聚于全世界范围内的不同地理空间，形成复杂的全球生产网络及与之相伴的贸易网络（高菠阳和李俊玮，2017）。在经济全球化浪潮下，中国凭借劳动力、资源和土地等要素禀赋，通过加工贸易方式成为全球 ICT 产业生产网络的重要一环，与世界各国或地区建立了错综复杂的贸易关系，同时也深刻地改变了国内 ICT 产业的地理格局和出口动态。据海关贸易数据库统计，2000~2016 年中国 ICT 产品出口总额的年平均增长率达到 18.22%，且在 2013 年达到出口额峰值 5496.09 亿美元（以 2000 年为基期的实际值）。探究中国各地区 ICT 产品出口贸易扩张的演化特征及驱动力，不仅有助于理解中国在高技术产业的国际竞争地位和贸易驱动机制，也有助于理解"全球—地方"互动视角下国际贸易与国内产业地理的相互作用关系。

中国 ICT 产品出口贸易的相关研究主要聚焦于产品质量提升（刘瑶、丁妍，2015）、中国在全球 ICT 生产及贸易中的地位（Yang and He，2017；喻春娇、徐玲，2010）、贸易模式和决定因素（喻春娇等，2012）等议题，普遍关注到了外商投资（钟昌标，2007）、技术（沈玉良、彭羽，2018）、市场规模（喻春娇等，2012）、政策（高菠阳、李俊玮，2017）等因素对于 ICT 产品出口贸易的影响。然而，当前相关研究仍有以下不足：（1）中国 ICT 产品出口扩张研究没能引入"全球—地方"互动视角。"全球—地方"互动视角有助于改变以往分层定位特定尺度下经济活动的做法，构建全球化背景下区域内外联系的综合框架（毛熙彦、贺灿飞，2019）。目前多数研究着眼于单一的出口源地或目的地维度，较少研究能够开展对于本地和非本地因素及跨尺度影响的综合考察，需要结合出口源地和目的地进行更充分的网络格局描述和机制分析。（2）现有关于 ICT 产品出口扩张的影响因素有待进一步进行系统整合。文献多单方面考察本地产业集聚（佟家栋、刘竹青，2014；杨丽华，2013；宜烨、宜思源，2012）、外资溢出（Turco and Maggioni，2019）或进口溢出（王维薇、李荣林，2014）对 ICT 等高技术产品出口贸易的影响，较少研究能够综合地方集群网络和信息溢出两个方面对产品出口扩张机制进行探讨。因此，本章基于"全球—地方"互动视角，构建地方集群网络（包括集聚专业化和认知邻近）和信息溢出（包括出口市场经验溢出和外资溢出）促进 ICT 产品出口扩张的解释框架，利用 2000~2016 年中国海关库数据进行实证检验。

二、理论背景与文献综述

全球化背景下国家间的相互投资和贸易提升了区域开放性，跨地区和跨尺度的要素流动和联系变得频繁，本地与非本地要素之间的相互作用被视为区域路径创造与演化的重要动力（He et al.，2018；Trippl et al.，2018）。自 20 世纪 90 年代开始，经济地理学关于区域发展的研究视角逐渐从新区域主义转向解析区域内外联系的"全球—地方"互动机制（毛熙彦、贺灿飞，2019）。在实质上，"全球—地方"互动体现本地行动者与非本地行动者交互、本地要素与非本地要素重组的过程（Grillitsch et al.，2018）。近期研究也越来越关注本地与非本地联系对区域发展路径、出口贸易、产业动态等方面的综合作用（Boschma，2017；Boschma et al.，2017；Neffke et al.，2018）。产业集群相关研究也逐渐转向注重产业集群本地系统和全球组织的共同作用（罗胤晨等，2016）。中国 ICT 产业集群位处地方生产网络和全球贸易网络的双重网络中，而地方集群网络和信息溢出作为"全球—地方"互动内容的体现，无疑是影响 ICT 产品贸易的重要因素。

ICT 行业特性也决定了地方集群网络和信息溢出因素的重要性。首先，ICT 行业高度碎片化的生产组织和企业间产业功能联系促进了地方集群网络，产生的集聚外部性有利于企业降低出口贸易成本。ICT 制造业产业链垂直分化特征突出，在全球尺度上表现为生产环节高度碎片化的全球生产网络分工模式，在地方尺度上则表现为地方集群网络，即具有产业联系或分处产业链不同环节的众多企业所构成的一种地理空间组合形态。在地方集群网络中，行业相关的生产要素高度集聚，形成地方配套网络，众多企业之间开展专业化分工和合作，通过集聚规模经济和范围经济降低企业出口的生产成本和交易成本。其次，ICT 企业依赖地方的知识和信息溢出以降低生产和出口成本。技术是 ICT 产业的核心生产要素，而密切的知识和信息交流是促进 ICT 行业技术快速更迭的关键。对于企业而言，通过地理集聚直接从本地或者外部获取知识信息溢出，是降低自主研发成本、生产成本、市场搜寻成本的重要途径。同时，产品质量提升、新技术测试等也有赖于消费者与生产者、生产者与供应商之间的密切反馈与信息交流。因此，地方集群网络和信息溢出是促进 ICT 产品出口扩张的重要动力。

基于中国 ICT 制造业特点，结合"全球—地方"互动和产业集聚效应视角，我们构建地方集群网络和信息溢出促进出口贸易扩张的机制框架，前者包括集聚专业化和认知邻近，后者包括出口市场经验溢出和外资溢出。

（一）ICT 产品出口贸易与地方集群网络

1. 集聚专业化

集聚专业化代表同行业企业基于地理集聚所产生的外部性。集聚专业化促进产品出口扩张的机制包括两个方面。其一，集聚专业化有利于企业生产成本的节约。一方面，在地方集群中，零部件、劳动力、资本、技术等要素资源高度集聚，形成了服务于特定行业发展的地方配套网络，有利于企业获得集聚外部性，共享中间投入品和劳动力市场（Marshall，1920；奥沙利文，2015）；同时，集群内生产运营的专业化、集中化和规模化以及基础设施、市场网络与信息共享也有效地降低了企业的搜寻成本、运输成本等费用（宣烨、宣思源，2012），从而形成集群的低成本出口竞争优势，促进企业出口扩张。另一方面，集群中众多企业之间形成垂直或水平联系，开展专业化分工与合作，拓展了集群的规模经济和范围经济，不仅降低了集群内企业的生产成本，也扩大了行业内部的生产和业务范围，形成地方行业的出口竞争力。其二，集聚专业化降低了生产环节中的交易费用和不确定性（Scott and Storper，1987）。一方面，集群中的企业根植于地方网络，其交易和合作对象相对稳定，容易建立起相互信任并克服机会主义（Kalantaridis，1996），地方网络的较高延续性也有利于持续地降低交易风险和成本（马海涛等，2012）。同时，众多中小企业参与本地市场供应和竞争也有利于充分发挥市场机制的作用，降低企业交易费用并提高产品竞争力。另一方面，地方集聚形成了具有柔性专精特色的产业链生产网络化体系，能够提高企业快速应对国外需求变化的能力，降低出口贸易中的不确定性和随机性，促进企业出口扩张（宣烨、宣思源，2012）。

2. 认知邻近

作为地方集群网络的另一个指征维度，认知邻近代表地方支持本地生产或出口某种产品的能力。这里的"能力"蕴含着丰富内涵，包括生产技术、劳动力、土地、资本、基础设施、制度、文化等不可贸易的地方生产要素（Hausmann and Hidalgo，2011），是地方提高特定产品出口专业化水平的基础。如果一个产品所需要的生产条件与某地所能提供的能力越近似，则出口该产品的概率就越大。在演化经济地理文献中，学者们多采用伊达尔戈（Hidalgo）等构建的本地产品关联指标来刻画产业间认知邻近。具体而言，本地产品关联衡量一个地方的出口产品结构与目标产品之间的"技术邻近程度"。如果某产品与地方产业结构的认知距离越近（即本地产品关联越高），则出口该产品的企业更容易从地方获取相关生产技术、劳动力、资本等要素。本地产品关联对出口的促进作用在诸多文献中已得到验证，如伊达尔戈等（2007）研究发现一国更容易出口与其已有出口产品高度关联的新产品；庞赛特等（Poncet et al.，2013）也发现本地产品关联越高的产品，出口增长的速度越快。

（二）ICT 产品出口贸易与信息溢出

1. 出口市场经验溢出

出口市场经验溢出代表市场端的信息溢出。贸易网络中的联系推动着生产商、消费者、中间商等相关利益主体间的物质和信息流动，使得资本、劳动力、技术等生产要素以及与生产和出口相关的信息知识能够超越地理距离，在网络中传递、扩散、交流和更新（Bathelt and Schuldt，2010）。企业贸易行为所承载的相关市场信息一定程度地溢出于其所在地，就形成了本地出口市场经验溢出，促进出口贸易的微观机制是地方企业间的出口经验溢出效应，主要体现在降低出口沉没成本和消除出口不确定性（綦建红等，2015；陈勇兵等，2015）。具体而言，每一企业对特定市场出口的经验能够带来有关于市场消费者偏好和市场制度环境等方面的信息（Krautheim，2012）；同时，市场开拓者的经验能够有效地展示出口市场，为其他跟随者企业的出口决策提供借鉴（Hausmann and Rodrik，2003）。因此，本地出口到某一市场的贸易额越多，则关于该市场的相关知识、信息就积累得越丰富，就越能降低其他企业出口到该市场的进入成本和风险，从而增大出口概率或促进出口扩张。

2. 外资溢出

跨国公司是国际间技术转移和知识溢出的主要源泉和载体，而外资作为最主要的投资形式，无疑是溢出效应的重要途径。ICT 是吸收国际直接投资（FDI）最多的行业之一，外资溢出效应对 ICT 产品的出口具有重要作用。现有文献已揭示了外资溢出的几种作用机制，包括示范效应、竞争效应、劳动力流动效应和产业间关联效应（Caves，1974；Aitken et al.，1997；Blomstrom et al.，2001；张建华、欧阳轶雯，2003；Greenawaya et al.，2004；钟昌标，2006；Balsvik，2011）。示范效应是指本地企业通过学习、模仿跨国公司的技术来提高生产率，或者通过跟踪外资企业分销方式及渠道来开拓国际市场，进而促进出口。竞争效应体现为通过国内外市场竞争实现优胜劣汰，促使本土企业提高技术创新水平和管理能力，增强出口竞争力（Greenawaya et al.，2004）。劳动力流动效应是指跨国公司的生产技术、管理经验、市场信息、目的地消费偏好等知识能够通过员工培训和流动的方式在本地企业中扩散和传播。产业间关联效应是指跨国公司能够通过提高上下游企业的生产率，带来技术溢出（Javorcik，2004；Girma et al.，2015）或促进技术转移（De Bresson and Amesse，1991），进而提高上下游行业企业的出口产品质量（徐美娜和彭羽，2016），促进本地出口扩张；这种产业间关联效应也存在于内外资企业之间（Ahn，Khandelwal and Wei，2011）。尽管外资企业千方百计地防止重要技术和信息泄露给本地同行竞争者，但事实上仍自愿或不自愿地通过产业关联效应进行溢出（钟昌标，2006），从而提高了东道国的出口竞争力。综合上述理论基础，本章构建机制框架如图 8-1 所示。

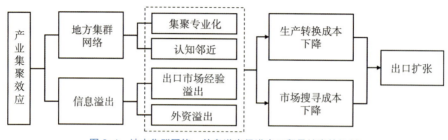

图 8-1　地方集群网络、信息溢出促进出口贸易扩张的机制

三、数据来源与研究方法

（一）数据来源与预处理

ICT 产品定义及界定方法依照 OECD 于 2011 年发布的行业界定指南《OECD 衡量信息社会指南》（OECD Guide to Measuring the Information Society，以下简称指南）。指南将 ICT 产品定义为"旨在通过电子手段（包括传输和显示）实现信息处理和通信功能的商品"，并基于 2007 版出口产品分类体系确定商品类别和组成，共包括五个大类别（计算机及其外部设备、通信设备、消费性电子产品、电子零部件和其他）和 95 种 HS6 位数细分产品。

根据上述界定方法，我们在中国海关贸易数据库（2000~2016 年）中相应地提取 ICT 产品贸易数据。中国海关数据库包含详细的进出口贸易记录信息，包括：进出口时间（年份）、产品 HS 代码、企业代码、企业类型、贸易方式、出口国家和贸易额等。对海关贸易数据进行如下预处理：（1）提取企业代码前两位（即企业注册地的省份代码）作为出口记录的省份信息；（2）研究时段跨越了多个版本的 HS 编码，因此将各年 HS 代码统一调整为 HS2007 版本；（3）对 2001~2016 年海关库贸易额数据作美元价格平减处理，以 2000 年为基期，以减小研究时段内由美元价格变动所造成的误差；（4）贸易公司主要协助企业进行出口报关工作而没有实际的生产活动，因此，为了获取准确的出口信息，基于安等（Ahn et al.，2011）的方法，剔除了贸易公司的出口记录。最终，构建了省份—国家（地区）—年份面板数据集，共覆盖 2000~2016 年涉及 ICT 产品出口贸易的 31 个中国省区市（不含港澳台地区，本章同此）和 238 个国家及地区。

（二）变量选取与指标计算

1. 核心变量

（1）集聚专业化。区位商可以作为辨识区域产业集群的手段（贺灿飞、潘峰华，2007）。集聚专业化衡量各省份ICT产业的集聚程度，采用各省份历年的ICT产品出口贸易区位商（LQ）来衡量，计算方法如式（8-1）所示：

$$LQ_{cp} = \frac{V_{cp}/\sum_i V_{ci}}{\sum_c V_{cp}/\sum_{c,i} V_{ci}}$$ （8-1）

其中，V代表出口额，c代表出口源地（省份），p代表ICT产品，i代表其他任意产品。

（2）认知邻近。借鉴伊达尔戈等（2007）的方法，基于HS六位数产品代码，通过计算产品共现概率来衡量省份出口产品结构与ICT产品的技术关联密度，也即本地产品关联（*density*），作为认知邻近的度量。具体计算过程如下：首先，计算ICT产品与其他任意产品在同一个省份出口的条件概率，如式（8-2）所示：

$$\Phi_{p,i} = \min\{P(V_{cp} > 0 \mid V_{ci} > 0), P(V_{ci} > 0 \mid V_{cp} > 0)\}$$ （8-2）

其中，V代表出口额，c代表出口源地（省份），p代表ICT产品，i代表其他任意产品，$\Phi_{p,i}$则表示ICT产品和其他任意一种产品同时被同一省份出口的最小条件概率。$\Phi_{p,i}$越大，表明共现概率越大，则该种产品与ICT产品的技术关联程度越高；反之，$\Phi_{p,i}$越小，则表明该种产品与ICT产品的技术关联程度越低。

在此基础上，可计算ICT产品与特定省份出口产品结构的技术关联，如式（8-3）所示：

$$density_{cp} = \frac{\sum_i x_{ci}\, \Phi_{p,i}}{\sum_i \Phi_{p,i}}$$ （8-3）

其中，x_{ci}为0/1变量，当省份c的i产品是具有比较优势的出口品时，其取值为1，否则为0。产品是否具有比较优势可通过计算其LQ来判断，当省份c出口ICT产品的区位商大于1时，则具有比较优势。

（3）出口市场经验溢出、外资溢出。借鉴相关研究（Mayneris et al.，2015；朱晟君等，2018），采用贸易额代表溢出效应，选择省份—目的地层面的非ICT产品出口额（*exp_info*）作为出口市场经验溢出的度量，剔除ICT产品部分的出口额是为了排除与ICT产品生产端有关的信息，保留纯粹市场端信息；为准确刻画特定于ICT行业的外资溢出效应，采用基于海关贸易数据库统计的各省份ICT产业外资出口企业数量（*compnum*）来衡量。

2. 控制变量

影响全球电子信息产业贸易网络演化的因素包括经济水平、生产要素市场、生产技术水平和进出口贸易条件等方面（高菠阳、李俊玮，2017）。基于此，从出口源地和目的地两个层面设置控制变量。在出口源地层面，选取各省份第二产业从业人员数（*ind_staff*）、各省份城市人均拥有道路面积（*roadarea*）和各省份专利申请授权数（*patent*）三个指标，分别控制出口源地的劳动力、基础设施和技术能力的影响。在目的地层面，选取各国（地区）人均 GDP（*ctry_pcGDP*）、中国与目的地的首都城市距离（*Geodist*）和各国（地区）向 WTO 报告技术性贸易壁垒数（*tbt*），分别控制目的地的经济发展水平、地理邻近性和制度因素的影响。

（三）模型设定

为分析地方集群网络和信息溢出因素对中国 ICT 产品出口扩张的影响，选取 2000~2016 年作为研究时段，构建省份—目的地维度面板 Probit 回归模型，探讨地方集群网络和信息溢出对 ICT 产品出口额扩张概率、出口专业化提升概率的作用，回归模型如式（8-4）所示。

$$Prob[EXPinc_{cst}(RCAinc_{cst})=1]=\beta_0+\beta_1 LQ_{c,t-1}+\beta_2 density_{c,t-1}+\beta_3 \ln exp\_info_{c,s,t-1}+\beta_4 \ln compnum_{c,t-1}+\beta_5 \ln ind\_staff_{c,t-1}+\beta_6 \ln roadarea_{c,t-1}+\beta_7 \ln patent_{c,t-1}+\beta_8 \ln ctry\_pcGDP_{s,t-1}+\beta_9 \ln Geodist_s+\beta_{10} \ln tbt_{s,t-1}+\vartheta_t+\varepsilon_{cst} \quad (8-4)$$

其中，$EXPinc_{cst}$ 为第一个被解释变量，代表 t 年省份 c 出口到目的地 s 的贸易额与 $t-1$ 年相比是否增加，如果是则取 1，否则取 0。$RCAinc_{cst}$ 为第二个被解释变量，代表 t 年省份 c 出口到目的地 s 的贸易区位商（即出口专业化程度）与 $t-1$ 年相比是否提升，如果是则取 1，否则取 0。这两个解释变量从不同层面考察省份—目的地维度的贸易扩张演化动态，前者衡量的是出口额的绝对增量，后者衡量的是出口专业化优势的相对变动。

在解释变量中，除集聚专业化（*LQ*）和认知邻近（*density*）外，其余自变量均进行对数化处理。除地理距离（*Geodist*）外，其余自变量均使用滞后一期数据，以克服同期数据潜在的逆向因果等内生性问题。此外，ϑ_t 代表年份固定效应，ε 为省份—目的地层面的聚集标准误。经检验，两个模型的平均 VIF 均小于 3，各变量的 VIF 均小于 10，不存在严重的共线性问题。关于模型变量的更多详细信息参见表 8-1。

表 8-1　变量说明

变量		符号	定义	数据来源
因变量	出口额是否增长	*EXPinc*	与上一年相比，各省份出口到特定目的地的ICT产品出口额是否增加（是 -1；否 -0）	中国海关贸易数据库
	出口专业化是否提升	*RCAinc*	与上一年相比，各省份出口到特定目的地的ICT产品出口专业化程度（贸易区位商）是否提升（是 -1；否 -0）	
核心自变量	地方集群网络　集聚专业化	*LQ*	各省份出口ICT产品的贸易区位商	中国海关库
	认知邻近	*density*	各省份出口产品结构与ICT产品的技术关联密度	
	信息溢出　出口市场经验溢出	*exp_info*	省份—目的地层面非ICT产品出口额（美元）	
	外资溢出	*compnum*	各省份ICT产业外资出口企业数量（个）	
控制变量	省份层面　劳动力	*ind_staff*	各省份第二产业从业人员数（万人）	各省份统计年鉴
	基础设施	*roadarea*	各省份城市人均拥有道路面积（m²）	
	技术能力	*patent*	各省份专利申请授权数（件）	中经网
	目的地层面　经济发展水平	*ctry_pcGDP*	各国（地区）人均GDP（亿美元）	世界银行
	地理邻近性	*Geodist*	各国（地区）与中国的地理距离（km）	
	技术性贸易壁垒	*tbt*	各国（地区）向WTO报告技术性贸易壁垒数（个）	世界贸易组织

四、中国 ICT 产品出口贸易地理网络演化格局

（一）中国 ICT 产品出口贸易发展与行业特征

根据 ICT 产品出口额及其年增长率变化（见图 8-2），21 世纪以来中国 ICT 产品出口贸易发展可分为以下四个阶段：（1）蓬勃发展期（2000~2006 年）：入世后，在积极引入外资并承接国际产业转移，中国 ICT 产品出口额保持高速增长，整机组装生产环节竞争力突出，沿海地区 ICT 产业集群基本形成。（2）危机应对期（2007~2009 年）：受金融危机影响，中国 ICT 产品出口额增长率持续下降，并于 2009 年出现首次负增长（-10.85%）。（3）恢复调整期（2010~2013 年）：金融危机之后，在国内资金和政策扶持等因素作用下，ICT 产品出口额恢复增长态势，但增长率表现为波动状态，行业整体进入了减速增长和转型阶段，即从低质量低价格的"数量拉动"向高质量高价格的"价格拉动"转变（刘瑶、丁妍，2015）。（4）外资退潮期（2014~2016 年）：在中国人口红利衰减、FDI 转移东南亚、西方再工业化等因素的作用下，中国 ICT 出口出现持续性的负增长，其中以外商独资企业

出口额的下降为主。纵观其发展历程，中国 ICT 制造业体现出高度"外向型"特征，表现为以外资为主导、加工贸易突出、出口外贸依赖度高等特点。

图 8-2　2000~2016 年中国 ICT 产品出口额及其年增长率（分企业所有制）

（二）出口源地维度

聚焦到国内出口源地的地理空间格局演化，不论从出口额还是出口企业数量看，中国 ICT 产品出口表现出从沿海向内陆地区扩张的趋势（见表 8-2）。21 世纪初期，凭借着区位和外资偏好优势，以广东、江苏为代表的东部沿海省份最先开始生产和出口 ICT 产品，逐步形成珠三角、长三角和环渤海地区三大 ICT 产业集群；金融危机前后，在国内 ICT 产业转移和升级驱动以及地方产业政策的支持下，中西部省份加速承接来自东部沿海的劳动密集型 ICT 制造业，四川、重庆、湖北、河南等省份 ICT 出口额显著增长，形成了沿长江经济带的 ICT 出口企业集群。

表 8-2　　　　　　　　　　中国 ICT 产品出口贸易的省份分布

省份	各省份 ICT 产品出口额（亿美元）			各省份 ICT 产品出口企业数量（个）		
	2000 年	2008 年	2016 年	2000 年	2008 年	2016 年
北京	17.89	170.08	66.79	254	703	1054
天津	22.84	146.33	133.68	164	423	482

续表

省份	各省份 ICT 产品出口额（亿美元）			各省份 ICT 产品出口企业数量（个）		
	2000 年	2008 年	2016 年	2000 年	2008 年	2016 年
河北	0.33	15.41	9.06	35	103	196
山西	0.00	3.81	62.06	5	13	34
内蒙古	0.06	0.07	0.18	8	15	21
辽宁	17.65	33.58	29.30	115	269	357
吉林	0.03	0.61	0.95	10	36	51
黑龙江	0.71	1.09	0.45	15	62	62
上海	48.00	636.89	555.71	507	1496	2200
江苏	53.45	892.49	858.85	448	2490	3993
浙江	4.52	70.80	84.73	310	1412	2193
安徽	0.04	1.44	40.19	25	116	396
福建	15.81	100.66	87.18	243	536	792
江西	0.04	1.80	28.25	9	58	261
山东	6.46	133.89	141.13	221	642	928
河南	0.09	1.99	277.89	16	57	206
湖北	0.38	13.85	58.82	34	125	289
湖南	0.69	2.07	25.49	21	59	255
广东	198.06	1452.81	1796.61	2328	6164	11132
广西	0.04	2.52	30.79	13	48	118
海南	0.09	0.32	1.49	27	13	13
重庆	0.00	0.72	242.16	0	44	226
四川	1.11	24.01	139.04	46	222	354
贵州	0.01	0.01	7.44	2	8	66
云南	0.18	0.77	5.31	24	40	79
西藏	0.01	0.08	0.00	3	16	1
陕西	0.19	3.45	103.82	22	98	154
甘肃	0.00	0.13	3.91	6	10	16
青海	0.00	0.00	0.13	1	2	7
宁夏	0.00	0.00	0.47	1	2	34
新疆	0.03	0.13	0.23	9	30	55

（三）目的地维度

中国 ICT 产品的出口国市场表现出从发达国家（地区）传统市场（美国、日本、西欧等）向发展中国家新兴市场（东南亚、拉美和金砖国家等）扩张的趋势。从中国 ICT 产品出口到世界各国的出口额增加值以及出口企业数量增加值看（见表 8-3），2000~2016 年前后两个时间段的市场扩张重点有所不同。在 2000~2008 年，中国对世界各区域的 ICT 出口基本为正增长，对北美、东亚、南亚、西欧地区国家的市场扩张尤为明显；而在 2008~2016 年，受金融危机的影响，中国对部分地区的 ICT 出口呈现出负增长，其中以西欧、北欧、南欧等地较为突出。但从出口企业数量的增长看，中国对北美、东亚、东南亚、南亚、欧洲等地区的市场扩张仍然较为显著。

表 8-3　2001~2016 年中国 ICT 产品出口额及出口企业数量在世界各区域的增长情况

区域划分	出口至世界各区域的 ICT 出口额增长值（亿美元）		出口至世界各区域的 ICT 出口企业数量增长值（个）	
	2000~2008 年	2008~2016 年	2000~2008 年	2008~2016 年
东亚	263.63	97.64	4889	2390
东南亚	176.08	52.95	8241	6788
南亚	62.93	48.12	4041	4251
中亚	3.64	0.52	458	371
西亚	54.25	26.08	5719	3709
西欧	372.38	−69.70	6885	3701
北欧	110.76	−39.59	5356	2663
东欧	111.46	−2.85	5599	3764
南欧	79.37	−32.17	4799	1942
北美	566.55	138.65	5188	3777
加勒比地区	1.27	1.37	474	588
拉丁美洲	91.02	28.13	7153	4936
北非	9.95	3.83	1439	574
撒哈拉以南非洲	28.47	3.11	3327	3666
大洋洲	36.49	7.98	2206	1716

（四）出口源地—目的地维度

以每两年为一个分析单元，根据前后年的不同出口状态，可以将出口源地—目的地

（省份—目的地）出口关系分为五种类型（见表8-4），并考察2001~2016年不同类型出口关系的数量变动情况（见图8-3）。

表8-4　　　　　　　　　　　省份—目的地出口关系的分类和界定

类型	t-1 年	t 年	其他限制条件	省份—目的地出口关系分类
1	$V(t-1)=0$	$V(t)=0$	—	零贸易
2	$V(t-1)>0$	$V(t)=0$	—	退出
3	$V(t-1)=0$	$V(t)>0$	—	进入
4	$V(t-1)>0$	$V(t)>0$	$V(t-1)>V(t)$	出口额减少
5	$V(t-1)>0$	$V(t)>0$	$V(t-1)\leq V(t)$	出口额增加或不变

注：V代表出口额。

图8-3　2001~2016年中国ICT产品省份—目的地出口关系数量变动

在市场扩张动态方面，中国ICT产品出口的"零贸易"数量逐年下降明显，而退出和进入的出口关系数量一直维持在较低水平，除2015年和2016年受外资退潮影响外，进入数量均略高于退出数量，表明中国ICT产品的出口市场扩张长期保持净进入状态。在既有市场的贸易额变动方面，两种持续型出口关系（即出口额减少和出口额增加或不变）的数量和占比均逐年上升，表明在已支出沉没成本的前提下，大部分省份都倾向于维持出口联系，一旦开始出口就不会轻易退出（陈勇兵等，2015）。

统计2000~2016年各省份ICT产品出口目的地数量，并按其年平均值从高到低排序，以70为界分为两个统计图表（见图8-4和图8-5）。可以发现，2000~2016年出口国家数量平均值大于70的省份（见图8-4），其出口目的地数量整体上呈逐年增长态势，其中，广东、江苏、浙江、北京和上海的出口目的地数量长期维持在前五位；而出口目的地数量平均值不大于 70 的省份（见图 8-5），其出口目的地数量在 2000~2016 年的波动态势并不趋同，除广西、贵州、青海和宁夏等少数省份外，其余省份的出口目的地数量增长并不明显，且大多数为中西部省份。

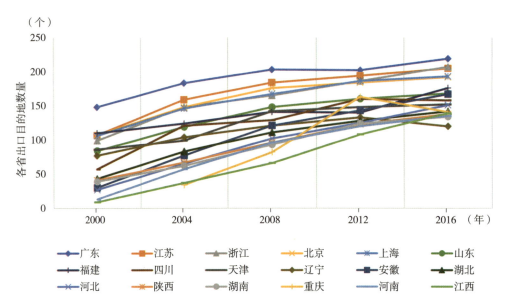

图 8-4　2000~2016 年各省份出口目的地数量变动（出口国数量平均值＞ 70 的省份）

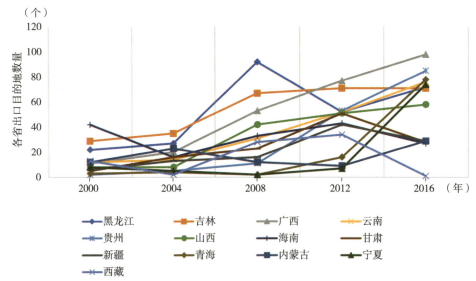

图 8-5　2000~2016 年各省份出口目的地数量变动（出口国数量平均值≤ 70 的省份）

选取 2001~2008 年和 2009~2016 年前、后两个时间段，分东、中、西部省份分别统计出口到世界各区域的 ICT 产品出口额，如表 8-5 所示。

表 8-5　　　　　2001~2016 年中国东、中、西部地区出口到世界各区域的 ICT 产品出口额　　　　　单位：亿美元

区域划分	东部地区		中部地区		西部地区	
	2001~2008 年	2009~2016 年	2001~2008 年	2009~2016 年	2001~2008 年	2009~2016 年
东亚	4590.34	11172.21	17.53	450.85	41.30	552.40
东南亚	858.75	1826.39	5.93	71.39	9.94	215.15
南亚	199.74	674.66	3.07	41.40	1.45	63.54
西亚	179.76	641.63	2.06	56.63	4.81	98.96
中亚	13.82	40.22	0.39	1.65	1.22	3.98
北欧	536.52	865.79	0.91	58.64	1.57	113.56
东欧	335.92	1022.38	1.74	88.96	2.37	52.17
南欧	215.12	498.98	1.47	18.05	1.53	50.08
西欧	1900.49	3145.77	11.07	238.56	4.98	596.26
北美	3056.37	6570.57	14.12	665.49	17.51	1013.61
加勒比地区	5.17	17.37	0.02	0.34	0.07	4.08
拉丁美洲	297.51	1104.85	3.10	93.00	1.13	88.05
北非	32.43	94.59	0.41	1.67	1.21	3.21
撒哈拉以南非洲	83.15	247.15	0.51	7.44	0.90	22.84
大洋洲	164.44	413.43	0.77	25.03	1.17	57.68
出口额合计	12469.53	28336.01	63.10	1819.11	91.17	2935.59

通过比较前、后时间段的出口额可知，东部地区 ICT 产品的出口扩张最为显著，整体增长规模超过 1.5 万亿美元，西部地区次之（增长值超过 2500 亿美元），而中部地区的增长最少。从出口流向结构看，东部地区的主要出口扩张区域是东亚（2009~2016 年出口额占比为 39.4%，下同）和北美（23.2%）；相似地，中部地区的出口增长主要体现在北美（36.6%）、东亚（24.8%）和西欧（13.1%）等市场；而西部地区的主要出口扩张区域是北美（34.5%）、西欧（20.3%）和东亚（18.8%）等；由此可见，目的地经济发展水平和地理邻近性可能是影响 ICT 产品出口扩张的重要因素。

为进一步分析省份—目的地层面的主要贸易流向和各省份的出口市场结构，我们对 2000~2016 年各省份出口到世界各区域的累计贸易额占比数据进行聚类分析（采用平方欧式距离和组间平均连接法），得到如图 8-6 和表 8-6 所示的聚类结果。

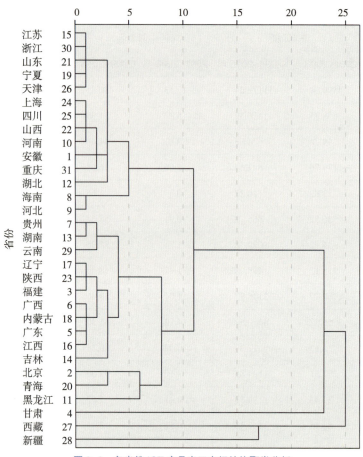

图 8-6　各省份 ICT 产品出口市场结构聚类分析

表 8-6　　　　　各省份 ICT 产品出口市场结构聚类分析结果（以距离 =5 为划分依据）

分类	省份	主导市场
1	江苏、浙江、山东、宁夏、天津、上海、四川、山西、河南、安徽、重庆、湖北	北美、东亚、西欧
2	海南、河北	西欧、东亚、北美
3	贵州、湖南、云南、辽宁、陕西、福建、广西、内蒙古、广东、江西、吉林	东亚、北美
4	北京、青海	东亚、东南亚
5	甘肃	东亚（占 95% 左右）
	黑龙江	东亚、东欧
	西藏	南亚、东南亚
	新疆	中亚、南亚

　　根据聚类结果，不同省份的 ICT 出口主要贸易流向和市场结构呈现出一定的相似性。以北美、东亚、西欧为主要出口市场的省份包括江苏、浙江、山东、天津等位于东部沿海的传统 ICT 产业优势区以及四川、重庆、河南等位于内陆的产业转移承接省份；以东亚市

场为主、北美市场为辅的省份则包括广东、广西、江西、福建等华南沿海省份以及贵州、湖南等部分内陆省份；少数省份的主要贸易流向呈现出一定的特殊性：如海南、河北两省以西欧、东亚为主要出口地区；北京、青海两地以东亚、东南亚市场为主；甘肃、黑龙江、西藏和新疆四地的主导市场也各具特色；其中，后三者涉及南亚、中亚、东欧等"冷门"出口目的地。

五、中国 ICT 产品出口贸易扩张的驱动机制

（一）相关性分析

首先讨论地方集群网络、信息溢出与出口源地—目的地层面出口贸易扩张的关系，分析集聚专业化、认知邻近、出口市场经验溢出和外资溢出与出口关系的贸易额扩张概率及贸易区位商提升概率之间的相关关系。上述两个指标的计算公式如下：

省份 c 在 t 年的出口关系贸易额扩张概率指与 $t-1$ 年相比，省份 c 在 t 年贸易额增大的出口关系数量 / 研究时段内省份 c 的所有出口关系数量。

省份 c 在 t 年的出口关系贸易区位商提升概率指与 $t-1$ 年相比，省份 c 在 t 年贸易区位商增大的出口关系数量 / 研究时段内省份 c 的所有出口关系数量。

其中，出口关系贸易区位商的计算公式如下：

$$LQ_{csp} = \frac{V_{csp} / \sum_s V_{csp}}{\sum_c V_{csp} / \sum_{c,s} V_{csp}} \quad (8\text{-}5)$$

其中，V 代表出口额，c 代表出口源地（省份），s 代表目的地，p 代表 ICT 产品。

1. 地方集群网络与 ICT 产品出口扩张

首先，基于散点图分析各省份 ICT 产品的集聚专业化程度与出口源地—目的地层面出口扩张的关系。各省份 ICT 产品贸易区位商位于临界值 1 以上的样本大部分为东部省份，而中西部省份样本大多集聚在 0~0.5 区间内，表明东部省份在 ICT 产品出口的集聚专业化方面优势突出。从整体上看，在出口额扩张概率方面（见图 8-7a），2001~2016 年散点图拟合线的拟合度为 0.279，斜率为 0.168；在出口专业化提升概率方面（见图 8-7b），拟合线的拟合度为 0.251，斜率为 0.142；两个斜率均为正数，表明 ICT 产品出口的集聚专业化程度与出口源地—目的地层面的出口扩张显著正相关。

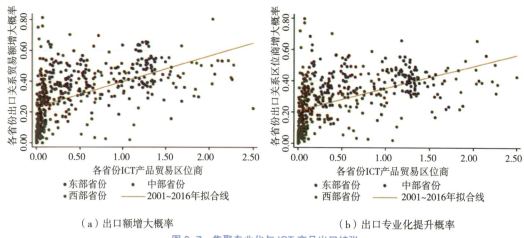

（a）出口额增大概率　　　　　　　　　　（b）出口专业化提升概率

图 8-7　集聚专业化与 ICT 产品出口扩张

其次，分析认知邻近与出口源地—目的地层面出口扩张的关系。在出口额扩张概率方面（见图 8-8a），拟合线的拟合度达到 0.516，斜率为 0.853；在出口专业化提升概率方面（见图 8-8b），拟合线的拟合度为 0.509，斜率为 0.755。同理，上述正相关关系表明各省份的 ICT 产品关联密度能够促进其出口扩张，且在提高出口额增大概率上更为明显。

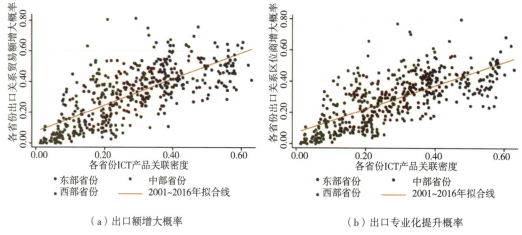

（a）出口额增大概率　　　　　　　　　　（b）出口专业化提升概率

图 8-8　认知邻近与 ICT 产品出口扩张

2. 信息溢出与 ICT 产品出口扩张

类似地，分析出口市场经验溢出与 ICT 产品出口扩张的关系。在图 8-9 中，蓝色及红色线对比了出口额是否扩张（*EXPinc*=1 和 *EXPinc*=0）的出口关系的非 ICT 产品出口额（取对数）核密度分布，绿色及橙色线对比了出口贸易区位商是否提升（*RCAinc*=1 和 *RCAinc*=0）的出口关系的非 ICT 产品出口额核密度分布。可以发现，出口额扩张

（*EXPinc*=1）及贸易区位商提升（*RCAinc*=1）的出口关系的核密度曲线更靠右，表明其具有更高的非 ICT 产品出口额，这预示着出口市场经验溢出能够扩张出口额及出口区位商提升概率。

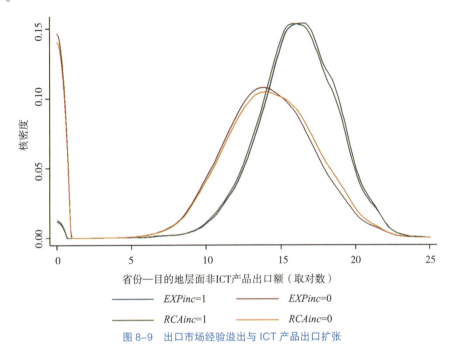

图 8-9　出口市场经验溢出与 ICT 产品出口扩张

　　最后，分析各省份外资溢出与 ICT 产品出口扩张的关系。可以看出，东部省份的 ICT 外资出口企业数量明显多于中西部省份。如图 8-10（a）所示，在出口额扩张概率方面，散点图拟合线的拟合度达到 0.460，斜率为 0.054。如图 8-10（b）所示，在出口专业化提升概率方面，拟合线的拟合度为 0.436，斜率为 0.047。同理，上述结果表明外资溢出对于各省份出口关系的贸易额增长和出口专业化提升具有促进作用。

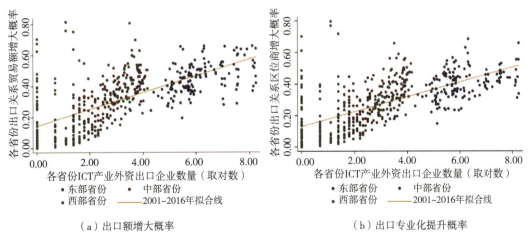

（a）出口额增大概率　　　　　　　　　　（b）出口专业化提升概率

图 8-10　外资溢出与 ICT 产品出口扩张

（二）模型统计结果分析

1. 地方集群网络、信息溢出与 ICT 产品出口扩张

基于省份—目的地维度出口数据，分析地方集群网络和信息溢出对 ICT 产品出口扩张的作用，回归结果如表 8-7 和表 8-8 所示。其中，模型（8.1）和模型（8.2）考察地方集群网络和信息溢出对 ICT 产品出口额增长以及出口专业化提升的影响；模型（8.3）和模型（8.4）为稳健性检验。

表 8-7   地方集群网络、信息溢出与 ICT 产品出口扩张

变量	出口额增长（EXPinc）	出口专业化提升（RCAinc）
	（8.1）	（8.2）
L.LQ	0.247***	0.181***
L.density	0.732***	0.474***
L.lnexp_info	0.080***	0.065***
L.lncompnum	−0.006	0.018***
L.lnind_staff	0.031***	0.013
L.lnroadarea	0.080***	0.009
L.lnpatent	0.037***	0.031***
L.lnctry_pcGDP	0.011***	0.012***
lnGeodist	−0.075***	−0.044***
L.lntbt	0.034***	0.010**
constant	−2.071***	−1.931***
年份固定效应	Yes	Yes
observations	69181	69181

注：***、** 分别表示 $p < 0.01$、$p < 0.05$。

表 8-8   稳健性检验

变量	出口额增长（EXPinc）	出口专业化提升（RCAinc）
	（8.3）	（8.4）
L.LQ	0.199***	0.155***
L.density	0.604***	0.425***
L.lnexp_info	0.078***	0.064***
L.lncompnum	−0.005	0.018***
L.lnwage	0.053	0.075*

续表

变量	出口额增长（*EXPinc*）	出口专业化提升（*RCAinc*）
	（8.3）	（8.4）
L.ln*airvol*	−0.011	−0.018***
L.ln*patent*	0.078***	0.054***
L.ln*ctry_pcGDP*	0.004	0.008**
ln*Geodist*	−0.072***	−0.046***
L.ln*tbt*	0.028***	0.008
constant	−2.374***	−2.557***
年份固定效应	Yes	Yes
observations	54208	54208

注：***、* 分别表示 $p < 0.01$、$p < 0.1$。

在模型（8.1）和模型（8.2）中，集聚专业化（*LQ*）、认知邻近（*density*）、出口市场经验溢出（*exp_info*）和外资溢出（*compnum*）的回归系数基本呈显著为正，说明地方集群网络和信息溢出能够促进出口源地—目的地层面 ICT 产品出口额的增长以及出口专业化水平的提升。在地方集群网络方面，集聚专业化程度越高，则地方产业配套网络体系就越成熟，集群规模经济和范围经济的外部性发挥得越充分，越有利于企业降低生产成本、交易费用和贸易不确定性，从而促进产品的出口扩张；地方产业结构与 ICT 行业的认知距离越近，地方已有的生产技术和能力就越有可能迁移到 ICT 行业，从而促进其产品生产率的提升；在信息溢出方面，地方出口到特定目的地的非 ICT 产品出口额越多，则地方关于目的地的市场信息和出口经验就越丰富，越能降低企业出口的市场搜寻成本；值得注意的是，外资溢出（*compnum*）不能显著地促进地方出口额的增长，但仍有助于地方出口专业化水平的提升，这暗示着外资企业的竞争效应和溢出效应并存，可能的解释是，随着外资企业的进入，市场优胜劣汰机制淘汰了竞争力较弱的部分出口企业，使得本地 ICT 产品总出口额的增长不明显；但同时，对于现存竞争力较强的企业而言，其吸收能力较高，能够在生产技术、管理经验等方面有效地获取外资知识溢出，提升 ICT 产品的出口竞争力，因此在相对意义上促进了地方出口专业化水平的提升。

在控制变量方面，各省份技术能力（*patent*）和目的地经济发展水平（*ctry_pcGDP*）对 ICT 产品出口扩张的作用呈显著为正，地理邻近性（*Geodist*）的回归系数呈显著为负，与预期结果相符。此外，还控制了出口源地的劳动力（*ind_staff*）、基础设施（*roadarea*）和各国技术性贸易壁垒（*tbt*）的影响。

2. 稳健性检验

在研究时段内，中国ICT制造业以加工贸易为主，行业劳动密集型特征明显，劳动力成本是影响电子产品生产和出口的重要竞争力（梁育填等，2013）；同时，ICT中间产品的国际贸易也高度依赖各省份的对外交通运输能力。为避免遗漏变量偏误的问题，我们采用替换变量方法进行稳健性检验。其中，劳动力变量替换为各省份制造业平均工资（*wage*），表征劳动力成本；考虑到电子产品等高技术产品的国际贸易适合采用航空运输（王缉慈，1993），基础设施变量替换为各省份民航货运量（*airvol*），表征各省份对外交通运输能力。以上两个指标均经过对数变换处理，并取滞后一期数据进行回归，数据来源分别为《中国劳动统计年鉴》和中经网。稳健性检验结果如表8-8所示，可以看出，四个核心变量的显著性和符号与之前的回归结果基本一致。从系数大小上看，在考虑了劳动力成本和对外交通运输变量之后，出口市场经验溢出（*exp_info*）和外资溢出（*compnum*）的系数大小基本不变，而集聚专业化（*LQ*）和认知邻近（*density*）的系数有所下降，表明劳动力成本和对外交通运输能力是地方集群网络促进出口扩张机制的具体作用方面之一。

六、结论与讨论

基于2000~2016年中国海关贸易数据库，本章分析中国ICT产品出口地理网络演化格局，并从"全球—地方"互动视角出发，构建地方集群网络和信息溢出促进产品出口扩张的机制框架，利用省份—目的地维度面板数据进行实证回归分析并作稳健性检验。描述性分析结果表明：（1）中国出口ICT产品的省份从沿海向内陆地区扩张；目的地市场则从发达国家传统市场向发展中国家新兴市场如东南亚、拉美、金砖国家等扩张，且市场扩张重点在不同时间段存在差异；（2）对比2000~2008年和2009~2016年两个时间段的贸易格局，中东部省份出口到东亚和北美、西部省份出口到北美和西欧的贸易额增长较为显著；（3）不同省份的主要贸易流向和市场结构呈现出一定的相似性。模型分析结果表明：（1）地方集群网络和信息溢出能够显著促进出口源地—目的地层面ICT产品出口额的扩张以及出口专业化程度的提升；其中，外资溢出对出口额增长的作用不显著，但对出口专业化提升的促进作用明显；（2）考虑了劳动力成本和对外交通运输能力变量后，回归结果仍然稳健。

上述结论具有重要政策启示：对于ICT等技术知识密集型产业而言，政府需要积极培育地方集群网络，同时通过吸引外资和贸易等方式获取外部信息资源，打通"全球—地方"互动通道，充分发挥地方集聚外部性和信息溢出的积极作用，引导企业主动融入地方集群的生产分工网络，通过纵向非一体化的生产组织培育本地集群的低成本出口优势，同时基于知识信息溢出与共享机制，学习出口企业和外资企业的出口经验，提升中国高技术产品的出口竞争力，促进高技术行业的出口贸易发展。

参考文献

［1］阿瑟·奥沙利文，2015.城市经济学［M］.周京奎译，北京：北京大学出版社，41–49.

［2］陈勇兵，李梦珊，赵羊，等，2015.企业出口市场的选择：一个文献综述［J］.财贸研究，26（3）：50–60.

［3］高菠阳，李俊玮，2017.全球电子信息产业贸易网络演化特征研究［J］.世界地理研究，26（1）：1–11.

［4］贺灿飞，潘峰华，2007.产业地理集中、产业集聚与产业集群：测量与辨识［J］.地理科学进展，（2）：1–13.

［5］刘瑶，丁妍，2015.中国ICT产品的出口增长是否实现了以质取胜——基于三元分解及引力模型的实证研究［J］.中国工业经济，（1）：52–64.

［6］罗胤晨，谷人旭，王春萌，2016.经济地理学视角下西方产业集群研究的演进及其新动向［J］.世界地理研究，25（6）：96–108.

［7］梁育填，樊杰，柳林，等，2013.优化开发区域制造业企业迁移的因素及其区域影响——以广东东莞市为例［J］.地理研究，32（3）：497–506.

［8］毛熙彦，贺灿飞，2019.区域发展的"全球—地方"互动机制研究［J］.地理科学进展，38（10）：1449–1461.

［9］马海涛，周春山，刘逸，2012.地理、网络与信任：金融危机背景下的生产网络演化［J］.地理研究，31（6）：1057–1065.

［10］綦建红，刘慧，赵勇，2015.市场进入中的"跟随者"及其出口延迟时间：一个微观证据［J］.南开经济研究，（5）：92–110.

［11］沈玉良，彭羽，2018.全球价值链视角下中国电子产品的技术复杂度提升了吗：以智能手机为例［J］.世界经济研究，（6）：23–35+135.

［12］佟家栋，刘竹青，2014.地理集聚与企业的出口抉择：基于外资融资依赖角度的研究［J］.世界经济，37（7）：67–85.

［13］王维薇，李荣林，2014.全球生产网络背景下中间产品进口对出口的促进作用——基于对中国电子行业的考察［J］.南开经济研究，（6）：74–90.

［14］王缉慈，1993.高技术产业布局中的交通运输问题［J］.地理科学，（4）：362–367+392.

［15］宣烨，宣思源，2012.产业集聚、技术创新途径与高新技术企业出口的实证研究［J］.国际贸易问题，（5）：136–146.

［16］徐美娜，彭羽，2016. 外资垂直溢出效应对本土企业出口产品质量的影响［J］. 国际贸易问题，（12）：119-130.

［17］喻春娇，徐玲，2010. 中国在东亚电子行业生产网络中的分工地位研究——以 ICT 部门为例［J］. 世界地理研究，19（4）：47-57+15.

［18］喻春娇，胡小洁，肖德，2012. 台海两岸 ICT 制造业的贸易模式及其决定因素分析［J］. 世界经济研究，（3）：81-86+89.

［19］钟昌标，2007. 影响中国电子行业出口决定因素的经验分析［J］. 经济研究，（9）：62-70.

［20］杨丽华，2013. 长三角高技术产业集聚对出口贸易影响的研究［J］. 国际贸易问题，（7）：158-166.

［21］张建华，欧阳轶雯，2003. 外商直接投资、技术外溢与经济增长——对广东数据的实证分析［J］. 经济学（季刊），（2）：647-666.

［22］钟昌标，2006. 外商直接投资的横向和纵向溢出：对中国电子行业的分析［J］. 世界经济，（11）：23-29+95.

［23］朱晟君，胡绪千，贺灿飞，2018. 外资企业出口溢出与内资企业的出口市场开拓［J］. 地理研究，37（7）：1391-1405.

［24］Ahn J B, Khandelwal A K, Wei S J, 2011. The role of intermediaries in facilitating trade［J］. Journal of International Economics, 84（1）：73-85.

［25］Aitken B, Hanson G, Harrison A, 1997. Spillovers, foreign investment and export behavior［J］. Journal of International Economics, 43（1-2）：103-132.

［26］Bathelt H, Schuldt N, 2010. International trade fairs and global buzz, Part I: Ecology of global buzz［J］. European Planning Studies, 18（12）：1957-1974.

［27］Balsvik R, 2011. Is labor mobility a channel for spillovers from multinationals? Evidence from Norwegian manufacturing［J］. Review of Economics and Statistics, 93（1）：285-297.

［28］Boschma R, 2017. Relatedness as driver of regional diversification: A research agenda［J］. Regional Studies, 51（3）：351-364.

［29］Boschma R, Coenen L, Frenken K, et al., 2017. Towards a theory of regional diversification: Combining insights from Evolutionary Economic Geography and Transition Studies［J］. Regional Studies, 51（1）：31-45.

［30］Blomstrom M, Kokko A, Globerman S, 2001. The determinants of host country spillovers from foreign direct investment: Review and synthesis of the literature. （In）: Pain N. Inward investment, technological change and growth: The impact of multinational corporations on the UK economy［M］. Houndmills, U.K. and New York: Palgrave in association with the National Institute of Economic and Social Research, 34-65.

［31］Caves R E, 1974. Multinational firms, competition, and productivity in host-country markets［J］. Economica, 41（162）：176-193.

［32］DeBresson C, Amesse F, 1991. Networks of innovators: A review and introduction to the issue［J］. Research Policy, 20（5）：363-379.

［33］Greenawaya D, Sousab N, Wakelina K, 2004. Do domestic firms learn to export from multinationals? [J] . European Journal of Political Economy, 20（4）: 1027-1043.

[34] Girma S, Gong Y, Görg H, et al., 2015. Estimating direct and indirect effects of foreign direct investment on firm productivity in the presence of interactions between firms [J] . Journal of International Economics, 99（1）: 157-169.

[35] Grillitsch M, Asheim B, Trippl M, 2018. Unrelated knowledge combinations: The unexplored potential for regional industrial path development [J] . Cambridge Journal of Regions, Economy and Society, 11（2）: 257-274.

[36] Hausmann R, Rodrik D, 2003. Economic development as self-discovery [J] . Journal of Development Economics, 72（2）: 603-33.

[37] He C, Yan Y, Rigby D, 2018. Regional industrial evolution in China [J] . Papers in Regional Science, 97（2）: 173-198.

[38] Hausmann R, Hidalgo C A, 2011. The network structure of economic output [J] . Journal of Economic Growth, 16: 309–342.

[39] Hidalgo C A, Klinger B, Barabasi A L, et al., 2007. The product space and its consequences for economic growth [J] . Science, 317: 482-487.

[40] Javorcik B S, 2004. Does foreign direct investment increase the productivity of domestic firms? In search of spillovers through backward linkages [J] . American Economic Review, 94（3）: 605-627.

[41] Kalantaridis C, 1996. Local production networks in the global marketplace: Entrepreneurial strategies in the garment industry of Macedonia, Greece [J] . International Journal of Entrepreneurial Behaviour and Research, 2（3）: 12-28.

[42] Krautheim S, 2012. Heterogeneous firms, exporter networks and the effect of distance on international trade [J] . Journal of International Economics, 87（1）: 27-35.

[43] Lo Turco A, Maggioni D, 2019. Local discoveries and technological relatedness: The role of MNEs, imports and domestic capabilities [J] . Journal of Economic Geography, 19（5）: 1077-1098.

[44] Neffke F, Hartog M, Boschma R, et al., 2018. Agents of structural change: The role of firms and entrepreneurs in regional diversification [J] . Economic Geography, 94（1）: 23-48.

[45] Mao X, He C, 2019. Product relatedness and export specialization in China's regions: A perspective of global-local interactions [J] . Cambridge Journal of Regions, Economy and Society, 12（1）: 105-126.

[46] Marshall A, 1920. Principles of Economics [M] . London: MacMillan, 352.

[47] Mayneris F, Poncet S, 2015. Chinese firms' entry to export markets: The role of foreign export spillovers [J] . The World Bank Economic Review, 29（1）: 150-179.

[48] Poncet S, 2013. Export upgrading and growth: The prerequisite of domestic embeddedness [J] . World Development, 51（5）: 104-118.

[49] Rodríguez-Clare A, 1996. Multinationals, linkages, and economic development [J] . American Economic Review, 86（4）: 852-873.

[50] Scott A J, Storper M, 1987. High technology industry and regional development: A theoretical

critique and reconstruction ［J］. International Social Science Journal，112：215-328.

［51］Trippl M，Grillitsch M，Isaksen A，2018. Exogenous sources of regional industrial change：Attraction and absorption of non-local knowledge for new path development ［J］. Progress in Human Geography，42（5）：687-705.

［52］Yang C，He C，2017. Transformation of China's 'world factory'：production relocation and export evolution of the electronics firms ［J］. Tijdschrift voor Economische en Sociale. 108（5）：571-591.

第九章
电子机械产品出口
贸易地理网络

一、引言

出口贸易是中国与世界沟通的主要方式，其总量也呈现逐年增长趋势。中国货物贸易额自 1992 年的 160 余亿美元增长到 2010 年的近 3 万亿美元，年增速达 18%，并占当年世界总额的 19%，排名第一。但中国的出口贸易中含有大量加工贸易，并存在"为出口而大量进口中间产品"的情况，导致出口在国内创造的附加值很低（Upward et al.，2013；罗长远、张军，2014）。而电子机械制造业产品在中国中间产品贸易体系中占有绝对优势地位。以 2010 年中国产品贸易结构为例，机械及运输设备中间产品贸易额占中间产品贸易总额的 93%，其中电子机械制造业产品占比达到 45%，远多于其余产品（张润，2012）。综上，以区分不同工序和贸易方式的视角观察该类出口产品贸易网络格局可以帮助更好地了解中国出口贸易的结构特征。

将分析对象深入到产业链内部便涉及产品内分工与贸易研究。该领域主要指某产品生产过程中的各工序或区段依据一定原则形成全球性的跨区域生产链条（Balassa，1965；Dixit and Grossman，1982）后，链条上的中间产品和由其组装成的最终产品在经济主体间进行贸易的现象。目前经济与管理学者是产品内分工与贸易的主导研究力量，他们主要关注该现象的动因（Krugman，1994；Deardorff，1998）、水平测度（Hummels et al.，2001；Koopman et al.，2010）及其对一国经济发展的影响（Goldberg et al.，2010；Feenstra，2015；喻美辞，2012）等方面。其中，产品内分工与贸易动因研究对本章具有较好的指导作用。简要来说，学者们认为，产品内分工与贸易的理论基础与以最终产品为对象的国际贸易理论体系相同，只不过该领域将传统的分工边界从"可贸易的产品"深入到了"生产某一个产品内部的工序"。因此，传统贸易理论中的比较优势、要素禀赋理论，新贸易理论的规模经济与不完全竞争理论和新新贸易理论强调的企业异质性即构成了一国开展产品内分工与贸易的动因，也是促进全球尺度各行业产品内分工贸易网络形成的根本因素。

但基于经济地理学的视角审视该领域，仍可总结出以下可完善的方面：

（1）现有研究较少关注以中国为节点的产品内分工与贸易在全球范围内的网络格局，即便有，也多停留在国家尺度，得到的结论往往是中国以加工贸易的形式参与到全球市场中（唐海燕、张会清，2008；张如庆，2010）。针对研究国际贸易的学者来说，国家尺度的结果便足以支撑提出普适性规律。但地理学者则需要关注到国家内部的微观尺度。中国各地区在出口贸易和经济发展之间差异明显，并非每个地区都以加工贸易为主。在此背景下，将中国作为一个"点"来研究就无法注意到国内地区之间的不同，得到的结论也往往过于"宏观"和"粗糙"。

（2）现存文献极少以电子机械制造业产品作为特定的研究对象，而是多采用全产业产品样本进行分析。但由于不同产品在要素投入、市场选择等诸多方面存在明显差异，会导致对应的出口贸易网络格局显著不同。因此，选择典型产品进行案例研究往往能得到更精确的结论。结合前面所述，电子机械制造业产品是最优选择之一。

（3）全球—地方互动视角下的多尺度知识溢出和演化经济地理学对知识溢出的补充可为上述基于国际贸易理论形成的产品内分工与贸易网络格局提供新的理论支撑。首先，知识溢出表明企业可以通过集聚分布而共享知识，进而降低生产等方面的成本（段学军等，2010；Rosenthal and Strange，2003）。据此，企业倾向于在不同地区集聚分布。当涉及出口行为时，全球—地方互动视角认为，上述知识溢出存在于出口地、目的地和出口地—目的地联系三个维度（Bathelt et al.，2004；Bathelt and Schudt，2008），并会对企业选择出口地和目的地产生影响。其次，演化经济地理学者认为，并非任何企业之间都能够产生并享用知识溢出，只有在生产工序具有一定相似性，即技术关联（Hidalgo et al.，2007；Boschma and Immarino，2009）程度高的企业才可以。因此，企业倾向于进入与其技术关联程度高的集群出口，也愿意出口到与其技术关联程度高的国家（Poncet and de Waldemar，2013；罗芊，2018）。

综上，基于2002~2016年中国海关贸易数据库，本章从产品内分工与贸易的视角分析中国电子机械制造业出口产品贸易网络空间格局。具体来说，即研究一般/加工贸易方式下，上述产业中间/最终产品出口企业所属出口地（地级市、省份层面）和所选贸易目的地形成的跨尺度贸易网络空间布局。并着重探讨技术关联视角下全球—地方互动带来的多尺度知识溢出是否会驱动新企业进入特定贸易网络进行出口，以及贸易网络中在位企业进一步提升出口额，并将对应目的地发展为在全国范围内具有比较优势的优势贸易伙伴。

二、理论背景与研究假说

（一）电子机械制造业产品特性

除在中国中间品贸易中具有绝对优势之外，电子机械制造业产品还具有"产业链条长、零部件种类多样、生产工序易分解和各部分要素投入差异性明显"的特征（朱至瑜，

2008）。进一步地，该产业产品要素投入的差异适用于演化经济地理基于技术关联对知识溢出做出的补充。例如制造高技术含量电子机械器材中间产品的出口企业往往会更加看重企业之间知识溢出，同时其也可以更顺畅地共享知识。相比之下，制造低技术含量中间产品，或单纯组装加工最终产品的企业由于缺乏技术升级动力等原因可能并不看重彼此间的知识溢出。

（二）中间 / 最终产品、一般 / 加工贸易差异性

工序和贸易方式的不同会为产品带来差异化属性，进而影响贸易网络空间格局。总结现有研究，可列举如下：

（1）中间产品和最终产品的差异为：①中间产品在生产过程上"不可分"（张彬、桑百川，2013；刘庆玉、熊广勤，2011），即生产某种中间产品往往需要投入另一种中间产品。因此，中间产品生产和贸易具备更强的关联效应。②生产中间产品要求更高的技术含量，对出口地的人才资源和基础设施水平都有更高的要求。③中间产品对各种贸易成本（劳动力、运输、两国贸易关系等）更加敏感（马风涛、李俊，2011）。原因是中间产品的"不可分性"会驱使其作为成品或投入品历经多次运输及进出各国海关。在此情况下，各类成本即会对其产生更强的影响（Hyun，2018）。

（2）一般贸易与加工贸易的主要差异为：相对于一般贸易，加工贸易具有明显"两头在外"的特征（王岚、李宏艳，2015；张杰等，2014），即生产成品所需的原料来自进口，而成品也大多遵循被承包订单企业的销售战略出口到指定的海外市场（林正静，2019）。一般情况下，这种情况会导致本地采购率与销售率低，令其与本地产品的关联度较弱。

总结来说，中间产品、一般贸易的出口企业会更加重视本地的生产环境和信息知识，而最终产品、加工贸易的出口企业，由于其工艺相对简单，加上（尤其是加工贸易企业）会受到对应经济主体经营策略的影响，其通常不会重视本地的条件或与贸易伙伴的联系。

（三）产品内分工与贸易网络驱动因素

本章着重关注国内地级市和省级尺度出口地与贸易伙伴国形成的跨尺度贸易网络空间格局。前面提到，从产品内分工与贸易的视角出发关注贸易网络格局的研究大多局限在国家尺度以上。在此前提下，传统贸易理论（Ohlin，1933）、新贸易理论（Krugman，1979；1994）和新新贸易理论（Melitz，2003）构成了上述格局形成的理论基础，并有诸多实证研究在分解生产工序的前提下用上述理论解释了各国间的贸易现象（Joes，2000；Jones et al.，2005；Antras and Helpman，2004）。当研究尺度深化到国家内部时，全球—地方互动视角下多尺度知识溢出和演化经济地理学基于技术关联对知识溢出进行的补充即可额外的作为理论支撑来探讨上述贸易网络布局形成和演化的动因。

1. 全球—地方互动下的多尺度知识溢出

集聚外部性理论认为，企业通过集聚分布以享有彼此之间产生的知识溢出，从而降低生产和出口等各方面成本。上述知识溢出一般分成 Mar 外部性（Marshall，1890）和 Jacobs 外部性（Jacobs，1969）。前者认为，属于相同产业的企业倾向于集聚分布，因为同行业企业可以更加顺畅地分享彼此间的知识溢出。后者则认为不同产业之间的企业更容易发生知识溢出，驱动企业在本地集聚分布的原因是产业多样化，而非产业专业化。当研究涉及出口维度时，学者们认为出口企业同样可以通过集聚分布获取已有企业的出口信息，巴赛尔特和泰勒（Bathelt and Taylor，2002）用"本地蜂鸣"来形容这种企业相互学习的氛围。在其中，企业更加容易获取生产和贸易的相关信息，评估进入市场的风险，进而做出最合理的生产和销售决策。有学者则将这种情况称为"出口信息溢出"（Lovely et al.，2005；Valderrama et al.，2013）。这种外溢会通过降低进入海外市场沉没成本等方式（Aitken et al.，1997）提升集群内部企业的出口额，或者吸引新企业进入集群进行出口。

上述知识溢出可认为是出口地维度的知识溢出。出口贸易不仅涉及出口地，也涉及贸易目的地、出口地—目的地联系等维度，其同样存在知识溢出现象。类比于"本地蜂鸣"，巴赛尔特等（Bathelt et al.，2008）提出了"全球蜂鸣"来形容出口地企业集群中的外来的知识。并且指出，本地企业集聚可以通过企业之间频繁的正式和非正式沟通来交流特定贸易目的地市场的相关信息。如果某个国家的市场信息可以在本地集群中流传开来，那么其被集群中更多企业选为出口目的地的可能性就更大。类比于出口地的本地知识溢出，罗芊（2018）将贸易目的地市场信息在集群中流动的现象称之为目的地知识溢出。在此基础上，部分实证研究证明了新出口企业出口时非常重视目的地的市场经验和信息，已出口企业也会加大到市场信息通畅目的地的出口总量（Evenett and Venables，2002；Ramos and Moral-Benito，2013；Choquette and Meinen，2015）。

如上所述，目的地维度的知识溢出可以为出口地企业集群提供外部知识。但需注意的是，集群必须保证对外联系通道畅通才能够令企业顺利积累、扩散知识。欧文 - 史密斯等（Owen-Smith et al.，2004）将这种联系称为"全球管道"，并指出，集群内企业可以从承接外包、进行直接交易、合资经营或形成战略合作伙伴关系等方式构建上述"管道"，将外部经济主体的知识引入本企业同时，促进知识和信息在集群内部的扩散。布雷斯纳汉等（Bresnahan et al.，2001）指出，当"管道"足够畅通时，外部主体的相关信息也会更加"畅快"地在集群内部进行传播，进而增强目的地维度的知识溢出强度。

由于每一个出口地集群的"管道"都会连接到一个或多个特定的贸易目的地，因此，本章将这些"管道"看作由特定出口地—目的地组成的跨尺度贸易网络，即本章关注的核心尺度。由于贸易网络的畅通性会影响外来知识在本地集群的溢出程度，类比于出口地、目的地维度的知识溢出，本章进一步将这种畅通性看作贸易网络维度的知识溢出。出口地—目的地形成的贸易网络通畅性高，即贸易网络知识溢出程度强。该维度的知识溢出可以用特定出口地市场与目的地市场之间的关联程度来衡量。具体的计算方式后文会详细说明。

2. 演化经济地理对知识溢出的补充

针对集聚外部性理论中知识溢出来源仍存在争议的情况，演化经济地理学者基于技术关联对上述知识溢出进行了补充。该领域学者认为，只有生产技术具有一定相关性，即技术关联程度高的企业才能更加顺畅地享有彼此之间的知识溢出。企业生产的某种产品，其与地区产品结构技术关联程度越高，则表明地区内部与该产品共享知识、同时具有比较优势的产品越多，企业越容易获取知识溢出。基于技术关联，大量学者进行了实证研究，得到的结论多为技术关联是驱动企业进入集群从事生产或出口、在位出口企业扩大出口规模的重要影响因素（He et al., 2017; Zhu et al., 2017）。在此基础上，本章认为，技术关联思想同样可以为目的地维度、出口地—目的地维度的知识溢出做出类似的补充。

（四）研究假说与解释框架

本章将全球—地方多尺度的知识溢出分为两个方面：(1) 整体出口经验，主要由同类产品出口企业出口额来衡量；(2) 产品关联度，主要由出口产品与出口地、目的地产品结构的技术关联密度或出口地—目的地市场关联程度来衡量。进一步地，针对出口地—目的地形成的跨尺度贸易网络，本章提出如下假设：

针对电子机械制造业一般贸易中间／最终产品出口企业来说，出口地、目的地和出口地—目的地维度的知识溢出越强（包含整体出口经验和产品关联度），新企业越倾向进入贸易网络进行出口，已出口企业越倾向于提升出口额，将对应目的地扩展为优势贸易伙伴。加工贸易中间／最终产品出口企业受上述影响不明显。

解释框架如图 9-1 所示。

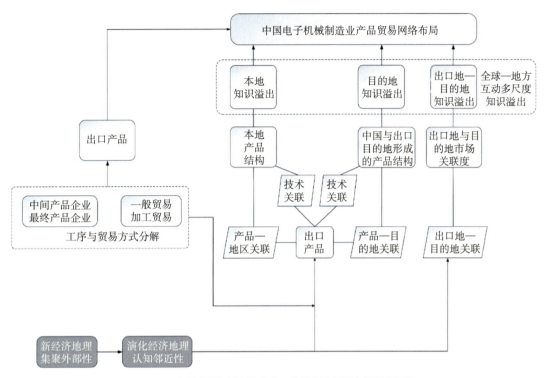

图 9-1 中国电子机械制造业出口产品贸易网络布局概念框架

三、数据来源与研究方法

（一）数据来源与预处理

本章关注出口贸易，采用的数据来自 2002~2016 年中国海关贸易数据库，该数据库由中国海关基于企业进口报关记录进行整理，数据为企业层面，包含出口企业名称与代码（10 位）、企业户口产品 HS 代码（8 位）、贸易方式、目的国名称与代码、企业所属城市名称与代码、出口贸易额（美元）等属性。在使用数据进行描述性与计量模型定量分析之前，需对数据进行预处理，主要包含以下几个方面：（1）剔除贸易公司数据。海关库内部包含大量贸易公司，是其职能为帮助出口企业进行报关工作，对应的出口产品与其自身大多无关。（2）删除进口数据。由于知识溢出和技术关联都关注企业生产和出口行为，因此本章只关注企业出口贸易。（3）统一出口产品 HS 代码。为研究的统一性，基于 UNComtrade 数据库提供的转换表，本章将所有年份数据的 HS 代码统一为 2007 版本。

（4）识别电子机械制造业产品。结合联合国国际贸易货物标准分类（第三版）和联合国经济大类分类法（第四版）识别电子机械制造业一般／加工贸易方式下的中间／最终产品。

在上述数据选择和预处理后，共 111 种 HS 代码产品代表电子机械中间产品，38 种 HS 代码代表电子机械最终产品，区域层面则共涉及 264 个中国城市，215 个国家和地区。

（二）变量设定与计算

1. 新企业进入贸易网络出口

本章认为，如果出口电子机械制造业产品的企业在 $t-1$ 年不在出口地—目的地组成的特定贸易网络中，而在 t 年出现，则认为该企业在 t 年进入了贸易网络。具体计算公式如下：

$$entry_{cspt} = \begin{cases} 1, & if\ Num_{cspt} > 1 \\ 0, & if\ Num_{cspt} = 0 \end{cases} \qquad （9-1）$$

其中，Num_{cspt} 为 t 年 c 城市出口到目的地 s 的 p 产品的出口企业数量。当进入数量大于 1 时，$entry_{cspt}$ 赋值为 1，否则为 0。

2. 贸易网络内在位出口企业扩展优势贸易伙伴

部分借鉴朱等（Zhu et al.，2017）的思想，本章以出口地企业贸易目的地比较优势的变化来衡量在位企业扩展优势贸易伙伴。当贸易网络内在位企业的出口额受到多尺度知识溢出的促进而提升到某一程度时，其就有可能将对应的目的地变为其在全国范围内具有出口比较优势的贸易伙伴，本章即据此设计变量来衡量知识溢出对在位企业出口规模的影响。具体计算公式如下：

$$LQ_{cspt} = \frac{Export_{cspt} / \sum_{sp} Export_{cspt}}{\sum_{cp} Export_{cspt} / \sum_{csp} Export_{cspt}} \qquad （9-2）$$

其中，$Export_{cspt}$ 表示 t 年 c 省份[①]向目的地 s 的 p 产品的出口贸易总额。若 LQ_{cspt} 大于 1，说明 c 省份向目的地 s 的出口具有比较优势；反之，若 LQ_{cspt} 小于 1，则其不具备比较优势。进一步地：

---

① 比较优势的变化在省级尺度计算而非地级市尺度的原因是，大部分地级市受限于出口额无法将对应目的地扩展为在全国范围内具有比较优势的贸易伙伴，即会出现大量 0 值，在设计实证模型时会影响结果的准确性。

$$RCA_{cspt} = \begin{cases} 1, if\ LQ_{csp(t-1)} < 1\ and\ LQ_{cspt} > 1 \\ 0, if\ \ \ others \end{cases} \quad （9-3）$$

上式表明，若在 $t-1$ 年贸易网络中对应的目的地不是已出口企业的优势贸易伙伴，而在 t 年变成了优势贸易伙伴，RCA_{cspt} 赋值为 1，剩余所有情况均赋值为 0。

3. 产品与出口地、目的地产品结构技术关联度

目前，学者们多用伊达尔戈等（Hidalgo et al.，2007）提出的技术关联密度指标来衡量特定产品与某地产业结构间的技术关联程度，具体计算步骤如下 [1]：

首先，计算电子机械制造业产品与其他任意产品在同一地点出口的最小条件概率：

$$\Phi_{p,i,t} = \min\{P(V_{cpt} > 0 \mid V_{cit} > 0), P(V_{cit} > 0 \mid V_{cpt} > 0)\} \quad （9-4）$$

其中，p 为各类电子机械产品，i 代表其他产品，c 为出口地市场，V 代表对应出口额。当电子机械制造业产品与其他类别产品高频率共同出现在同一出口体系中时，即可认为两者在生产技术、劳动力素质、要素禀赋等方面相似性较高。

在此基础上，计算电子机械制造业产品与出口地整体产品结构的技术关联密度：

$$density_{cpt} = \frac{\sum_i x_{cit}\ \Phi_{p,i,t}}{\sum_i \Phi_{p,i,t}} \quad （9-5）$$

其中，x_{cpt} 为二元变量，当 t 年 c 城市的电子机械制造业产品是全国城市中具有比较优势的出口品时，赋值为 1，否则为 0。产品的区位商可以衡量其是否具有比较优势，区位商大于 1，即具有比较优势：

$$RCA_{cpt} = \frac{V_{cpt} / \sum_p V_{cpt}}{\sum_c V_{cpt} / \sum_{c,p} V_{cpt}} \quad （9-6）$$

将出口地信息换为目的地维度，即可计算目的地知识溢出 $density_{spt}$。

4. 出口地—目的地市场相似度

出口地—目的地市场相似度仍可用共现与比较优势的思想，仿照技术关联密度的计算步骤计算相似度。具体来说，首先，计算 t 年任意两个国家（地区）被中国同一个出口城市（省份）选为贸易目的地的最小条件概率：

$$\Phi_{s_i,s_j,t} = \min\{P(V_{cs_it} > 0 \mid V_{cs_jt} > 0), P(V_{cs_jt} > 0 \mid V_{cs_it} > 0)\} \quad （9-7）$$

其中，s_i，s_j 代表两个贸易目的地市场。$\Phi_{s_i,s_j,t}$ 越大，表明 t 年这两国（地区）共同出现在一个城市（省份）出口体系中的概率越高，即市场相似度越强。

---

[1] 以地级市尺度出口地计算为例，省级计算相类似。

进一步地，计算出口地—目的地市场相似度：

$$density_{cst} = \frac{\sum_{s_i} x_{cs_it}\, \Phi_{ss_i,t}}{\sum_{s_i} \Phi_{ss_i,t}} \quad\quad （9-8）$$

其中，x_{csit} 为（0/1）变量，当 t 年目的地 s 是 c 城市（省份）的出口优势目的地时，取值为 1，否则为 0。区位商也可衡量优势目的地，具体计算公式如下：

$$RCA_{cst} = \frac{V_{cs_it}/\sum_{s_i} V_{cs_it}}{\sum_{c} V_{cs_it}/\sum_{cs_i} V_{cs_it}} \quad\quad （9-9）$$

上述指标，除出口地—目的地市场相似度外，均按照一般贸易中间产品、加工贸易中间产品、一般贸易最终产品和加工贸易最终产品四个种类分别计算。

四、中国电子机械制造业产品内出口贸易空间格局

（一）出口规模视角下贸易网络空间格局

为直观看出全球范围内中国电子机械制造业各类产品的贸易网络格局，本章选择 2002 年、2009 年、2016 年三个典型年份，分别制作出口贸易总额排名前 10 位、中间 10 位和最后 11 位的省份出口贸易目的地的选择布局。由于贸易网络数量众多，因此省略出口地空间信息，而将目的地所属地区进行归类展示 ①，可得表 9-1 和表 9-2。可得具体信息如下：

（1）针对排名前 10 位的省份，首先，这些省份绝大多数位于东部沿海地区，以广东，福建，江苏等地为代表。其次，这些省份四类电子机械制造业产品出口目的地的选择基本以东亚、西欧的发达国家以及与中国贸易联系紧密的港澳台地区和东南亚国家为主。并且这种格局随时间推移并未发生明显改变。即总的来说，中国电子机械制造业产品出口领先地区的销售地主要为发达国家和地区。

（2）排名中间 10 位的省份主要位于中部地区，以河南、湖南、湖北等省份为代表。其在中间产品的目的地选择与排名前 10 位的省份差异不大，但在最终产品层面则明显不

---

① 本章地区分类依据联合国统计司的"联合国地理区划"，并结合数据分布情况重点提出典型地区（如中国港澳台地区）。共将全世界国家及地区划分为中国港澳台地区、东亚、东南亚、西亚、南亚、西欧、南欧、北欧、中东欧、北美洲、拉丁美洲、大洋洲、南非和北非共 14 个区域。

同。在一般贸易最终产品中，随时间推移，拉丁美洲的国家（多为发展中国家）逐步成为贸易目的地的主要选择对象。在加工贸易最终产品中，不仅是拉丁美洲，非洲各国成为更加受青睐的选择。即针对中等出口能力的出口地来说，中间产品仍倾向于出口到发达国家，而最终产品，尤其是加工贸易最终产品则倾向于销售到以非洲为主的发展中国家。

（3）排名最后 11 位的省份主要分布在西部地区，而其贸易目的地的选择随时间发生了明显变化。在 2002 年，其贸易伙伴多为非洲内部的发展中国家，但随时间推移，这些发展中国家的优势地位不再明显，出口产品逐步倾向于销售到发达国家。这种特征适用于全部四类产品。

表 9-1　　　2002 年、2009 年、2016 年各类电子机械制造业一般贸易产品出口目的地排名

分类	2002 年	2009 年	2016 年	分类	2002 年	2009 年	2016 年
中间产品前 10 名出口地	东亚	东亚	东亚	最终产品前 10 名出口地	东南亚	西欧	西欧
	中国港澳台地区	西欧	中国港澳台地区		西欧	东亚	南欧
	西欧	东南亚	西欧		中国港澳台地区	西亚	西亚
	东南亚	中国港澳台地区	东南亚		南欧	南欧	拉丁美洲
	北美洲	北美洲	北美洲		东亚	中国港澳台地区	东南亚
	拉丁美洲	拉丁美洲	拉丁美洲		拉丁美洲	拉丁美洲	北美洲
	南欧	南欧	南欧		北美洲	东南亚	东亚
	西亚	西亚	西亚		西亚	北美洲	中国港澳台地区
	南非	南非	北欧		南非	北欧	南非
	北欧	南亚	南亚		大洋洲	南非	北欧
中间产品中间 10 名出口地	东亚	东亚	东亚	最终产品中间 10 名出口地	东亚	东亚	西欧
	中国港澳台地区	北美洲	东南亚		北美洲	南欧	西亚
	东南亚	中国港澳台地区	中国港澳台地区		南欧	西欧	北欧
	西欧	西欧	西欧		西欧	东南亚	拉丁美洲
	北美洲	东南亚	北美洲		南非	拉丁美洲	东亚
	大洋洲	西亚	拉丁美洲		中国港澳台地区	北美洲	南欧
	拉丁美洲	拉丁美洲	南欧		拉丁美洲	西亚	中东欧
	南欧	南欧	北欧		东南亚	南非	中国港澳台地区
	南亚	南非	南亚		西亚	大洋洲	北美洲
	西亚	大洋洲	南非		中东欧	中国港澳台地区	东南亚

续表

分类	2002 年	2009 年	2016 年	分类	2002 年	2009 年	2016 年
中间产品最后 10 名出口地	东南亚	东亚	西欧	最终产品最后 10 名出口地	南非	西欧	西欧
	中国港澳台地区	东南亚	东亚		西欧	东南亚	南非
	拉丁美洲	北美洲	南欧		西亚	西亚	大洋洲
	东亚	西欧	中国港澳台地区		北欧	中国港澳台地区	中国港澳台地区
	西欧	南欧	北美洲		中国港澳台地区	北美洲	西亚
	北美洲	拉丁美洲	东南亚		东南亚	南欧	东南亚
	南欧	中国港澳台地区	南亚		南欧	大洋洲	东亚
	南亚	南亚	西亚		拉丁美洲	北欧	拉丁美洲
	西亚	北非	拉丁美洲		东亚	南亚	南亚
	大洋洲	大洋洲	中东欧		北美洲	东亚	南欧

表 9-2　2002 年、2009 年、2016 年各类电子机械制造业加工贸易产品出口目的地排名

分类	2002 年	2009 年	2016 年	分类	2002 年	2009 年	2016 年
中间产品前 10 名出口地	中国港澳台地区	东亚	东亚	最终产品前 10 名出口地	西欧	西欧	西欧
	东亚	东南亚	中国港澳台地区		拉丁美洲	西亚	南欧
	东南亚	中国港澳台地区	东南亚		西亚	南欧	西亚
	西欧	西欧	北美洲		南欧	拉丁美洲	东南亚
	北美洲	北美洲	西欧		东南亚	北欧	拉丁美洲
	北欧	南欧	拉丁美洲		北欧	东南亚	东亚
	南欧	拉丁美洲	南欧		东亚	北美洲	北美洲
	拉丁美洲	北欧	北欧		北美洲	中东欧	南非
	西亚	西亚	中东欧		中国港澳台地区	东亚	中国港澳台地区
	南亚	南亚	北非		南非	大洋洲	北欧

续表

分类	2002年	2009年	2016年	分类	2002年	2009年	2016年
中间产品中间10名出口地	中东欧	东亚	东亚	最终产品中间10名出口地	南欧	东南亚	东亚
	东南亚	北美洲	中国港澳台地区		西欧	北美洲	西欧
	东亚	中国港澳台地区	东南亚		南非	南欧	拉丁美洲
	中国港澳台地区	北欧	北美洲		北欧	南非	南非
	北美洲	东南亚	西欧		北非	中东欧	南亚
	西欧	西欧	北欧		东南亚	西亚	东南亚
	拉丁美洲	拉丁美洲	南欧		北美洲	西亚	北欧
	西亚	南亚	拉丁美洲		中国港澳台地区	东亚	南亚
	南欧	南欧	西亚		拉丁美洲	中国港澳台地区	西亚
	北非	中东欧	南亚		大洋洲	北非	北美洲
中间产品最后10名出口地	南非	东南亚	东南亚	最终产品最后10名出口地	无	西欧	西欧
	东亚	西欧	东亚			中东欧	东亚
	北美洲	西亚	西欧			大洋洲	南欧
	中国港澳台地区	中国港澳台地区	中国港澳台地区			拉丁美洲	东南亚
		拉丁美洲	北美洲			东南亚	西亚
		东亚	西亚			南非	北欧
		北美洲	拉丁美洲			中国港澳台地区	南非
		南非	南欧			北美洲	北非
		北欧	南非			东亚	大洋洲
		大洋洲	南亚			南欧	拉丁美洲

　　总体来说，中国电子机械制造业产品出口份额集中分布在东部沿海地区，而加工贸易更加集中在东南沿海地区，以广东省内部典型地市为代表。中间产品和最终产品的目的地选择存在明显差异。前者更倾向于出口到与中国出口联系紧密的发达国家及地区和多维邻近性更高（文化、制度、经济水平）的东南亚各国。可能的原因是中间产品的产品关联性更高，利益链条更长，因此中国该产品出口企业更倾向于出口到两种地区：第一是出口经验丰富、市场完善、上下游企业齐全的发达国家及地区，第二则是市场相似和熟悉度较

高、风险更低的东南亚国家。后者则不仅注重发达国家及地区市场，也倾向于出口到发展中国家，这种现象的原因则可能是相对于经济技术落后的非洲各国来说，中国生产的技术含量不高，价格相对便宜的最终产品不会面临类似于发达国家及地区市场内的激烈竞争。但这种现象在出口能力强的东部沿海地区不明显，则有可能是该地区企业出口的最终产品在质量或价格上具有更强的优势，或企业自身拥有更强的资源，使得它们可以处理市场内部的竞争。

（二）出口目的地结构聚类分析

在省级尺度，将 2002~2016 年出口地出口额和对应优势贸易伙伴的数量综合进行聚类分析，以期进一步了解各出口地出口结构的相似程度。聚类结果如图 9-2 所示。

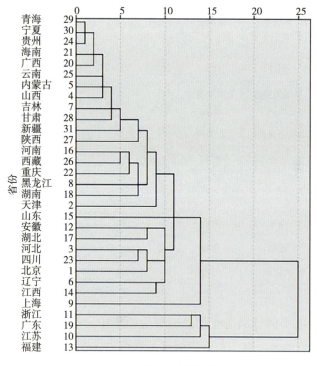

（a）一般贸易中间产品

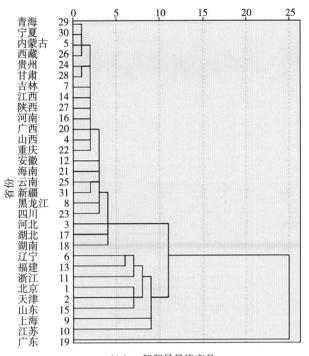

（b）一般贸易最终产品

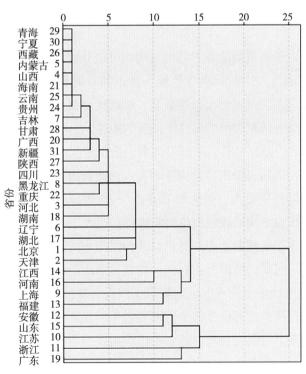

（c）加工贸易中间产品

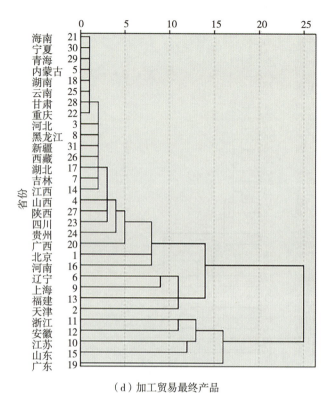

（d）加工贸易最终产品

图9-2 中国电子机械制造业产品出口地出口结构聚类分析

整体来看，四类电子机械制造业产品出口地均可以分成三大类：中西部内陆省份、东南沿海省份（江苏、浙江、广东和福建等地）和东部沿海剩余省份（河北、山东等地）。结合聚类数据可知，东南沿海省份出口额最高、扩展优势目的地数量最多。东部沿海剩余省份稍为逊色，而内陆省份则为两类属性均最少的地区。

从中间／最终产品的差异来看，东部沿海剩余省份中间产品出口结构与东南沿海差距较小，但最终产品则与内陆省份出口结构更相近。由此看出，中国电子机械制造业中间产品出口结构沿海与内陆差距更大。而从加工贸易／一般贸易的差异来看，可得出相类似的结果：加工贸易产品出口结构沿海省份与内陆省份差距大于一般贸易产品。

总结来说，中国电子机械制造业产品出口结构沿海与内陆差异较大，且在中间产品和加工贸易中更加明显。可能的原因是：东部，尤其是东南沿海地区市场体系更完善，拥有更多技术关联度高的出口企业及其形成的集群（周沂、贺灿飞，2019）。该优势令沿海地区能够在出口额和扩展优势贸易伙伴两个方面均处于领先地位。另一方面，中间产品对产品关联的依赖程度更高，沿海省份与内陆省份该类出口企业的差距则可能更大。而加工贸易具有相似特征的原因，则与中国制定的发展政策相关。中国中央和地方政府在沿海地区设置了大量的出口加工区和高新技术开发区，并实施"三来一补"等优惠政策，成功吸引了大量加工贸易企业进驻（Yu and Tian，2012），这直接导致了沿海省份与内陆省份加工贸易企业的差距被进一步拉大。

五、实证模型与结果分析

（一）计量模型

（1）首先，建立模型（9-10）研究企业是否进入贸易网络从事出口（出口地为地级市尺度）：

$$entry_{cspt} = \beta_0 + \beta_1 density_{cst} + \beta_2 density_{cpt} + \beta_3 density_{spt} + \beta_4 \ln Geodist_{st} + \beta_5 \ln Instdist_{st} +$$
$$\beta_6 \ln pgdp\_city_{cst} + \beta_7 \ln pgdp\_country_{cst} + \beta_8 \ln tbt_{st} + \beta_9 \ln adp_{st} + \beta_{10} RTA_{sst} +$$
$$\beta_{11} \ln city\_value_{cpt} + \beta_{12} \ln country\_value_{spt} + \beta_{13} \ln Ls\_value_{cspt} + \varepsilon_{c,t} \quad (9-10)$$

核心解释变量为衡量产品关联度的 $density_{cst}$、$density_{cpt}$、$density_{spt}$，以及用于衡量整体出口经验的前一期该出口地出口到特定目的地的出口额 Ls_value；前一期中国出口到特定目的地的出口总额 $country\_value$；前一期特定出口地出口总额 $city\_value$。

控制变量方面，具体包括：

①地级市人均国民生产总值、目的地人均国民生产总值：$pgdp\_city$，$pgdp\_country$。将两者同时纳入模型的原因是可以控制出口地、目的地之间经济发展的差异性，从而衡量目的地对出口地潜在的市场需求。

②衡量贸易成本的国家（地区）间差异性和贸易关系变量：两国（地区）间的地理与制度距离 $Geodist$，$Instdist$；两国（地区）间技术壁垒和反倾销事件数量 tbt，adp；两国（地区）签订贸易贸易协定情况（0/1 变量）RTA。

（2）其次，建立模型（9-11）研究贸易网络内部在位出口企业能否扩展优势贸易伙伴：

$$RCA'_{cspt} = \beta_0 + \beta_1 density'_{cst} + \beta_2 density'_{cpt} + \beta_3 density_{spt} + \beta_4 \ln Geodist_{st} + \beta_5 \ln Instdist_{st} +$$
$$\beta_6 \ln pgdp\_province_{cst} + \beta_7 \ln pgdp\_country_{cst} + \beta_8 \ln tbt_{st} + \beta_9 \ln adp_{st} + \beta_{10} RTA_{sst} +$$
$$\beta_{11} \ln province\_value_{cpt} + \beta_{12} \ln country\_value_{spt} + \beta_{13} \ln Ls\_value_{cspt} + \varepsilon_{c,t} \quad (9-11)$$

解释变量和控制变量与模型（9-10）均相同。需注意的是，该模型出口地为省级尺度，因此所有指标均按照省级尺度重新进行计算。

本章的因变量均为（0/1）二元变量，且自变量与因变量均不存在 0 值过多问题，因此采用 probit 模型进行回归分析。

（二）模型结果

（1）首先针对企业进入贸易网络模型进行回归。回归之前检验各变量的相关系数，发现：$density_{cst}$ 和 $density_{cpt}$，$city\_value$ 两变量相关系数大于 0.6；$density_{spt}$ 和 $country\_value$ 相关系数大于 0.6。据此，不将上述变量同时放入模型。

回归结果如表 9-3 前两列所示。可知，出口地、目的地、出口地—目的地之间的知识溢出都可以显著地促进中国电子机械制造业各类产品出口企业进入特定贸易网络进行出口。工序和贸易方式的不同并未产生影响，证明即使是生产工序技术含量较低、出口地受到被承包公司销售战略影响的出口企业也会重视各维度的知识溢出。

（2）其次，对贸易网络内出口企业扩展优势贸易伙伴模型进行回归。在回归之前同样检验各变量相关系数，发现：$density_{cst}$ 和 $density_{cpt}$，$country\_value$ 变量相关系数大于 0.6；$density_{cpt}$ 和 $city\_value$，$country\_value$ 相关系数大于 0.6。据此，不将上述变量同时放入模型。

回归结果如表 9-3 后两列所示，可获得的信息如下：

①出口地—目的地维度出口经验可以促进该在位电子机械制造业出口企业扩展优势贸易目的地，但产品关联并未起到任何作用。

②目的地维度产品关联对各类出口企业的优势目的地拓展没有明显影响，但整体出口经验对中间产品出口企业有显著的促进作用。

③出口地维度产品关联度可以帮助中间产品出口企业扩展优势贸易伙伴，而整体出口经验则是对一般贸易企业扩展优势目的地有促进作用。

一方面，上述实证结果与前面假设部分相符。各尺度的知识溢出对各类别电子机械制造业产品出口企业进入特定的贸易网络进行出口的促进作用并不只局限在一般贸易方式的企业。但另一方面，上述促进作用在涉及出口企业扩展优势贸易伙伴时便不能稳定存在。出口地—目的地维度的产品关联并未能促进各类在位企业扩展贸易目的地，表明在占有出口市场之后，企业在该市场进一步提升出口额时并未考虑该市场产品结构与自身结构是否相似。而目的地、出口地两个维度呈现相似的结果，但出口经验的促进作用则是集中在一般贸易或出口中间产品的企业中。

从出口增长的集约边际和扩展边际（Felbermayr and Kohler，2006）来理解本章的结果，可知在 2002~2016 年内，全球—地方互动带来的多尺度知识溢出是主要是促进了中国电子机械制造业产品出口增长的扩展边际，即促进了中国各地的出口企业进入更多的目的地，实现了更多贸易网络从无到有的发展。鉴于电子机械制造业产品在中国出口体系中的代表性，本章的研究结果与芬斯特拉等（Feenstra et al.，2007）、钱学峰等（2013）的结果相呼应。与此同时，多尺度的知识溢出也在一定程度上促进了该产业产品出口企业的集约边际，即增加出口到已有贸易伙伴的出口额，但这种促进作用多存在于从事一般贸易方式或中间产品出口的企业中。说明了出口知识可以将电子机械制造业产品出口企业带入新的贸易国市场，而除了上述两种企业外，其几乎不能持续促进剩余类型的企业在市场中继续增长。

表 9-3　　　　　企业进入贸易网络从事出口行为模型回归结果

变量	一般贸易中间产品			加工贸易中间产品			一般贸易最终产品			加工贸易最终产品		
$density_{cst}$	0.74***			0.78***			0.50***			0.12*		
$density_{cpt}$	1.09***	1.17***		1.23***	1.31***		0.96***	1.02***		1.02***	1.03***	
$density_{spt}$	0.76***			0.80***			0.15**			0.44*		
$\ln Geodist$	−3.72***	−3.62***	−3.323***	0.01	−0.07	−0.08	0.49***	0.44***	0.43***	−0.04	−0.06	−0.05
$\ln Instidist$	−0.08	−0.08	−0.0922*	0.01	0.01	0.017**	0.014*	0.01*	0.02**	0	0	0.01
$\ln pgdp\_city$	0.38***	0.32***	0.309***	−2.23**	−2.16**	−2.10**	−1.94*	−1.88*	−1.81*	−2.73*	−2.72*	−2.63*
$\ln pgdp\_country$	0.01	0.01	0.0177***	0.15*	0.16*	0.13*	−0.06	−0.06	−0.06	0.13	0.13	0.10
$\ln Ls\_value$	0.02***	0.02***	0.022***	0.02***	0.02***	0.02***	0.02***	0.02***	0.02***	0.03***	0.03***	0.03***
$\ln tbt$	0	0	0.005**	0.01*	0.01*	0*	0.01*	0.01*	0.01**	0.01***	0.01***	0.01***
$\ln adp$	0.01***	0.01***	0.014***	0	0	0*	0.01***	0.01***	0.01***	0	0	0.01
RTA	−0.05	−0.05	−0.043	0.04	0.04	0.06	−0.03	−0.03	−0.02	−0.02	−0.02	0
$\ln city\_value$	0.01***	0.01***		0.00**	0.01***		0.01***	0.01***		0*	0*	
$\ln country\_value$	0.05***			0.03***			0.03***			0.03***		
$constant$	26.23***	26.11***	23.27***	16.24*	16.64*	16.18*	9.36	9.61	8.76	21.55*	21.94*	20.57*
城市效应	Yes	Yes	Yes	Yes	Yes	Yes	Yes	Yes	Yes	Yes	Yes	Yes
国家效应	Yes	Yes	Yes	Yes	Yes	Yes	Yes	Yes	Yes	Yes	Yes	Yes
时间效应	Yes	Yes	Yes	Yes	Yes	Yes	Yes	Yes	Yes	Yes	Yes	Yes
N	603204	603204	603204	582742	582742	582742	526538	526538	526538	451141	451141	451141

注：*、**、*** 分别表示 $p < 0.05$，$p < 0.01$，$p < 0.001$。

六、结论与建议

　　本章基于产品内分工与贸易视角分析了中国电子机械制造业出口产品贸易网络空间布局，并结合全球—地方互动下带来的知识溢出和演化经济地理学基于技术关联对上述知识溢出做出的补充分析了贸易网络形成和动态演化的驱动机制。针对贸易网络的描述性分析结果表明:(1)中国电子机械制造业出口份额主要集中在东部沿海地区,中西部次之,且在出口结构方面沿海与内陆地区差距明显。(2)中间产品出口企业更倾向于出口到发达国家及地区或与中国在多方面相似性较高的东南亚各国。实证分析得到的主要结论为:(1)出口地、目的地、出口地—目的地维度的知识溢出可以显著地促进各类电子机械制造业产品出口企业进入特定贸易网络进行出口活动。(2)出口地—目的地维度的知识溢出中,只有出口经验对贸易网络内已出口企业扩展优势贸易伙伴有显著影响,即出口企业拓展优势贸易目的地只会部分考虑"两头"市场的相似性。出口地、目的地维度的知识溢出中,产品关联或出口经验对出口企业拓展优势贸易目的地有促进作用,但并不稳健,只存在从事一般贸易或出口中间产品的企业中。本章结果将产品内分工与贸易拓展至国家内部,对现有该领域研究集中在国家尺度(陈颂、卢晨,2018)这一现象是较好的补充。与此同时,基于技术关联研究产品出口贸易的文章多集中分析一般贸易,且并未区分中间与最终产品(Zhu et al.,2017)。

本章的研究对政策制定也有一定的指导意义。首先,处于沿海和内陆地区的电子机械制造业出口企业差距较大,前者在出口额和扩展优势贸易伙伴两个方面均遥遥领先于后者。这种差距并不利于该产业可持续发展。依靠市场调节和企业自身发展很难跨越这道鸿沟,因此,内陆地区的地方政府应合理利用政策手段,加强对外部企业的吸引和本地企业的扶植,逐步完善本地市场体系,以期尽快提升企业的出口能力。其次,最终产品,尤其是一般贸易最终产品较难挤入发达国家及地区市场,只能退而求其次,输入非洲、南美洲等发展中国家市场。无法进入发达市场意味着不易汲取更多的技术、经济等层面的信息,也就不利于提升自身产品的技术含量和市场竞争力。据此,中国应从政府合作层面加强与这些发达国家及地区的交流,从而提升市场的连接程度,尽量让我们的最终产品能够输入这些市场,进而提升自身水平。

参考文献

1. 陈颂,卢晨,2018.产品内国际分工技术进步效应的影响因素研究[J].国际贸易问题,425(5):30-42.

[2]段学军,虞孝感,陆大道,等,2010.克鲁格曼的新经济地理研究及其意义[J].地理学报,65(2):131-138.

[3]林正静,2019.中间品贸易自由化与中国制造业企业出口产品质量升级[J].国际经贸探索,35(2):32-53.

[4]刘庆玉,熊广勤,2011.中间产品、工业化转型与中国经济增长[J].改革与战略,27(9):

29–32.

　　［5］罗芊，2018. 中国对外出口市场新企业进入研究［D］. 北京：北京大学.

　　［6］罗长远，张军，2014. 附加值贸易：基于中国的实证分析［J］. 经济研究，49（6）：4–17+43.

　　［7］马风涛，李俊，2011. 国际中间产品贸易的发展及其政策含义［J］. 国际贸易，（9）：12–17.

　　［8］钱学锋，王胜，陈勇兵，2013. 中国的多产品出口企业及其产品范围：事实与解释［J］. 管理世界，（1）：9–27.

　　［9］唐海燕，张会清，2008. 中国崛起与东亚生产网络重构［J］. 中国工业经济，（12）：60–70.

　　［10］王岚，李宏艳，2015. 中国制造业融入全球价值链路径研究——嵌入位置和增值能力的视角［J］. 中国工业经济，（2）：76–88.

　　［11］喻美辞，2012. 中间产品贸易，技术溢出与发展中国家的工资差距：一个理论框架［J］. 国际贸易问题，（8）：14–21.

　　［12］张彬，桑百川，2013. 中国中间产品出口与产业升级研究［J］. 亚太经济，（6）：105–111.

　　［13］张杰，郑文平，翟福昕，2014. 中国出口产品质量得到提升了吗？［J］. 经济研究，49（10）：46–59.

　　［14］张如庆，2010. 中国在东亚分工中的地位——基于制成品出口数据的衡量［J］. 世界经济研究，（11）：9–14.

　　［15］张润，2012. 中国在东亚分工体系中的地位变化——基于中间产品贸易的分析［D］. 南京：南京大学，28–29.

　　［16］周沂，贺灿飞，2019. 中国城市出口产品演化［J］. 地理学报，74（6）：1097–1111.

　　［17］朱至瑜，2008. 中国在东亚新型分工体系中的地位和作用——基于机械制造业的垂直行业内贸易分析［D］. 北京：北京大学，20.

　　［18］Aitken B，Hanson G H，Harrison A E，1997. Spillovers，foreign investment，and export behavior［J］. Journal of International economics，43（1/2）：103-132.

　　［19］Antràs P，Helpman E，2004. Global sourcing［J］. Journal of Political Economy，112（3）：552-580.

　　［20］Balassa B，1965. Tariff protection in industrial countries：An evaluation［J］. Journal of Political Economy，73（6）：573-594.

　　［21］Bathelt H，Malmberg A，Maskell P，2004. Clusters and knowledge：Local buzz，global pipelines and the process of knowledge creation［J］. Progress in Human Geography，28（1）：31-56.

　　［22］Bathelt H，Schuldt N，2008. Between luminaires and meat grinders：International trade fairs as temporary clusters［J］. Regional Studies，42（6）：853-868.

　　［23］Bathelt H，Taylor M，2002. Clusters，power and place：inequality and local growth in time–space［J］. Geografiska Annaler：Series B，Human Geography，84（2）：93-109.

　　［24］Boschma R，Iammarino S，2009. Related variety，trade linkages，and regional growth in Italy［J］. Economic Geography，85（3）：289-311.

　　［25］Bresnahan T，Gambardella A，Saxenian A L，2001. 'Old economy' inputs for 'new economy' outcomes：Cluster formation in the new Silicon Valleys［J］. Industrial and Corporate Change，10（4）：835-860.

［26］Choquette E，Meinen P，2015. Export spillovers：Opening the black box［J］. The World Economy，38（12）：1912-1946.

［27］Deardorff A V，1998. Fragmentation across cones. Research Seminar in International Economics［R］. Discussion Paper No. 427. Michigan：The University of Michigan，1-26.

［28］Dixit A K，Grossman G M，1982. Trade and protection with multistage production［J］. The Review of Economic Studies，49（4）：583-594.

［29］Evenett S J，Venables A，2002. Export growth by developing economies：Market entry and bilateral trade［R］. Working Paper，1-53.

［30］Feenstra R C，Kee H L，2007. Trade liberalisation and export variety：A comparison of Mexico and China［J］. The World Economy，30（1）：5-21.

［31］Feenstra R C，2015. Advanced international trade：Theory and evidence［M］. Princeton：Princeton University Press，4-1-4-52.

［32］Felbermayr G J，Kohler W，2006. Exploring the intensive and extensive margins of world trade［J］. Review of World Economics，142（4）：642-674.

［33］Goldberg P K，Khandelwal A K，Pavcnik N，et al.，2010. Imported intermediate inputs and domestic product growth：Evidence from India［J］. The Quarterly Journal of Economics，125（4）：1727-1767.

［34］He C，Zhu S，Yang X，2017. What matters for regional industrial dynamics in a transitional economy?［J］. Area Development and Policy，2（1）：71-90.

［35］Hidalgo C A，Klinger B，Barabasi A L，et al.，2007. The product space conditions the development of nations［J］. Science，317：482-487.

［36］Hummels D，Ishii J，Yi K M，2001. The nature and growth of vertical specialization in world trade［J］. Journal of International Economics，54（1）：75-96.

［37］Hyun H J，2018. Institutional quality and trade in intermediate goods［J］. Journal of Korea Trade，22（2）：162-186.

［38］Jacobs J，1969. The economy of cities［M］. New York：Random House.

［39］Jones R W，Kierzkowski H，Lurong C，2005. What does evidence tell us about fragmentation and outsourcing?［J］. International Review of Economics & Finance，14（3）：305-316.

［40］Jones R W，2000. Private interests and government policy in a global world［J］. European Journal of Political Economy，16（2）：243-256.

［41］Koopman R，Powers W，Wang Z，et al.，2010. Give credit where credit is due：Tracing value added in global production chains［R］. NBER Working Paper 16426. Cambridge：National Bureau of Economic Research，1-43.

［42］Krugman P R，1979. Increasing returns，monopolistic competition，and international trade［J］. Journal of International Economics，9（4）：469-479.

［43］Krugman P R，1994. The myth of Asia's miracle［J］. Foreign Affairs，73（6）：62-78.

［44］Lovely M E，Rosenthal S S，Sharma S，2005. Information，agglomeration，and the headquarters of US exporters［J］. Regional Science and Urban Economics，2（35）：167-191.

［45］Marshall A，1890. Principles of economics：An introductory［M］. London：MacMillan.

［46］Melitz M J，2003. The impact of trade on intra - industry reallocations and aggregate industry productivity［J］. Econometrica，71（6）：1695-1725.

［47］Neffke F，Henning M，Boschma R，2011. How do regions diversify over time? Industry relatedness and the development of new growth paths in regions［J］. Economic Geography，87（3）：237-265.

［48］Ohlin B，1933. Interregional and international trade［M］. Cambridge：Harvard University Press.

［49］Owen-Smith J，Powell W W，2004. Knowledge networks as channels and conduits：The effects of spillovers in the Boston biotechnology community［J］. Organization Science，15（1）：5-21.

［50］Poncet S，de Waldemar F S，2013. Product relatedness and firm exports in China［J］. The World Bank Economic Review，29（3）：579-605.

［51］Ramos，R Moral-Benito E，2013. Agglomeration matters for trade［R］. Working Paper，1-53.

［52］Rosenthal S S，Strange W C，2003. Geography，industrial organization，and agglomeration［J］. Review of Economics and Statistics，85（2）：377-393.

［53］Upward R，Wang Z，Zheng J，2013. Weighing China's export basket：The domestic content and technology intensity of Chinese exports［J］. Journal of Comparative Economics，41（2）：527-543.

［54］Valderrama D，García A F，Argüello R，2013. Information Externalities and Export Duration at the Firm Level［R］. Evidence for Colombia. Working Paper，1-60.

［55］Yu M J，Tian W，2012. "China's Processing Trade：A Firm-Level Analysis" In（Mckay H and Song L，eds），Rebalancing and Sustaining Growth in China［M］. Canberra：Australian National University Press，111-148.

［56］Zhu S，He C，Zhou Y，2017. How to jump further and catch up? Path-breaking in an uneven industry space［J］. Journal of Economic Geography，17（3）：521-545.

第十章
轨道交通设备产品
出口贸易地理网络

一、引言

"一带一路"倡议提出以来在国内外各界得到高度关注（刘卫东，2015）。"一带一路"不仅对推动全球经济增长具有重要意义，而且对促进中国进一步融入区域经济一体化和全球化，促进中国企业"走出去"、解决产能过剩问题、实现产业结构转型，以及扩大经济发展空间、解决区域发展不平衡、确保国内产业可持续稳定发展等方面，都具有重大意义（刘慧等，2015）。

为促进"一带一路"建设，能源、交通和通信等基础设施须先行，特别是以铁路为最先发展（徐长山等，2016）。中国大力宣传互联互通理念，努力推进国际铁路建设项目，高铁已经成为中国政府对外输出的第一产业，在"一带一路"倡议下，政府部门大力推动相关企业"走出去"。2015年以来，中泰、俄罗斯、印度尼西亚雅万、中缅项目陆续实行（万其凤，2017）。"一带一路"范围辐射中亚、南亚、中南亚和西亚，以及北非、东欧等国家，这些国家和地区对基础建设需求均较为旺盛。因此，对于轨道交通而言，作为一种环保、绿色的运输方式，其将成为"一带一路"建设的先行者（万其凤，2017）。可见，"一带一路"倡议将为中国轨道交通装备制造业发展带来巨大的机遇。

近年来，针对"一带一路"开展了大量研究，其中绝大多数是定性研究（李曦晨等，2019）。关于"一带一路"倡议定量研究主要集中于贸易现状、影响贸易的因素和对贸易双方的影响三个方面：（1）贸易现状，主要包括对区域贸易联系、贸易投资指数等的研究分析（顾春光等，2017；李敬等，2017）。（2）影响贸易的因素，研究距离、文化、制度、汇率、碳生产率、贸易便利化和第三国效应等因素对于"一带一路"区域贸易的影响（曹伟等，2016；Fardella et al.，2017；Herrero et al.，2017；方英等，2018；许阳贵等，2019）。（3）对贸易双方的影响，包含基础设施建设、贸易自由化、中国对外直接投资（ODI）等因素对东道国经济增长、投资环境等指标的影响（Ding et al.，2017；Li et al.，2017；Zhai，2018；Chen et al.，2018；Han et al.，2018；董晔等，2019），以及"一带一路"倡议对中国的影响，主要研究贸易和关税冲击导致的影响以及对外直接投资的影响（张静中等，2016；Zhang et al.，2017；袁子晴等，2018）。

轨道交通装备制造业是我国重要的基础产业，具有技术含量高、市场潜力大、运营成本高和产品结构复杂的特点（董美霞等，2013），导致其产业链上的不同产品呈现完全不同的出口贸易格局（郑晨，2016）。目前对于轨道交通装备制造业的研究主要集中在三个方面：一是研究中国轨道交通装备制造业发展现状及问题（王俊彪，2011；李博达等，2014）；二是研究中国轨道交通装备制造业的国际竞争力（金钊，2013）；三是研究中国轨道交通装备制造业出口潜力以及高铁"走出去"发展战略（李继宏，2015；徐飞，2015）。少有研究涉及中国轨道交通装备制造业贸易领域，缺乏从微观层面深入探讨中国各省份轨道交通装备制造业产品如何进入新的贸易目的地，以及拓展优势目的地的动态演化过程。

研究发现，零件产品对贸易成本更加敏感，劳动力和交通运输成本、贸易国的赋税程度、贸易壁垒及区域一体化等因素均对其有较大影响（马凤涛等，2011）。由于在投入和生产过程的不可分性使其多次进出一国海关，因此，相比于整车产品，国家的征税制度和两国之间的贸易关系等会对零件产品产生更强的影响（Hyun，2018）。随着经济全球化和区域一体化，如贸易壁垒的减轻（Amiti et al.，2007；Álvarez - Albelo et al.，2018）、一体化进程的快速发展等（Martinez–Zarzoso et al.，2011；Márquez–Ramos et al.，2014），各国贸易流动不断增强，零件产品的发展也明显大于整车产品（Yi，2003）。施锦芳等（2017）发现中国轨道交通整车和零部件产品出口规模差距较大。可见有必要对中国轨道交通装备制造业整车和零件产品分别进行研究，探讨"一带一路"倡议是否对二者具有不同的影响。

综上所述，本章通过分析当前中国各省份轨道交通装备制造业产品出口贸易所呈现的现状、特征及问题，探讨"一带一路"倡议对中国轨道交通装备制造业零件和整车产品出口贸易的影响，研究倡议是否促进了中国轨道交通装备制造业进入新的目的地，并拓展优势出口目的地。

二、数据来源与研究方法

（一）数据来源

数据来源于2000~2016年中国海关贸易数据库，数据库包含的信息有产品编码、贸易公司编码、贸易额及目的地等。选取2位HS第86类的产品作为研究对象：铁道及电车道机车、车辆及其零件；铁道及电车道轨道固定装置及其零件、附件；各种机械（包括电动机械）交通信号设备。由于HS编码每隔几年会调整一次，研究时段为2000~2016年，包括2002版、2007版、2012版，因此将2000~2002年以及2007年以后的出口数据全都统一到 2007 年 HS 编码。此外，由于中间贸易企业不直接参与生产，仅通过转手货物起到贸易中介的作用，剔除中间贸易企业，以及年份、贸易额等信息缺失的数据。

依据 HS 码前 4 位编码，将轨道交通装备制造业产品分为 9 个产品组，8601~8606 产品组表示轨道交通装备制造业整车产品，8607~8609 产品组表示轨道交通装备制造业零件产品。研究空间范围为中国 31 个省区市（不包括港澳台地区，本章同此）和发生贸易联系的 196 个国家和地区，包括 64 个"一带一路"沿线国家。其他数据来源为中国"一带一路"网、世界银行数据库、CEPII 数据库、中国商务部网站、中国统计年鉴等。

（二）研究方法

本章以中国轨道交通装备制造业为研究对象，探讨该行业中间产品和最终产品在中国省级尺度的出口现状，及与各国（地区）的出口贸易空间格局演化。从产品进入新的出口目的地和形成比较优势的角度分析格局形成和动态演化的驱动机制。在"一带一路"背景下，探讨其是否有效促进了中国轨道交通装备制造业进入新目的地市场，并拓展新的优势贸易目的地。分别按照以下方法定义各省份是否进入新的目的地市场、拓展优势贸易目的地。

1. 进入新目的地市场

$$PTCA_{ijt} = \begin{cases} 1, if\ N_{ijpt} \geq 1\ and\ N_{ijpt-1} = 0 \\ 0, else \end{cases} \qquad (10-1)$$

其中，$PTCA_{ijpt}$ 为二元变量，表示 t 年 i 省份是否新出口轨道交通装备制造业各类产品 p 到目的地 j。N_{ijpt} 为 t 年 i 省份出口到目的地 j 市场的企业数量，N_{ijpt-1} 为 $t-1$ 年 i 省份出口到目的地 j 市场的企业数量。当 t 年 i 省份出口到目的地 j 市场的企业数量大于 0，$t-1$ 年 i 省份出口到目的地 j 市场的企业数量为 0 时，$PTCA_{ijpt}$ 赋值为 1，否则为 0。

2. 拓展优势贸易目的地

借鉴朱等（Zhu et al., 2017）的方法，将出口地企业贸易目的地比较优势的变化作为企业扩展优势目的地的代理变量。产品是否具有比较优势可以通过计算产品的区位商来衡量，当 i 省份出口的轨道交通装备制造业产品的区位商大于 1，则具有比较优势。即当某出口地向某国家（地区）轨道交通装备制造业各类产品的出口额占该地出口总额的份额与全国轨道交通装备制造业各类产品出口总额中出口到该国家（地区）的出口额所占份额的比值大于 1 时，则该出口地的轨道交通装备制造业各类产品出口企业向该目的地的出口在全国范围内具有比较优势。具体计算公式如下：

$$LQ_{ijpt} = \frac{Export_{ijpt} / \sum_{jp} Export_{ijpt}}{\sum_{ip} Export_{ijpt} / \sum_{ijp} Export_{ijpt}} \qquad (10-2)$$

其中，$Export_{ijpt}$ 表示 t 年 i 省份向目的地 j 的轨道交通装备制造业产品 p 出口贸易总额。若 LQ_{ijpt} 大于 1，说明 i 省份向目的地 j 的出口具有比较优势；若 LQ_{ijpt} 小于 1，则其不具备比较优势。

$$PTCB_{ijpt} = \begin{cases} 1, if\, LQ_{ijpt} > 1\, and\, LQ_{ijpt-1} < 1 \\ 0, else \end{cases} \qquad (10-3)$$

其中，$PTCB_{ijpt}$ 为二元变量，表示 t 年 i 省份出口轨道交通装备制造业各类产品 p 到目的地 j 是否开始具有比较优势。当 $t-1$ 年无比较优势，t 年有比较优势时，$PTCB_{ijpt}$ 为 1，否则为 0。

三、中国轨道交通装备制造业出口贸易格局

（一）中国轨道交通装备制造业贸易特征

在 2000~2016 年，中国轨道交通装备制造业出口贸易发展较为迅速（见图 10-1）。在 2000~2008 年，产品出口规模整体呈波动上升，由 23.3 亿美元上升至 79.7 亿美元。之后受到全球金融危机的影响，2009 年中国轨道交通装备产品的出口额大幅下降。随后，政府出台系列出口信贷和退税政策支持轨道交通装备制造业产品出口（郑晨，2016），中国轨道交通装备制造业产品出口额实现逆转，连续两年大幅增长，在 2011 年达到峰值 114 亿美元。2012~2013 年，中国轨道交通装备产品出口额有所回落。而随着 "一带一路" 倡议和 "中国制造 2025" 战略的提出和推进，2014~2015 年中国轨道交通装备制造业产品出口额出现新的增长趋势，2015 年出口额高达 101 亿美元，2016 年有所下降。

进一步对比零件与整车产品出口贸易。零件产品从 2000~2016 年出口额增长潜力较大，由 888 万美元增长至 6.63 亿美元，增长了 74.58 倍。整车产品出口变化与整体产业发展较为一致，由 2000 年的 23.2 亿美元波动增长至 2016 年的 62 亿美元，出口体量较大。可见，当前中国轨道交通装备制造业产品出口主要是以整车产品为主，反映了中国轨道交

通装备制造业整车产品出口需求旺盛。在整车产品出口中，铁道及电车道机动客车、货车出口占比达 37.13%，占据绝对优势，说明当前中国以地铁、高速动车组等为代表的高附加值、技术密集型的整车产品出口势头强劲，不断实现由中低端向中高端产品出口转变，中国轨道交通装备制造业产业链不断攀升。

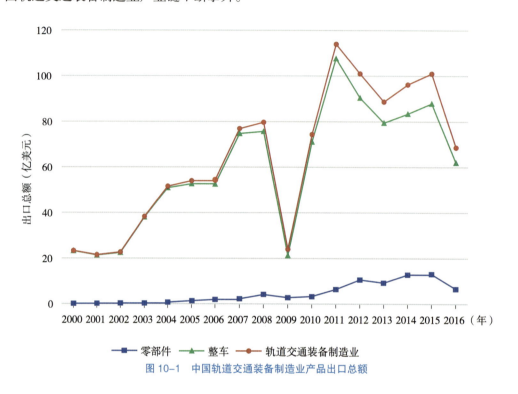

图 10-1　中国轨道交通装备制造业产品出口总额

1. 产品出口规模空间演化

对于零件产品，2000 年仅有北京、湖南、山西、江苏 4 个省份出口额超过 100 万美元。2005 年，湖南、山西、四川、江苏 4 个省份出口额已超过 1000 万美元，整体呈现以湖南、山西、四川、江苏、上海、山东、浙江、广东、河南、北京等省份为高值的环形态势。2010 年整体态势基本不变，山东、上海、吉林、河北、安徽、北京、浙江、湖北各省份贸易额也突破 1000 万美元。至 2015 年，中部地区省份贸易额明显上涨，山西、江苏、山东、湖南 4 个省份贸易额突破 1 亿美元，呈现东中高，西部低的区位特征（见表 10-1）。

表 10-1　　　　　　　　中国轨道交通装备制造业零件产品出口贸易额演化　　　　　　　单位：亿美元

省份	2000 年	2005 年	2010 年	2015 年
山西	0.01	0.28	0.24	3.79
江苏	0.01	0.14	0.61	2.16

续表

省份	2000 年	2005 年	2010 年	2015 年
山东	0.01	0.08	0.63	1.40
湖南	0.01	0.33	0.23	1.38
浙江	0	0.07	0.12	0.67
辽宁	0	0.03	0.07	0.60
吉林	0	0	0.20	0.52
上海	0.01	0.08	0.22	0.47
安徽	0	0	0.15	0.44
河南	0	0.04	0.58	0.39
湖北	0	0	0.11	0.34
北京	0.02	0.03	0.15	0.24
天津	0	0.02	0.09	0.18
黑龙江	0	0.01	0.08	0.13
广东	0	0.06	0.04	0.10
四川	0	0.15	0.07	0.08
河北	0	0	0.18	0.06
重庆	0	0	0.02	0.04
福建	0	0.01	0.02	0.02
陕西	0	0	0	0.02
内蒙古	0	0	0	0.01
贵州	0	0	0.01	0.01
新疆	0	0	0	0
广西	0	0	0	0
甘肃	0	0	0	0
云南	0	0	0	0
江西	0	0	0	0
海南	0	0	0	0
宁夏	0	0	0	0

　　整车产品基本呈现东部与东北部高，中西部低的贸易空间格局，且贸易规模较大。2000 年广东、上海、山东、江苏、天津、辽宁贸易额已超过 1 亿美元。2005 年，超过 1 亿美元的省份已有 9 个，广东和上海贸易额超过 10 亿美元。2010 年，山东和江苏也突破 10 亿美元关卡，1 亿美元以上的省份全都位于东部及东北部地区。至 2015 年，部分中西部省份贸易额有所上升，湖南、湖北、四川贸易超过 1 亿美元，整体贸易格局基本不变。相比零件产品而言，中国轨道交通装备制造业整车产品出口集聚程度更高（见表 10-2）。

表 10-2　　　　　　　中国轨道交通装备制造业整车产品出口贸易额演化　　　　　　单位：亿美元

省份	2000 年	2005 年	2010 年	2015 年
山东	3.35	9.77	13.70	17.40
江苏	3.00	5.69	10.20	10.90
广东	6.99	13.40	14.20	6.91
上海	6.80	13.20	11.50	5.51
湖南	0	0.04	0.96	4.52
浙江	0.05	2.16	3.41	2.99
北京	0.03	1.19	2.69	2.55
吉林	0	0	4.11	2.18
天津	1.30	2.92	4.07	2.00
湖北	0	0	0.05	1.48
四川	0	0.21	0.18	1.43
辽宁	1.12	1.87	1.64	1.23
黑龙江	0	0.06	1.55	1.19
福建	0.50	2.05	2.66	1.13
江西	0	0.01	0	0.13
云南	0	0	0	0.06
河北	0.05	0	0.10	0.06
河南	0	0	0.01	0.05
内蒙古	0	0	0	0.03
山西	0	0	0	0.01
甘肃	0	0	0.01	0.01
陕西	0	0.03	0	0.01
安徽	0	0	0.02	0.01
重庆	0	0	0	0
贵州	0	0.01	0.01	0
新疆	0	0	0	0
广西	0	0	0	0
海南	0	0	0	0

2. 前 10 大省份出口贸易网络

从产品出口目的地分布来看，零件产品主要出口至北美、西欧和南亚地区，主要出口目的地为美国、印度、澳大利亚、德国、加拿大、法国、墨西哥、南非、英国和韩国；前10 大出口省份占比达到 84.5%，出口最多的地区为北美、西欧、南亚、拉美和东亚地区（见表 10–3）。整车产品主要出口至东亚、北美和北欧，包括美国、中国香港、丹麦、英国、澳大利亚、德国、新加坡、韩国、日本和中国台湾等；前 10 大出口省份占比高达 94.3%，出口最多的地区为东亚、北美、北欧和西欧地区（见表10-4）。可见，无论是零件产品还是整车产品，出口贸易集聚度都极高，基本集中在前10大出口省份。尤其是整车产品，除了吉林和辽宁，整车产品前10大出口省份均位于东部地区，地区出口占比达89%。

表 10-3　　　　零件产品前10大省份出口目的地（2000~2016年贸易额汇总）

排名	江苏	山西	山东	湖南	北京	上海	安徽	浙江	辽宁	河南
1	美国	美国	德国	美国	俄罗斯	美国	美国	美国	美国	美国
2	法国	印度	美国	南非	乌克兰	韩国	韩国	墨西哥	日本	南非
3	澳大利亚	加拿大	印度	德国	美国	印度	加拿大	西班牙	韩国	加拿大
4	英国	土耳其	西班牙	加拿大	伊朗	瑞典	澳大利亚	英国	印度	西班牙
5	南非	澳大利亚	法国	法国	哈萨克斯坦	日本	英国	法国	德国	俄罗斯
6	加拿大	墨西哥	澳大利亚	印度	埃及	法国	法国	日本	巴基斯坦	巴西
7	墨西哥	南非	日本	墨西哥	韩国	中国香港	巴西	澳大利亚	澳大利亚	墨西哥
8	西班牙	韩国	英国	澳大利亚	埃塞俄比亚	德国	泰国	意大利	阿根廷	英国
9	意大利	巴西	韩国	马来西亚	坦桑尼亚	波兰	墨西哥	巴西	苏丹	德国
10	马来西亚	印度尼西亚	加拿大	巴西	土耳其	墨西哥	土耳其	德国	伊朗	阿根廷

表 10-4　　　　整车产品前10大省份出口目的地（2000~2016年贸易额汇总）

排名	山东	广东	上海	江苏	天津	浙江	北京	福建	辽宁	吉林
1	丹麦	中国香港	美国	美国	中国香港	中国香港	伊朗	美国	中国香港	澳大利亚
2	美国	美国	中国香港	中国香港	美国	美国	阿根廷	中国香港	韩国	中国香港
3	新加坡	丹麦	英国	英国	法国	英国	土库曼斯坦	新加坡	美国	新加坡
4	中国香港	中国台湾	德国	澳大利亚	瑞士	新加坡	埃塞俄比亚	丹麦	英国	沙特阿拉伯
5	韩国	韩国	韩国	德国	英国	德国	古巴	日本	日本	巴西
6	英国	英国	新加坡	日本	德国	日本	沙特阿拉伯	泰国	英属维尔京群岛	泰国
7	百慕大	瑞士	日本	荷兰	日本	中国台湾	突尼斯	法国	丹麦	伊朗
8	阿根廷	德国	荷兰	法国	新加坡	以色列	土耳其	中国台湾	菲律宾	马来西亚
9	法国	日本	法国	韩国	丹麦	丹麦	马来西亚	德国	法国	印度尼西亚
10	德国	法国	百慕大	新加坡	中国台湾	法国	坦桑尼亚	英国	伊朗	朝鲜

（二）拓展出口目的地及优势地区分析

1. 拓展新的出口目的地市场

从各个省份拓展出口目的地角度对零件和整车产品进行分析发现（见表10-5），中国轨道交通装置制造业零件产品和整车产品2001~2016年新进入目的地的次数分别为1565和2322，其中"一带一路"沿线国家数量占比分别为38.53%和39.41%。可见，中国轨道交通装备整车产品进入的新目的地较多，出口优势较大。具体来看，零件产品新出口次数最多的省份主要是北京、山东、江苏、浙江、上海和广东等东部发达地区，以及山西、辽宁、湖南、河北、河南等中部大省。新进入目的地最多的是巴西、南非、英国、印度尼西亚、德国、加拿大、马来西亚等。整车产品新出口次数最多的省份主要是江苏、山东、广东、上海、北京、浙江、天津、辽宁、福建等，均在100次以上，新进入目的地主要是越南、哈萨克斯坦、土耳其、印度尼西亚、马来西亚、泰国、澳大利亚、俄罗斯等。比较而言，整车出口最多的省份多集中于东部地区，出口目的地以发展中国家居多，尤其是越南、哈萨克斯坦、土耳其、印度尼西亚、马来西亚、泰国等"一带一路"沿线国家数量位居前列。而零件产品出口较多的省份分散于东中部地区，由于当前新兴国家对于中国轨道交通装备产品需求旺盛，巴西、南非、印度、新加坡、泰国等国家成为中国轨道交通装备出口的新的增长点。

表10-5　　　　2001~2016年出口地及新进入目的地次数排名（Top 20）

零件—出口地	次数	零件—目的地	次数	整车—出口地	次数	整车—目的地	次数
北京	146	巴西	38	江苏	260	越南	47
山东	126	南非	38	山东	228	哈萨克斯坦	42
江苏	117	英国	38	广东	216	土耳其	42
浙江	116	印度尼西亚	36	上海	202	印度尼西亚	42
上海	113	德国	35	北京	184	马来西亚	39
广东	100	加拿大	35	浙江	161	泰国	39
山西	89	马来西亚	35	天津	136	澳大利亚	38
辽宁	82	中国台湾	35	辽宁	104	俄罗斯	38
湖南	80	巴基斯坦	33	福建	103	沙特阿拉伯	35
河北	66	越南	33	江西	99	加拿大	34
河南	66	俄罗斯	31	河北	91	安哥拉	33
吉林	64	韩国	31	湖北	74	巴基斯坦	33
四川	61	澳大利亚	30	四川	71	菲律宾	33
湖北	57	泰国	30	湖南	69	中国台湾	33

续表

零件—出口地	次数	零件—目的地	次数	整车—出口地	次数	整车—目的地	次数
天津	50	新加坡	30	陕西	51	新加坡	33
安徽	46	日本	29	河南	48	印度	29
黑龙江	35	印度	29	安徽	43	朝鲜	28
重庆	31	中国香港	29	黑龙江	43	委内瑞拉	28
陕西	29	土耳其	28	山西	25	蒙古国	27
贵州	18	意大利	28	重庆	23	巴西	26

从 2001 年至 2016 年，对于零件产品和整车产品，东部地区新出口省份占比都略有下降，中部及东北部地区占比呈现波动上升，说明随着时间变化，拓展新的出口目的地主要发生在中部及东北部地区。这主要是因为东部地区经济发展较快，贸易进程相对较早，与大多数国家或地区都已建立贸易联系。中部、东北部地区发展相对滞后，近些年仍在不断拓展新的出口目的地。因此，从新进入目的地的角度分析，东部地区已进入成熟期，而中部地区仍在发展期。

2. 拓展优势目的地市场

从出口地新进入优势贸易目的地的角度分析（见表 10-6），2001~2016 年零件和整车产品新进入的优势贸易目的地次数分别为 1167 次和 1874 次，"一带一路"沿线国家数量占比为 37.19% 和 37.41%。其中，零件和整车产品新拓展优势目的地较多的省份主要位于东部沿海省份，如山东、江苏、上海、浙江、北京、广东等。在拓展次数上，整车产品远远高于零件产品。对于零件产品而言，拓展的优势目的地主要是美国、加拿大、中国台湾、澳大利亚、英国等发达国家及地区；而整车产品进入优势目的地次数最多的主要是越南、印度尼西亚、安哥拉、俄罗斯、沙特阿拉伯等国家，二者在优势目的地的选择上存在一定差异。

表 10-6　　2001~2016 年新出现比较优势省份及目的地次数排名（Top 20）

零件—出口地	次数	零件—目的地	次数	整车—出口地	次数	整车—目的地	次数
山东	121	美国	35	江苏	291	越南	43
江苏	110	巴西	30	山东	229	中国台湾	37
北京	104	加拿大	30	上海	192	印度尼西亚	32
浙江	92	中国台湾	28	广东	153	安哥拉	31
湖南	74	澳大利亚	26	浙江	128	俄罗斯	29
上海	67	泰国	26	北京	113	英国	29

续表

零件—出口地	次数	零件—目的地	次数	整车—出口地	次数	整车—目的地	次数
山西	64	英国	26	天津	97	日本	28
辽宁	60	越南	25	江西	77	沙特阿拉伯	28
广东	53	德国	23	河北	65	马来西亚	27
吉林	45	马来西亚	23	辽宁	61	美国	27
四川	45	墨西哥	23	四川	57	新加坡	27
河南	44	印度尼西亚	23	湖北	51	韩国	26
湖北	43	中国香港	23	福建	47	德国	25
安徽	41	法国	20	陕西	44	蒙古国	25
河北	36	沙特阿拉伯	20	河南	37	印度	25
黑龙江	31	新加坡	20	安徽	36	朝鲜	24
陕西	21	奥地利	19	湖南	34	法国	24
重庆	21	意大利	19	黑龙江	28	菲律宾	24
贵州	17	日本	18	山西	22	澳大利亚	23
天津	17	巴基斯坦	17	重庆	20	意大利	23

对于零件产品，东部地区新出现比较优势省份占比从 2001 年 56.76% 下降到 2016 年 46.94%，中部地区从 16.22% 上升至 28.95%。西部及东北部地区历年占比变化不大。整车产品东部地区历年占比均在 60% 以上，占比略有波动，变化不大。西部及东北部地区占比在波动中略有下降，仅中部地区占比有所上升。变化原因与前面描述的各区域所处发展阶段相似，中部地区在国家政策支持下，以轨道交通装备制造业零件产品为主，开始形成出口贸易优势。

（三）出口地与目的地聚类分析

基于前面分析，首先利用出口省级尺度 2000~2016 年对贸易目的地出口额和新拓展的目的地数量两个属性对出口地进行聚类，探讨地区出口相似性（见图 10-2）。可以发现对于零件产品出口省份，江苏、山西、湖南、山东为一类，贸易额极高，拓展目的地数量也较高。上海、浙江、北京为一类，属于贸易额和拓展目的地数量都高的"双高型省份"。河北、四川、河南、吉林、湖北、天津、辽宁、安徽、广东为一类，贸易额和拓展目的地数量都较高。黑龙江、陕西、青海、甘肃、新疆、福建、海南、云南、江西、广西、内蒙、重庆、贵州为最后一类，属于贸易额和拓展目的地数量都低的"双低型省份"。

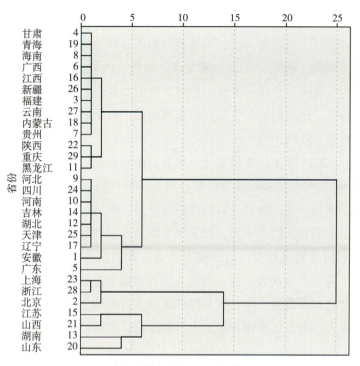

（a）零件产品出口地聚类分析

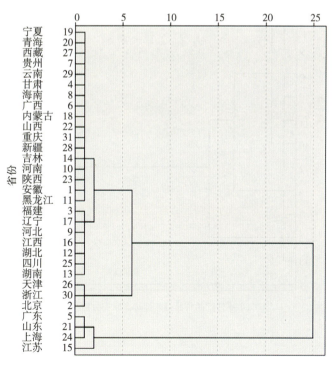

（b）整车产品出口地聚类分析

图 10-2　零件产品与整车产品出口地聚类分析

对于整车产品，江苏贸易额和拓展目的地数量都极高，自成一类。广东、上海、山东为一类，天津、浙江、北京为一类，贸易额和拓展目的地数量都较高。福建、辽宁、河北、江西、湖北、湖南、四川为一类，黑龙江、吉林、内蒙、河南、云南、贵州、陕西、山西、甘肃、广西、重庆、宁夏、安徽、西藏、新疆、海南、青海为最后一类，贸易额和拓展目的地数量偏低。比较而言，整车产品东部地区出口贸易优势度更为明显，聚类结果与上文分析结果具有一致性。

其次基于2000~2016年出口省份对特定贸易目的地的出口额和新进入目的地数量，对贸易目的地进行聚类分析。由图10-3可知，对于零件产品，北美贸易进口额极高，自成一类。东南亚和非洲为一类，新进入目的地数量极高。东亚、拉丁美洲、西欧、南亚和西亚为一类，北欧、东欧和南欧为一类，贸易额和新进入目的地数量都较高。大洋洲和中亚为一类，新进入目的地数量最少。对于整车产品，非洲新进入目的地数量极高，自成一类。东南亚、拉丁美洲和西亚为一类，新进入目的地数量也较高。北美、东亚为一类，进口贸易额极高。北欧和西欧为一类，贸易额和新进入目的地数量都较高。东欧、南欧、中亚、大洋洲和南亚为一类，贸易额和新进入目的地数量相对较低。

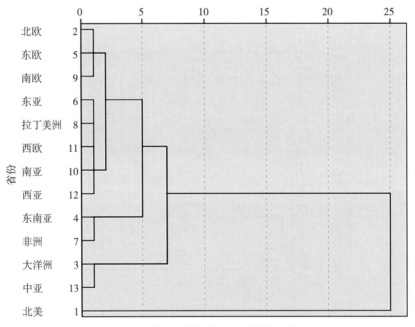

（a）零件产品贸易目的地选择聚类分析

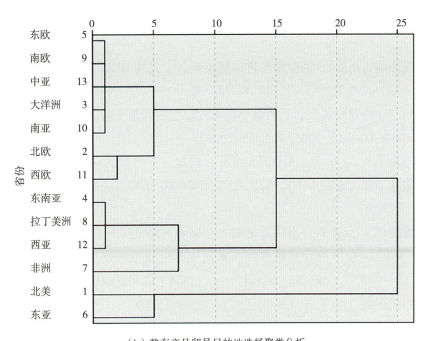

（b）整车产品贸易目的地选择聚类分析

图 10-3　零件产品与整车产品贸易目的地选择聚类分析

相比较而言，零件产品新进入目的地最多的是东南亚和非洲地区，贸易额最高的是北美地区。整车产品新进入非洲、东南亚、拉丁美洲和西亚地区次数最多，贸易额最高的是北美和东亚，新进入目的地数量和贸易额都远远高于零件产品。可见中国轨道交通制造业整车出口贸易优势远远高于零件产品，且整车产品近年来不断拓展其贸易目的地，形成更庞大的国际贸易网络。

四、中国轨道交通装备制造业出口贸易驱动力

（一）变量选取

被解释变量为轨道交通装备制造业在 2001~2016 年历年是否进入新目的地市场 $PTCA$ 和是否新出现优势贸易目的地 $PTCB$，计算方法如前所述。核心解释变量政治距离（BAR），为虚拟变量，若出口目的地位于"一带一路"沿线，取值为 1，否则为 0。

控制变量包括经济距离、地理距离、制度距离、优惠贸易制度、目的地市场规模、目

的地铁路基础设施水平、目的地贸易需求水平、本地技术关联度、本地市场规模、本地贸易潜力等。

（1）经济距离（*ECO*），为中国与进口国（地区）人均 GDP 之差的绝对值，表示由人均收入水平决定的双方需求水平的相似程度，即林德尔的"重叠需求"（Linder，1961）。反映了两地的产业内贸易状况，其值越小说明两地存在着重叠需求，发生产业内贸易的可能性越大（Hummels et al.，2005；Hallak，2006）。

（2）地理距离（*Geodist*），指中国和贸易目的地首都之间的距离。两地之间的距离越大，货物运输越不便，运输成本则越高，因此会影响中国轨道交通装备制造业拓展出口目的地。

（3）制度距离（*Instdist*），更接近的制度可以有效降低交易成本从而促进贸易的发展（刘德学等，2019）。全球治理指数作为国家制度环境质量的测量标准（Kaufmann et al.，2010），并基于科格特和辛格（Kogut and Singh，1988）提出的制度距离方法计算中国与贸易目的地的制度距离。

（4）优惠贸易制度（*gro*），当中国与贸易目的地属于一个贸易集团或签署自由贸易协定（FTA）时，通常会通过减少非关税壁垒、关税减让等措施促进贸易的便利度，实现区域内生产要素的自由流动，因此优惠贸易制度会影响中国轨道交通装备拓展出口目的地（盛斌等，2004；张会清等，2012）。当贸易双方属于一个贸易集团（亚太经合组织和金砖国家）或签署 FTA 时为 1，否则为 0。

（5）目的地的铁路基础设施水平（*RAIL*）。利用目的地的铁路线网密度表示其铁路基础设施水平。一国（地区）的铁路线网密度越低，说明其铁路基础设施水平越差，铁路技术相对落后，对于轨道交通装备的需求越大，对进口的依赖较大（郑晨，2016）。

（6）目的地经济规模（*C_GDP*），为各目的地 GDP，反映了潜在的贸易需求。

（7）目的地贸易需求水平（*couvalue*），利用进口国（地区）从中国进口轨道交通制造业贸易额衡量。

（8）本地市场规模（*P_GDP*），为各省份 GDP。市场规模越大，潜在的出口能力越大。

（9）本地贸易潜力（*provalue*），利用各省份轨道交通制造业出口额衡量。

（10）本地技术关联密度（*density*）。大量研究证明了技术关联密度会对企业的出口行为构成显著影响（Poncet et al.，2013；李振发等，2018）。参考伊达尔戈等（Hidalgo et al.，2007）提出的技术关联密度指标来衡量轨道交通装备产品与出口地产品结构的技术关联密度。

（二）模型回归结果

建立模型（10-4）和模型（10-5），分别对中国轨道交通整车产品、零件产品利用 Probit 模型进行回归。

$$PTCA_{ijt} = \beta_0 + \beta_1 BAR_j + \beta_2 \ln ECO_{jt} + \beta_3 \ln Geodist_{jt} + \beta_4 \ln Instdist_{jt} + \beta_5 gro_j + \beta_6 \ln C\_GDP_{jt}$$
$$+ \beta_7 \ln RAIL_{jt} + \beta_8 \ln couvalue_{jt} + \beta_9 density_{it} + \beta_{10} \ln P\_GDP_{it} + \beta_{11} \ln provalue_{it} + \varepsilon_{j,t}$$
$$(10-4)$$

$$PTCB_{ijt} = \beta_0 + \beta_1 BAR_j + \beta_2 \ln ECO_{jt} + \beta_3 \ln Geodist_{jt} + \beta_4 \ln Instdist_{jt} + \beta_5 gro_j + \beta_6 \ln C\_GDP_{jt}$$
$$+ \beta_7 \ln RAIL_{jt} + \beta_8 \ln couvalue_{jt} + \beta_9 density_{it} + \beta_{10} \ln P\_GDP_{it} + \beta_{11} \ln provalue_{it} + \varepsilon_{j,t}$$
$$(10-5)$$

经过相关系数检验，$instdist$ 和 ECO，C_GDP 和 $couvalue$ 之间的相关系数大于 0.6，因此将其分为两个模型进行回归分析。此外，由于大部分国家（地区）缺失铁路基础设施变量数据，故回归分析时剔除了该指标，回归结果如表 10-7 和表 10-8 所示。

表 10-7　　　　"一带一路"倡议对中国轨道交通装备制造业进入新目的地的影响

变量	零件		整车	
	（10.1）	（10.2）	（10.3）	（10.4）
BAR	0.163***	0.126**	0.122***	0.149***
$\ln ECO$	−0.0914***		−0.0934***	
$\ln Instdist$		−0.0979***		−0.172***
$density$	−12.97		−30.40*	
gro		−0.156***		−0.129***
$\ln P\_GDP$		−0.176		0.224
$\ln C\_GDP$		−0.217***		−0.217***
$\ln provalue$	−0.119***		−0.0538**	
$\ln Geodist$		0.0581		0.345***
$\ln couvalue$	−0.163***		−0.161***	
$constant$	4.532***	6.934***	3.217***	0.833
地区效应	Yes	Yes	Yes	Yes
时间效应	Yes	Yes	Yes	Yes

注：**、*** 分别表示 $p < 0.05$，$p < 0.01$。

表 10–8　　　　"一带一路"倡议对中国轨道交通装备制造业拓展优势目的地的影响

变量	零件		整车	
	（10.5）	（10.6）	（10.7）	（10.8）
BAR	0.0972	0.0820	−0.0289	0.0378
lnECO	−0.0587***		−0.0202	
lnInstdist		−0.0792***		−0.120***
density	−4.699		−14.72	
gro		−0.131***		−0.130***
lnP_GDP		0.371		−0.370
lnC_GDP		−0.185***		−0.158***
lnprovalue	−0.204***		−0.145***	
lnGeodist		0.140***		0.145***
lncouvalue	−0.175***		−0.177***	
constant	4.406***	0.648	5.310***	5.584**
地区效应	Yes	Yes	Yes	Yes
时间效应	Yes	Yes	Yes	Yes

注：**、*** 分别表示 $p < 0.05$，$p < 0.01$。

首先，对于"一带一路"倡议是否促进零件和整车产品进入新目的地市场，回归结果如表 10–7。在控制其他变量基础上，"一带一路"沿线国家对于零件及整车产品进入新的出口目的地都具有显著的正向作用，说明"一带一路"倡议显著促进中国轨道交通装备制造业进入新的目的地市场。经济距离、制度距离对于零件和整车产品拓展新的出口目的地都具有显著的负向作用，说明与目的地的经济距离、制度距离越小，产品越容易进入该市场。而对于大多数经济规模大、贸易需求水平高以及与中国有优惠贸易制度的国家及地区，整车和零件产品都已有出口，因此显示显著负向相关。同理，本地出口潜力越大，新进入的出口目的地越少。本地技术关联和本地市场规模影响都不显著。地理距离仅对整车产品具有显著的正向作用，对于零件产品影响则不显著，说明与目的地地理距离越大，整车产品新进入越多。由前面分析可知，整车产品新出口目的地以发展中国家为主，"一带一路"沿线国家数量位居前列，部分距离较近的国家已有产品出口。随着中国轨道交通技术的发展，整车产品不断向外拓展出口目的地，进一步突破地理距离的限制。

其次，对于"一带一路"倡议是否促进零件和整车产品拓展优势目的地，回归结果如表 10–8 所示。"一带一路"倡议对于中国轨道交通装备制造业产品拓展优势贸易目的地无显著影响。可能的原因是 2013 年提出"一带一路"倡议后，在国家政策扶持下，各省份积极进入新的出口目的地，但是由于研究时段较短，并未显现出对于提升优势贸易目的地的影响。经济距离对于零件产品提升其优势贸易目的地具有显著的负向作用，说明与目的地经济距离越小，零件产品越容易提升其贸易优势；而对于整车产品经济距离是否提升其优势目的地仍需进一步探索。与是否促进进入新的目的地影响一致，制度距离、目的地经济规模、需求水平、优惠贸易制度以及本地贸易潜力对提升零件和整车产品拓展优势贸易目的地均具有显著的负向作用，本地技术关联和本地市场规模影响都不显著，而地理距离对于中国轨道交通装备制造业零件和整车产品拓展优势目的地均具有显著的正向作用。

五、结论与讨论

作为高端装备制造业的重点发展方向之一，轨道交通装备制造业对于提升中国产业国际竞争力、实现由装备制造大国转变为装备强国都具有重大的现实意义（施锦芳等，2017）。"一带一路"倡议将进一步推动中国轨道交通装备制造业出口贸易发展。利用中国海关贸易数据库，本章研究2000~2016年中国各省份轨道交通零件产品及整车产品出口贸易特征，深入分析二者拓展出口目的地及优势目的地情况，并对零件产品和整车产品进行聚类分析，从出口地和目的地双重维度探讨中国轨道交通装备制造业贸易格局演化。在此基础上，研究"一带一路"倡议如何影响轨道交通装备制造业进入新目的地市场，以及拓展新的优势贸易目的地。研究得到以下结论：

（1）中国轨道交通装备制造业出口贸易发展迅速，且以整车产品为主。整车产品出口东部省份优势明显，出口占比高达89%，呈现东部与东北部高、中西部低的贸易空间格局，贸易规模较大。比较而言，轨道交通装备制造业零件产品出口的分布小而散，出口地以东部和中部省份为主，呈现东部与中部高，西部低的贸易特征。此外，整车产品出口受市场影响较大，除了2008年金融危机影响，历年出口至"一带一路"沿线国家占比基本保持稳步增长；零件产品则受政策影响较大，出口比重变化较大。从全球范围来看，零件产品主要出口至北美、西欧和南亚；整车产品主要出口至东亚、北美和北欧。

（2）从各个省份拓展新目的地的角度分析，由于各地区所处发展阶段不一，中部地区近年来新进入目的地数量占比有所增加，东部地区略有下降。零件产品拓展新目的地较多的省份分散于东中部，整车产品则集中于东部地区。新进入目的地方面零件产品以东南亚和非洲地区的新兴国家为主；整车产品则进入非洲地区国家数量最多，尤以"一带一路"沿线国家居多。从拓展优势贸易目的地的角度分析，中部地区在国家政策支持下，以轨道交通装备制造业零件产品为主，开始形成出口贸易优势。但新拓展优势目的地较多的省份仍主要位于东部沿海省份。在拓展次数上，整车产品远远高于零件产品，可见中国轨道交通制造业整车产品出口贸易优势远远高于零件产品。二者在优势目的地的选择上也存在一定差异。

（3）"一带一路"倡议显著促进中国轨道交通装备制造业整车及零件产品拓展出口目的地，但是由于研究时段较短，并未显现出对于提升优势贸易目的地的影响。对于与中国收入差距、制度差距越小的国家及地区，轨道交通装备制造业零件产品越容易进入并且形成比较优势。对于经济规模、需求水平越高，与中国同属一个贸易集团或者签署 FTA 的国家及地区，以及贸易潜力越高的出口省份，由于之前往往已有出口贸易，因此拓展的新目的地和优势目的地均越少。而地理距离对于整车产品拓展出口目的地及优势目的地具有显著的正向推动作用，说明随着与"一带一路"沿线国家的战略合作以及中国轨道交通装备制造业不断发展，地理距离已不再是阻碍中国轨道交通装备制造业整车产品拓展新目的地及形成比较优势的主要因素，中国对这些国家及地区具有产能转移的梯度优势。

当前中国轨道交通装备制造业发展势头良好，在"一带一路"倡议的推动下，不断拓展其贸易目的地，形成更庞大的国际贸易网络。尤其是整车产品，新进入国家及地区数量和贸易额都远远高于零件产品。零件产品目前仍存在研发基础薄弱、低品质垂直型产业内贸易比重较高、未摆脱对国外核心零件的进口依赖等问题，严重制约着中国轨道交通装备制造业产业链、价值链的提升（郑晨，2016）。未来应不断加强与"一带一路"沿线国家的合作，增强中国轨道交通装备制造业产品发展的顶层设计，注重落后地区进一步发展。推进整车企业与零件企业的有效合作，提升零件产品研发生产能力，形成中国轨道交通装备制造业产品出口贸易的绝对优势。

参考文献

［1］曹伟，言方荣，鲍曙明，2016. 人民币汇率变动、邻国效应与双边贸易——基于中国与"一带一路"沿线国家空间面板模型的实证研究［J］. 金融研究，（9）：50-66.

［2］董美霞，林莉，2013. 中国轨道交通装备制造业融资问题和策略研究［J］. 开发研究，（5）：54-58.

［3］董晔，师心琪，2019. "一带一路"背景下巴基斯坦投资环境及区位选择［J］. 热带地理，39. https://doi.org/10.13284/j.cnki.rddl.003190.

［4］方英，马芮，2018. 中国与"一带一路"沿线国家文化贸易潜力及影响因素：基于随机前沿引力模型的实证研究［J］. 世界经济研究，（1）：112-121+136.

［5］顾春光，翟崑，2017. "一带一路"贸易投资指数：进展、挑战与展望［J］. 当代亚太，（6）：4-23+149.

［6］金钊，2013. 中国轨道交通装备制造业进出口状况与国际竞争力分析［J］. 中国科技投资，（186）：1-2.

［7］李博达，林莉，2014. 中国轨道交通装备制造业的产业结构及优化策略研究［J］. 当代经济，

（3）：38–41.

　　［8］李继宏，2015.中国高铁"走出去"面临的机遇与挑战［J］.对外经贸实务，（1）：74–77.

　　［9］李敬，陈旎，万广华，等，2017."一带一路"沿线国家货物贸易的竞争互补关系及动态变化——基于网络分析方法［J］.管理世界，（4）：10–19.

　　［10］李曦晨，张明，2019.关于"一带一路"倡议的定量研究评述［J］.财经智库，4（2）：103–120，143.

　　［11］李振发，贺灿飞，黎斌，2018.中国出口产品地区专业化［J］.地理科学进展，37（7）：101–113.

　　［12］刘德学，孙博文，2019.经济制度距离与贸易发展——基于跨国面板数据的实证研究［J］.国际商务（对外经济贸易大学学报），（1）：21–33.

　　［13］刘慧，叶尔肯·吾扎提，王成龙，2015."一带一路"战略对中国国土开发空间格局的影响［J］.地理科学进展，34（5）：545–553.

　　［14］刘卫东，2015."一带一路"战略的科学内涵与科学问题［J］.地理科学进展，34（5）：538–544.

　　［15］马风涛，李俊，2011.国际中间产品贸易的发展及其政策含义［J］.国际贸易，（9）：12–17.

　　［16］盛斌，廖明中，2004.中国的贸易流量与出口潜力：引力模型的研究［J］.世界经济，（2）：3–12.

　　［17］施锦芳，郑晨，2017.中国轨道交通装备制造业贸易结构与出口潜力的实证研究［J］.宏观经济研究，（3）：101–117.

　　［18］孙章，2015."一带一路"建设与中国铁路"走出去"［J］.城市轨道交通研究，18（3）：1，76.

　　［19］万其凤，2017."一带一路"为轨道交通装备制造业带来的机遇及其对策［J］.科技创新导报，14（16）：120–122，124.

　　［20］王俊彪，2011.轨道交通装备制造业发展趋势分析［J］.中国铁道科学，（5）：131–135.

　　［21］徐飞，2015.中国高铁"走出去"战略：主旨·方略·举措［J］.中国工程科学，17（4）：4–8.

　　［22］徐长山，金龙，2016."一带一路"战略下中国铁路走出去的时间价值、空间意义与约束条件［J］.科技进步与对策，33（16）：111–115.

　　［23］许阳贵，刘云刚，2019.中国与"一带一路"沿线国家贸易及其影响因素［J］.热带地理，39（6）.

　　［24］袁子晴，杨亚平，2018."凿空之旅"泽万民："一带一路"对外直接投资如何提高劳动收入份额［J］.南方经济，（8）：60–83.

　　［25］张会清，唐海燕，2012.中国的出口潜力：总量测算、地区分布与前景展望——基于扩展引力模型的实证研究［J］.国际贸易问题，（1）：12–25.

　　［26］张静中，王文君，2016."一带一路"背景下中国—西亚自贸区经济效应前瞻性研究——基于动态GTAP的实证分析［J］.世界经济研究，（8）：70–78，100，136.

　　［27］郑晨，2016.中国轨道交通装备制造业贸易特征及出口潜力研究［J］.大连：东北财经大学.

　　［28］Álvarez-Albelo C D, Manresa A, Pigem-Vigo M, 2018. Growing through trade in intermediate goods: The role of foreign growth and domestic tariffs[J]. Scottish Journal of Political Economy, 65(4): 414-436.

［29］Amiti M, Konings J, 2007. Trade liberalization, intermediate inputs, and productivity: Evidence from Indonesia[J]. American Economic Review, 97(5): 1611-1638.

［30］Chen D, Yang Z, 2018. Systematic optimization of port clusters along the maritime silk road in the context of industry transfer and production capacity constraints[J]. Transportation Research Part E: logistics & Transportation Review, 109: 174-189.

［31］Ding T, Ning Y, Zhang Y, 2017. The contribution of China's outward foreign direct investment (OFDI) to the reduction of global CO2 emissions[J]. Sustainability, 9(5): 741.

［32］Fardella E, Prodi G, 2017. The belt and road initiative impact on Europe: An Italian perspective[J]. China & World Economy, 25(5): 125-138.

［33］Garcia-Herrero A, Xu J, 2017. China's belt and road initiative: Can Europe expect trade gains? [J]. China & World Economy, 25(6): 84-99.

［34］Hallak J C, 2006. Product quality and the direction of trade[J]. Journal of International Economics, 68(1): 238-265.

［35］Han L, Han B, Shi X, et al., 2018. Energy efficiency convergence across countries in the context of China's belt and road initiative[J]. Applied Energy, 213: 112-122.

［36］Hidalgo C A, Klinger B, Barabasi A L, et al., 2007. The product space conditions the development of nations[J]. Science, 317: 482-487.

［37］Hummels D, Klenow P J, 2005. The variety and quality of a nation's exports[J]. American Economic Review, 95(3): 704-723.

［38］Hyun H J, 2018. Institutional quality and trade in intermediate goods[J]. Journal of Korea Trade, 22(2): 162-186.

［39］Kaufmann D, Kraay A, Mastruzzi M, 2010. The worldwide governance indicators: a summary of methodology, data and analytical issues[J]. World Bank Policy Research, 2-29.

［40］Kogut B, Singh H, 1988. The effect of national culture on the choice of entry mode[J]. Journal of international business studies, 19(3): 411-432.

［41］Li K X, Jin M, Qi G, et al., 2017. Logistics as a driving force for development under the belt and road initiative – the Chinese model for developing countries[J]. Transport Reviews, 38 (4): 457-478.

［42］Linder S B, 1961. An essay on trade and transformation[J]. Journal of Political Economy, (1): 171-172.

［43］Márquez-Ramos L, Martínez-Zarzoso I, 2014. Trade in intermediate goods and Euro-Med production networks[J]. Middle East Development Journal, 6(2): 215-231.

［44］Martinez-Zarzoso I, Voicu A M, Vidovic M, 2011. CEECs integration into regional and global production networks[J]. SSRN Electronic Journal.

［45］Poncet S, Waldemar F S D, 2013. Product relatedness and firm exports in China[J]. The World Bank

Economic Review, 29(3): 579-605.

　[46] Yi Kei-Mu, 2003. Can vertical specialization explain the growth of world trade? [J]. Journal of Political Economy, 111(1): 52-102.

　[47] Zhai F, 2018. China's belt and road initiative: A preliminary quantitative assessment[J]. Journal of Asian Economics, 55: 84-92.

　[48] Zhang L, Luo M, Yang D, et al., 2017. Impacts of trade liberalization on Chinese economy with belt and road initiative [J]. Maritime Policy & Management, 10: 1-18.

　[49] Zhu S, He C, Zhou Y, 2017. How to jump further and catch up? Path-breaking in an uneven industry space[J]. Journal of Economic Geography, 17(3): 521-545.

第十一章
纺织品出口贸易地理网络

一、引言

改革开放以来，中国正全方位地融入经济全球化，与全球主要市场的互动频繁。正是由于抓住了全球生产转移和我国市场化进程不断推进的历史机遇，我国东南沿海地区率先发展外向型经济，凭借大量廉价劳动力和充足的土地资源吸引外资进入。作为最早实现全球化的制造业之一，纺织业在我国积极参与国际贸易、提高对外开放程度的过程中起到了至关重要的作用。但是，纺织业作为传统的劳动力密集型产业，具有对劳动力和原材料成本敏感、对外依存度高、附加值低、核心竞争力不强、高污染、高能耗等一系列特点，其发展受到国际国内环境的双重影响。近年来，一方面，由于我国东南沿海地区人口红利消失，我国纺织业比较优势逐渐削弱，越南、柬埔寨等东南亚国家借机抢占市场；另一方面，国际经贸环境的变化也对我国纺织业出口贸易产生了巨大影响。1995年《纺织品和服装协议》解除配额限制和2001年加入WTO为我国纺织业出口贸易创造了腾飞的契机，但受2008年全球金融危机的影响，2009年我国纺织业出口贸易额呈现负增长，相对2008年下降了5.8%，此后，反倾销等贸易壁垒的设置及中美贸易战的爆发亦加大了我国纺织业参与国际贸易的阻力。基于此，我国纺织业发展面临着众多机遇与挑战，故研究我国纺织业出口贸易扩张的演化特征及其驱动因素具有十分重要的现实意义。

现有关于我国纺织业出口贸易的研究主要从产业竞争力及比较优势（徐建明，2002；刘重力等，2009）、纺织业出口对经济增长的贡献（王飞、王一智，2013）、我国纺织业在全球价值链分工中所处地位（黄永明等，2006；卓越、张珉，2008；王飞、郭孟珂，2014）以及应对贸易壁垒的发展路径（张亚飞、张立杰，2020）等经济学和管理学视角切入，地理学则更聚焦于纺织服装业贸易的空间动态格局，关注纺织业全球转移的路径及其影响因素（吴爱芝等，2017；姚秋蕙等，2018；马佳卉、贺灿飞，2019）。其中，信息溢出效应作为国际贸易的重要影响因素之一，其来源多样性已得到多学科研究证实（郭琪，2016），演化经济地理学强调本地生产经验和技术溢出的作用（Neffke F et al.，2011），国际贸易领域则侧重于研究目的地市场信息溢出的影响（Albornoz F et al.，2012）。但是，现有贸易地理研究大多从出口地或目的地的单一维度出发，缺乏基于全球—地方视角的综合研究。由于信息溢出效应存在于全球—地方互动过程中的多维度，故有必要将出口地、目的地及二者联系维度纳入信息溢出的解释框架中。在研究尺度上，现有贸易地理研究大多从国家（地区）间贸易联系入手，考察宏观尺度上的贸易网络结构特征及其演化规律，鲜少关注国内尺度的差异。

　　本章基于 2000~2016 年中国海关贸易数据库，对中国纺织业贸易网络扩张的二元边际进行分解研究，在展示出口额增长与目的地拓展动态格局的基础上，从出口地、目的地及二者联系维度进一步考察订单出口和信息溢出对我国纺织业出口贸易的影响，并对二者的作用差异进行对比。研究贡献在于：（1）在研究视角上，将出口地与目的地这两个维度结合起来，分析我国纺织业出口贸易扩张与全球—地方出口溢出之间的关系，有利于全面、辩证地理解信息溢出在贸易网络演化中的作用；（2）在研究尺度上，从省级尺度切入，对我国纺织业贸易网络进行细化分解，对系统揭示我国纺织业贸易的区域差异有所助益；（3）在研究内容上，基于我国纺织业在全球价值链上所处的地位，从跨国零售商的区位选择出发，为订单对出口增长的主导作用提供了实证证据。

二、文献综述与理论框架

　　在经济全球化大背景下，跨国公司在协调生产网络中的作用日益凸显，全球价值链国际分工和跨国贸易引发了学者们的广泛关注。格里芬（Gereffi，1994；2001）在全球商品链的基础上提出并发展了全球价值链的概念，指出基于全球价值链的分工差异，跨国公司主导生产活动跨空间布局，不同生产环节创造的价值亦有所不同（Gereffi et al.，2005）。纺织服装业作为典型的消费者驱动生产链，具有鲜明的在价值链上细化垂直分工和在地理空间上分散化布局特征（彼得·迪肯，2007）。其价值链上的领导型企业主要包括大型跨国零售商、品牌营销商和品牌制造商这三类（Gereffi，1994；Gereffi and Memedovic，2003；彼得·迪肯，2007），与之相对应的处于被支配地位的则是大量来自发展中国家的供应商和代工厂。其中，大型跨国零售连锁商的影响力十分可观。在发展初期，沃尔玛、家乐福、伊藤洋华堂等零售业巨头占据了各国服装销售的较大份额，自 20 世纪 60 年代英美的"零售业革命"以来，针对特定市场的专业化服装零售商迅速崛起，涌现了如盖璞（GAP）、飒拉（Zara）、优衣库（Uniqlo）等一系列注重细分市场的大型连锁零售商，从根本上改变了服装零售的性质及市场需求。快时尚和快速补货策略的发展亦为纺织服装价值链研究拓展了新的视角，一些学者针对快时尚品牌的研究表明，其专业化生产和布局为当今全球服装价值链上的核心要素（Pickles and Smith，2011；Tokatli and Kizilguen，2009）。此类跨国服装连锁零售商具有强大的购买力和影响力，需要长期低成本、标准化生产以支撑其多样化产品的快速迭代（Pickles and Smith，2011）。为降低生产成本，大型跨国服装零售商通常选择将低附加值的纺织业生产环节通过订单外包给发展中国家，以利用其低廉的劳动力与原材料。可见，纺织服装业具有鲜明的在价值链上细化垂直分工和在地理空间上分散化布局特征，而纺织业生产和贸易的地理格局很大程度上是由服装市场的需求决定的，纺织品中约有 50% 供给服装生产，家庭用品和工业用品则各占约 25% 的份额（彼得·迪肯，2007）。

作为纺织业出口大国，我国实际上是个纺织品"制造大国"，同时又是一个"品牌小国"（常亚平，2005）。许多学者从质和量的角度出发对我国纺织业的国际竞争力进行考察，认为我国纺织业的竞争优势主要体现在数量和规模上而非质量和层次上（刘重力等，2009；王飞、郭孟珂，2014）。现有研究表明，我国纺织业尚处于全球价值链较低端的位置，缺乏具有国际影响力的本土品牌，出口贸易受到国际市场的显著影响，自主性相对较低，受国际市场环境的显著影响（谭力文等，2008；王克岭等，2013）。卓越和张珉指出，在以跨国采购商为主导的俘获式全球价值链中，我国纺织服装企业作为代工生产者，被锁定在增加值较低的缝合制造环节（卓越、张珉，2008）。黄永明、何伟和聂鸣（2006）认为，我国纺织企业目前存在设备落后、缺乏大品牌和受制于国际市场的问题，并基于全球价值链升级理论提出了基于技术能力、市场扩展能力以及二者组合的三种企业升级路径。可见，我国纺织业在全球价值链中主要承接附加值较低的环节，以接受跨国零售企业的订单代工生产为主，出口贸易的流量与流向均由市场需求和订单决定，纺织品制造企业无需自行支付沉没成本。因此，在市场和订单主导的纺织业国际贸易中，大型跨国服装零售企业在世界市场的空间布局及其扩张路径会对我国纺织业贸易网络演化产生十分重要的影响。

订单作为价值链分工中市场需求的载体，其对于纺织业贸易的重要性不言而喻，而传统贸易地理研究大多从成本视角切入，从出口地和目的地两个维度考察全球—地方出口溢出对贸易行为的影响，既关注地方集聚外部性在跨越出口门槛、实现出口增长上的作用，也考虑地方引入外部知识对其贸易扩张的影响。在出口地维度，信息溢出效应既可以是本地化的，也可以通过跨区域的产业转移实现。一方面，集聚外部性理论指出，企业在空间上的集聚分布能够导致信息溢出，同一产业内的企业通过共享劳动力、专业化服务和专业知识进行专业化生产（Marshall，1920），有利于降低企业的搜寻和生产等成本。对于出口企业而言，出口企业之间的地理邻近有利于出口经验和基础设施共享，从而降低新出口企业进入面临的风险和沉没成本，即存在出口溢出效应（郭琪，2016；Aitken et al.，1997；Grabher，2002）。出口溢出效应的高度本地化特性已在许多实证研究中得以证实，即当知识和技术溢出发生以后，地理邻近的企业最先获益，然后才会向距离更远的企业进行传播（Aitken et al.，1997；Koenig et al.，2010；Girma and Wakelin，2001；Kneller and Pisu，2007；Koenig，2009）。可见，产业集聚能够产生信息溢出效应，影响企业的出口决策和出口表现，且集聚程度越高其作用越明显。另一方面，许多研究证实了产业转移存在技术溢出效应（顾保国，2005；童昕、王缉慈，2002；谢建国、吴国锋，2014），伴随着技术等必备生产要素的转移，产业转移能够削弱转出地的技术优势，带来转入地的技术进步和产业竞争力提升（魏后凯，2003）。因此，出口企业参与跨区域的产业转移能够打破信息溢出对于地理邻近的依赖，将其已掌握的先进生产技术和管理经验以及目的地市场需求信息提供给转入地，实现跨区域的技术扩散和出口经验传递。基于以上分析可知，在出口地维度，本地化的产业集聚和跨区域的产业转移会通过信息溢出降低出口沉没成本，从而对出口贸易扩张产生正向促进作用。

对于集群内的企业来说，信息溢出不仅会发生在集群内部，同时也存在于集群建立对外贸易联系的过程中。出口企业与贸易目的地建立出口联系的过程中，目的地市场的风险不确定性使其获取信息的过程具有难度，需要付出一定的沉没成本（Melitz，2003；Morales，2011）。现有研究大多证实了目的地溢出效应的存在，以及其在降低企业出口沉没成本和面临市场风险方面的积极作用（Albornoz et al.，2012）。许多学者指出，企业在获取出口目的地信息时需要付出的沉没成本会随着当地出口到同一目的地的企业数量增加而显著下降（Koenig et al.，2010；Koenig，2009；Cassey and Schmeiser，2013；Choquette and Meinen，2016）。莫里斯和麦丁（Maurseth and Medin，2012）也得出了类似的结论，认为出现这一现象的原因在于出口到同一目的地的已有出口企业与潜在出口企业之间存在知识溢出，从而降低了新企业的出口成本。拉莫斯和贝尼托（Ramos and Moral-Benito，2013）使用西班牙的数据进行实证分析，发现相同目的地的出口企业集聚能够提高其他出口企业的进入概率，降低退出概率。可见，目的地溢出效应与现有出口经验密切相关，企业能够从现有出口经验中获取目的地市场信息，降低出口风险和克服沉没成本，有利于其做出出口决策。

综上，在现有贸易地理研究中，全球—地方出口溢出效应的存在及其对贸易行为的积极作用已得以证实，出口企业通过信息溢出能够获得先进的生产技术、管理经验、目的地市场信息和出口经验等，有利于降低企业出口风险。但是，纺织业作为购买者驱动的产业，其生产和贸易的决定权均掌握在大型跨国连锁零售商手中，这种由订单主导的贸易无需出口企业自行支付沉没成本，故对于纺织业贸易而言，订单出口与信息溢出的相对重要性有待下面进一步考察。解释框架如图 11-1 所示：

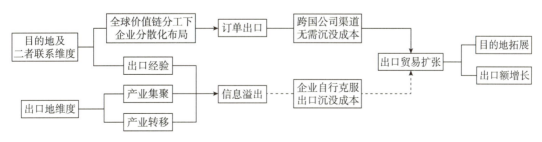

图 11-1　信息溢出、订单出口与中国纺织业出口贸易扩张机制

三、数据来源与指标构建

（一）数据来源及预处理

数据来源于 2000~2016 年的中国海关贸易数据库，该数据库包含的信息有产品 HS 编码、贸易公司编码、贸易额及数量、贸易目的地等。为了保证计算结果的准确性，对样本进行如下处理：①剔除缺失年份、贸易额、HS 编码、出口地及目的地等关键信息的数据；②目前中国海关贸易数据库共经历过 1996 年、2002 年、2007 年和 2012 年四次修订，对产品 HS 编码进行了细微调整，故将研究期内的产品 HS 编码统一至 2007 年的版本；③剔除中间贸易企业，原因在于中间贸易企业并不直接参与生产，仅作为贸易中介承接企业报关需求并转手货物，故其包含的出口产品与出口地信息并不准确，不作为研究对象。在完成上述预处理过程后，构建 2000~2016 年省份—目的地尺度的纺织业出口平衡面板数据，选取 2 位数 HS 编码第 50~60 及 63 类的纺织业产品作为研究对象，共包括中国 31 个省区市（不含港澳台地区，本章同此）和 221 个国家或地区。

（二）指标构建

演化经济地理学具有动态视角，通过研究企业进入、退出、增长、衰退等行为，考察经济活动的空间分布特征及其演化机制（Boschma and Frenken，2011）。现有国际贸易研究将出口增长划分为二元边际，一是集约边际，即已有产品或目的地的出口额增加，二是扩展边际，即出口产品种类增加或新目的地进入带来的出口额增加，二者分别体现了出口的集约化和多样化趋势。以省份—目的地尺度的出口贸易网络为研究对象，将纺织业出口增长分解为集约边际和扩展边际，并参考郭琪（郭琪，2016）采用一年期界定法对其进行识别，以考察我国纺织业出口贸易网络的演化特征及其作用机制。

（1）目的地拓展识别。利用中国海关贸易数据库国家编码的唯一识别性，对新进入的目的地进行识别，具体方法如下：

$$Entry_{cst} = \begin{cases} 1, if\ Value_{cst-1} = 0\ \&\ Value_{cst} > 0 \\ 0, else \end{cases} \tag{11-1}$$

若目的地 s 在第 $t-1$ 年不是省份 c 的纺织业出口目的地，而二者在第 t 年建立了贸易联系，即省份 c 开始向目的地 s 出口纺织业产品，则认为省份 c 在第 t 年发生了目的地拓展，将其纺织业出口市场扩张至世界更大范围内，$Entry_{cst}$ 取值为 1，否则取值为 0。

（2）出口额增长识别。对于研究期内已存在纺织业出口贸易联系的省份和目的地，通过出口额增长对其集约边际的演化特征展开研究，识别方法如下：

$$Increase_{cst} = \begin{cases} 1, if\ Value_{cst-1}\ <\ Value_{cst} \\ 0, if\ Value_{cst-1}\ >\ Value_{cst} \end{cases} \qquad (11-2)$$

若第 t 年省份 c 对目的地 s 的纺织业出口贸易额大于第 $t-1$ 年，即其出口额增加，出口贸易网络集约边际发生演化，$Increase_{cst}$ 取值为 1；反之，若省份 c 与目的地 s 之间的纺织业出口额较上一年减少，则取值为 0。

四、中国纺织业出口贸易动态格局

（一）中国纺织业出口贸易

改革开放以来，纺织业作为传统的出口导向型产业，在我国的对外贸易发展历程中始终承担着先行者的角色。2000~2016 年，我国的纺织业出口贸易额大幅度增长，从 2000 年约 130 亿美元上涨至 2013 年约 1176 亿美元的最高值，而后逐渐下降至 2016 年约 670 亿美元，受国际环境影响十分显著，如图 11-2 所示。其中分产品来看，我国纺织业出口产品以针织物等纺织制成品（HS 编码第 59，60，63 类）为主，其次为棉花和化纤等原料和半成品（HS 编码第 52，54，55 类），二者出口额各占当年总出口额的约 45% 和 39%。

我国纺织业出口贸易动态演化大致可划分为三个阶段（如图 11-2 所示）：（1）第一阶段为 2001~2008 年，2001 年加入 WTO 后，中国纺织业出口贸易额呈指数级增长，平均增速高达 22.6%。"入世"一方面改善了我国面临的国际贸易环境，另一方面纺织品贸易配额的逐渐取消也为推动我国纺织业的出口增长创造了新的契机。（2）第二阶段为 2009~2013 年，受 2008 年全球金融危机影响，这一阶段中国纺织业出口贸易额呈现出先减少后快速增长的特点。全球金融危机对我国纺织业出口贸易产生了巨大冲击，2009 年出口贸易额大幅下降，但中国纺织业出口发展并未停滞，2010 年开始即恢复了强劲的增长势头，增速高达 30.5%，远超过危机发生前的水平。（3）第三阶段为 2014~2016 年，我国纺织业出口贸易额呈现出大幅度下降的趋势。纺织业对劳动力和土地成本十分敏感，近年来，由于我国东部沿海地区人口红利消失，比较优势被逐渐削弱，故纺织业开始进一步向东南亚等劳动力成本更低的区域转移。

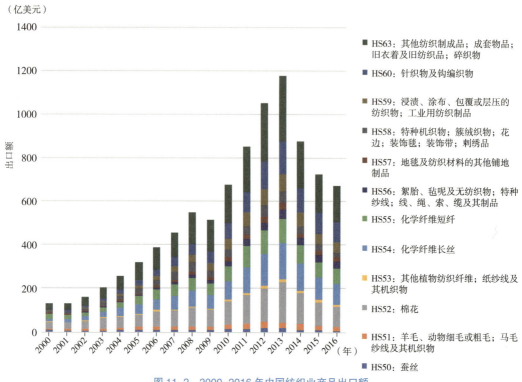

图 11-2 2000~2016 年中国纺织业产品出口额

（二）出口地维度

在省级尺度，我国纺织业出口贸易网络中起重要作用的省份主要集中于东部沿海地区，但有随时间推移逐渐向内陆地区扩展的趋势。21 世纪初，以山东、江苏、浙江、广东等为代表的东部省份基于区位优势最开始参与纺织业生产和贸易，而后逐渐向新疆、四川、重庆、内蒙古、云南等中西部省份转移，内陆地区纺织业出口增长势头强劲，但 2016 年较 2011 年略有下降。

（三）目的地维度

随着经济全球化的推进，全球—地方联系逐步深化，我国纺织业出口贸易网络与世界各区域的互动关系亦不断演化。我国与世界各区域的纺织业出口贸易联系强度整体呈现出先增加后减少的态势，且空间上具有非均衡性，由少数贸易大国主导，主要流向为南亚和东南亚、东亚和北美等与我国地理邻近或经济发展水平较高的地区。其中，亚洲地区为我国纺织业最主要的贸易目的地，占我国纺织业出口总额的 1/2 以上。

对我国纺织业出口目的地进行排序可知，2001~2016 年，我国纺织业出口排序前 10 位的目的地不仅包括美国、日本、韩国、德国、意大利等传统发达国家及地区，亦涌现了如越南、孟加拉国、印度尼西亚、印度等增长势头强劲的发展中国家（如表 11-1）。可见，我国纺织业贸易正逐渐由传统市场向新兴市场拓展，目的地分布呈现多元化趋势。

表 11-1　　　　2001 年、2006 年、2011 年和 2016 年中国纺织出口前 10 目的地变化　　　单位：亿美元

出口目的地	2001 年出口额	出口目的地	2006 年出口额	出口目的地	2011 年出口额	出口目的地	2016 年出口额
中国香港	33.2	中国香港	65.1	美国	83.9	美国	85.1
日本	15.7	美国	45.4	中国香港	68.0	越南	47.5
美国	10.2	日本	25.1	越南	45.7	中国香港	45.0
韩国	9.1	韩国	16.6	日本	44.0	孟加拉国	34.7
意大利	4.2	阿联酋	12.0	孟加拉国	30.0	日本	32.3
孟加拉国	3.4	意大利	11.5	印度	29.1	印度尼西亚	23.1
阿联酋	3.1	孟加拉国	11.4	韩国	26.6	印度	22.2
德国	2.7	印度	10.8	印度尼西亚	24.5	韩国	19.5
印度	2.6	德国	9.2	阿联酋	23.7	德国	16.2
英国	2.1	越南	8.5	意大利	23.1	巴基斯坦	16.0

（四）出口地—目的地维度

在出口地—目的地联系维度，通过计算我国各省份对世界不同区域纺织业出口的显示性比较优势指数（RCA），刻画我国各省份在纺织业出口目的地选择上的差异性及其演化特征。RCA 指数的计算方法为某一年一省份向世界某个区域的出口额占其出口总额的份额与全国出口总额中该区域出口额所占份额的比值，RCA ＞ 1 则认为该贸易联系具有比较优势。

以 2016 年我国各省份在世界市场的 RCA 分布作为聚类标准，采用聚类分析法考察我国各省份纺织业出口贸易网络结构的相似性。由聚类分析结果（见表 11-2）可知，北京、湖北、上海、江苏等我国绝大多数东部和中部省份以北美、西欧和北欧的发达国家为主要出口市场；以南亚和东南亚、非洲为主要出口市场的省份包括山西、云南和四川；而辽

宁、吉林、重庆等西部和东北省份则主要向东亚出口纺织品。

表 11-2　　　　　　　　2016 年中国各省份纺织出口贸易 RCA 聚类结果

分类	省份	主导市场	主要出口产品
1	山西、云南、四川	南亚和东南亚、非洲	棉花、化纤
2	北京、湖北、上海、山东、青海、江苏、福建、湖南、安徽、浙江、河南、河北、天津、陕西、甘肃、西藏	北美洲、西欧和北欧	东中部省份以纺织制成品和化纤（长）为主，西部省份以羊毛和化纤（短）为主
3	江西、广东、辽宁、吉林、重庆、贵州、宁夏	东亚	植物纤维、化纤、羊毛等纺织业原料及半成品为主
4	广西	南亚和东南亚、东欧	蚕丝、化纤（短）
5	内蒙古	南欧、非洲	羊毛
6	新疆	中亚和西亚、南欧	化纤（短）、其他纺织制成品
7	海南	大洋洲、东亚	絮胎、毡呢及无纺织物
8	黑龙江	东欧、南欧	其他植物纤维、其他纺织制成品

进一步考察研究期内我国各省份贸易网络结构的演化特征，对我国各省份纺织业出口贸易的 RCA 矩阵进行二阶内插可得等高线图（见图 11-3），其中，纵坐标轴上将我国各省份划分为四大区域，蓝色表示东部地区，橙色表示中部地区，绿色表示西部地区，黑色表示东北地区。

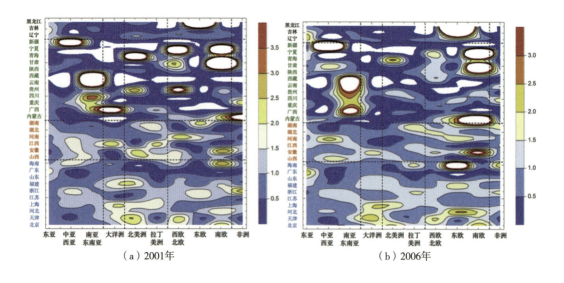

（a）2001年　　　　　　　　　　　（b）2006年

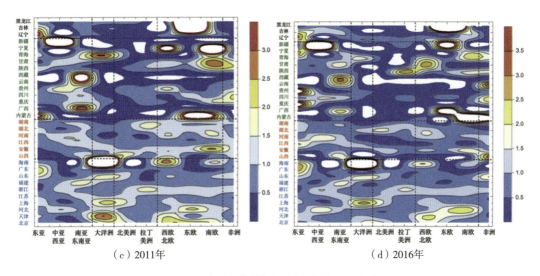

（c）2011年　　　　　　　　　　　　（d）2016年

图 11-3　中国各省份纺织业出口贸易 RCA 矩阵

从整体来看，我国 RCA 指数的高值和低值集中分布于西部和东北地区，东部和中部地区 RCA 矩阵的颜色则相对较浅。可见，西部和东北地区与世界不同区域的纺织业贸易联系强度悬殊，以少数具有比较优势的目的地为主要贸易流向，具有明显的两极化特征。东部和中部地区的 RCA 值则大多围绕 1 上下浮动，贸易网络结构趋于扁平化。考察 RCA 矩阵的演化特征可知，研究期内高值和低值的分布具有时间上的延续性，但省份间贸易网络结构的差异有逐渐弱化的趋势，高值中心数量由 2001 年的 10 个减少为 2016 年的 7 个。

其中，东部地区的高值中心主要存在于河北、天津、海南与大洋洲之间，中部地区的高值中心则存在于安徽与南欧之间，但随时间推移逐渐弱化至消失。西部地区则是我国纺织业出口贸易网络高值和低值中心的集中之处，不同贸易联系强度差异悬殊，主要高值中心位于新疆与中亚、西亚之间、宁夏、青海、甘肃与南欧之间以及西藏、云南与南亚、东南亚之间，但比较优势有逐渐削弱的趋势。东北三省等高线图经历了颜色由深入浅的过程，最突出的高值中心始终位于东欧，且范围有先扩大后缩小的趋势。

基于以上分析可知，我国纺织业出口贸易扩张具有路径依赖的特征，出口地与目的地之间的贸易联系保持相对稳定，但其强度差异逐渐缩小，即我国纺织业出口一方面依赖于现有出口经验导致的信息溢出，但由于纺织业受市场需求的影响较大，信息溢出对于纺织业贸易扩张的相对重要性有待进一步研究。

（五）不同类型纺织品出口动态格局

进一步考察不同类型纺织品的贸易地理网络动态演化特征，在出口地维度，各省份出口产品种类差异较大，东部地区各省份以出口纺织制成品为主，中西部和东北地区的省份则更倾向于出口纺织原料及半成品，其纺织业生产和出口更依赖于自然资源禀赋或工业基础。例如内蒙古、西藏、宁夏、甘肃等省份畜牧业发达，出口纺织业产品中羊毛均占70%以上；而吉林、四川、陕西、广西等省份具有良好的工业基础，以生产和出口化纤这类技术和资本密集型产品为主（见图11-4）。

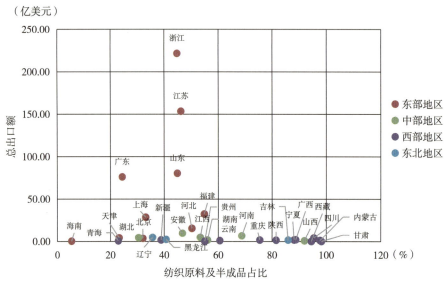

图11-4 各省份不同类型纺织品出口分布

在目的地维度，整体而言，我国生产的纺织原料及半成品主要向非洲、拉丁美洲、南欧、南亚和东南亚地区，纺织制成品则更倾向于向北美洲、大洋洲以及西欧和北欧的发达国家出口，且不同产品流向的地理集聚程度随时间推移有进一步加强的趋势。在纺织原料及半成品中，羊毛主要流向东亚和南欧，棉花主要流向南亚和东南亚、非洲国家，化纤则主要向中亚和西亚、拉丁美洲以及非洲地区出口；纺织制成品中，工业用纺织制品主要流向东欧和俄罗斯，其余制成品则主要向北美洲、大洋洲以及西欧和北欧的发达国家出口。

五、中国纺织品出口贸易地理网络驱动力

（一）模型设定与变量选择

由于被解释变量为0/1变量，采用Probit模型并在模型中控制时间固定效应，从出口

地和目的地两个维度分别考察信息溢出和订单出口对我国纺织业出口贸易扩张二元边际的影响，并在出口地和目的地维度分别按照东中西部地区和高中低收入国家（地区）进行分组回归，以更细致地刻画订单出口和信息溢出的差异化影响。

出口地维度的回归模型如下：

$$P(Entry_{cst} = 1) | P(Increase_{cst} = 1) = \Phi(\beta_0 + \beta_1\,lq_{ct} + \beta_2 indus\_trans_{ct} + \beta_3\ln pgdp\_pv_{ct} + \beta_4$$
$$\ln wage_{ct} + \beta_5\ln cotton_{ct} + \beta_6\ln road_{ct} + \beta_7\ln fdi\_pv_{ct} + \varepsilon_{c,t}) \tag{11-3}$$

其中，c 和 s 分别表示出口地和目的地，$P(Entry_{cst}=1)$ 表示各省份进入新目的地的概率，$P(Increase_{cst}=1)$ 表示各省份出口额增加的概率。

出口地维度的核心解释变量为信息溢出，主要包括以下两个方面：（1）产业集聚（lq），采用区位商表征我国各省份纺织业的专业化程度，计算方法为一省份纺织工业产值在工业总产值中所占的比重与全国纺织工业产值在全国工业总产值中所占比重的比值。产业集聚会对我国各省份纺织业出口贸易产生正外部性，原因在于其有利于促进集群内企业间的协同合作，通过节省运输成本和信息溢出提高产业竞争力，从而推动我国各省份纺织业出口增长；（2）产业转移（$indus\_trans$），采用倪蔚（2018）、李苟（2018）等学者的计算方法，考察不同时期一省份纺织工业总产值占全国纺织工业总产值的比重，若比重上升则表示该省份存在纺织业转入，取值为 1，反之，若比重下降则表示该省份有纺织业转出，取值为 0。我国纺织业大体呈现由东部沿海地区向内陆地区转移的趋势，产业转移能够带来跨区域的信息传递和知识溢出，将东部地区积累的纺织业生产和出口经验传授给起步较晚的中西部地区，降低转入地面临的出口风险和沉没成本，从而促进其纺织业出口贸易的发展。

出口地维度的控制变量包括：（1）各省份人均国民生产总值（$pgdp\_pv$），代表各省份经济发展水平；（2）各省份纺织业城镇单位就业人员平均工资（$wage$），用于表示从事纺织业生产的劳动力成本；（3）各省份棉花产量（$cotton$），代表各省份具有纺织业特色的自然资源禀赋；（4）各省份公路里程（$road$），反映各省份的交通运输条件；⑤各省份外商直接投资额（fdi_pv），用于衡量各省份对外开放程度。出口地维度各解释变量包含的具体信息及数据来源如表 11-3 所示。

表 11-3 出口地维度解释变量基本信息

变量含义	变量名称	变量描述	数据来源
产业集聚	lq	各省份纺织业专业化程度，采用区位商表示	笔者根据中国工业统计年鉴计算
产业转移	$indus\_trans$	一省份是否发生了纺织业产业转移，1 为转入，0 为转出	笔者根据中国工业统计年鉴计算
控制变量	$pgdp\_pv$	各省份人均国民生产总值	中国统计年鉴
	$wage$	各省份纺织业城镇单位就业人员平均工资	中国劳动统计年鉴
	$cotton$	各省份棉花产量	中国农村统计年鉴
	$road$	各省份公路里程	中国统计年鉴
	fdi_pv	各省份外商直接投资额	Wind 数据库

目的地及出口地—目的地联系维度的回归模型如下：

$$P(Entry_{cst} = 1) | P(Increase_{cst} = 1) = \Phi(\beta_0 + \beta_1 \ln INDITEX_{st} + \beta_2 export\_experience_{cst} +$$
$$\beta_3 \ln pgdp\_pv_{ct} + \beta_4 \ln wage_{ct} + \beta_5 \ln cotton_{ct} + \beta_6 \ln pgdp\_coun_{st} + \beta_7 \ln Geodist_s + \beta_8 \ln Instdist_{st} +$$
$$\beta_9 adp_{st} + \varepsilon_{c,t})$$

$$(11-4)$$

在目的地及二者联系维度则同时考虑订单出口和信息溢出两方面的作用，核心解释变量包括：（1）订单出口（*INDITEX*），采用西班牙时装家居零售巨头印第迪克（Inditex）集团在目的地设立的门店数量作为订单出口的代理变量，数据源于其官网披露的历年财务报表。Inditex 集团是世界最大的时装家居零售企业，旗下拥有飒拉（Zara）、普安和倍尔（Pull and Bear）、玛西莫·都蒂（Massimo Dutti）等涵盖快消到高端服装全产业的八大服装品牌和飒拉家居（Zara Home）等家居装饰品牌。基于抢占市场份额的考量，跨国服装零售商在世界范围内的扩张路径通常具有相似性，以 Inditex 集团门店数量作为纺织业市场需求和订单来源的衡量，将其取自然对数后纳入回归模型。（2）出口经验（*export_experience*），通过计算各省份对世界各区域纺织业出口贸易的 RCA 指数，判断目的地所处区域是否为一省份上一期的优势出口区域，并以此作为出口经验和信息溢出的衡量。一省份在其优势出口区域中能够获得更加丰富的目的地出口经验溢出，降低其面临的出口风险，因此，与该区域中的目的地之间建立贸易联系和实现出口增长的可能性也更大。

除出口地维度模型中已有表示出口地经济发展水平、劳动力成本和资源禀赋的控制变量以外，我们也将目的地及二者联系维度的控制变量纳入模型中：（1）目的地人均 GDP（*pgdp_coun*），代表目的地的经济发展水平和需求规模；（2）中国与目的地地理距离（*geodist*），反映我国纺织业出口贸易面临的国际运输成本；（3）中国与目的地制度距离（*instdist*），选取世界银行 WGI（worldwide governance indicators）数据库中公民意见和政府责任、政治稳定和无暴力、政府有效性、监管质量、法律体系和控制腐败这六个维度的指标评价目的地的制度环境；（3）贸易壁垒强度（*adp*），采用目的地对中国发起的反倾销调查数量作为衡量指标，反倾销调查会对贸易产生显著的抑制效应，提高纺织业出口成本。目的地维度各解释变量包含的具体信息及数据来源如表 11-4 所示。

表 11-4　　　　　　　　　　　目的地维度解释变量基本信息

变量含义	变量名称	变量描述	数据来源
出口经验	*export_experience*	目的地是否处于该省份前一期优势出口区域	作者根据中国海关贸易数据库计算
订单出口	*INDITEX*	Inditex 集团旗下服装品牌在目的地设立的门店数量	Inditex 集团年度报告
控制变量	*pgdp_pv*	各省份人均国民生产总值	中国统计年鉴
	wage	各省份纺织业城镇单位就业人员平均工资	中国劳动统计年鉴
	cotton	各省份棉花产量	中国农村统计年鉴

续表

变量含义	变量名称	变量描述	数据来源
控制变量	*pgdp_coun*	目的地人均国民生产总值	世界银行网站
	Geodist	地理距离	CEPII 数据库
	Instdist	制度距离	世界银行网站
	adp	实施反倾销调查数量	世界贸易组织网站

（二）回归结果及分析

分别从出口地和目的地及二者联系两个维度对我国纺织业出口贸易扩张的二元边际进行回归分析，以考察订单出口和信息溢出的差异化影响。

1. 出口地模型回归结果

首先，在出口地维度，分别对全样本和我国东中西部地区的子样本进行回归，结果如表 11-5 所示。在模型（11.1）和模型（11.5）中，产业转移的系数均为正向显著，而产业集聚对出口额增长的系数显著为正，对新目的地进入的系数则显著为负，表明出口地信息溢出对我国纺织业贸易网络集约边际演化具有促进作用，不同形式的信息溢出对于扩展边际的影响则相反，这一结果对信息溢出对出口二元边际的差异化效应研究进行了补充（Maurseth and Medin，2012）。产业集聚和产业转移的出口溢出效应主要体现在对出口产品与目的地市场需求等信息的交流与共享，从而降低出口沉没成本（郭琪，2016；Koenig et al.，2010）。由于产业转移打破了信息溢出对于地理邻近的依赖，通常能为转入地带来新的产品与目的地信息，从而推动转入地贸易路径突破式发展。这一效应在我国不同区域出口市场扩张中有所体现，由模型（11.2）~模型（11.4）可知，我国东部和中部地区纺织业出口贸易起步较早，产业集聚会对其新目的地进入产生负向影响，产业转移则有利于其拓展贸易目的地，实现跨越式发展；而我国西部地区对外开放程度和劳动力成本较低，其目的地扩张则更依赖于本地化集群的溢出效应。

表 11-5　　　　　　　　　　　出口地维度信息溢出与订单出口

变量	目的地扩张				出口额增长			
	（11.1）	（11.2）	（11.3）	（11.4）	（11.5）	（11.6）	（11.7）	（11.8）
	全样本	东部地区	中部地区	西部地区	全样本	东部地区	中部地区	西部地区
lq	−0.073***	−0.105*	−0.215*	0.184***	0.100***	0.238***	0.380***	0.138*
indus_trans	0.054***	0.070*	0.066	−0.085**	0.098***	0.057**	0.019	0.132***

续表

变量	目的地扩张				出口额增长			
	（11.1）	（11.2）	（11.3）	（11.4）	（11.5）	（11.6）	（11.7）	（11.8）
	全样本	东部地区	中部地区	西部地区	全样本	东部地区	中部地区	西部地区
$lnpgdp\_pv$	0.087*	−0.046	0.251*	−0.044	0.044	0.147*	−0.564***	−0.355***
$lnwage$	−0.185***	−0.168	−0.185*	−0.018	0.033	−0.210*	0.054	0.015
$lncotton$	−0.015***	−0.020**	0.028	−0.010*	0.031***	0.002	0.010	0.054***
$lnroad$	0.027	0.001	−0.086	−0.100***	0.006	−0.057	−0.116	−0.054
$lnfdi\_pv$	−0.100***	−0.077*	0.019	−0.029	0.190***	0.041	−0.067	0.297***
$constant$	−0.243	1.003	−1.351	0.343	−2.727***	0.208	4.985***	0.773
$observations$	76 376	29 984	20 488	25 904	76 376	29 984	20 488	25 904
$number\ of\ id$	4 911	1 874	1 298	1 739	4 911	1 874	1 298	1 739
时间固定效应	YES	YES	YES	YES	YES	YES	YES	YES

注：***、**、*分别表示 $p < 0.001$，$p < 0.01$，$p < 0.05$。

2. 目的地及二者联系模型回归结果

在目的地及出口地—目的地联系维度，由表11-6的回归结果可知，在模型（11.9）和模型（11.13）中，出口经验对目的地拓展和出口额增长的作用均不显著，即研究期内我国纺织业出口二元边际演化并不是由现有出口经验产生的溢出效应主导的，而是依赖于跨国服装零售商的出口订单。出现这一现象的原因在于，订单出口能够利用跨国零售商的市场渠道（王飞、郭孟珂，2014），无需出口企业自行支付沉没成本，出口经验的信息溢出在这一阶段所起的作用十分有限。订单出口的回归系数在目的地拓展为负，在出口额增长则为正，表明现阶段我国纺织业出口更倾向于向跨国服装零售商门店数量较少的国家进行市场拓展，而出口增长则多发于订单密集的国家（地区）。整体而言，一省份纺织业出口目的地拓展方向与跨国服装零售商在世界市场的扩张路径具有一致性。

表 11-6　　　　　　　　　　　　　目的地维度信息溢出与订单出口

变量	目的地扩张				出口额增长			
	（11.9）	（11.10）	（11.11）	（11.12）	（11.13）	（11.14）	（11.15）	（11.16）
	全样本	高收入国家（地区）	中等收入国家（地区）	低收入国家（地区）	全样本	高收入国家（地区）	中等收入国家（地区）	低收入国家（地区）
$export\_experience$	−0.021	0.041	−0.047	−0.019	0.020	−0.068**	0.082**	0.080*
$lnINDITEX$	−0.126***	−0.138***	−0.145***		0.052***	0.071***	0.032*	
$lnpgdp\_pv$	−0.123***	−0.391***	−0.203***	0.092	0.336***	0.243***	0.393***	0.455***

续表

变量	目的地扩张				出口额增长			
	（11.9）	（11.10）	（11.11）	（11.12）	（11.13）	（11.14）	（11.15）	（11.16）
	全样本	高收入国家（地区）	中等收入国家（地区）	低收入国家（地区）	全样本	高收入国家（地区）	中等收入国家（地区）	低收入国家（地区）
lnwage	−0.380***	−0.515***	−0.374***	−0.421***	0.270***	0.394***	0.211**	0.089
lncotton	−0.020***	−0.041***	−0.027***	−0.003	0.044***	0.044***	0.046***	0.046***
lnpgdp_coun	−0.012	0.008	0.091**	−0.076	0.050***	0.074**	−0.098**	0.152**
lnGeodist	0.112***	0.198***	0.087**	0.035	−0.129***	−0.027	−0.164**	−0.141
lnInstdist	0.011	−0.100**	0.052*	0.040	−0.070***	0.035	−0.140**	−0.104**
adp	−0.003	0.012**	−0.053***		0.017***	−0.003	0.044***	
constant	2.297***	5.153***	2.626***	1.538	−5.672***	−7.032***	−4.441***	−5.746***
observations	67 786	19 546	16 924	8 930	67 786	19 546	16 924	8 930
number of id	4 443	1 267	1 106	577	4 443	1 267	1 106	577
时间固定效应	YES	YES	YES	YES	YES	YES	YES	YES

注：***、**、* 分别表示 $p < 0.001$，$p < 0.01$，$p < 0.05$。

跨国服装零售企业在一国（地区）是否设立门店及其数量多少是由该国（地区）的市场需求决定的，故不同收入水平国家（地区）的订单出口强度存在差异。模型（11.4）和模型（11.5）的回归结果显示，对于中高收入国家（地区），订单出口会显著促进我国纺织业出口贸易额增长，且中等收入国家（地区）订单的重要性明显弱于高收入国家（地区）；由模型（11.16）可知，由于本章选取的跨国服装零售商尚未进入低收入国家（地区）的市场，而出口经验的信息溢出效应能够显著提高我国纺织业出口贸易额增长的概率。可见，订单出口渠道的存在使得出口经验带来的信息溢出效应对出口增长的促进作用被极大地削弱了，我国现阶段纺织业出口贸易依然以承接世界市场订单的加工贸易为主，对外依存度高而附加值低，缺少自主开拓新市场和创新的动力。

3. 分产品类型回归结果

由于不同类型纺织品的贸易地理格局存在差异，我们将纺织品划分为原料与半成品和纺织制成品两大类，进一步检验订单出口和信息溢出的相对重要性，回归结果见表11-7。两种类型纺织品的出口额增长主要依赖订单的促进作用，在拓展新目的地时的主导因素则有所差异。其中，纺织原料与半成品的目的地扩张由订单主导，纺织制成品则更依赖于出口经验，且二者均具有路径突破的特征，即倾向于向跨国零售商数量或出口经验较少的国家（地区）进行出口市场扩张。

表 11-7 不同类型产品与出口二元边际

变量	目的地扩张		出口额增长	
	（11.19）	（11.20）	（11.21）	（11.22）
	原料与半成品	纺织制成品	原料与半成品	纺织制成品
export_experience	−0.045	−0.163***	−0.326***	−0.177***
ln*INDITEX*	−0.023*	−0.018	0.053***	0.051***
ln*pgdp_pv*	−0.048	−0.081*	−0.061	0.455***
ln*wage*	0.106	−0.259***	0.712***	0.799***
ln*cotton*	−0.007	−0.003	0.019**	0.052***
ln*pgdp_coun*	0.009	0.018	0.048**	0.036
ln*Geodist*	0.075**	0.091***	−0.182***	−0.217***
ln*Instdist*	−0.029	−0.042*	0.011	0.023
adp	−0.003	0.005*	0.003	0.006*
constant	−2.374***	0.865	−5.485***	−11.050***
observations	16 781	19 136	16 781	19 136
number of id	1 067	1 946	1 067	1 946
时间固定效应	YES	YES	YES	YES

注：***、**、* 分别表示 $p < 0.001$，$p < 0.01$，$p < 0.05$。

六、结论与讨论

本章使用 2000~2016 年中国海关贸易数据库，从新目的地进入和出口额增长两方面对中国纺织业出口贸易扩张中的扩展边际和集约边际进行识别，并分别从出口地维度和目的地维度考察订单出口和信息溢出对我国纺织业出口贸易增长的影响，得出的主要研究结论如下：

（1）在出口地维度，产业集聚和产业转移的信息溢出效应均会对我国纺织业出口贸易扩张的二元边际产生显著影响。一方面，产业转移伴随着生产技术、管理经验以及现有出口市场信息和出口经验的跨区域扩散，有利于承接地纺织业贸易的出口市场扩张和出口额增长；另一方面，产业集聚有利于企业间共享基础设施、生产资料以及目的地市场需求信息，能够降低出口沉没成本，提高我国各省份纺织业出口贸易网络集约边际演化的概率。但是，由于我国产业集聚程度较高的省份大多位于东部和中部地区，业已完成向世界主要出口市场的扩张过程，故现阶段产业集聚反而会对新目的地进入产生负向影响。

（2）在目的地维度，出口经验对纺织业出口二元边际的信息溢出效应均不明显，现阶段我国纺织业出口贸易网络演化实际由订单主导。跨国零售企业订单出口渠道的存在极大地削弱了出口经验带来的信息溢出效应对出口增长的促进作用，且这种作用在中高收入国家表现的更加明显，对于低收入国家而言，出口溢出效应依然对我国纺织业出口增长具有显著的正向影响。实际上，我国各省份纺织业出口目的地拓展方向与跨国服装零售商在世界市场的扩张路径具有一致性，故研究期内新进入的目的地大多门店数量较少，发展潜力可观，而发生出口增长的则多为门店数量较多的国家，其在纺织业出口贸易网络中处于相对优势地位。

（3）对于不同类型纺织品的出口二元边际演化，其出口额增长均依赖订单的促进作用，而订单与信息溢出对出口市场扩张则具有差异化的作用。其中，纺织原料与半成品的新目的地进入主要受跨国零售商的区位选择影响，而纺织制成品的目的地拓展则更依赖于目的地所在区域的现有出口经验积累。

本章的研究为订单出口对我国纺织业出口贸易扩张二元边际的重要影响提供了实证证据。研究表明，我国纺织业出口依然处于跨国零售商主导的阶段，受世界市场的影响具有特定的扩张路径与增长模式，出口的自主性相对较弱。因此，若要推动我国纺织业出口贸易的进一步发展，应当着力于通过技术创新和产业升级增强我国纺织产业竞争力，以提高我国纺织业在全球价值链中所处的地位，摆脱订单主导的被动发展模式，为我国纺织业注入新的活力。

参考文献

［1］彼得·迪肯，2007.全球性转变：重塑21世纪的全球经济地图［M］.刘卫东，等译，北京：商务印书馆.

［2］常亚平，2005.中国纺织产业分析和发展战略［M］.中国纺织出版社.

［3］顾保国，乔延清，顾炜宇，2005.跨国公司技术转移溢出效应区域差异分析［J］.中国软科学，（10）：100-105.

［4］郭琪，2016.中国制造业出口多样化及其空间动态演化研究［D］.北京：北京大学.

［5］贺曲夫，刘友金，2012.我国东中西部地区间产业转移的特征与趋势——基于2000-2010年统计数据的实证分析［J］.经济地理，（12）：85-90.

［6］胡静寅，张丽，2019.全球价值链视角下中国纺织服装业在国际分工中的地位——基于出口复杂度的研究［J］.兰州财经大学学报，35（2）：92-104.

［7］黄永明，何伟，聂鸣，2006.全球价值链视角下中国纺织服装企业的升级路径选择［J］.中国工业经济，（5）：56-63.

［8］刘重力，李慰，陈静，2009.无配额时代中国纺织品出口竞争优势研究——基于市场结构和竞

争力的实证分析［J］.南开经济研究，（2）：116-129.

［9］马佳卉，贺灿飞，2019. 中间产品贸易网络结构及其演化的影响因素探究——基于贸易成本视角［J］.地理科学进展，38（10）：1607-1620.

［10］谭力文，马海燕，刘林青，2008. 服装产业国际竞争力——基于全球价值链的深层透视［J］.中国工业经济，（10）：64-74.

［11］童昕，王缉慈，2002. 全球化与本地化：透视我国个人计算机相关产业群的空间演变［J］.经济地理，（6）：697-700+705.

［12］王飞，郭孟珂，2014. 我国纺织服装业在全球价值链中的地位［J］.国际贸易问题，（12）：14-24.

［13］王飞，王一智，2013. 我国纺织和服装业增加值出口能力分析［J］.国际贸易问题，（11）：54-62.

［14］王克岭，罗斌，吴东，等，2013. 全球价值链治理模式演进的影响因素研究［J］.产业经济研究，（4）：14-20+58.

［15］魏后凯，2003. 产业转移的发展趋势及其对竞争力的影响［J］.福建论坛（经济社会版），（4）：11-15.

［16］吴爱芝，李国平，马笑天，2017. 纺织服装产业空间布局演化研究回顾及其展望［J］.世界地理研究，26（1）：85-93.

［17］谢建国，吴国锋，2014. FDI 技术溢出的门槛效应——基于 1992-2012 年中国省际面板数据的研究［J］.世界经济研究，（11）：74-79+89.

［18］徐剑明，2002. 我国纺织业竞争力的国际比较及对策［J］.国际贸易问题，（1）：22-25, 35.

［19］姚秋蕙，韩梦瑶，刘卫东，2018. 全球服装贸易网络演化研究［J］.经济地理，38（4）：26-36.

［20］张亚飞，张立杰，2020. 技术贸易壁垒下中美纺织品贸易竞争力及影响因素研究［J］.价格月刊，（5）：61-66.

［21］卓越，张珉，2008. 全球价值链中的收益分配与"悲惨增长"——基于中国纺织服装业的分析［J］.中国工业经济，（7）：131-140.

［22］Aitken B, Hanson G H, 1997. Harrison A E. Spillovers, foreign investment, and export behavior［J］. Journal of International economics, 43（1）：103-132.

［23］Albornoz F, Pardo H, Corcos G, et al., 2012. Sequential exporting［J］. Journal of International Economics, 88（1）：17-31.

［24］Boschma R, Frenken K, 2011. The emerging empirics of evolutionary economic geography［J］. Journal of Economic Geography, 11（2）：295-307.

［25］Cassey A J, Schmeiser K N, 2013. The agglomeration of exporters by destination［J］. The Annals of Regional Science, 51（2）：495-513.

［26］Choquette E, Meinen P, 2016. Export spillovers: Opening the black box［J］. World Economy, 38（12）：1912-1946.

［27］Gereffi G, John H, Timothy S, 2005. The Governance of Global Value Chains［J］. Review of

International Political Economy，12（1）：78-104.

［28］Gereffi G，Memedovic O，2003. The Global Apparel Value Chain：What Prospects for Upgrading by Developing Countries［J］. United Nations Industrial Development.

［29］Gereffi G，1994. Commodity chains and global capitalism［M］. Westport，USA：Praeger.

［30］Gereffi G，2001. Beyond the producer-driven/buyer-driven dichotomy：The evolution of global value chains in the internet era［J］. IDS Bulletin，32（3）：30-40.

［31］Girma S，Wakelin K，2001. Regional underdevelopment：Is FDI the solution? A semiparametric analysis［J］. Research Paper Series：Internationalisation of Economic Policy Programme，2001（11）.

［32］Grabher G，2002. Cool projects，boring institutions：Temporary collaboration in social context［J］. Regional Studies，36（3）：205-214.

［33］Kneller R，Pisu M，2007. Industrial linkages and export spillovers from FDI［J］. The World Economy，30（1）：105-134.

［34］Koenig P，Mayneris F，Poncet S，2010. Local export spillovers in France［J］. European Economic Review，54（4）：622-641.

［35］Koenig P，2009. Agglomeration and the export decisions of French firms［J］. Journal of Urban Economics，66（3）：186-195.

［36］Marshall A，1920. Principles of economics［M］. London：Royal Economic Society（Great Britain）.

［37］Maurseth P，Medin H，2012. Market specific fixed and sunk export costs：The impact of learning and spillovers［R］. NUPI Working Paper，817：1-59.

［38］Melitz M J，2003. The impact of trade on intra-industry reallocations and aggregate industry productivity［J］. Econometrica，71（6）：1695-1725.

［39］Morales E，Sheu G，Zahler A，2011. Gravity and extended gravity：Estimating a structural model of export entry［R］. Job Market Paper，1-57.

［40］Neffke F，Henning M，Boschma R，2011. How do regions diversify over time? Industry relatedness and the development of new growth paths in regions［J］. Economic Geography，87（3）：29.

［41］Pickles J，Smith A，Buček M，et al.，2006. Upgrading，changing competitive pressures，and diverse practices in the East and Central European apparel industry［J］. Environment and Planning A,38（12）：2305–2324.

［42］Pickles J，Smith A，2011. Delocalization and Persistence in the European Clothing Industry：The Reconfiguration of Trade and Production Networks［J］. Regional Studies，45（2）：167-185.

［43］Ramos R，Moral-Benito E，2013. Agglomeration matters for trade［J］. Social Science Research Network，No. 1316.

［44］Tokatli N，Kizilguen O，2009. From manufacturing garments for ready-to-wear to designing collections for fast fashion：Evidence from Turkey［J］. Environment and Planning A，41（1）：146-162.

第十二章
食品出口贸易地理网络

一、引言

作为世界第一人口大国，我国食品加工制造业承担着保障国计民生的重任。近年来，随着产品研发投入和技术创新力度不断加强，我国食品加工制造业取得了长足的进步，产品结构得以优化，食品安全质量水平亦有所提升。伴随着经济全球化的进程，中国食品开始走向世界，将具有中国特色的饮食文化传播到世界各地，同时也推动了我国食品出口贸易的发展。因此，研究中国食品出口贸易地理网络演化特征及其动力机制具有十分重要的现实意义。

食品贸易一直是政治学、经济学、管理学的热门议题，现有研究大多是从技术贸易壁垒（Santeramo and Lamonaca，2019；庞淑婷等，2019）、文化距离（赵夏楠，2009）、食品安全（赵雅玲，2019；赵芳，2018）等外在因素对食品贸易的影响以及食品贸易发展战略（张震夫，2018）等视角切入，关注食品贸易蕴含的政治、经济和文化意义，但以考察单一要素的影响为主。在空间尺度上，现有关于国际贸易网络的研究大多将中国作为一个节点，考察其与世界其他国家（地区）之间的双边贸易联系，鲜少从区域乃至省级尺度进行分析。虽然这类研究能够较好地反映不同国家（地区）之间的互动关系以及中国在世界贸易网络中的归属，但缺少对中国内部不同区域贸易网络结构及演化规律独特性的把握。我国幅员辽阔，不同区域的自然资源禀赋、经济发展水平、政策制度环境、文化背景等均有所差异，故有必要进一步拓展贸易地理网络研究的中观和微观尺度。在研究方法上，演化经济地理学对于贸易行为跨时空演化特征的动态考察亦可应用于食品贸易领域。通常，双边贸易层面的出口增长可以被分解为集约边际和扩展边际（郭琪，2016），既能够体现新目的地进入带来的贸易红利，又可反映现有贸易联系的强度变化。由于出口二元边际的内涵不同，故同一影响因素对集约边际与扩展边际的作用机制及其效果通常亦有所差异，应当对食品贸易网络动态演化的二元边际进行细化分解研究。

考虑到食品贸易本身具有文化交流的作用，海外华人群体作为中国饮食文化的传承者和传播的主力军，对于我国食品出口贸易的重要性不言而喻。不同国家之间的文化距离大小亦会对食品贸易产生差异化的影响。林航和黄陈爱（2018）对我国白酒出口与文化交流关系的实证研究表明，华人华侨有利于中国白酒出口增长，而中外文化差异则会对跨国文化交流的效果产生负向影响。可见，海外华人网络与文化距离均会对食品出口贸易产生重要影响，且二者的作用方向相反。现有研究大多仅关注二者之一对国际贸易的影响，鲜少通过文化内涵的联系将海外华人网络和文化距离纳入同一解释框架中。

综上，本章基于 2000~2016 年中国海关贸易数据库，以中国各省份食品出口贸易地理网络演化为研究对象，首先将其分解为新目的地进入的扩展边际以及包括出口额增长和比较优势扩展的集约边际，并展示其在研究期内的动态格局变化；其次，将海外华人网络和文化距离均纳入解释框架中，分析其对中国各省份食品出口贸易地理网络演化的影响，并此基础上进一步考察文化距离的中介效应。贡献在于：第一，从省级尺度切入研究我国食品出口贸易地理网络演化，将现有国际贸易研究由宏观向微观拓展；第二，结合食品出口贸易的文化特征，将海外华人网络与文化距离共同纳入解释框架中，并对文化距离在海外华人网络影响食品出口贸易的中介效应进行深入研究；第三，将食品出口贸易网络演化分解为集约边际和扩展边际，并分别考察集约边际的"量变"和"质变"过程，丰富了国际贸易研究中二元边际的内涵。

二、理论背景与解释框架

（一）移民网络与国际贸易

20 世纪 90 年代以来，伴随着全球人口迁移和国际贸易的发展，海外移民网络在国际贸易中发挥着日益重要的作用，引起了国内外学者的广泛关注。现有研究主要聚焦以下两个方面：一是通过实证研究检验移民网络对国际贸易的促进作用（Gould，1994；陈红蕾、陶佳琳，2016），并进一步区分国家和产品异质性，如邓利维（Dunlevy，2006）以及布赖恩特等（Briant et al.，2014）均验证了移民网络对贸易的促进作用在政治制度不完善的目标市场更为显著，劳奇和特林达德（Rauch and Trindade，2002）表明华人移民网络对异质商品的促进作用强于同质商品。二是关注海外移民网络促进国际贸易的渠道，现有文献主要将移民网络的作用机制划分为需求偏好效应和社会网络效应。需求偏好效应指的是移民对于其母国的产品具有特定的消费偏好和需求，能够在目的地为母国的商品创造更大的市场空间，促进母国与目的地之间的贸易增长（Combes et al.，2005；赵永亮、刘德学，2009；赵永亮，2012）；社会网络效应则认为移民网络能够克服语言、文化、制度等非正式贸易壁垒，通过建立社会网络传递目的地市场信息，以降低国际贸易过程中的不确定性（Dunlevy，2006；魏浩、袁然，2020；Rauch and Casella，2003；Murat and Pistoresi，2009；Jansen and Piermartini，2009；Greif，1993；杨汝岱、李艳，2016）。例如，移民能够提供目的地市场供求信息，降低出口企业盲目进入新市场的可能性（Rauch and Casella，2003；Murat and Pistoresi，2009；Jansen and Piermartini，2009）；移民网络的存在亦能够通过"声誉"约束买卖双方的交易行为，有利于提高合同的执行力（Dunley，2006；Gref，1993）；移民熟悉目的地的语言和文化以及商业和法律体制，还能够帮助出口企业搜寻到便宜的厂房和设备，降低其固定成本和运营成本（杨汝岱、李艳，2016）。

基于以上分析，现有文献已从理论或实证上深入研究了移民网络对国际贸易的积极影响及其作用机制，但尚存些许不足之处，如对移民和国际贸易的研究大多从宏观视角切入，鲜少关注移民网络与出口二元边际的微观联系。近年来，部分国内学者通过实证研究证实移民网络对出口集约边际和扩展边际存在差异化影响（杨汝岱、李艳，2016；范兆斌、张若晔，2016；张晓毅、刘文，2017），但由于二元边际的分解标准与研究时段不同，得到的研究结论尚不具有普适性。此外，现有研究亦对比考察了移民网络对不同类别商品贸易的影响力，如赫兰德和萨维德拉（Herander and Saavedra，2005）发现移民网络对消费品贸易的影响大于中间品，但对商品的分类尚停留在较粗的尺度。移民作为文化交流和传播的媒介，其需求偏好效应通常仅作用于农产品、食品、特色工艺品等具有文化内涵的消费品，粗放的产品分类易导致这一效应的影响力被低估，故有必要进一步聚焦特定行业进行细化研究。

综上，食品是具有文化底蕴的行业，从需求偏好效应和社会网络效应两方面考察海外华人网络的建立对我国食品出口贸易的促进作用。从消费偏好的角度来看，受相同饮食习惯的影响，目的地华人网络的存在会使得该国产生对中国食品天然的需求，故海外华人集聚的国家更容易成为我国食品出口贸易的目的地。从信息传递的角度来看，目的地严格的商业和法律制度、监管措施，以及对食品安全较高的检验检疫标准，均会为我国食品出口带来高昂的进入成本，海外华人网络能够帮助出口企业获取目的地信息并起到协调作用，从而规避出口风险，降低出口沉没成本。因此，建立并利用海外华人网络是驱动我国食品出口贸易增长的重要途径。

（二）文化距离与国际贸易

文化距离能够反映不同国家间文化特征的差异化程度，包括语言、价值观、行为准则和偏好等多个维度。基于贸易引力模型及其扩展形式，两国间的贸易流量与地理距离、经济距离、文化距离等均成反比。通常而言，文化距离会对国际贸易产生负向影响，出口地与目的地之间的文化距离越近，出口面临的不确定性就越小，出口成功率也就越高

（Tadesse and White，2010）。在此基础上，现有理论与实证研究亦对文化距离对国际贸易的作用机制进行了深入探讨，认为文化距离主要通过影响贸易成本和消费者偏好来影响国际贸易（范兆斌、黄淑娟，2017；方慧、赵甜，2018；刘京星等，2018），即两国之间的文化距离越大，信息交流的成本就越高，消费偏好和需求结构的差异也越大，越不利于国际贸易的展开。现有文献多聚焦于文化差异对全行业贸易或某些特定行业如农产品贸易的促进作用，如林航和林锴的研究证实文化交流有利于中国茶叶出口（林航、林锴，2019），但关于文化距离对其他细分行业的影响研究则相对有限。

综上，我们将文化距离纳入解释框架，考察其对我国食品行业出口贸易的影响，为文化差异与国际贸易关系研究补充细分行业证据。对于我国食品出口贸易网络演化而言，与我国文化距离越近的国家，越容易产生对于中国饮食文化的认同感，对中国食品加工制造业产品的偏好和需求也更大，且进行国际贸易时面临的信息成本相对较低，因此有利于我国食品出口贸易增长；反之，与我国文化距离越远的国家，对中国食品的接受度就越低，出口面临的风险和不确定性也越大，使得我国向其进行食品出口贸易扩展受限。

（三）文化距离与移民网络的交互作用

移民网络与文化距离对国际贸易的作用机制存在一定的相似性，即均是通过影响目的地消费偏好和需求结构或降低信息分享和传递成本对国际贸易产生正向或负向的影响，且二者的作用方向相反。在建立国家间经贸联系的过程中，移民等人口迁移能够带动语言、风俗习惯等社会资本的跨国流动，促进不同国家之间的文化交流和传播，提升不同国家之间的文化认同感（林航、林锴，2019）。这一现象得到了少数学者的关注，如袁海东和朱敏在研究海外华人网络对 OFDI 的影响时证实了文化距离具有中介效应（袁海东、朱敏，2017），认为海外华人网络的存在有利于缩小我国与目的地之间的文化差异，从而间接地促进中国对外投资。但是，这一效应在国际贸易领域中是否存在尚未得到检验，因此本章将采用逐步回归模型验证海外华人网络的建立是否能够削弱文化距离对我国食品贸易的负效应，并间接促进我国食品出口增长，基于贸易视角对文化距离的中介效应进行进一步考察。研究框架如图 12-1 所示。

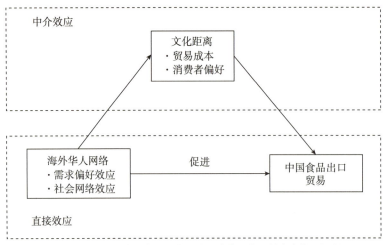

图 12-1　文化距离对海外华人网络影响食品贸易的中介作用机制

三、数据来源与指标构建

（一）数据来源及预处理

　　数据来源于 2000~2016 年的中国海关贸易数据库，数据库包含有产品 HS 编码、企业代码、贸易额及数量、出口地及目的地等详细的中国进出口贸易信息。选取 2 位数 HS 编码第 15~24 类的食品加工制造业产品作为研究对象，基于数据可得性和准确性的考量，对样本进行了如下处理：①剔除缺失年份、贸易额及目的地等关键信息的数据。②中国海关贸易数据库中包含了大量不直接参与生产，仅作为贸易中介帮助企业完成报关流程并转手货物的贸易公司，这些贸易公司不属于本章的研究对象。因此，参考郭琪和朱晟君（2018）的方法，依据企业名称中是否含有"进出口""贸易""商贸""外贸""物流"等关键词对贸易公司进行识别并剔除。最终，构建了 2000~2016 年省份—目的地 ① 尺度的面板数据，共包括中国 31 个省区市（不含港澳台地区，本章同此）和 189 个国家（剔除部分数据缺失样本，共计 20 个国家）。

---

　　①　本章目的地不包含中国港澳台地区。

（二）指标构建

演化经济地理学主要关注企业行为动态性，包括其在某一市场维度的进入、退出、增长、衰退等行为。相比于出口额等积累性绝对值指标，考察经济主体的动态行为能够消除其发展基础的影响，从而更好地体现其演化特征。出口贸易研究表明，出口增长具有二元边际（郭琪，2016）：一是体现出口集约化的集约边际，即对现有贸易伙伴的出口额增加和比较优势扩展；二是体现出口多样化的扩展边际，即由于新目的地进入导致的出口额增加。本章主要考察中国食品出口贸易网络演化，从省份—目的地层面对出口增长进行分解，将其划分为已出口目的地的出口额增加和比较优势扩展，以及新出口目的地的出口额增加，以分别表示我国食品出口增长集约边际的"量变"和"质变"过程以及扩展边际。

1. 新进入目的地识别

参考郭琪（2016），采用一年期界定法对我国各省份食品出口贸易的新目的地进行识别。若前一年省份 c 与目的地 s 之间尚未建立贸易联系，而后一年开始向该目的地出口食品加工制造业产品，则认为省份 c 在后一年进入了新目的地 s，发生了出口市场扩张，$Entry_{cst}$ 取值为 1，否则取值为 0。

$$Entry_{cst} = \begin{cases} 1, if\ Value_{cst-1} = 0\ \&\ Value_{cst} > 0 \\ 0, else \end{cases} \quad (12-1)$$

2. 出口额增长识别

通过构造一个虚拟变量 $Increase_{cst}$ 来识别我国各省份在已出口目的地的食品出口贸易额增加，若第 $t-1$ 期省份 c 与目的地 s 之间的食品出口额小于第 t 期，即认为该省份和目的地之间发生了由集约边际导致的出口额增长，$Increase_{cst}$ 取值为 1，否则取值为 0。

$$Increase_{cst} = \begin{cases} 1, if\ Value_{cst-1} < Value_{cst} \\ 0, else \end{cases} \quad (12-2)$$

3. 比较优势扩展识别

显性比较优势指数（RCA）表示某一年一省份向某个目的地的出口额占其出口总额的份额与全国出口总额中该目的地出口额所占份额的比值，其具体计算方法如下：

$$RCA_{cst} = \frac{Export_{cst} / \sum_s Export_{cst}}{\sum_c Export_{cst} / \sum_{cs} Export_{cst}} \quad (12-3)$$

其中，$Export_{cst}$ 表示 t 年省份 c 向目的地 s 的食品加工制造业产品出口贸易总额。若 RCA_{cst} 大于 1，说明省份 c 向目的地 s 的出口具有比较优势；反之，若 RCA_{cst} 小于 1，则其不具备比较优势。参考朱晟君等（Zhu et al.，2017）的方法对比较优势扩展进行界定，若第 t–1 期省份 c 出口到目的地 s 的比重低于全国平均水平，而第 t 期高于全国平均水平，则认为其新获得了比较优势，LQ_{cst} 取值为 1，否则取值为 0。

$$LQ_{cst} = \begin{cases} 1, if\ RCA_{cst-1} < 1 \& RCA_{cst} > 1 \\ 0, else \end{cases} \tag{12-4}$$

（三）模型设定与变量选择

鉴于因变量为省份—目的地尺度的 0–1 变量，我们建立 Probit 模型并控制时间和地区固定效应，对海外华人网络和文化距离对中国各省份食品出口贸易网络演化的影响进行分析，并将出口增长分解为目的地扩张、出口额增长和比较优势扩展这三个维度，以考察海外华人网络和文化距离在不同维度的作用差异。回归模型如下：

$$P(Entry_{cst} = 1) \big| P(Increase_{cst} = 1) \big| P(LQ_{cst} = 1) = \Phi(\beta_0 + \beta_1 \ln Chinnum_{st} + \beta_2 \ln cultdist_{st} +$$
$$\beta_3 \ln pgdp\_coun_{st} + \beta_4 \ln geodist_s + \beta_5 \ln instdist_{st} + \beta_6 \ln pgdp\_pv_{ct} + \beta_7 \ln agri_{ct}$$
$$+ \beta_8 \ln wage_{ct} + \beta_9 \ln twincities_c + \beta_9 sps_{st} + \varepsilon_{c,t}) \tag{12-5}$$

其中，c 和 s 分别表示出口地和目的地，$P(Entry_{cst}=1)$ 表示各省份进入新目的地的概率，$P(Increase_{cst}=1)$ 表示各省份出口额增加的概率，$P(LQ_{cst}=1)$ 则表示出口省份在目的地进行比较优势扩展的概率。

进一步地，为验证文化距离在海外华人网络对我国食品出口贸易增长是否存在中介作用，建立逐步回归模型如下：

$$Increase_{cst} = \alpha_0 + c \ln Chinnum_{st} + \alpha_1 Control_t + \varepsilon_{c,t} \tag{12-6}$$

$$\ln cultdist_{st} = \alpha_0 + a \ln Chinnum_{st} + \alpha_1 Control_t + \varepsilon_{c,t} \tag{12-7}$$

$$Increase_{cst} = \alpha_0 + b \ln cultdist_{st} + c' \ln Chinnum_{st} + \alpha_1 Control_t + \varepsilon_{c,t} \tag{12-8}$$

其中，c 为海外华人网络对我国食品出口贸易增长的总效应，c' 为直接效应，a、b 为中介效应。

核心解释变量包括：（1）海外华人网络（$Chinnum$），使用世界银行对不同国家双边移民存量的统计数据，从中筛选出目的地华人移民的数量表征海外华人网络，并在纳入模型时取自然对数。移民数据来源于各移民目的地人口普查数据的统计信息，以一人是不是外国出生或者成为外国公民为统计标准，具体信息可参考奥兹登等（Ozden et al., 2011）。
（2）文化距离（*cultdist*），使用黄新飞等（2014）对中国与目的地民族构成差异的测算结果表征国家间的文化异质性，计算方法为斯波劳雷和瓦克齐亚格（Spolaore and Wacziarg, 2009, 2011）提出的民族人口比重加权法，采用卡瓦里等（Cavalli et al., 1994）测算的全球 42 个主要民族之间的遗传距离和各民族人口占各国总人口比重进行加权。遗传距离对双边经济贸易行为的解释力已在许多实证研究中得以验证，其作用机制包括文化差异的垂直传承、文化偏好的传递机制以及婚姻隔离因素（黄新飞等，2014；Spolaore and Wacziarg，2011；黄新飞等，2013）。由于饮食文化偏好具有代际传递的特征，而遗传距离本身体现了民族异质性和文化包容性的内涵，能够从根本上反映一国文化的起源及其特征，故将其作为衡量国家间文化差异的代理变量纳入回归模型中。

在经济全球化日益深化的大背景下，经济地理学基于全球—地方互动的视角，对影响贸易地理网络演化的要素进行尺度细分，将其划分为出口地、目的地及二者联系三方面，模型中纳入的控制变量主要包括上述三个维度。出口地维度的控制变量包括：（1）各省份人均 GDP（*pgdp_pv*），代表各省份经济发展水平，其通常与对外开放程度呈较强正相关关系；（2）各省份一产增加值（*agri*），由于食品工业产品大多以农产品为原材料，对农业依赖程度较高，故应在模型中引入一产增加值作为各省份农业发展水平的刻画；（3）各省份食品行业就业人员平均工资（*wage*），代表各省份食品加工制造业的劳动力成本。

目的地维度的控制变量包括：（1）目的地人均 GDP（*pgdp_coun*），代表目的地的社会经济发展水平，用于衡量目的地的市场规模和需求结构；（2）中国与目的地之间的地理距离（*geodist*），采用我国与目的地首都之间的距离代表运输成本；（3）中国与目的地之间的制度距离（*instdist*），采用世界银行测算的全球治理指数（WGI）作为目的地制度环境友好程度的评价指标，并基于科格特和辛格（Kogut and Singh，1988）的方法计算我国与目的地之间的制度距离，以衡量进入对应目的地可能面临的出口不确定性与风险。

出口地—目的地联系维度的控制变量包括：（1）各省份友好城市数量（*twincities*），数据来源于中国人民对外友好协会出版的《中国城市竞争力专题报告》，建立国际友好城市有利于提高对外开放程度，为各省份食品出口贸易营造良好的国际环境；（2）中国与目的地之间的贸易壁垒强度（*sps*），采用目的地对中国发起的卫生和植物安全措施协定（SPS协定）通报数量作为衡量。由于食品加工制造业产品对时间成本的敏感性，复杂的检验流程及严苛的检疫标准可能导致出口食品超过保质期或直接失去出口机会，提高食品出口的成本。解释变量包含的具体信息及数据来源如表 12-1 所示。

表 12-1   解释变量基本信息

变量含义	变量名称	变量描述	数据来源
海外华人网络	Chinnum	目的地华人移民数量	世界银行网站
文化距离	cultdist	表征民族构成差异的文化距离	黄新飞等（2014）
控制变量	pgdp_coun	目的地人均国民生产总值	世界银行网站
	geodist	地理距离	CEPII 数据库
	instdist	制度距离	世界银行网站
	pgdp_pv	各省份人均国民生产总值	中国统计年鉴
	agri	各省份第一产业增加值	中国统计年鉴
	wage	各省份食品加工制造业城镇单位就业人员平均工资	中国劳动统计年鉴
	twincities	各省份友好城市数量	中国人民对外友好协会
	sps	实施 SPS 协定数量	世界贸易组织网站

四、中国食品出口贸易地理网络动态格局

为全方位地展示我国食品出口贸易网络的时空演化格局，分别从出口额增长、目的地地理扩张和比较优势拓展的角度出发，刻画不同时间阶段、不同空间尺度下我国食品出口贸易地理网络的结构特征及其动态演化规律，以突出二元边际在我国各省份食品出口贸易中的差异化表现。

（一）食品出口贸易网络

伴随着经济全球化和贸易自由化的发展，我国食品出口贸易网络与世界各区域的联系强度逐步提高，全球—地方联系亦不断加深。从空间结构上看，我国食品出口贸易网络具有不均衡性，以东亚、南亚和东南亚、北美以及西欧和北欧为主要贸易流向，多为与我国文化和地理距离相近，或是经济发展水平较高、华人移民较多的目的地所处区域，且区域间差异呈现出不断扩大的态势。2016 年，我国对这四个区域的食品出口贸易额高达 184.57 亿美元，占全国食品总出口额的 82%，其中，东亚在我国食品出口贸易网络中始终占据主导地位，出口额由 2001 年的 26.97 亿美元增至 2016 年的 98.42 亿美元，比世界其他区域高出 3 倍至数 10 倍不等，体现了文化和地理邻近性对我国食品出口贸易网络的重要作用。

（二）食品出口额增长

首先，分国家级和省级两个尺度考察我国食品加工制造业出口贸易额随时间的变化趋势。如图 12-2 所示，2000~2016 年我国食品出口贸易额整体呈现出较为稳定的增长态势，从 2000 年的 30.78 亿美元增至 2016 年的 225.12 亿美元，其中有个别年份存在波动。进一步分产品来看，可知我国食品出口贸易以动植物制品为主，杂项食品、食品工业残渣以及动物饲料也占据了较大份额，各类食品加工制造业产品的出口贸易额随时间的变化趋势大体保持一致。

我国食品出口贸易网络演化可大致可划分为两个阶段：（1）第一阶段为 2000~2008 年，2001 年加入 WTO 后，我国面临的国际经贸环境得以改善，为我国食品出口贸易带来了增长的契机，故该阶段我国食品加工制造业产品出口额呈指数级增长；（2）第二阶段为 2009~2016 年，期间我国食品出口贸易额呈现出先减少后波动增加的特点。2008 年全球金融危机使得我国食品出口贸易受到巨大冲击，表现为 2009 年出口额大幅下降，而后虽呈快速恢复增长态势但并不稳定，至 2012 年连续大幅度增长后回调。2014~2016 年，受农产品生产和流通成本上升过快以及贸易保护主义抬头等国际国内环境影响，我国食品加工制造业产品出口贸易于 2015 年经历了又一次低谷，但依然保持着一定的韧性。

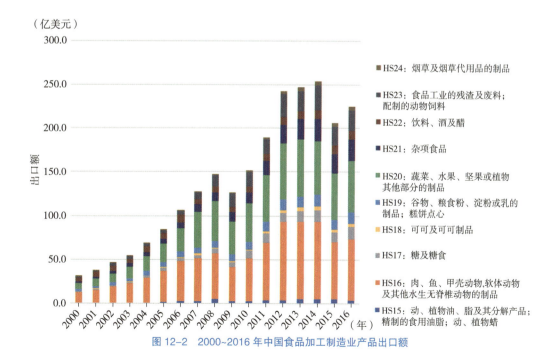

图 12-2　2000~2016 年中国食品加工制造业产品出口额

在省级尺度，考察我国各省份食品加工制造业出口的空间格局。整体而言，我国食品出口贸易网络演化由东部地区的省份主导，随时间推移有逐渐向中西部地区扩展的趋势。其中，山东、广东、福建、浙江、江苏和辽宁六省份始终占据食品出口优势地位，河北、河南、云南等内陆省份位列第二梯队，增速较快，推动了我国中西部地区食品出口贸易的发展。

（三）目的地市场扩张

进一步考察我国各省份食品出口贸易目的地数量的演化特征，2011 年以前，我国各省份食品出口贸易目的地数量整体稳步增加，而 2012~2016 年大多数省份出现了明显的增速放缓，甚至有个别省份存在目的地数量减少的现象。可见，我国食品出口贸易目的地扩张主要发生于 2000~2011 年，期间各省份贸易网络连接度显著提高，而 2012 年以后新目的地进入开始放缓，部分省份出现有目的地退出现象，贸易网络结构变动较大。

在目的地维度分析我国食品出口贸易时空动态格局可知，在研究期内，我国食品出口目的地呈稳定的扩张态势，目的地数量由 2001 年的 160 个增加至 2016 年的 209 个，贸易网络联通度和复杂度显著提升，新拓展的目的地大多分布于中亚、非洲、东欧、大洋洲等地区。从出口额来看，我国食品贸易主要目的地包括东亚的日本和韩国，东南亚的菲律宾、越南、泰国、马来西亚，以及美国、俄罗斯等，且 2001~2016 年各目的地出口额整体显著增加。

（四）比较优势扩展

目的地市场数量的多少能够在一定程度上反映我国各省份食品出口贸易的多样化程度，但其受到新目的地进入和原有目的地退出的共同影响，故仅考察绝对数量的变动难以准确反映我国食品出口贸易网络的结构特征及其演化规律。我们通过计算我国各省份对世界不同区域食品出口贸易的 RCA 指数对其比较优势进行刻画，并对 RCA 矩阵数据进行二阶内插作等高线图，以突出其高值与低值的分布（见图 12-3），RCA 指数越大越偏暖色，越趋近于 0 则色调越冷。此外，在纵坐标轴上以不同颜色表示我国各省份所处的区域，其中蓝色表示东部地区，橙色表示中部地区，绿色表示西部地区，黑色表示东北地区。

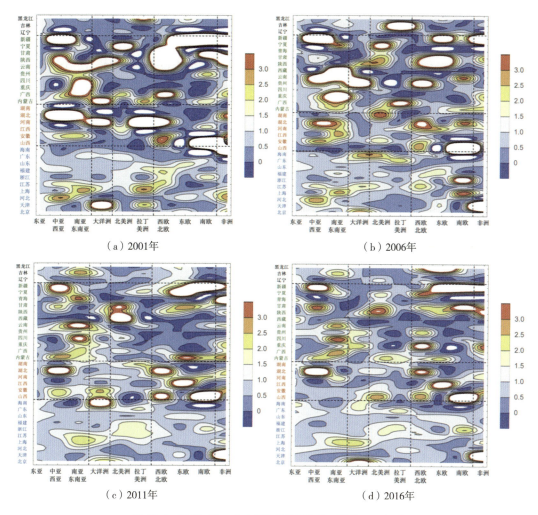

（a）2001年　　　　　　　　　　（b）2006年

（c）2011年　　　　　　　　　　（d）2016年

图 12-3　2000~2016 年中国各省份食品出口贸易 RCA 矩阵

从整体来看，我国食品出口贸易 RCA 指数的高值和低值均主要集中于中部、西部和东北地区，冷暖色调对比鲜明，东部地区的颜色则相对较浅，表明我国不同地区食品出口贸易网络结构存在一定的差异。考察贸易网络比较优势的演化趋势可知，RCA 矩阵的颜色随时间推移逐渐变浅，高值和低值中心的分布虽具有延续性，但其数量及覆盖范围均有明显减小趋势，可见各省份食品出口贸易网络结构的多样化程度正逐渐弱化。其中，东部沿海省份的贸易网络结构趋同于全国平均水平，高值中心主要位于京津冀与大洋洲和非洲之间，比较优势扩展趋势明显，未出现稳定分布的低值中心。内陆地区各省份贸易网络则具有两极化的结构特征，高低值中心的空间分布具有互补性，高值中心大多集中于湖北、新疆、甘肃与中亚和西亚，云南、四川、吉林与南亚和东南亚，以及绝大多数中西部省份与欧洲之间，低值中心则主要围绕高值中心周边分布。

为细化考察我国各省份食品出口贸易地理网络结构的相似性，我们以 2016 年我国各省份食品出口贸易在世界不同区域的 RCA 分布为标准进行聚类分析，结果见图 12-4。由图可知，我国绝大多数东部省份在目的地选择上具有相似性，其具有比较优势的出口目的地主要位于东亚和北美洲；少数中西部省份由于具有独特的食品贸易倾向，RCA 分布呈现极强的空间不均衡性，通常自成一类，如天津与非洲，新疆与东欧和南欧、中亚和西亚，山西与南欧之间紧密的食品贸易联系等。

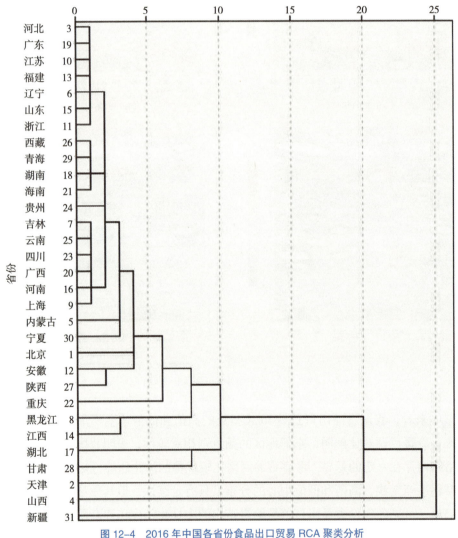

图 12-4　2016 年中国各省份食品出口贸易 RCA 聚类分析

描述性分析的结果显示，研究期内我国各省份食品出口贸易网络在出口额增长、目的地扩张和比较优势扩展等多维度呈现出了不同的演化特征，具有鲜明的区域差异，故有必要从省级尺度对我国食品贸易地理网络动态格局进行分解分析。

五、食品出口贸易地理网络驱动力

（一）出口二元边际模型回归结果

将中国食品出口贸易网络演化分解为目的地扩张、出口额增长和比较优势扩展三部分，在控制时间和地区固定效应的情况下分别进行回归，回归结果如表12-2所示。

表12-2　　　　　　　　　　　出口二元边际与海外华人网络、文化距离

变量	目的地扩张			出口额增长			比较优势扩展		
	（12.1）	（12.2）	（12.3）	（12.4）	（12.5）	（12.6）	（12.7）	（12.8）	（12.9）
ln$Chinnum$	−0.038***		−0.039***	0.080***		0.066***	0.014***		0.004
ln$cultdist$		0.071***	0.010		−0.173***	−0.040***		−0.043**	−0.034*
ln$pgdp\_coun$	−0.010	−0.040***	−0.017*	0.075***	0.160***	0.117***	0.044***	0.067***	0.062***
ln$geodist$	0.070***	0.096***	0.084***	−0.139***	−0.109***	−0.112***	−0.018	0.004	0.001
ln$instdist$	0.007	−0.013	0.002	−0.069***	−0.052***	−0.083***	−0.039***	−0.0447***	−0.045***
ln$pgdp\_pv$	0.079	0.166	0.142	0.039	−0.044	−0.101	0.192**	0.086	0.085
ln$agri$	0.263***	0.249***	0.257***	0.173***	0.251***	0.275***	0.077	0.151	0.148
ln$wage$	−0.072	−0.098	−0.091	0.107**	0.141***	0.135**	0.147**	0.175**	0.179**
ln$twincities$	0.691***	0.476	0.523*	0.169	0.462*	0.638***	0.030	0.303	0.285
sps	−0.001**	−0.002***	−0.001**	0.004***	0.004***	0.002***	0.001***	0.001	0.000
$constant$	−5.600***	−5.921***	−5.473***	−3.612***	−4.038***	−4.994***	−5.580***	−6.216***	−6.174***
$observations$	57 595	39 755	37 579	57 595	39 755	37 579	57 595	39 755	37 579
时间固定效应	YES	YES	YES	YES	YES	YES	YES	YES	YES
地区固定效应	YES	YES	YES	YES	YES	YES	YES	YES	YES

注：***、**、* 分别表示 $p < 0.01$，$p < 0.05$，$p < 0.1$。

首先，考察海外华人网络和文化距离对目的地扩张的影响，由模型（12.3）的回归结果可知，华人移民数量的系数显著为负，文化距离则不显著，表明2001~2016年，我国各省份食品出口更倾向于向华人数量较少的目的地进行拓展。这一结论与张晓毅和刘文（2017）结论相同，即移民网络对新市场的拓展具有"挤出效应"，可能的原因在于基于引力模型及其扩展形式，出口目的地扩张存在一定的先后顺序。改革开放以来，我国食品出

口贸易经历了 20 余年的发展，业已完成向华人移民较多的目的地的拓展，进一步将贸易联系的范围扩大到海外华人网络不发达的区域，以实现稳定的出口增长。

其次，考察出口额增长与海外华人网络和文化距离的关系，回归结果如模型（12.6）所示，其中海外华人网络为正向显著，证实了移民网络对出口集约边际演化的"量变"过程具有促进作用。这一结果与许多学者的研究结论相一致（杨汝岱、李艳，2016；张晓毅、刘文，2017），表明目的地华人移民网络能够通过增强合同执行力、提供目的地市场需求和交易信息、降低企业交易成本等途径提高出口成功率和出口贸易额增长的概率。文化距离的系数则为负向显著，与方慧和赵甜（2018）对农产品贸易的实证研究结果一致，即目的地与我国的文化距离越远，两地在饮食文化偏好和食品需求结构上的相似性就越小，食品出口额增长的概率也就越小。

最后，考察海外华人网络和文化距离对比较优势扩展的作用，由模型（12.9）的回归结果可知，我国食品贸易对目的地的比较优势扩展主要受文化邻近性影响，海外华人网络的系数并不显著。可见，海外华人网络在出口集约边际演化的"质变"过程中的影响力有限，难以推动食品贸易的比较优势扩展。结合模型（12.6）和模型（12.9）的结果可知，文化距离对我国食品出口贸易集约边际的"量变"和"质变"过程均具有显著的负向影响，这一结果为文化距离对国际贸易的抑制作用补充了多维度的实证证据。

对比不同维度的回归结果，值得注意的是，贸易壁垒对我国食品出口贸易网络二元边际演化的作用具有显著差异。食品检验检疫标准作为目的地市场的准入门槛，其要求会显著提高企业的生产和出口成本。在模型（12.3）中，贸易壁垒显著为负，表明实施 SPS 协定会阻碍我国各省份食品出口的新目的地拓展过程，且面临的贸易壁垒越强，进入新目的地的可能性就越小；而对于模型（12.6）和模型（12.9）中已建立贸易联系的省份对目的地的出口额增长和比较优势扩展而言，贸易壁垒并未起到阻碍作用。可见，SPS 协定的实施主要影响食品出口的扩展边际而非集约边际。

（二）文化距离的中介效应

进一步采用逐步回归法来检验文化距离的中介效应，并验证海外华人网络对出口增长的直接和间接效应是否显著，结果如表 12-3 所示。在模型（12.10）中，海外华人网络对我国食品出口额增长具有显著的正效应。结合模型（12.11）和模型（12.12）可知，海外华人网络的直接效应和作用于文化距离的间接效应均显著为正，表明文化距离对目的地海外华人网络与我国食品贸易确认存在中介效应，即海外华人网络能够通过缩小我国与目的地之间的文化差异间接地促进我国食品出口增长。出现这一结果的原因在于，海外华人能够起到文化交流和传播的作用，会对目的地的食品消费偏好和需求产生潜移默化的影响，从而削弱文化差异对我国食品出口的负效应，有利于推动我国食品出口贸易额增长。袁海东和朱敏（2017）已证实文化距离在海外华人网络对 OFDI 的影响中具有中介作用，这一结论则进一步为文化距离的中介效应补充了贸易视角的实证证据。

表 12-3　　　　　　　　　　　文化距离的中介效应

变量	Increase （12.10）	lncultdist （12.11）	Increase （12.12）
ln$Chinnum$	0.022***	−0.070***	0.020***
ln$cultdist$			−0.015***
ln$pgdp\_coun$	0.036***	−0.020***	0.035***
ln$geodist$	−0.047***	0.654***	−0.037***
ln$instdist$	−0.028***	0.112***	−0.026***
ln$pgdp\_pv$	0.130***	0.009	0.130***
ln$agri$	0.027***	−0.002	0.027***
ln$wage$	−0.049***	−0.001	−0.049***
ln$twincities$	0.071***	0.003	0.071***
sps	0.001***	0.001***	0.001***
$constant$	−0.966***	−0.208***	−0.969***
$observations$	37 579	37 579	37 579

注：*** 表示 $p < 0.01$。

（三）稳健性检验

前面选取中国与目的地之间的民族构成差异作为文化异质性的代理变量，为保证实证结果的稳健性，我们采用最常见的霍夫斯泰德（Hofstede）六维度文化特征数据对国家间文化差异进行测算，作为文化距离的代理变量纳入模型中。表 12-4 的回归结果中，各变量符号与之前的回归结果基本一致，但显著性稍有不同，文化距离在扩展边际的显著性增强，在集约边际的显著性则略有削弱，其原因可能在于霍夫斯泰德文化距离与食品贸易之间存在潜在的内生性和双向因果关系。

表 12-4 　　　　　　　　　　　　　稳健性检验

变量	目的地扩张	出口额增长	比较优势扩展
	（12.13）	（12.14）	（12.15）
ln*Chinnum*	−0.059***	0.079***	−0.000
ln*cultdist_H*	0.043*	−0.041**	−0.010
ln*pgdp_coun*	−0.030	−0.016	−0.023
ln*geodist*	0.155***	−0.180***	0.004
ln*instdist*	0.022	−0.004	0.021
ln*pgdp_pv*	−0.008	−0.029	0.169
ln*agri*	0.301***	0.273***	0.132
ln*wage*	0.047	0.127**	0.157*
ln*twincities*	0.734*	0.552**	0.171
sps	−0.001**	0.002***	−0.000
constant	−6.559***	−3.759***	−5.629***
observations	27 490	27 490	27 490
时间固定效应	YES	YES	YES
地区固定效应	YES	YES	YES

注：***、**、* 分别表示 $p < 0.01$，$p < 0.05$，$p < 0.1$。

六、结论与讨论

本章基于 2000~2016 年中国海关贸易数据库，从新目的地进入、出口额增长以及比较优势扩展三个维度识别中国各省份食品出口贸易网络演化中的扩展边际和集约边际，探究海外华人网络和文化距离对中国各省份食品出口贸易网络演化二元边际的影响，并对文化距离在海外华人网络影响食品出口增长中的中介作用进行考察，得出的主要研究结论如下：

（1）从目的地扩张维度看，海外华人网络对中国各省份食品出口贸易网络演化的扩展边际具有负向影响，而文化距离的作用则不显著，原因在于出口目的地扩张具有一定的先后顺序，通常遵循着先近后远、由易到难的规律。我国食品出口贸易自改革开放后发展至今，在初期各省份利用目的地华人网络减少信息不对称和降低出口沉没成本的红利率先拓展新目的地，已与华人数量较多的目的地建立了贸易联系，而到后期则开始进一步向其他海外华人网络较不发达的目的地扩展。

（2）从出口额增长和比较优势扩展维度看，海外华人网络对于我国各省份食品出口贸易网络演化集约边际的"量变"和"质变"过程具有差异化的作用，海外华人网络能够显著推动我国食品贸易的出口额增长，但对比较优势扩展的影响力有限，即促进集约边际演化的"量变"而非"质变"过程。文化距离则在出口额增长和比较优势扩展两个维度均呈现出显著的负向作用，表明我国食品出口贸易集约边际演化多发于与我国文化邻近、饮食偏好和需求相似的国家，且文化距离对集约边际演化"量变"过程的影响较"质变"而言更显著。

（3）文化距离在海外华人网络影响食品出口贸易的过程中存在中介效应，即海外华人网络既能够直接促进我国食品贸易增长，又能够通过缩小国家间文化差异间接地推动我国食品出口。目的地华人网络的存在能够促进文化的交流和传播，影响目的地的食品消费偏好和需求，从而削弱了文化距离对我国食品出口贸易额增长的负效应。

从演化经济地理的视角切入，在省级尺度上开展贸易网络研究，将出口增长分解为扩展边际以及集约边际的"量变"和"质变"过程，丰富了现有国际贸易研究中出口二元边际的内涵。在考察我国食品贸易网络演化的影响因素时，从贸易成本和消费者偏好的角度出发，将海外华人网络和文化距离同时纳入解释框架中，以明确二者对食品贸易网络演化的作用机制及其差异性，并进一步探究文化距离在海外华人网络影响食品贸易过程中的中介作用，为文化距离的中介效应补充了贸易视角的实证证据。

本章发现的结论具有一定的现实意义，海外华人网络有利于促进中外文化交流，突破不同国家间由于文化距离导致的固有贸易壁垒，从而推动我国出口贸易增长。可见，推动我国食品乃至全行业出口贸易发展的关键在于如何增加我国与目的地之间的文化交流。一方面，我们应当积极拓展国家间文化交流的深度和广度，将我国文化"走出去"和别国文化"引进来"相结合。具体而言，应发挥目的地华侨组织、同乡会、孔子学院等在文化交流和传播方面的积极作用，定期举办中外文化交流活动，并通过出台吸引外国人来华留学和旅游的优惠政策等方式提高文化传播机制的多样性。另一方面，由于文化差异在我国食品出口贸易中表现出抑制作用，我们更应当注重发挥其他贸易影响因素的提升作用，例如通过交通运输等基础设施共建降低运输成本，积极引入外商投资提升营商环境的对外开放程度等，加强国家间经济、政治、基础设施等多维度的合作，以削弱文化差异产生的负面影响。

参考文献

[1]陈红蕾，陶佳琳，2016.美国华人网络对中美贸易影响的实证研究[J].国际经贸探索，32（5）：20-33.

［2］范兆斌，黄淑娟，2017.文化距离对"一带一路"国家文化产品贸易效率影响的随机前沿分析［J］.南开经济研究，（4）：125–140.

［3］范兆斌，张若晗，2016.国际移民网络与贸易二元边际：来自中国的证据［J］.国际商务（对外经济贸易大学学报），（5）：5–16.

［4］方慧，赵甜，2018.文化差异影响农产品贸易吗——基于"一带一路"沿线国家的考察.国际经贸探索，34（9）：64–78.

［5］郭琪，朱晟君，2018.市场相似性与中国制造业出口市场的空间演化路径［J］.地理研究，37（7）：129–142.

［6］郭琪，2016.中国制造业出口多样化及其空间动态演化研究［D］.北京：北京大学博士学位论文.

［7］黄新飞，关楠，翟爱梅，2014.遗传距离对跨国收入差距的影响研究：理论和中国的实证分析［J］.经济学（季刊），13（3）：1127–1146.

［8］黄新飞，翟爱梅，李腾，2013.双边贸易距离有多远？——一个文化异质性的思考［J］.国际贸易问题，（9）：28–36.

［9］林航，黄陈爱，2018.中国古酒海外营销中的文化交流作用——来自孔子学院与白酒出口的证据［J］.酿酒科技，（11）：113–124.

［10］林航，林锴，2019.文化交流对中国特色农产品出口的影响——以中国茶叶出口为例［J］.产业经济评论，（2）：61–80.

［11］刘京星，黄健柏，刘天琦，2018.中国与"一带一路"国家钢铁产能合作影响因素研究——基于多维动态距离的新视角［J］.经济地理，38（10）：99–110.

［12］庞淑婷，程光伟，刘颖，2019."一带一路"市场农产食品贸易及其技术性贸易壁垒分析［J］.中国标准化，（7）：160–164.

［13］綦建红，李丽，杨丽，2012.中国OFDI的区位选择：基于文化距离的门槛效应与检验［J］.国际贸易问题，（12）：137–147.

［14］魏浩，袁然，2020.全球华人网络的出口贸易效应及其影响机制研究［J］.世界经济研究，（1）：25–40+135.

［15］杨汝岱，李艳，2016.移民网络与企业出口边界动态演变［J］.经济研究，51（3）：163–175.

［16］袁海东，朱敏，2017.海外华人网络对中国对外投资的影响研究——基于东道国异质性的视角［J］.国际商务（对外经济贸易大学学报），（5）：79–89.

［17］张晓毅，刘文，2017.海外移民网络对中国出口二元边际的影响［J］.贵州社会科学，（11）：133–140.

［18］张震夫，2018.绿色食品产业向外向型经济发展对策［J］.现代食品，（10）：19–21.

［19］赵芳，2018.国际贸易中食品安全问题研究［J］.食品安全质量检测学报，9（20）：5487–5490.

［20］赵夏楠，2009.文化禀赋的食品国际贸易效应研究［D］.无锡：江南大学硕士学位论文.

［21］赵雅玲，2019.贸易便利与安全视角下的我国食品贸易政策研究［J］.当代经济，（4）：80–83.

［22］赵永亮，刘德学，2009.海外社会网络与中国进出口贸易［J］.世界经济研究，（3）：60–67.

［23］赵永亮，2012.移民网络与贸易创造效应［J］.世界经济研究，（5）：57–64+86+88–89.

[24] Briant A, Combes P, Lafourcade M, 2014. Product Complexity, Quality of Institutions and the Protrade Effect of Immigrants [J]. World Economy, 37 (1): 63-85.

[25] Cavalli-Sforza L, Menozzi P, Piazza A, 1994. History and Geography of Human Genes [M]. Princeton: Princeton University Press.

[26] Combes P, Lafourcade M, Mayer T, 2005. The Trade Creating Effects of Business Social Networks: Evidence from France [J]. Journal of International Economics, 66: 1-29.

[27] Dunlevy J, 2006. The Impact of Corruption and Language on the Pro-Trade Effect of Immigrants: Evidence from the American States [J]. Review of Economics and Statistics, 88 (1): 182-186.

[28] Gould D, 1994. Immigrant Links to the Home Country: Empirical Implications for US Bilateral Trade Flows [J]. The Review of Economics and Statistics, 76 (2): 302-316.

[29] Greif A, 1993. Contract Enforceability and Economic Institutions in Early Trade: The Maghribi Traders' Coalition [J]. American Economic Review, 83 (3): 525-548.

[30] Herander M, Saavedra L, 2005. Exports and the Structure of Immigrant-based Networks: The Role of Geographic proximity [J]. Review of Economics and Statistics, 87 (2): 323-335.

[31] Jansen M, Piermartini R, 2009. Temporary Migration and Bilateral Trade Flows [J]. World Economy, 32 (5): 735-753.

[32] Kogut B, Singh H, 1988. The effect of national culture on the choice of entry mode [J]. Journal of international business studies, 19 (3): 411-432.

[33] Murat M, Pistoresi B, 2009. Migrant Networks: Empirical Implications for the Italian Bilateral Trade [J]. International Economic Journal, 23 (3): 371-390.

[34] Ozden C, Parsons C R, Schiff M, et al., 2011. Where on Earth Is Everybody? The Evolution of Global Bilateral Migration 1960-2000 [J]. The World Bank Economic Review, 25 (1): 12-56.

[35] Rauch J, Casella A, 2003. Overcoming Informational Barriers to International Resource Allocation: Prices and Ties [J]. Economic Journal, 113: 21-42.

[36] Rauch J, Trindade V, 2002. Ethnic Chinese Networks inInternational Trade [J]. Review of Economics and Statistics, 84 (1): 116-130.

[37] Santeramo F G, Lamonaca E, 2019. The Effects of Non-tariff Measures on Agri-food Trade: A Review and Meta-analysis of Empirical Evidence [J]. Journal of Agricultural Economics, 70 (3): 595-671.

[38] Spolaore E, Wacziarg R, 2011. Long-Term Barriers to the International Diffusion of Innovations [R]. National Bureau of Economic Research Working Paper, No.17271.

[39] Spolaore E, Wacziarg R, 2009. The Diffusion of Development [J]. Quarterly Journal of Economics, 124 (2): 469-529.

[40] Tadesse B, White R, 2010. Cultural Distance as a Determinant of Bilateral Trade Flows: Do Immigrants Counter the Effect of Cultural Differences? [J]. Applied Economics Letters, 17 (2): 147-52.

[41] Zhu S, He C, Zhou Y, 2017. How to jump further and catch up? Path-breaking in an uneven industry space [J]. Journal of Economic Geography, 17 (3): 521-545.

第十三章
中间产品出口贸易地理网络

一、引言

世界银行最新发布的《2020 世界发展报告》显示，截至 2018 年全球近一半的贸易都与全球价值链模式的生产分工有关。随着全球贸易的发展和全球价值链的生产模式的扩张，以产品内贸易为主要形式的生产促进国际收入不断增长、生产效率大幅提升、发展中国家贫困率降低。这些增长离不开全球价值链生产带来的全球化分工和知识的转移。中间产品贸易作为全球分工最直接的体现，在中国对外贸易中占有相当大的比例。阿图科罗拉和山下（Athukorala and Yamashita，2006）指出中间产品贸易增速早已超过最终产品和服务业贸易，成为全球经济增长的重要推手。根据 WTO 2018 年发布的统计年报，2016 年全球中间产品出口贸易额为 7.032 万亿美元，中国为 0.882 万亿美元，占全球中间产品出口的 12.54%；全球中间产品进口贸易额为 7.359 万亿美元，其中中国进口为 1.035 万亿美元，占全球总进口的 14.07%。但全球价值链模式下容易引发的低端锁定和对本地可持续发展能力的损害，也引发了对发展中国家参与全球分工这种发展模式的担忧（张杰，2015）。中间产品加工贸易一直以来被认为是"两头在外"的生产模式，对本地的发展促进作用小，同时有可能导致本地的技术锁定难以实现价值链升级。从 2000 年到 2016 年，我国中间产品生产中的加工贸易比例有所下降，从 42% 下降到 32%，虽然整体呈下降趋势，但我国的中间产品贸易仍然占有较高的比例：2016 年全国 1/3 的省份加工贸易占比高于 45%，加工贸易占比最高的陕西省高达 80%。因此，探讨我国中间产品出口模式的动力来源于本地能力还是外部技术转移，有助于揭示我国中间产品贸易地理网络演化的驱动机制，认清中国在全球产业分工中承担的角色。

二、文献综述与研究框架

（一）中间产品进口与出口选择

基于 H–O 理论，阿恩特（Arndt，2001）研究了自由贸易状态下的生产国际分割，认为双边贸易大部分是基于零部件交换产生的，这种零部件交换能够降低生产成本，提高生产率，从而在国家层面提升最终产品的生产以及出口的扩张。对于中间产品进口动力的讨论除了国家尺度外，有大量研究从企业决策角度探讨进口中间产品对企业生产率的提高，以及由于生产率提升导致的出口增加。因此，企业异质性，尤其企业生产率差异，是中间产品进口以及企业出口选择的重要考量对象。新新贸易理论是这方面文献的主要理论基础。新新贸易理论将企业异质性加入讨论，从成本和利润等方面探讨企业出口决策。在一国的出口市场竞争中，只有生产率更高的企业能够成为出口商，克服由于信息不对称和其他贸易障碍带来的沉没成本（Melitz，2003）。通过将国内和进口中间品加入生产投入模型中，梅里兹和奥塔维亚诺（Melitz and Ottaviano，2008）分析了生产分割对企业出口的影响。

一般来说企业选择进口中间产品而不是自己生产，其动机有两类：一种是为了将资源从非核心的生产中解放出来，从而将企业资本更多地花费在研发和创新环节，即追求规模效应降低生产成本（Medina et al.，2005；Bengtsson et al.，2009）。另一种是更常见的，即为了获取供应商或商业伙伴的知识，接触新的技能，弥补自身技术的不足，从而培养自身生产新产品的创新能力（De Quinn，2000；Kakabadse and Kakabadse，2005）。巴斯（Bas，2012）发现进口中间产品占总投入的比例越高，各国企业的产出就越多，与梅里兹（Melitz，2003）、安特拉斯和埃尔普曼（Antràs and Helpman，2007）结论一致——只有当企业生产所需消耗的成本低于进口中间产品的成本时才可进口，也只有贸易壁垒（如进口关税）降低才能降低进口中间产品的边际成本。产品进口来源国也对企业生产率提升效果有一定影响，巴斯和施特劳斯－卡恩（Bas and Strauss-Kahn，2011）区分了发达国家和发展中国家，结果表明，发达国家的中间产品进口对于生产率提升的促进作用大于来自发展中国家的中间产品。盖舍克（Geishecker，2002）、宗毅君（2008）则通过构建计量模型研究了一国内高技术与低技术劳动力收入水平在参与分工贸易后的变化过程，结果呼应了芬斯特拉（Feenstra，2004）、田文（2007）的结论。大量文献使用企业数据检验中间产品的进口是否提升了企业的生产率，以及贸易自由化是否通过固定成本降低促进了前述过程的发生（Kasahara and Rodrigue，2008；Amiti and Konings，2007；Altomonte et al.，2008）。哈尔彭等（Halpern et al.，2009）发现1993~2002年进口对匈牙利制造业生产率的提升作用中约有一半可归因于进口中间品数量的不断提高，且关税下降幅度越大，进口中间品种类越多，企业生产率提升越明显。中国作为全球零部件贸易的重要推手，大量文献对中间品进口进行研究。而中间产品作为一种企业投入，成本是影响决策的重要因素之一，因此，对大部分企业来说，当中间品进口量增加或进口成本降低（如贸易自由化带来的关税降低），中间品有助于企业生产率的提升。

（二）全球分工理论

基于产品内贸易为主要形式的全球生产分工模式促进了国际收入不断增长，提升全球生产效率，降低发展中国家贫困率，而这些经济福利效应离不开全球价值链生产带来的全球分工和知识技术转移。全球价值链将允许不同企业根据其自身优势聚焦价值链的特定环节，同时全球价值链为企业之间搭建稳定的合作关系，从而促进企业间的知识技术转移，帮助企业获得投资和其他生产要素。格里芬等（Gereffi et al., 2005）提出全球价值链框架时，重点强调了全球价值链中的治理关系，即主导全球价值链的大型跨国公司与承接生产的下游企业之间的关系。参与全球价值链有利于发展中国家的经济增长和产业升级。从承接生产的企业角度来看，一方面，处于价值链下游的企业为了满足上游企业的产品要求，与其他下游企业竞争更大的市场份额，从而通过本地的竞争效应提高产品质量和配套的技术和服务。另一方面，由于下游企业整体的技术水平较低，为了保证产品的质量与上游企业要求的匹配，上游企业往往会对下游企业进行技术支持和技术转移。在这种情况下，下游企业生产中的知识主要来源就是分包企业，也就是全球价值链框架下的捕获式关系（Gereffi, 2005）。在全球价值链中，主导价值链的往往是发达国家的大型跨国企业，为了长期控制价值链，实现其效益最大化，往往会在全球范围内进行产业转移。例如，通过在发展中国家建立子公司或与本土企业建立合作，然后向这些子公司或有合作关系的本土企业转移部分技术以支持其生产，从而间接促进发展中国家的技术进步，进而拓展其出口贸易。

关于全球价值链对发展中国家产业升级和经济发展的作用的实证研究并没有得到一致结论。一方面，研究表明参与全球价值链分工对发展中国家产业的转型升级效果有限，并未如预期的那样产生技术转移的效应（Deardorff, 2001；Bustos, 2005；洪联英、刘解龙，2009）；但也有研究表明在特定条件下（如人力资本、基础设施和制度环境等支持性条件），产品内分工对发展中国家在价值链上的提升有显著推动作用（唐海燕、张会清，2009；戴翔、张雨，2013）。更多研究则认为，在由发达国家主导的全球价值链体系下，发展中国家受到GVC推动虽然可以实现起飞或开启低端工业化进程，但是对于从低端向高端的升级过程，GVC则主要表现为抑制作用，即出现"价值链捕获"和"低端锁定"的现象。随着生产方和委托方关系不断加深，双方之间的GVC模式从模块化价值链发展到捕获式价值链，最终本土企业会陷入代工和技术路径陷阱中，即"代工—低盈利—自主创新能力缺失"的低端循环路径（Perez-Aleman and Sandilands, 2008；刘志彪、张杰，2007；张杰等，2008）。发展中国家的企业通过连入全球价值链，参与全球分工，从而推动区域的贸易网络发展演化。

（三）制造业外包生产

在全球分工过程中，大型企业出于组织和生产战略角度关注增加值贸易分配。增值链的基本形式是，首先是技术与原材料和劳动力结合，生产出经加工的产品，再作为下一步的投入品进行装配、营销和分售（Kogut，1995）。因此，最重要的问题是企业将哪些环节的生产在企业内部进行，哪些环节的生产外包出去。对于国际外包，不同学者使用了不同的概念，如垂直专业化、产品内分工、国际生产分割等，但基本含义是一致的。哈梅尔和普拉哈拉德（Hamel and Prahalad，1990）最早提出"外包"概念，认为外包是指企业把一些非核心的生产环节通过合同的形式移交给其他企业去完成，而把企业内部资源主要集中于那些具有竞争优势的生产环节，从而达到降低成本、提高生产效率、增加资本收益、增强企业竞争力和为消费者提供最大的价值的一种经营管理模式。安德森（Andersen，1995）将外包定义为，一个业务实体将原来应在企业内部完成的业务转移到企业外部由其他业务实体完成。

关于通过投资进行的外包生产是否对东道国有技术溢出效应，大量实证研究并未得到一致结论。如张杰等（2010）发现，发达国家的外包生产并不一定会带来发展中国家的经济增长，低模仿模式双方均可获利，而高模仿模式下则不利于发展中国家的经济可持续增长。发展中国家内部的知识产权制度是决定发展中国家与发达国家的垂直外包活动中的技术转移对发展中国家的可持续发展能否具有促进作用的重要内在因素之一。全球化外包为发展中国家带来的技术溢出有限，而更容易迫使发展中国家中的相互竞争，而这种竞争不局限于质量上的竞争，更容易产生降低成本的"逐底竞争"。施米茨（Schmitz，2004）发现，虽然外包过程中会产生技术转移，但这种技术转移带来的效应多是要素投入规模扩张或成本降低效率提升的工艺升级，并不是价值链升级所要求的创新性提升。

关于外包生产促进经济增长的效应主要是"出口中学习"或"干中学"。洛佩斯等（Lopez et al.，2010）研究表明，发达国家的消费者对于产品的生产设计以及安全环保等要求更高，因此发展中国家的供应商必须通过加大创新研发投入提升产品质量，以达到相应的要求。同时，发达国家的跨国公司和购买商通常会在发展中国家企业的生产过程中提供相应的指导以及人才培训等支持。一般来说企业选择外包生产的动机有两种：一种是为了将资源从非核心的生产中解放出来，从而将企业资本更多地花费在研发和创新环节，即追求规模效应降低生产成本（Medina et al.，2005；Bengtsson et al.，2009）。另一种是为了获取供应商或商业伙伴的知识，接触新的技能，弥补自身技术的不足，从而培养自身生产新产品的创新能力（Quinn，2000；Kakabadse and Kakabadse，2005）。因此，我国在中间产品出口的过程中也可能扮演着两种角色：一是根据自身比较优势或规模效应以更低的成本生产中间产品，在这种情况下，中间产品生产过程中的技术和知识主要是来自对方企业的技术转移；二是为对方企业提供其缺少的技术，这种情况下，出口中间产品的技术则主要来源于本地能力。基于以上分析，研究框架如图 13-1 所示。

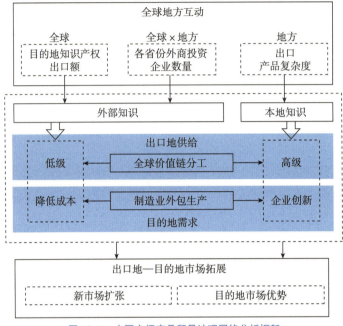

图 13-1　中国中间产品贸易地理网络分析框架

三、中间产品贸易地理网络演化

（一）数据来源

数据源自 2000~2016 年中国海关数据库，并根据联合国经社理事会统计司《经济大类分类标准》（Broad Economic Category，即 BEC 分类），通过对 UN Comtrade 中的相关数据进行计算得到。BEC 分类可以将货物分为三大基本类别：资本品、中间品和消费品。其中中间产品包括：工业用初级食品和饮料（111）、未另归类的初级工业用品（21）、初级燃料和润滑剂（31）、工业用加工食品和饮料（121）、未另归类的加工工业用品（22）、加工燃料和润滑剂（322）、运输设备除外的零配件（42）、运输设备零配件（53）。采用的数据来自中国海关贸易数据库。该数据库由中国海关基于企业进出口报关记录进行整理，数据为企业层面，包含出口企业名称与代码（10 位）、企业出口产品 HS 代码（8 位）、贸易方式、目的地名称与代码、企业所属城市名称与代码、贸易额（美元）等属性。在使用数据进行描述性与计量模型定量分析之前，需对数据进行预处理，包括：剔除贸易公司；统一出口产品 HS 代码为 2007 版本。省级尺度数据根据海关库中的城市变量前两位进行匹配加总得到。

（二）中间产品进出口贸易国内格局

从 2000 年以来，整体来看，中间产品进出口贸易额在全国各省份都呈上升趋势，中部地区增加最为明显，说明中部地区发生了产业转型升级。2000 年，中间产品进出口贸易额基本持平，2009 年进口开始超过出口额，2016 年进口与出口差额进一步扩大，尤其是在长江沿岸的内陆地区。中间产品进口的增长可能与产业转移趋势一致，转移产业多为加工制造业和装配业，而这些产业对中间产品的进口需求较大。

图 13-2 为全国各省份中间产品出口中加工贸易占比及其变化。可以看出，在 2000 年，沿海地区的加工贸易比重很高，如广东、天津、福建、上海、山东等位于沿海及港口条件优良的省份，中间产品出口大多为加工贸易，对本地知识的需求较低，多以劳动力成本低廉为比较优势参与到全球分工；而到了 2016 年，加工贸易占比较高的省份逐渐转移到内陆地区，陕西、四川、河南、山西、甘肃等省份的加工贸易占比大幅提升，而沿海地区整体加工贸易比重显著降低，实现了从以被动加入低端加工贸易的生产到主动的一般贸易出口模式转型。表 13-1 为各省份出口中间产品平均复杂度。可以看出，排名始终较高的省份包括广东、浙江、福建、安徽、江苏、上海、海南，排名始终较低的省份包括宁夏、甘肃、云南、西藏、贵州等。其他省份的排名上下波动较大。图 13-2 比较了 2000 年与 2016 年中间产品贸易。可以看出，在 2016 年，全国各省份的进出口贸易额整体大幅提升，但进口额的增长趋势高于出口。在 2000 年，广东、上海、江苏、浙江、福建、北京、天津、山东几个省份与其他地区差距较大，两个梯度分异明显，但是其他地区在 2016 年已经缩小了与第一梯队的贸易额差距，整体分布更为均匀（这里差距的缩小指相对比例的缩小，不是比较差距的绝对大小变化）。

表 13-1　　　　　　　　　各省份出口中间产品平均复杂度排名

排名	2001 年	2002 年	2003 年	2004 年	2005 年	2006 年	2007 年	2008 年
1	广东	广东	广东	广东	广东	广东	广东	广东
2	福建	浙江	福建	浙江	西藏	浙江	海南	西藏
3	上海	福建	浙江	福建	浙江	西藏	西藏	海南
4	浙江	上海	上海	上海	福建	江苏	浙江	浙江

续表

排名	2001 年	2002 年	2003 年	2004 年	2005 年	2006 年	2007 年	2008 年
5	江苏	江苏	江苏	江苏	上海	上海	江苏	上海
6	天津	天津	新疆	天津	江苏	天津	上海	江苏
7	山东	山东	天津	西藏	新疆	福建	福建	福建
8	辽宁	辽宁	山东	山东	天津	新疆	天津	新疆
9	吉林	吉林	辽宁	辽宁	北京	辽宁	新疆	黑龙江
10	江西	西藏	吉林	新疆	山东	北京	辽宁	天津
11	广西	新疆	安徽	安徽	辽宁	山东	黑龙江	山东
12	安徽	安徽	北京	重庆	安徽	吉林	山东	辽宁
排名	2009 年	2010 年	2011 年	2012 年	2013 年	2014 年	2015 年	2016 年
1	广东	西藏	广东	广东	海南	陕西	江苏	浙江
2	浙江	广东	浙江	浙江	江苏	浙江	浙江	海南
3	海南	福建	西藏	福建	陕西	江苏	海南	广东
4	福建	浙江	福建	江苏	河北	海南	河南	福建
5	西藏	江苏	上海	西藏	浙江	上海	山西	江苏
6	江苏	上海	江苏	上海	山东	河北	上海	上海
7	上海	海南	海南	重庆	安徽	山东	山东	安徽
8	山东	天津	重庆	陕西	河南	河南	辽宁	山东
9	天津	陕西	湖北	湖北	上海	天津	河北	江西
10	辽宁	湖北	天津	天津	辽宁	辽宁	天津	辽宁
11	湖北	山东	安徽	江西	天津	北京	吉林	青海
12	黑龙江	重庆	陕西	安徽	山西	山西	北京	陕西

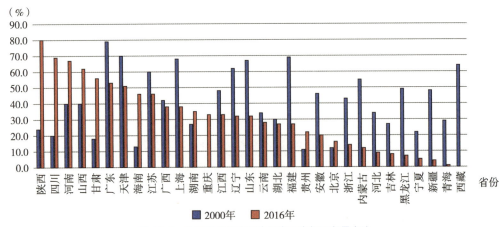

图 13-2　全国各省份中间产品出口中加工贸易占比

　　图 13-3 则展示了出口贸易占比与一般贸易占比的变化。从图中可以看出，在 2000 年，全国各省份在这两方面分布较为集中，而 2016 年则更为分散，因此并不是整体的出口比例或一般贸易比例增加或降低，而是各省份之前随着十几年的发展生产分异逐渐加剧的体现。贸易额的增长体现在贸易额本身以及贸易伙伴的增长两个方面，图 13-4 对发生贸易的省份—目的地对进行分析，可以看到，随着时间发展，新进入市场的省份—目的地对比例逐渐降低，而新获得比较优势的比例整体呈上升趋势。

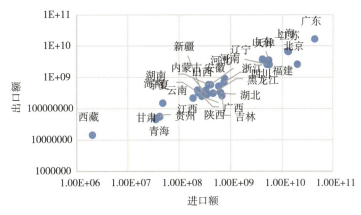

（a）2000年中间产品进出口

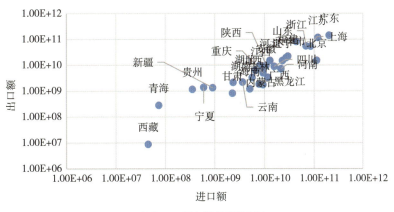

（b）2016年中间产品进出口

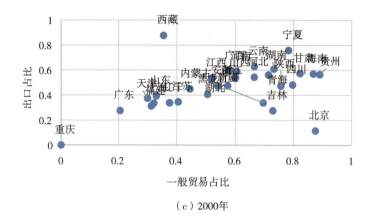

（c）2000年

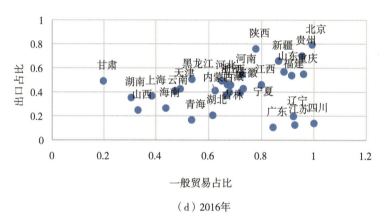

（d）2016年

图 13-3　2000 年与 2016 年中间产品贸易情况比较

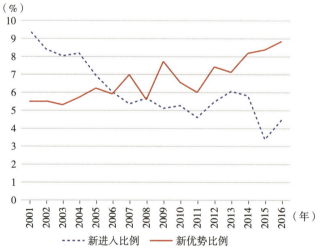

图 13-4　2001~2016 年省份—目的地新进入市场比例和新获得比较优势比例

（三）中间产品出口源地—目的地格局

中间产品分工不仅体现在全球尺度，国内不同省份基于自身比较优势也参与到不同的价值链中，不同省份的出口目的地格局差异较大。为了明确国内不同省份的出口目的地格局和演化，首先通过 2000~2016 年的 230 个国家和地区的出口额（3910 个维度）对全国 31 个省区市（不含港澳台地区）进行聚类，得到图 13-5 的结果。通过 2000~2005 年、2006~2010 年、2011~2016 年三个时间段分阶段进行聚类，结果显示聚类结果相对稳定，分为四类：第一阶段第 1 类为广东，第 2 类为江苏，第 3 类为上海，第 4 类为其他省份；第二阶段第 1 类为广东，第 2 类为江苏，第 3 类为上海、山东和浙江，第 4 类为其他省份；第三阶段的聚类情况与第二阶段一致。

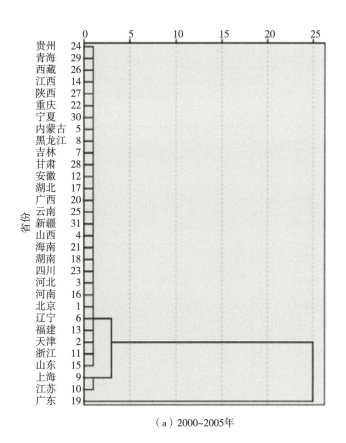

（a）2000~2005 年

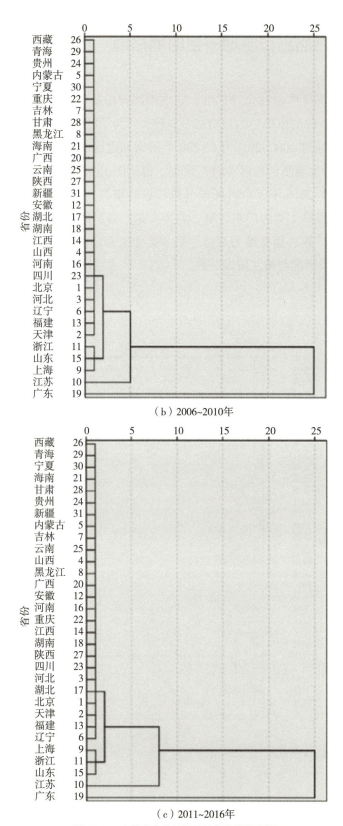

（b）2006~2010年

（c）2011~2016年

图 13-5　中间产品出口目的地省份聚类结果

　　第一聚类（广东）出口格局最为特殊，与其他聚类差异最大。广东中间产品出口目的地主要为中国香港、美国、日本以及欧洲、大洋洲。首先，广东与中国香港的出口贸易比重很高且在整个发展过程中保持着稳定的联系，占到全部出口额的45%。其次是对美国的出口，也占到整体的10%以上。其他地区如欧洲和大洋洲的贸易占比近年来出现一定的衰退。广东的出口呈现出向中国香港、美国和日本等地集中的趋势。说明广东的中间产品出口的两个特征：一是多通过中国香港口岸转口贸易；二是与美国、日本等地的价值链分工密切，因此也对单一市场的依赖性较高。这可能与广东中间产品加工贸易比重高，对外来技术转移的依赖重相关。

　　第二聚类（江苏）出口格局与广东相比集中度相对较低，出口市场更广泛，份额最高的出口市场占比不超过17%，远低于广东出口集中度。出口占比最高的市场为中国香港、美国和日本，第二梯队的出口市场主要分布在东南亚和欧洲。江苏的中间产品出口格局在维持中国香港、美国、日本作为重点出口市场的同时，对于欧洲市场的出口份额在不断提升。相比于广东的出口格局主要以集约边际的增长，江苏的出口扩张多出现在新市场的进入，更多依赖本地产品质量提升和生产能力提升，在维持外部价值链关联的同时降低了对于单一市场依赖可能带来的风险。

　　第三聚类（山东、上海、浙江）的出口格局和发展趋势与江苏相近，主要差异在于：（1）向中国香港出口份额低于江苏；（2）对欧洲和东南亚地区国家的出口占比整体较高。市场多样性一定程度上体现了生产能力。第三聚类当前的中间产品出口额度仍然较低，但其具备的多样化生产能力能够为未来的发展提供可能。

　　第四聚类包括全国其他所有省份。一方面，这些地区的中间产品出口贸易额显著低于前三类的省份；另一方面，由于缺少处于支配地位的出口市场，第四聚类省份的出口目的地更为分散。第一梯队的出口市场仍包含美国和日本，中国香港在2005年之后发展成为主要出口市场；第二梯队的出口市场分布明显更为广泛，包括东南亚国家和欧洲部分国家，但欧洲市场随时间发展出现明显的萎缩。对于这些省份来说，由于本地能力的限制，生产的中间产品在质量和技术含量上都相对欠缺。因此，在第一梯队市场份额不足本地的20%，生产更多同质化的中间产品，缺少价值链分工中的捕获式的上下游联系，在本地能力不足的同时，也少有依赖外部技术转移的生产过程，难以通过中间产品出口分工实现价值链提升。

　　从描述性分析可以看出，我国中间产品贸易经历加工贸易到一般贸易之间的转变。加工贸易多为简单的装备制造，对本地生产能力和技术要求较低，而中间产品的一般贸易则相对要求较高。因此，贸易方式的转变一定程度上说明了贸易产品内容的转变。沿海地区在2000年多为加工贸易，对本地能力的要求较低。随后，沿海地区如广东、浙江、福建、安徽、江苏、上海江东贸易比重显著降低，加工贸易转移到了内陆地区，如陕西、四川、河南、山西、甘肃等省份。对出口产品复杂度的描述也呈现出类似的趋势：沿海地区整体出口产品复杂度较高，出口目的地更为集中，主要出口到美国、日本、中国香港等地，体现了出口中间产品的特异性；内陆地区整体出口产品复杂度较低，由于出口产品更为同质化，相应地，出口目的地也就更为广泛和分散。更为细致的，广东和江苏的出口扩张呈现出明显的集约边界和扩展边界的分异，两种扩张背后可能存在一定差异。

四、中间产品贸易地理网络演化驱动力

（一）模型设定与变量选取

为分析本地知识和技术转移对地方中间产品出口扩张的影响，选取 2000~2016 年数据构建省份—目的地面板模型，分别讨论两种来源的知识对于中间产品出口从无到有的突破（$EntryTrade$）和在已有市场的增长（$EntryRCA$）的影响。

对于省份 i 到目的地 j 的出口，若 t 年发生了贸易而 $t-1$ 年无贸易记录，则认为 $EntryTrade_{i,j,t}=1$，否则为 0；若 $t-1$ 年 $RCA_{i,j} < 1$，而 t 年 $RCA_{i,j} > 1$，则认为 $EntryRCA_{i,j,t}=1$，否则为 0。$\mu_{j,t}$ 为国家固定效应和时间固定效应，$\varepsilon_{i,j,t}$ 为误差项。

基准模型如下：

$$EntryTrade_{i,j,t} \mid EntryRCA_{i,j,t} = \beta_0 + \beta_1 prov\_comp_{i,t-1} + \beta_2 \ln\_foreign_{i,t-1} + \beta_3 \ln\_royalties_{j,t-1}$$
$$+ \beta_4 \ln\_pgdp_{i,t-1} + \beta_5 \ln\_gdp_{j,t-1} + \beta_6 \ln\_distcap_{j,t-1} + \mu_{j,t}$$
$$+ \varepsilon_{i,j,t} \tag{13-1}$$

为进一步了解中间产品出口中本地知识与全球知识的互动，加入两者的交叉项进行回归，为了降低多重共线性在交叉项中进行了去中心化处理：

$$EntryTrade_{i,j,t} \mid EntryRCA_{i,j,t} = \beta_0 + \beta_1 prov\_comp_{i,t-1} + \beta_2 \ln\_foreign_{i,t-1} + \beta_3 \ln\_royalties_{j,t-1}$$
$$+ \beta_4 (prov\_comp_{i,t-1} - prov\_comp_{t-1}) \times (\ln\_foreign_{i,t-1}$$
$$- \ln\_foreign_{t-1}) + \beta_5 (prov\_comp_{i,t-1} - prov\_comp_{t-1})$$
$$\times (\ln\_royalties_{j,t-1} - \ln\_royalties_{t-1}) + \beta_6 \ln\_pgdp_{i,t-1}$$
$$+ \beta_7 \ln\_gdp_{j,t-1} + \beta_8 \ln\_distcap_{j,t-1} + \mu_{j,t} + \varepsilon_{i,j,t} \tag{13-2}$$

其中，$EntryTrade_{i,j,t}$ 和 $EntryRCA_{i,j,t}$ 为被解释变量，分别代表省份 i 向国家（地区）j 在 t 年开始出口和在 t 年获得显性比较优势（$RCA > 1$）；$prov\_comp_{i,t}$ 为省份 i 在 t 年出口

的所有中间产品的加权平均复杂度，代表本地知识；$\ln\_foreign_{i,t}$ 和 $\ln\_royalties_{j,t}$ 分别为省份 i 在 t 年的外商投资企业数量和目的地 j 在 t 年向外出口的知识产权贸易额，共同反映了外部知识。控制变量中，$\ln\_pgdp_{i,t}$ 为省级尺度控制变量 t 年的人均 GDP；$\ln\_gdp_{j,t}$ 和 $\ln\_distcap_{j,t}$ 为目的地尺度控制变量，分别为目的地 j 在 t 年的 GDP 和目的地 j 与中国的地理距离。

（二）变量构建

1. 显性比较优势

借鉴朱晟君等（Zhu et al., 2017）的思想，将省份 i 到目的地 j 的出口贸易比较优势的变化作为各省份扩展优势目的地的变量。基于比较优势的思想，当某出口地向某目的地中间产品出口额占该地出口中间产品总额的份额与全国中间产品出口总额中出口到该目的地的中间产品出口额所占份额的比值大于 1 时，则该出口地的中间产品向该目的地的出口在全国范围内具有比较优势。指标具体计算方法如下：

$$RCA_{i,j,t} = \frac{Export_{i,j,t} / \sum_{j,t} Export_{i,j,t}}{\sum_{i,t} Export_{i,j,t} / \sum_{i,j,t} Export_{i,j,t}} \tag{13-3}$$

式中 $Export_{i,j,t}$ 表示 t 年 i 省向目的地 j 的中间产品出口贸易总额。若 $RCA_{i,j,t}$ 大于 1，说明 i 省向目的地 j 的出口具有比较优势；反之，若 $RCA_{i,j,t}$ 小于 1，则其不具备比较优势。而目的地优势的拓展（$EntryRCA_{i,j,t}$）则是指 i 省在 $t-1$ 年不存在对目的地 j 的出口优势，而在 t 年获得了对目的地 j 的优势。若 $t-1$ 年 $RCA_{i,j} < 1$，而 t 年 $RCA_{i,j} > 1$，则认为 $EntryRCA_{i,j,t}=1$，否则为 0。

2. 产品复杂度

产品的技术含量和产品附加值一直是中间产品贸易相关研究中的重点议题。伊达尔戈、豪斯曼等（2009）基于国际比较优势分工思想，设计映射法计算产品复杂度。其主要思想为，复杂的产品要求的技术高，因此能够出口该产品的地区较少，相应的，地方出口的产品结构可以体现该地区的生产能力。因此，用产品复杂度和国家（地区）出口产品的复杂度是具有比较优势的产品矩阵与该产品的遍在程度的加权；而产品本身的遍在程度与其被国家出口概率有关。如果一个产品仅能被少数地区出口，证明生产该产品需要储备较为稀缺的生产能力。因此，产品的复杂度是由国家（地区）出口该产品的能力与出口该产品所需要的生产能力的多少来衡量，而出口产品所需能力主要通过生产产品的国家（地区）数量来反映，具体的计算如下：

$$k_{c,N} = \frac{1}{k_{c,0}} \sum_{\mathrm{p}} \mathbf{M}_{\mathrm{cp}} k_{p,N-1} \qquad k_{c,0} = \sum_{\mathrm{p}} \mathbf{M}_{\mathrm{cp}} \qquad (13-4)$$

$$k_{p,N} = \frac{1}{k_{p,0}} \sum_{\mathrm{c}} \mathbf{M}_{\mathrm{cp}} k_{c,N-1} \qquad k_{p,0} = \sum_{\mathrm{c}} \mathbf{M}_{\mathrm{cp}} \qquad (13-5)$$

式中 $k_{p,0}$ 为产品本身的出口普遍程度，即为出口该产品的省份个数，而经过第一次迭代后的 $k_{p,1}$ 为加权出口地出口产品多样化程度后的产品遍在程度。在迭代过程中，随着迭代次数的增加，产品之间的复杂度差异也不断的收敛。我们选择 50 次迭代后的产品复杂度。由于仅研究省级尺度的中间产品出口，得到各省份经济复杂度结果偏差较大，并且难以进行跨年份的比较，因此，选择用产品复杂度加权平均值表示各省区市的出口生产能力。

3. 知识产权贸易与外资出口占比

科技能力和水平对于国家经济增长的作用是不言而喻的，而技术的所有权归属也同等重要。国家通过科技促进经济增长的可能性会受到技术所有权影响，若某项技术是由外商投资企业或大型跨国公司所有，则该国（地区）应用这种技术的难度和成本会提高（如专利使用费）。尤其是在中间产品生产中，分包商提供的技术转移主要通过知识产权贸易体现。而外资出口占比则体现了已经本地化的外部知识。上文提到，跨国公司在海外建立分支机构和子公司以完成跨国外包生产，生产出的中间产品再出口回到母公司，因此，外商投资企业中间产品出口额在各省份中间产品总出口额的占比一定程度上可以反映各省份被跨国公司"捕获"的程度。我们采用 UN Comtrade 中的知识产权贸易反映直接的技术转移，通过外资出口占比反映各地的外资依存度。通过这两种指标共同体现中间产品出口过程中可能涉及的直接或间接的技术转移。变量描述见表 13-2。

表 13-2 变量描述

变量类型	变量名称	变量描述	维度
被解释变量	$EntryTrade_{i,j,t}$	省份 i 向目的地 j 是否在 t 年开始出口	出口地—目的地
	$EntryRCA_{i,j,t}$	省份 i 向目的地 j 是否在 t 年获得显性比较优势（$RCA > 1$）	出口地—目的地
自变量	$prov\_comp_{i,t}$	省份 i 在 t 年出口的所有中间产品的加权平均复杂度，代表本地知识	出口地
	$\ln\_foreignratio_{i,t}$	省份 i 在 t 年的外商投资企业数量	出口地
	$\ln\_royalties_{j,t}$	目的地 j 在 t 年向外出口的知识产权贸易额	目的地
控制变量	$\ln\_pgdp_{i,t}$	省份 i 在 t 年的人均 GDP	出口地
	$\ln\_gdp_{j,t}$	目的地 j 在 t 年的 GDP	目的地
	$\ln\_distcap_{j,t}$	目的地 j 与我国首都的地理距离	目的地

（三）模型结果分析

模型估计采用聚类标准误的最小二乘估计，固定了时间效应和国家效应。在模型估计前需要对变量进行相关性检验（见表 13-3），结果表明所选变量间不存在过高的共线性，因此可以同时放入模型进行估计。

表 13-3　　　　　　　　　　相关性分析

变量	EntryRCA	prov_comp	ln_foreignratio	ln_royalties	ln_pgdp	ln_gdp	ln_distcap
EntryRCA	1.000						
prov_comp	0.016	1.000					
ln_foreignratio	0.034	0.655	1.000				
ln_royalties	0.010	−0.007	−0.004	1.000			
ln_pgdp	0.038	0.372	0.591	0.065	1.000		
ln_gdp	0.017	0.003	0.021	0.385	0.114	1.000	
ln_distcap	0.005	0.007	0.012	−0.064	0.005	0.032	1.000

模型统计结果见表 13-4 和表 13-5。由于全国中间产品出口在 2000 年之前已经形成规模，因此新出口的目的地多为相对落后的地区和相对较小的市场（目的地），因此考虑向新的目的地出口中间产品时，各省份本地生产能力和外来的技术和资本都无正向促进作用。本地知识与外商投资企业出口额占比的交互项系数显著为正，说明在中间产品出口的目的地拓展过程中，外来技术能够促进内生生产能力对目的地拓展的作用。这进一步说明当前我国的中间产品出口的知识来源主要是依靠外部的技术转移，主要机制是以降低生产成本为驱动的外包生产，而不是以创新为目标的外包生产，这一结论与现有研究一致（洪联英等，2013；贾秦一，2019）。

表 13-4　　　　　　　　　　贸易额进入（全时段、分时段）

变量	EntryTrade (13.1)	EntryTrade (13.2)	2000~2004 年 (13.3)	(13.4)	2005~2009 年 (13.5)	(13.6)	2010~2016 年 (13.7)	(13.8)
L.prov_comp	−0.002 (0.002)	−0.004 (0.003)	0.012** (0.005)	0.024*** (0.007)	0.007*** (0.003)	0.007 (0.004)	−0.017*** (0.003)	−0.033*** (0.005)
L.foreignratio	−0.123*** (0.002)	−0.119*** (0.003)	−0.164*** (0.004)	−0.174*** (0.007)	−0.121*** (0.004)	−0.121*** (0.005)	−0.100*** (0.003)	−0.084*** (0.004)
L.ln_royalties	0.000* (0.000)	0.000** (0.000)	−0.000 (0.001)	−0.001 (0.001)	0.000 (0.000)	0.000 (0.000)	0.000 (0.000)	0.001** (0.000)

续表

变量	*EntryTrade* (13.1)	*EntryTrade* (13.2)	2000~2004 年 (13.3)	2000~2004 年 (13.4)	2005~2009 年 (13.5)	2005~2009 年 (13.6)	2010~2016 年 (13.7)	2010~2016 年 (13.8)
L.ln_*pgdp*	−0.017***	−0.018***	−0.007*	−0.007*	−0.021***	−0.021***	−0.028***	−0.028***
	(0.002)	(0.002)	(0.004)	(0.004)	(0.003)	(0.003)	(0.003)	(0.003)
L.ln_*gdp*	0.000	0.000	0.007	0.007	0.005	0.005	0.000	0.000
	(0.001)	(0.001)	(0.007)	(0.007)	(0.004)	(0.004)	(0.003)	(0.003)
L.ln_*distcap*	0.035***	0.035***	0.025***	0.025***	0.035***	0.035***	0.045***	0.046***
	(0.003)	(0.003)	(0.006)	(0.006)	(0.006)	(0.006)	(0.005)	(0.005)
L.*compforatio*		0.008**		−0.027***		−0.002		0.032***
		(0.004)		(0.009)		(0.006)		(0.006)
L.*comproyalties*		0.000		−0.001*		0.000		0.001***
		(0.000)		(0.000)		(0.000)		(0.000)
observations	84 782	84 782	21 062	21 062	26 550	26 550	37 170	37 170
number of p_ctry	5 310	5 310	5 310	5 310	5 310	5 310	5 310	5 310
时间效应	YES	YES	YES	YES	YES	YES	YES	YES
地区效应	YES	YES	YES	YES	YES	YES	YES	YES

注：***、**、* 分别表示 $p < 0.01$，$p < 0.05$，$p < 0.1$；括号中标注的是稳健标准误。

表 13-5　　　　　　　　目的地市场比较优势获取（全时段、分时段）

变量	*EntryRCA* (13.9)	*EntryRCA* (13.10)	2000~2004 年 (13.11)	2000~2004 年 (13.12)	2005~2009 年 (13.13)	2005~2009 年 (13.14)	2010~2016 年 (13.15)	2010~2016 年 (13.16)
L.*prov_comp*	0.002	0.011***	−0.000	0.017***	−0.007**	0.002	0.007***	0.015***
	(0.002)	(0.002)	(0.004)	(0.005)	(0.003)	(0.003)	(0.003)	(0.004)
L.*foreignratio*	0.029***	0.016***	0.044***	0.025***	0.035***	0.027***	0.0189***	0.002
	(0.003)	(0.004)	(0.006)	(0.008)	(0.006)	(0.007)	(0.005)	(0.007)
L.ln_*royalties*	0.000	−0.000	0.001*	0.001	0.000	0.000	0.000	7.06e−05
	(0.000)	(0.000)	(0.001)	(0.001)	(0.001)	(0.001)	(0.000)	(0.000)
L.ln_*pgdp*	−0.002	−0.001	0.007*	0.008*	0.006	0.007**	−0.018***	−0.016***
	(0.002)	(0.002)	(0.004)	(0.004)	(0.003)	(0.003)	(0.004)	(0.004)
L.ln_*gdp*	0.000	0.000	−0.001	−0.001	0.004	0.004	−0.002	−0.002
	(0.001)	(0.001)	(0.004)	(0.004)	(0.003)	(0.003)	(0.003)	(0.003)
L.ln_*distcap*	0.008***	0.007**	−0.003	−0.002	−0.002	−0.003	0.035***	0.034***
	(0.003)	(0.003)	(0.005)	(0.005)	(0.005)	(0.005)	(0.005)	(0.005)

续表

变量	EntryRCA (13.9)	EntryRCA (13.10)	2000~2004 年 (13.11)	(13.12)	2005~2009 年 (13.13)	(13.14)	2010~2016 年 (13.15)	(13.16)
L.compforatio		−0.033***		−0.048***		−0.023***		−0.047***
		(0.006)		(0.010)		(0.009)		(0.010)
L.comproyalties		−0.000**		−0.000		−0.000*		−0.000
		(0.000)		(0.000)		(0.000)		(0.000)
observations	84 782	84 782	21 062	21 062	26 550	26 550	37 170	37 170
number of p_ctry	5 310	5 310	5 310	5 310	5 310	5 310	5 310	5 310
时间效应	YES	YES	YES	YES	YES	YES	YES	YES
地区效应	YES	YES	YES	YES	YES	YES	YES	YES

注：***、**、* 分别表示 $p < 0.01$，$p < 0.05$，$p < 0.1$；括号中标注的是稳健标准误。

为了进一步探究中间产品出口的技术来源是否存在时间上的变化，将全样本分为 2000~2004 年（模型 13.3、13.4）、2005~2009 年（模型 13.5、13.6）、2010~2016 年（模型 13.7、13.8）三个时间段进行，得到结论与全时段回归不同。模型（13.3）和模型（13.4）显示，在 2000~2004 年，外商与港澳台商投资企业出口占比与全时段模型一致，但本地知识对中间产品出口贸易进入市场显示出显著的正向促进作用，这一结论与相关研究一致，如科尔克勒斯等（Córcoles et al.，2015）研究结果表明中间产品贸易受本地生产能力如产品结构和出口经验的影响较大。因为在中间产品出口的初期，发达国家的跨国公司在进行外包选址时在国家尺度上多从贸易成本和区位进行考虑，但是当具体在目标国家内部选择时，则倾向于选择具有较高的生产基础和能力、相关的技术储备的地区（郑蕾等，2016；Salim et al.，2018）；同时本地知识和外来技术转移之间存在替代关系。对于 2005~2009 年，模型（13.5）的结果与模型（13.3）一致，但本地知识和技术转移的交互项从负向显著变为不显著。在 2010~2016 年，本地知识对新贸易进入呈负向作用，这与全时段结论较为接近，说明在 2010 年前，大部分本地能力较强的地区已经进入了新的市场，因此，剩余的在 2010 年后才开始进入新市场的省份本地知识较为薄弱。但在模型（13.8）中，本地知识与外部知识（外商投资企业出口额占比与目的地的知识转移额）呈现出相互促进的作用。

目的地市场的 RCA 显示了各省份在全国范围内对某市场的出口优势，对于出口从 0 到 1 来说，主要反映了贸易发生的初始条件，而 RCA 的获得则体现了循环累积因果的动态过程（见表 13-5）。模型（13.9）显示，在各省份在不同国家（地区）的中间产品市场获得比较优势的过程中，其内外资企业贸易额占比对比较优势的获得呈正向显著，说明嵌入在本地的外部知识对于各省份在不同国家扩大市场份额发挥着重要作用。外商投资企业的中间产品出口多为公司内贸易，是否出口以及出口到何处由母公司的战略布局决定，而子公司，即出口中间产品的国内企业不需要主动搜集市场信息、进行谈判或承担风险（王晓静，2016；李瑞琴等，2018）。因此，不同于一般产品出口的市场扩张多来自生产企业自身对产品质量的提高或生产成本的压缩，中间产品出口的市场扩张多来自母公司的战略决策。分时段回归结果显示，2009年之前，本地知识对各省份在出口市场获得比较优势没有促进作用，说明在我国对外贸易发展初期，中间产品出口的市场扩张确实依赖母公司的决策，外商投资企业出口占比始终呈现出正向显著的促进作用；2010~2016年的回归结果则显示，国内各省份的本地知识对市场扩张逐渐体现出正向的促进作用，说明随着我国企业的发展，越来越多的中间产品出口正在转向主动出口，而不是单纯依赖跨国公司的战略布局被动出口。

五、结论与讨论

本章根据我国中间产品出口的目的地扩张和在目的地获得比较优势两个维度探究我国中间品出口扩张的动力来源。在全球价值链和制造业的外包生产背景下，许多中间产品出口来自跨国企业的战略安排，因此，探究中间品出口扩张动力来自本地知识还是外部的技术转移，有助于客观全面地判断我国中间产品出口的发展情况，并针对现状制定相应的政策。回归结果显示，从中间产品出口扩张的两个维度来看，动力来源不同。进入新市场的过程在2000年已经较为全面，因此，全时段来看，本地与外部知识作用均不显著，但外来技术能够促进内生生产能力对目的地拓展的作用；目的地比较优势获得则受到外商投资企业的明显促进作用，本地知识的作用则不显著，且本地与外部知识之间呈现出相互替代的关系。从不同时间段的变化来看，本地知识在目的地进入中的作用逐渐减弱并在近期呈现负向作用，而在比较优势获得中却逐渐呈现出显著的促进作用；外部知识在比较优势获得的过程中始终呈现出显著的促进作用，但系数显示，这种促进作用在逐渐降低。

因此，整体来看，我国中间产品出口依然存在对跨国公司技术转移的依赖。但是与此同时，越来越多的出口开始依靠我国本地知识和技术，说明我国的中间产品生产与出口在全球价值分工中的角色正在转变——由接受技术转移的承包商转变为对外输出技术成果的角色。这种转变能够提升我国出口贸易抵抗外部经济冲击的能力（Córcoles et al.，2015），我们也必须认识到目前只是这种转变的初期，现阶段仍然处于国际分工的低级阶段，应通过鼓励本土技术创新和成果转化提升本地创新和生产能力，真正实现在全球价值链上的成功升级。在全球化分工的今天，中间产品出口贸易能够更为精确地反映地方的生产能力和参与全球化的程度和分工，从演化视角切入，从"来源地—目的地"的地理网络联系出发研究出口贸易的动态演化。对全球价值链和制造业的外包生产理论在我国的实践成果进行了补充。

在《中国制造 2025》的主要思想引导下，我国的制造业生产正致力于完成中国制造向中国创造、中国速度向中国质量、中国产品向中国品牌三个方向的转变。本章对中间产品出口地理格局演化的研究结果具有重要的政策指导意义。

第一，加强本地与外部技术的合作发展。研究结果表明，外部技术转移能够推动中间产品出口在目的地市场获得比较优势，同时能够提升本地能力对贸易的正向影响。对于外部联系较弱的区域，地方政府应积极推动外资和跨国公司落地，通过完善基础设施和一定的政策优惠吸引外资，加强地方—全球的技术交流，放大技术扩散。

第二，重点提升自身技术和区域生产能力。我国已全面参与到全球分工中，但仍有许多区域以低端的装配生产为主，面临着低端锁定的风险。同时，研究结果表明，随着时间推移，外部知识对出口贸易的推动作用在逐步降低。因此，各地方在注重外部合作的同时，应将重点放在培养本地的生产基础和能力上。在充分了解本地资源优势的基础上，因地制宜，通过鼓励人才培养，完善高端研发人员的培养机制等，完成从本地产业链向高端研发方向的延伸。

参考文献

［1］戴翔，张雨，2013. 开放条件下我国本土企业升级能力的影响因素研究——基于昆山制造业企业问卷的分析［J］. 经济学（季刊），12（4）:1387–1412.

［2］杜美龄，孙根年，2015. 30 年来国际"贸易—交通—旅游"（3T）互动的统计分析［J］. 人文地理，30（2）:155–160.

［3］洪联英，刘解龙，2009. 我国垂直专业化发展进程评估及其产业分布特征——基于投入—产出法的国际比较分析［J］. 中国工业经济，（6）:67–76.

［4］洪联英，彭媛，张丽娟，2013. FDI、外包与中国制造业升级陷阱——一个微观生产组织控制视角的分析［J］. 产业经济研究，（5）:10–22.

［5］贾秦一，2019. 中美贸易摩擦对我国出口美国汽车零部件的影响［J］. 企业改革与管理，（11）:137–138.

［6］李方一，程莹，白羽，2018. 中国出口增加值的区域分布格局及其演变趋势［J］. 热带地理，38（1）:112–119.

［7］刘卫东，张国钦，宋周莺，2007. 经济全球化背景下中国经济发展空间格局的演变趋势研究［J］. 地理科学，（5）:609–616.

［8］刘志彪，张杰，2007. 全球代工体系下发展中国家俘获型网络的形成、突破与对策——基于

GVC 与 NVC 的比较视角［J］.中国工业经济，（5）:39-47.

[9] 马淑琴，杜华俊，2011. 后危机时代我国区域出口贸易战略的调整——基于东中西三大区域面板模型的分析［J］.经济地理，31（4）:636-641.

[10] 孙慧，李建军，2016.“一带一路”国际物流绩效对中国中间产品出口影响分析［J］.社会科学研究，（2）:16-24.

[11] 唐海燕，张会清，2009. 产品内国际分工与发展中国家的价值链提升［J］.经济研究，44（9）:81-93.

[12] 唐海燕，张会清，2009. 中国在新型国际分工体系中的地位——基于价值链视角的分析［J］.国际贸易问题，（2）:18-26.

[13] 王晓静，2016. 双重网络嵌入视角下跨国公司研发协同演化路径研究［J］.济南大学学报（社会科学版），26（5）:88-94.

[14] 吴建民，丁疆辉，靳艳峰，2015. 中国经济增长的区域分解与要素的区域效应分析［J］.地域研究与开发，34（2）:1-6+20.

[15] 杨勇，2019. 中美外包体系中美国专利知识溢出机制及效应［J］.国际贸易问题，（9）:69-82.

[16] 张杰，李勇，刘志彪，2010. 外包与技术转移：基于发展中国家异质性模仿的分析［J］.经济学（季刊），9（4）:1261-1286.

[17] 郑蕾，刘毅，刘卫东，2016. 全球整车及其零部件贸易格局演化特征［J］.地理科学，36（5）:662-670.

[18] 周荣军，2019. 知识产权保护、进口贸易技术溢出对创新的影响［J］.统计与决策，35（14）:90-94.

[19] 宗毅君，2008. 国际产品内分工与进出口贸易——基于我国工业行业面板数据的经验研究［J］.国际贸易问题，（2）:7-13.

[20] Andersen A，1995. New directions in finance：Strategic outsourcing［R］. Eiu Special Report.

[21] Bengtsson L，Dabhilkar M，2009. Manufacturing outsourcing and its effect on plant performance—lessons for KIBS outsourcing［J］. Journal of Evolutionary Economics，19（2）：231.

[22] Bustos P，2005. The impact of trade liberalization on skill upgrading［R］. Evidence from Argentina.

[23] Chudnovsky D，López A，2004. Transnational corporations' strategies and foreign trade patterns in MERCOSUR countries in the 1990s［J］. Cambridge Journal of Economics，28（5）：635-652.

[24] Córcoles D，Díaz - Mora C，Gandoy R，2015. Export survival in global production chains［J］. The World Economy，38（10）：1526-1554.

[25] De Quinn J B，2000. Outsourcing innovation：The new engine of growth［J］. Sloan Management.

[26] Deardorff A V，2001. Fragmentation in simple trade models［J］. The North American Journal of Economics and Finance，12（2）：121-137.

[27] Doz Y，Prahalad C K，Hamel G，1990. Control，change and flexibility：The dilemma of transnational collaboration［M］. International Business.

[28] Gereffi G，Humphrey J，Sturgeon T J，2005. The Governance of Global Value Chain［J］.

Review of International Political Economy, （12）1:78-104.

［29］Hidalgo C A, Hausmann R, 2009. The building blocks of economic complexity ［J］. Proceedings of the National Academy of Sciences, 106（26）: 10570-10575.

［30］Kakabadse A, Kakabadse N, 2005. Outsourcing: Current and future trends ［J］. Thunderbird International Business Review, 47（2）: 183-204.

［31］Kogut B, Zander U, 1995. Knowledge, market failure and the multinational enterprise: A reply ［J］. Journal of International Business Studies, 417-426.

［32］Liu Q, Qiu L D, 2016. Intermediate input imports and innovations: Evidence from Chinese firms' patent filings ［J］. Journal of International Economics, 103: 166-183.

［33］MacDougall G D A, 1960. The Benefits and Costs of Private Investment from Abroad: A Theoretical Approach 1 ［J］. Bulletin of the Oxford University Institute of Economics & Statistics, 22（3）: 189-211.

［34］Medina C C, Lavado A C, Cabrera R V, 2005. Characteristics of innovative companies: A case study of companies in different sectors ［J］. Creativity and Innovation Management, 14（3）: 272-287.

［35］Perez-Aleman P, Sandilands M, 2008. Building value at the top and the bottom of the global supply chain: MNC-NGO partnerships ［J］. California management review, 51（1）: 24-49.

［36］Salim R, Islam A, Bloch H, 2018. Patterns and determinants of intra-industry trade in Southeast Asia: Evidence from the automotive and electrical appliances sectors ［J］. The Singapore Economic Review, 63（3）: 647-665.

［37］Schmitz H, 2004. Local upgrading in global chains: Recent findings ［M］. Sussex: Institute of Development Studies.

［38］Zhu S, He C, Zhou Y, 2017. How to jump further and catch up? Path-breaking in an uneven industry space ［J］. Journal of Economic Geography, 17（3）: 521-545.

第十四章
内资企业出口贸易地理网络

一、引言

企业出口对区域经济增长具有重要作用。近年来，随着国际贸易和经济地理学开始关注企业出口市场拓展，学者们围绕集聚经济、地理距离衰减、多维邻近性等对企业出口目的地拓展进行了大量研究（Bayoumi and Eichengreen，1997；Koenig，2009；黎明等，2018）。当前全球经济形势动荡，提升内资企业出口能力、推动出口目的地拓展对国内经济稳定尤为重要。在中国，学者们尤为关注外商与港澳台商投资企业的出口溢出效应，重点探讨了外商与港澳台商投资企业对内资企业出口市场拓展的影响（朱晟君等，2018）。

改革开放以来，大量外资进入中国，对中国经济增长发挥了重要作用。在此背景下，研究重点探讨了外资企业的生产率溢出效应、创新溢出效应和技术溢出效应等（Sinani and Meyer，2004；Mayneris and Poncet，2015；Wang and Wu，2016）。随着中国成为第一出口大国，研究开始重点关注外商与港澳台商投资企业的出口溢出效应，认为外商与港澳台商投资企业带来市场信息、出口经验、营销和管理知识，可以推动内资企业出口（Ruane and Sutherland，2005；朱晟君等，2018）。研究从溢出机制、企业异质性和区域异质性等方面对外商与港澳台商投资企业出口溢出效应进行了诸多探讨，例如舍霍姆（Sjöholm，2003）从成本角度探讨了外资出口溢出效应的机制；特科特和马焦尼（Turco and Maggioni，2019）认为内资企业吸收能力影响外资溢出效应；朱晟君等（2018）探讨了中国东部与中西部城市接受外商与港澳台商投资出口溢出效应的差异。

当前研究存在以下不足：第一，较少区分企业进入新市场和出口额增长，忽视了不同出口市场拓展方式在拓展方向和拓展机制上的差异。第二，较少关注外商与港澳台商投资企业的竞争效应。外商与港澳台商投资企业带来信息与知识的同时，也会与本地企业争夺市场和资源，对内资企业出口市场拓展产生不利影响（Pavlínek and Žížalová，2016）。第三，对区域和产业异质性划分过于粗糙。在探讨不同地区出口增长差异时，现有研究多按东部、中部和西部来刻画区域经济差异，无法反映各经济区内部差异。不同产业出口增长研究多按照要素密集度划分产业异质性，这种静态分类方式无法反映产业的动态技术发展。

本章将使用2000~2016年中国海关贸易数据库出口数据，引入出口地经济复杂度和产业技术复杂度概念探讨区域和产业异质性。在此基础上，分析中国内资企业进入新出口目的地和出口额增长两种出口市场拓展形式格局，探讨外商与港澳台商投资企业的出口溢出效应与竞争效应对内资企业出口市场拓展的影响。

二、理论背景与文献综述

国际贸易研究从宏观层面基于传统引力模型和扩展引力模型分析出口国与潜在目的地地理邻近对企业出口拓展的影响（Tinbergen，1962；Morales，et al.，2011）；在微观层面，异质性企业贸易理论分析了企业生产率与出口决策之间的关系，发现高生产率企业更有可能出口（Melitz，2003）。经济地理学注重探讨中观层面的产业集聚如何通过溢出效应和竞争效应影响企业出口市场拓展。

（一）溢出效应

集聚效应可以分为马歇尔外部性和雅各布斯外部性，集聚效应对企业出口拓展存在影响。马歇尔外部性是指同一产业内企业的空间集聚有利于共享劳动力市场和基础设施、溢出同类知识，从而降低企业生产成本、提高生产效率（Aitken，et al.，1997），增强出口竞争力。雅各布斯外部性是指不同产业的企业聚集在一起有利于重新组合不同知识、开发新产品（Farole and Winkler，2014），从而拓展出口产品种类。在产业集群研究中，学者们十分关注外资企业对内资企业的溢出效应。外资企业掌握国际市场信息，拥有先进技术知识、管理经验、人力资本与营销知识（Marshall，2009），因此可产生多种溢出效应（Blalock and Gertler，2008；Pavlínek，2018；朱晟君等，2018；Stojčić and Orlić，2020）。最初，经济地理学较为关注外资企业的技术知识溢出。外商与港澳台商投资企业可产生示范效应，带动内资企业管理模式改进、生产方式调整和生产效率提高；还可以通过劳动力流动和产业间关联效应等方式将先进技术知识溢出到内资企业之中（Greenaway et al.，2004；Kneller and Pisu，2007），推动产品质量提升。近年来，外商与港澳台商投资企业出口市场信息溢出开始得到关注。外资企业掌握出口目的地的消费者偏好与竞争情况，熟悉出口目的地法律法规，因此有较低的沉没成本。相较而言，内资企业缺乏出口市场相关信息，沉没成本较高。外资企业与内资企业集聚在一起有利于共享出口市场信息，推动内资企业进入新市场或在已有市场增加出口（Krautheim，2012）。

（二）竞争效应

尽管外资企业可以带来正向溢出效应，但外资企业与内资企业集聚也会产生竞争效应。以往在华外资企业多出口到发达国家，并且占有较大市场份额。近年来，外资企业开始出口到发展中国家（夏昕鸣、贺灿飞，2019），内资企业同样如此。市场竞争加剧可能产生以下结果：一方面，外资企业进入加剧市场竞争，迫使内资企业加强研发投入，不断提升生产效率，间接导致出口拓展（Greenaway et al.，2004）。另一方面，外资企业占用更多资源与基础设施，提高内资企业出口边际成本与进入出口市场的沉没成本，挤占内资企业的出口空间，对内资企业出口市场拓展产生负面影响（刘修岩等，2011；包群等，2012）。

在实证研究中，外资企业对内资企业出口市场拓展的影响研究并未得出一致结论。基于英国（Greenaway et al.，2004）、瑞典（Karpaty and Kneller，2011）、越南（Anwar and Nguyen，2011；Ha，Holmes and Hassan，2020）等国的研究表明外资企业有利于内资企业出口参与和出口额增长。而金敏贞和崔文祯（Kim and Choi，2019）基于韩国的研究发现，由于市场竞争效应和商业窃取，外资企业的研发行为抑制了内资企业出口参与和出口增长。就中国而言，梅尼利斯和庞塞特（Mayneris and Poncet，2015）研究发现在华外资企业在特定产品—国家（地区）层面具有溢出效应，可以推动内资企业将新产品出口到新市场。安瓦尔和孙司忠（Anwar and Sun，2018）基于纺织业和皮革制鞋业的研究发现外商直接投资与内资企业出口额呈显著正相关关系。大部分研究证明外资企业是内资企业的"出口催化剂"（Aitken et al.，1997）。

（三）经济复杂度、技术复杂度与外资效应

经济复杂度反映了区域知识的多样性与独特性（Hidalgo，2009；Hidalgo and Hausmann，2009），是衡量区域生产能力和发展水平的综合指标。技术复杂度是内嵌于经济复杂度的概念。经济复杂度理论认为，产品是知识的表征。如果一产品/产业需要多样化的知识，且这些知识仅被少数区域拥有，那么该产品/产业为技术复杂度较高的产品/产业（Hidalgo，2009；Hausmann et al.，2014）。如果区域能够生产多样化的高技术复杂度产品，则区域经济复杂度较高。大量研究证实了经济复杂度对经济增长的积极影响（Chávez et al.，2017；Gao and Zhou，2018），并认为经济复杂度是人力资本、制度质量、市场竞争等因素的综合反映（Hausmann et al.，2014）。随后学者们发现经济复杂度对改善区

域环境（Can and Gozgor，2017）、缩小区域间不平等（Le Caous and Huarng，2020）和增强区域出口竞争力（Erkan and Yildirimci，2015）等方面均有显著影响。关于技术复杂度的研究相对较少，但实证研究肯定了技术复杂度刻画产业差异时的重要意义（李伟、贺灿飞，2020）。因此，我们认为经济复杂度和技术复杂度是衡量区域和产业异质性的较好指标。

外资企业的溢出效应和竞争效应受出口地经济复杂度的影响。经济复杂度越高，当地内资企业生产能力与吸收能力越强（Hausmann et al.，2014），更容易学习到外资企业的技术与知识，从而实现出口市场拓展。唐和张（Tang and Zhang，2016）研究发现在外资政策与基础设施较好的条件下，外商直接投资更可能推动当地出口市场拓展。但同时，经济复杂度较高的地区往往存在更多技术复杂度较高的内资企业，可能与外资企业出口产品结构较为相似。这不仅增加了当地内外资企业对劳动力、人力资本和基础设施等生产要素的竞争，也带来了两者在目的地市场更强的竞争效应。

产业技术复杂度影响外资企业的溢出效应与竞争效应。产业技术复杂度反映产业的技术含量与生产遍在性（Hidalgo and Hausmann，2009）。在高技术复杂度产业，内资企业研发投入大、合作需求高，更有可能向外资企业学习（Balland and Rigby，2017）。但高技术复杂度的外资企业会进行技术知识保护，内资企业可能难以获得生产技术和国际市场信息。梅尼利斯和庞塞特（2015）发现在华外资企业产生较强出口溢出的产业类别为高技术产业。而赵勇和徐光耀（2013）发现高技术产业的外资企业对内资企业进入新市场产生抑制作用。低复杂度产业具有标准化的生产流程，生产知识更容易溢出。同时，低复杂度产业竞争更激烈，内资企业会受到出口挤出效应（刘修岩等，2011）。综上，我们整理本章研究思路如图 14-1 所示。

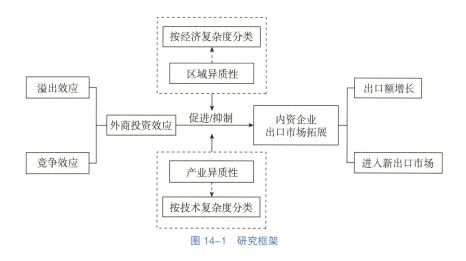

图 14-1　研究框架

三、数据来源与指标测算

（一）数据来源

利用 2000~2016 年中国海关数据库在地级市—出口目的地层面构建面板数据。数据包含 339 个地级行政单元和 233 个国家及地区。海关库中的贸易公司仅从事代理报关等不涉及生产的工作，对地理数据产生较大干扰，因此将其剔除。我们将数据中企业类型代码为 2（中外合资企业）、3（中外合作企业）和 4（外商独资企业）的企业识别外商投资企业，代码为 1（国有企业）、5（集体企业）、6（私营企业）的企业识别为内资企业。模型中涉及的控制变量数据来源于《中国城市统计年鉴》《中国区域经济统计年鉴》《CPEII 数据库》。

（二）指标测算

1. 内资企业出口市场拓展指标测算

在地级市—目的地尺度上构建内资企业进入新市场指标与出口额增长两个出口市场拓展指标。内资企业进入新出口市场指标（$EX_{c,g,t}$）的构建方式为：将地级市 c 内资企业第 t 期出口情况与第 $t-1$ 期比较；若地级市 c 内资企业在第 t 期对目的地 g 出口额大于 0 而在第 $t-1$ 期等于 0，则认为内资企业进入新市场，指标赋值为 1，其余情况赋值为 0。

内资企业出口额增长指标（$IN_{c,g,t}$）构建方式为：若城市 c 内资企业在 t 期对已有目的地 g 出口额大于 $t-1$ 期，则赋值为 1，其余情况为 0。

2. 经济复杂度与产业技术复杂度指标测算

我们依据经济复杂度（ECI_c）对地级单位进行分类。为避免内生性，仅使用内资企业出口产品计算经济复杂度。参考阿尔拜克等（Albeaik et al., 2017）的方法构建城市经济复杂度指标。其思想是定义产品"出口难度"，并将其加权到出口额，对城市出口额进行修正得到城市经济复杂度。即经过修正的城市出口额越大，其经济复杂度越高。具体计算过程如下：首先定义城市 c 产品 i 的"出口难度"（$Diff_{c,i}$）：

$$Diff_{c,i}^{0} = 1 / \sum_c \frac{X_{c,i}}{X_c^0} \tag{14-1}$$

其中 X_c^0 是未经修正的城市 c 出口总额，$X_{c,i}$ 是城市 c 产品 i 的出口额。然后对城市出口额进行第一次修正：

$$X_c^1 = \sum_i X_{c,i} \, Diff_{c,i}^{0} \tag{14-2}$$

得到第一次修正的出口额后，"出口难度"也将更新为 $Diff_{c,i}^{1} = 1 / \sum_c \frac{X_{c,i}}{X_c^1}$，将其代入第二次修正结果：

$$X_c^2 = \sum_i X_{c,i} \, Diff_{c,i}^{1} \tag{14-3}$$

以此类推，N 次修正后的城市出口额为：

$$X_c^N = \sum_i X_{c,i} \, Diff_{c,i}^{N-1} \tag{14-4}$$

最后，城市经济复杂度为修正后的出口总额减其出口经济规模（以该城市出口产品平均额表示）：

$$ECI_c = \log(X_c^{\infty}) - \log \left(\sum_i \frac{X_{c,i}}{X_i} \right) \tag{14-5}$$

为了保证映射数值收敛，每一步都将 X_c 进行标准化处理：

$$X_c^N = \frac{X_c^N}{\left(\prod_{c'} X_{c'}^N \right)^{\frac{1}{\{C\}}}} \tag{14-6}$$

其中 {C} 是样本城市总数，即 339。

借鉴伊达尔戈和豪斯曼（Hidalgo and Hausman，2009）的映射方法构建产业技术复杂度指标（PCI_i）。这种方法认为需要更多生产能力的高复杂度产品仅能够被少数地区出口，即产品遍在性低；而生产能力强的地区能够出口更多种类的产品，即城市多样性高。以此初步定义产业（产品）技术复杂度和地区经济复杂度。在此基础上两者结果相互迭代得到最终区域经济复杂度和产业复杂度。虽然该方法也能够得到经济复杂度指标，但由于其将经济复杂度定义为产品复杂度的均值，低估了产业多样化对经济复杂度的贡献，导致结果偏差较大（Tacchella et al.，2013）。因此不采用此方法估算 ECI，仅采用其中的 PCI 测算方法。

首先构造城市 c 出口产业 i 的显性比较优势 $RCA_{i,c}$：

$$RCA_{i,c} = \frac{X_{i,c} / \sum_i X_{i,c}}{\sum_c X_{i,c} / \sum_c \sum_i X_{i,c}} \tag{14-7}$$

定义当 $RCA_{i,c} > 1$ 时，$M_{i,c}=1$，城市 c 产业 i 具有显性比较优势，反之 $M_{i,c}=0$，不具有显性比较优势。然后定义城市出口产品的多样性 $k_c = \sum_i M_{i,c}$，产品的遍在性 $k_c = \sum_c M_{i,c}$。假设经济复杂度是产业技术复杂度的均值，产业技术复杂度是其出口地经济复杂度的均值，得到以下迭代映射关系：

$$ ECI_c = \frac{1}{k_c} \sum_i M_{i,c} \, PCI_i \qquad (14\text{-}8) $$

$$ PCI_i = \frac{1}{k_i} \sum_c M_{i,c} \, ECI_c \qquad (14\text{-}9) $$

PCI_i 为产业 i 的复杂度；我们在 4 位数产业尺度上计算产业技术复杂度。

四、内资企业出口市场拓展时空格局

（一）内资企业出口态势

图 14-2 为 2000~2016 年中国内资企业出口额及出口分散度 [①]。2000~2014 年，中国内资企业出口额大幅上升，仅在 2009 年因金融危机有所下降，后于 2014 年达到约 8030 亿美元的峰值；2014 年后，出口额连年负增长，下行压力增大。内资企业出口分散度虽然在 2008~2013 年下降，但总体上升趋势明显，表明内资企业出口市场拓展显著。

2000~2016 年中国内资企业出口额呈现由东部沿海向西部内陆地区递减的格局，内陆地区出口强度逐渐提高。2000 年，内资企业出口集中在环渤海、长三角和珠三角地区沿海城市。之后大量长江沿岸城市内资企业开始出口。到 2016 年，内资企业形成多级连片分布的出口格局。

在内资企业目的地出口额增量时空分布上，2000~2008 年，内资企业出口额在全球范围内增长。目的地集中分布在美国、中国香港、韩国、印度、日本以及德国、俄罗斯等经济发展水平较高或与中国地理邻近的国家（地区）。2009~2016 年，内资企业在对北美、东亚以及西欧和北欧增加出口的同时，逐渐向东南亚、拉丁美洲拓展。

[①] 计算方法如下：出口分散度 $D_{g,t} = \dfrac{1}{\sum_s \left(\frac{x_{g,t}}{x_t} \right)^2}$，其中 $x_{g,t}$ 为 t 年中国内资企业在目的地 g 的出口额，x_t 为 t 年中国内资企业的出口额。出口分散度越高，中国内资企业出口目的地分布越多元。

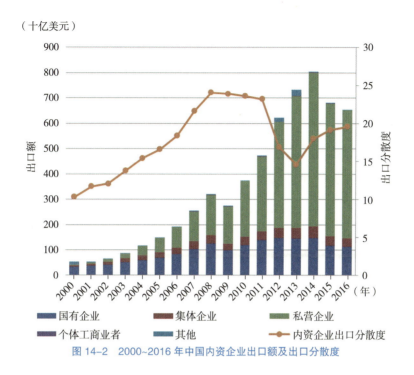

（十亿美元）

图 14-2　2000~2016 年中国内资企业出口额及出口分散度

（二）内资企业出口市场拓展

根据 2001~2016 年地级市内资企业在全球地理单元 ① 的新出口市场和出口额增长市场拓展情况对各省份进行聚类分析。具体做法为首先计算地级市尺度新出口市场拓展率和出口额增长市场拓展率 ②，然后在省级尺度计算两种拓展率 ③；据此采用组间联接方法和平均欧式距离进行拓展结构聚类分析；按照组间距离等于 5 将结果分为四类。

如表 14-1，在新出口市场方面，A 类包括北京、天津、上海、重庆和浙江，平均拓展率最小，仅为 6.04%，在大洋洲、拉丁美洲、非洲和南欧的拓展率较高。与之相似，由山东、江苏、福建、广东等东部沿海省份以及青海和西藏构成的 B 类在非洲、大洋洲和拉丁美洲的拓展率较高。其余两类的平均拓展率超过 20%。东北三省与河南、四川、宁夏、

---

① 根据联合国地理区划（UN geographical divisions），将全球划分为 10 个地理单元，即东亚、中亚和西亚、南亚和东南亚、大洋洲、北美洲、拉丁美洲、西欧和北欧、中东欧、南欧、非洲。

② 计算方法如下：t 年城市—地理单元尺度拓展率 $P_{c,k,t}=\dfrac{X_{c,k,t}}{N_{c,k,t}}$，其中 $X_{c,k,t}$ 为 t 年地级市 c 在地理单元 k 实现进入新出口市场 / 出口额增长的国家（地区）数，$N_{c,k,t}$ 为 t 年地级市 c 在地理单元 k 出口国家（地区）的总数。

③ 计算方法如下：t 年省市—地理单元尺度拓展率 $P_{p,k,t}=\dfrac{\sum_{c}P_{c,k,t}}{N_{p,t}}$，其中 $\sum_{c}P_{c,k,t}$ 为 t 年 p 省城市—地理单元尺度拓展率之和，$N_{p,t}$ 为 p 省城市数。

云南、新疆等大量中西部省份构成的 C 类和 D 类在非洲、拉丁美洲、中亚和西亚的拓展率更是在 30% 左右。由此可知，内资企业进入与中国地理距离较远的非洲、拉丁美洲的新市场的可能性大。

表 14-1　　　　　各类内资企业进入新出口市场主要拓展方向及拓展率

类别	省份	主要市场
A	北京、天津、上海、浙江、重庆	大洋洲（16.27%）、拉丁美洲（8.31%）、非洲（7.96%）、南欧（7.92%）
B	河北、山东、江苏、福建、广东、海南、西藏、青海	非洲（17.25%）、大洋洲（14.64%）、拉丁美洲（14.37%）
C	山西、内蒙古、辽宁、吉林、黑龙江、安徽、江西、河南、湖北、湖南、广西、四川、宁夏	非洲（33.54%）、拉丁美洲（30.16%）、中亚和西亚（28.19%）
D	贵州、云南、陕西、甘肃、新疆	非洲（29.16%）、中亚和西亚（28.70%）、拉丁美洲（27.64%）

如表 14-2，在出口额增长市场方面，A 类包括北京、重庆和上海、浙江、广东等东部沿海省份。该类在各地理单元拓展率均大于 50%，在北美洲、南亚和东南亚、西欧和北欧、东亚、中东欧的拓展率更是接近或超过 60%。B 类、C 类和 D 类包含除新疆和重庆以外的东北与中西部省份。其在北美洲、东亚、南亚和东南亚的拓展率较高，但在各地理单元中三类的比重依次减小。E 类为新疆，其在中亚和西亚、南亚和东南亚、中东欧的国家（地区）拓展的可能性较大。与进入新出口市场相比，内资企业在东亚、南亚和东南亚、北美洲实现出口额增长的概率更高。

表 14-2　　　　　各类内资企业出口额增长市场主要拓展方向及拓展率

类别	省份	主要市场
A	北京、天津、河北、上海、江苏、浙江、福建、山东、广东、重庆	北美洲（66.37%）、南亚和东南亚（62.38%）、西欧和北欧（59.70%）、东亚（59.39%）、中东欧（59.34%）
B	山西、辽宁、吉林、安徽、江西、河南、湖北、湖南、广西	北美洲（59.85%）、东亚（53.36%）、南亚和东南亚（49.16%）
C	内蒙古、黑龙江、四川、贵州、云南、陕西、甘肃、宁夏	东亚（40.90%）、北美洲（40.19%）、南亚和东南亚（36.12%）
D	海南、西藏、青海	南亚和东南亚（16.16%）、东亚（16.11%）、北美洲（15.66%）
E	新疆	中亚和西亚（37.67%）、南亚和东南亚（27.87%）、中东欧（26.60%）

（三）内资企业出口市场拓展的区域异质性与产业异质性

1. 城市经济复杂度与内资企业出口市场拓展

为探讨内资企业出口市场拓展的区域异质性，根据城市新出口市场拓展率与出口额增长市场拓展率将城市划分为4种类型，并绘制四象限图（见图14-3）。其中，横轴为新出口市场拓展率，纵轴为出口额增长市场拓展率，原点为两类拓展率的中位数。界定大于所有城市经济复杂度中位数的城市为高经济复杂度城市，反之则为低经济复杂度城市。

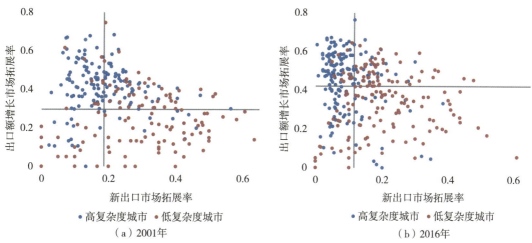

图 14-3　2001 年和 2016 年中国内资企业新出口市场和出口额增长市场拓展率四象限图

总体而言，高经济复杂度城市主要向已有市场扩大出口，而低经济复杂度城市更倾向于进入新出口市场，两种趋势随时间逐渐加强。2001 年，高经济复杂度城市主要位于第一、第二象限，说明高复杂度城市拓展出口额增长市场趋势强；低经济复杂度城市主要位于第一、第三象限，说明低复杂度城市新出口市场拓展显著。到 2016 年，高复杂度城市在已有市场的出口规模进一步扩大但开拓新市场的趋势明显减弱；低经济复杂度城市不仅大量进入新出口市场，还逐渐增加对原有市场的出口。

其次，在不同城市经济复杂度背景下，基于省份—全球地理单元尺度，将 2001 年和 2016 年各市内资企业进入新出口市场和实现出口额增长市场的情况汇总，绘制桑基图（见图 14-4）。每条"分流"代表一个城市—国家出口关系，总分流越宽，出口联系越强。

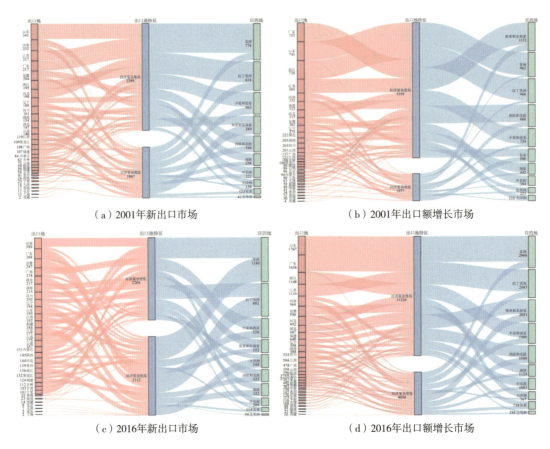

图14-4 2001年和2016年不同经济复杂度城市内资企业新出口市场和出口额增长市场拓展桑基图

注：图中数字为出口关系数。

在新出口市场上，与2001年相比，高经济复杂度城市新市场数小幅减少，低经济复杂度城市新市场数增加一倍多且略大于前者，说明低经济复杂度城市拓展新市场趋势较强。从出口地维度来看，2001年，山东、江苏、广东等6个沿海省份新市场数位列前十名。2016年，中西部省份新市场数明显增加，河南、安徽、广西等7个省份占据前十名，内蒙古、云南、甘肃、宁夏等中西部省份低经济复杂度城市促进内资企业拓展新出口市场。从目的地维度来看，非洲和拉丁美洲始终是两类城市新市场的主要分布地，二者在两类城市新市场总数中的比重逐渐提高，但二者在高经济复杂度城市中的比重高于低经济复杂度城市。同时，高经济复杂度城市新市场数在非洲、拉丁美洲和大洋洲占主导，而低经济复杂度城市主导的地理单元则从2001年的2个，即北美洲、南亚和东南亚，发展至2016年覆盖亚洲、欧洲和北美洲的7个。由此可知，高经济复杂度城市新市场数基本稳定且越发集中于非洲和拉丁美洲；低经济复杂度城市新市场数激增，目的地相对分散，由与中国地理邻近的南亚和东南亚、中亚和西亚等逐步拓展至非洲、拉丁美洲等。

在出口额增长市场上，相较于2001年，两类城市2016年出口额增长市场数都大幅上升，但高经济复杂度城市的市场数在总量中的占比一直大于70%。从出口地维度来看，虽然各省实现出口额增长市场数有不同程度的增加，但是拥有较多高经济复杂度城市的山东、广东、浙江、江苏和河南始终位居前五位。从目的地维度来看，高经济复杂度城市在2001年主要在非洲、南亚和东南亚、拉丁美洲扩大出口额，占比均在16%左右，至2016年，非洲、拉丁美洲的占比分别提升至21.40%和18.71%。相反，低经济复杂度城市出口额增长市场的分布愈发多元且主要目的地逐渐远离中国，南亚和东南亚、东亚以及西欧和北欧是2001年的前三位，比重分别为22.84%、18.29%和16.71%，而在2016年则变为南亚和东南亚、非洲和拉丁美洲，比重也有所降低，分别为17.97%、14.03%和14.01%。

我们进一步比较相同经济复杂度城市的出口市场拓展态势。在数量上，高经济复杂度城市新出口市场数远小于出口额增长市场数，随着后者大幅增加，二者差距逐渐加大；低经济复杂度城市新出口市场数在2001年略大于出口额增长市场数，但在2016年后者远超前者。在空间分布上，高经济复杂度城市出口市场主要向非洲和拉丁美洲拓展；低经济复杂度城市出口市场由南亚和东南亚渐渐拓展至非洲和拉丁美洲。

2. 产业复杂度与内资企业出口市场拓展

我们根据城市—国家出口关系分别计算了2001年和2016年各省份不同复杂度产业内资企业新出口市场和出口额增长市场在各地理单元的显性比较优势指数（RCA）[①]，绘制2001年和2016年高、低复杂度产业新出口市场（见图14-5）和出口额增长市场（见图14-6）拓展热力图。单元格代表RCA，若RCA大于1，则省份高或低复杂度产业内资企业在对应地理单元的出口市场拓展与全国均值相比具有优势，颜色趋红；反之则不具有优势，颜色趋蓝。

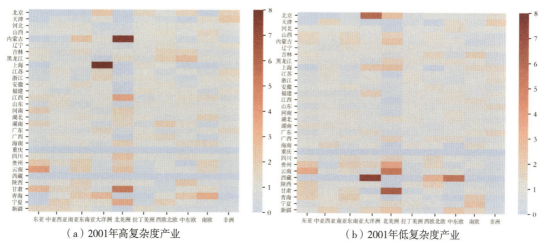

（a）2001年高复杂度产业　　　　（b）2001年低复杂度产业

---

① 计算公式为：$RCAp,k = \dfrac{exports_{p,k}/\sum_k exports_{p,k}}{\sum_p exports_{p,k}/\sum_p\sum_k exports_{p,k}}$。其中，$exports_{p,k}$为省份 p 高或低复杂度产业内资企业在地理单元 k 实现进入新出口市场/出口额增长的国家（地区）数。

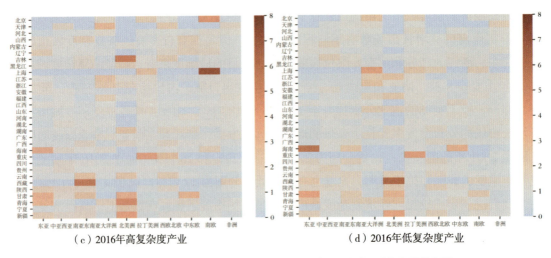

（c）2016年高复杂度产业　　　　　　　　（d）2016年低复杂度产业

图 14-5　2001 年和 2016 年不同复杂度产业内资企业新出口市场拓展热力图

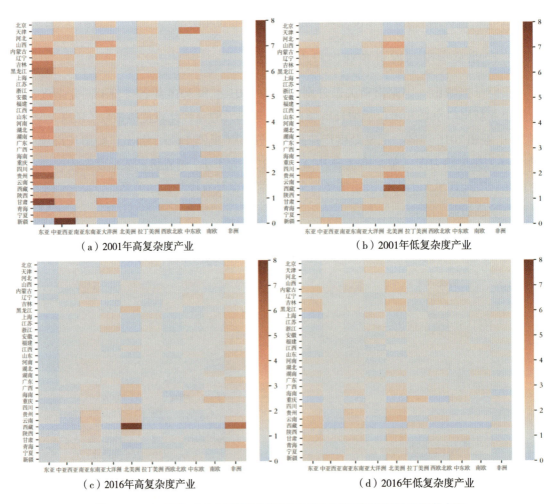

（a）2001年高复杂度产业　　　　　　　　（b）2001年低复杂度产业

（c）2016年高复杂度产业　　　　　　　　（d）2016年低复杂度产业

图 14-6　2001 年和 2016 年不同复杂度产业内资企业出口额增长市场拓展热力图

从数量上看，高复杂度产业在 2001 年具有新出口市场拓展优势的出口关系数略小于低复杂度产业，之后，高复杂度产业优势出口关系数小幅上升，低复杂度产业保持不变，2016 年，二者优势出口关系数趋同。从方向上看，2001 年，高复杂度产业的优势出口关系主要体现在内蒙古、江西、甘肃、宁夏与北美洲，上海与大洋洲以及云南与东亚等；低复杂度产业则体现在北京、西藏与大洋洲，甘肃、云南、贵州与北美洲以及西藏与中东欧等。2016 年，高、低复杂度产业的优势出口关系表现在中东部省份与欧洲、西部省份与亚洲、北美洲。

在出口额增长市场上，高、低复杂度产业拓展在出口地和目的地差异均较大。从数量和程度上看，2001 年高复杂度产业具有出口额增长市场拓展优势的出口关系数与优势程度远高于低复杂度产业。之后，高复杂度产业优势出口关系数显著下降，低复杂度产业小幅上升。2016 年，虽然低复杂度产业优势出口关系数超过高复杂度产业，但后者的最大值大于前者。从方向上看，2001 年高复杂度产业出口额增长市场在全国层面分布较广，在中亚、西亚、大洋洲、中东欧均有广泛分布；低复杂度产业仅集中在西藏—北美洲和各省与东亚。2016 年，高复杂度产业出口额增长市场主要集中在非洲；低复杂度产业在各出口地和目的地均有分布。

五、内资企业出口地理网络演化驱动力

（一）变量选取与模型构建

我们探究外资企业对内资企业进入新出口市场和出口额增长两种出口市场拓展方式的影响。被解释变量为内资企业进入新出口市场（EX）和出口额增长（IN），均为 0/1 变量，因此构建 Probit 模型。核心解释变量为外资企业出口额（$Foreign$）。控制变量从本地、目的地和两者联系三维度考虑。本地维度，选取地方经济发展水平（GDP）和企业生产成本（以劳动力成本表征，$Wage$）；目的地维度，控制目的地市场规模（以人均 GDP 表征，$Coun\_pergdp$）；两者联系维度，选取目的地与中国制度距离（$Instdist$）和地理距离（$Geodist$）作为控制变量。最后，为排除本地已有出口基础对出口市场拓展的影响，控制已有出口目的地数量（$Coun$）。所有随年份变化变量均滞后两期，并对连续变量做对数处理。

构建城市—目的地出口市场拓展模型：

$$EX_{c,g,t+2}/IN_{c,g,t+2} = \alpha + \beta_1\,Foreign_{c,g,t} + \beta_2\,GDP_{c,t} + \beta_3\,Wage_{c,t} + \beta_4\,Coun\_gdp_{g,t} + \beta_5\,Instdist_{c,g,t} +$$
$$\beta_6\,Geodist_{c,g} + \beta_7\,Coun_{c,t} + \varepsilon \qquad\qquad (14\text{--}10)$$

式中 c 为城市，g 为国家，t 为时间。

我们探讨外资企业对内资企业出口市场拓展的溢出与竞争效应以及两效应在不同地区和产业中的异质作用，先将全样本纳入回归分析，再将地区经济复杂度和产业技术复杂度分别取三分位数；将地区分为高、中、低复杂度三类进行统计分析。此外，进一步分析外资企业影响的长期效应（滞后 10 年）。

（二）模型统计结果分析

1. 基准回归结果

基准回归结果见表 14-3。外资企业对内资企业出口额增长的影响在短期和长期内均在 1% 水平上显著为正，而对进入新出口市场的影响则均显著为负。统计结果一方面表现出了与现有研究的一致性（Keller and Yeaple，2009；Krautheim，2012；朱晟君等，2018）：外资企业对内资企业有较强的溢出效应，降低了其生产、管理等可变成本，从而促进其出口额增长。同时，结果也发现了外资企业竞争效应，且外资企业仅在进入新出口市场方面与内资企业产生竞争效应。在研究时段早期，内资企业主要向发达国家市场拓展。此时是发达国家外资企业大量进入中国的时期。这些外资企业主要在中国进行产品组装加工，从事公司内贸易，产品制成后运回其母国。因此阻碍了内资企业向发达国家市场出口同类产品。近年来，内资企业逐渐向非洲、拉丁美洲等新兴市场拓展，而外资企业也表现出这一特征，两者产生了较强的新市场竞争。

表 14-3　　外资企业对内资企业出口市场拓展的短期与长期效应

变量	短期效应		长期效应	
	出口额增长	进入新出口市场	出口额增长	进入新出口市场
	（14.1）	（14.2）	（14.3）	（14.4）
ln$Foreign$	0.0174***	−0.0130***	0.00562***	−0.00814***
lnGDP	0.0479***	−0.145***	0.0681***	−0.138***
ln$Wage$	0.117***	−0.170***	0.159***	−0.163***
ln$Coun\_pergdp$	0.0750***	0.00556***	0.0180***	0.0103***
ln$Instdist$	−0.0602***	−0.0122	−0.337***	−0.0334**
ln$Geodist$	−0.335***	−0.0264***	−0.436***	−0.0449***
ln$Coun$	0.786***	0.393***	0.754***	0.351***

续表

变量	短期效应		长期效应	
	出口额增长	进入新出口市场	出口额增长	进入新出口市场
	（14.1）	（14.2）	（14.3）	（14.4）
constant	-3.373^{***}	-0.418^{***}	-2.198^{***}	-0.245^{**}
时间固定效应	Yes	Yes	Yes	Yes
N	845 420	845 420	858 120	858 120

注：**、*** 分别表示 $p<0.05$，$p<0.01$。

2. 区域与产业异质性回归结果

表 14-4 展示了不同经济复杂度地区的外资效应的回归结果。在内资企业出口额增长方面，外资溢出效应更为明显，对不同经济复杂度地区内资企业出口额提升都有显著促进作用。中高复杂地区生产和吸收能较强，更容易获取技术知识溢出，而低复杂度地区内资企业受到的竞争和溢出效应都较弱。这种情况下外资效应总体表现为显著促进作用，表明内资企业的自主学习能力较强（赵永亮等，2014）。即使在现有生产学习能力较差的低经济复杂度地区，内资企业仍然可以获取外资的技术和知识溢出，提高生产质量、降低生产成本，扩大出口市场份额。

表 14-4　　　　　　　外资企业对不同经济复杂度地区内资企业出口市场拓展的影响

类别	出口额增长			进入新出口市场		
经济复杂度	高	中	低	高	中	低
	（14.5）	（14.6）	（14.7）	（14.8）	（14.9）	（14.10）
ln*Foreign*	0.0159^{***}	0.0168^{***}	0.0162^{***}	-0.0103^{***}	-0.00561^{***}	0.00250^{*}
ln*GDP*	-0.00913^{**}	0.0309^{***}	0.00902	-0.163^{***}	-0.108^{***}	-0.0308^{***}
ln*Wage*	0.0391^{***}	-0.0492^{***}	-0.00945	-0.148^{***}	0.00665	0.0398^{*}
ln*Coun_pergdp*	0.0425^{***}	0.102^{***}	0.123^{***}	-0.0327^{***}	-0.00344	0.0558^{***}
ln*Instdist*	0.0390^{**}	-0.129^{***}	-0.127^{***}	-0.113^{***}	0.0747^{***}	-0.0333
ln*Geodist*	-0.224^{***}	-0.372^{***}	-0.522^{***}	0.118^{***}	-0.0148^{**}	-0.193^{***}
ln*Coun*	1.163^{***}	0.833^{***}	0.668^{***}	0.191^{***}	0.331^{***}	0.403^{***}
constant	-4.826^{***}	-1.797^{***}	-0.269	-0.510^{***}	-2.075^{***}	-1.917^{***}
时间固定效应	Yes	Yes	Yes	Yes	Yes	Yes
N	267 761	268 659	269 018	267 761	268 659	269 018

注：*、**、*** 分别表示 $p<0.1$，$p<0.05$，$p<0.01$。

为了进一步探究不同复杂度地区对外资知识溢出的吸收程度，将城市分为高、低复杂度两类，绘制其出口额增长概率①与外资企业出口额散点图（见图14-7）。可以发现，虽然不同经济复杂度地区的内资企业均可以获得溢出，但高复杂度地区的拟合斜率更大，说明高复杂度地区内资企业的学习能力更强，对知识溢出的利用率更高。

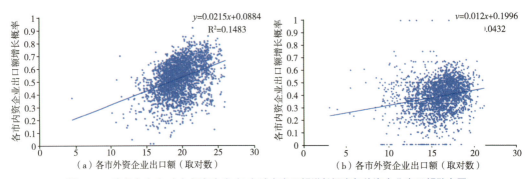

图 14-7　高复杂度（a）与低复杂度（b）城市出口额增长概率与外资企业出口额散点图

注：y为各市内资企业出口额增长概率；x为各市外商投资企业出口额（取对数），R^2为拟合优度。

在内资企业进入新出口市场方面，外资企业的抑制作用仅发生在中高复杂度地区，说明外资企业仅与生产能力较强地区的内资企业产生国际市场竞争。这些城市主要位于广东、江苏、山东、福建等地。外资企业进入中国主要从事中间产品生产的加工贸易，生产的中间产品与制成品通常是比当地内资企业技术含量更高的电子零部件、机械品等。这些高技术产品也是高经济复杂度地区内资企业出口的主要产品，面向发达国家出口时更容易与外资企业产生市场竞争。如华为手机主要市场位于缅甸、南非和巴基斯坦等国家，而难以向发达国家拓展。低复杂度城市主要位于河南、广西、云南、宁夏、辽宁等地。当地生产能力较为单一，主要出口劳动力或资源密集型产品甚至未经加工的初级产品。这些产品的目标市场与外资企业相差较大，因此避免了与外资产生市场竞争。而外资带来的出口信息和技术为其提供了出口渠道，一定程度上促进了其开拓新市场。

进一步绘制高、低经济复杂度地区进入新出口市场概率与外资出口额散点图（见图14-8），发现高经济复杂度地区拟合系数绝对值更大。这说明经济复杂度更高地区的内资企业受到的竞争效应更强。高经济复杂度地区通常有更多外资企业分布，且当地内资企业与外资企业出口结构更为相似，因而外资企业与当地的出口市场竞争更为激烈。

---

① 计算公式为：$P_{c,t} = (N_{c,t} - N_{c,t-1}) / N_{c,t}$，其中 $N_{c,t}$ 为城市 c 内资企业在 t 年出口目的地数量。

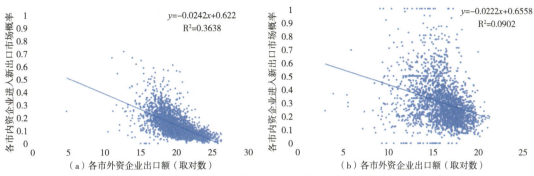

图 14-8 高复杂度（a）与低复杂度（b）城市进入新出口市场概率与外资企业出口额散点图

注：y 为各市内资企业出口额增长概率；x 为各市外商投资企业出口额（取对数），R^2 为拟合优度。

表 14-5 展示了外资效应的产业异质性分析结果。在内资企业出口额增长方面，外资溢出效应表现出强烈的稳健性，始终显著为正。在内资企业进入新出口市场方面，中高技术复杂度产业回归结果显著为负，低技术复杂度产业显著为正。这一结果与区域异质性的分析结果一致。各技术复杂度的内资企业均可以从外资企业中获得技术、知识、信息或管理经验溢出，降低其可变成本、打通出口渠道，从而促进出口额增长。而高技术复杂度内资企业由于用于研发的固定成本更高，进入新出口市场时需要克服比低技术复杂度企业更大的沉没成本。其获得的溢出效应不足以弥补其面临的沉没成本和竞争效应。同时，低技术复杂度企业与外资企业出口产品差异较大，具有差异化优势。因而外资企业对中高技术复杂度产业进入新出口市场表现为竞争效应，对低技术复杂度产业则表现为溢出效应。

表 14-5　　　　外资企业对不同产业技术复杂度内资企业出口市场拓展的影响

类别	出口额增长			进入新出口市场		
技术复杂度	高	中	低	高	中	低
	（14.17）	（14.18）	（14.19）	（14.20）	（14.21）	（14.22）
ln*Foreign*	0.0135***	0.0135***	0.0155***	−0.00881***	−0.00881***	0.00528***
ln*GDP*	0.0457***	0.0221***	0.00909***	−0.128***	−0.128***	−0.123***
ln*Wage*	0.109***	0.171***	0.178***	−0.163***	−0.163***	−0.0843***
ln*Coun_pergdp*	0.0694***	0.0574***	0.0648***	0.0199***	0.0199***	0.0142***
ln*Instdist*	−0.0812***	−0.0936***	0.00239	−0.0397***	−0.0397***	−0.00113
ln*Geodist*	−0.303***	−0.286***	−0.297***	−0.0776***	−0.0776***	−0.0851***
ln*Coun*	0.845***	0.776***	0.708***	0.494***	0.494***	0.474***
constant	−3.742***	−3.894***	−3.769***	−0.724***	−0.724***	−1.425***
时间固定效应	Yes	Yes	Yes	Yes	Yes	Yes
N	845 420	845 420	845 420	845 420	845 420	845 420

注：*** 表示 $p<0.01$。

最后，我们探究了上述外资效应异质性的长期影响，结果见表 14-6 和表 14-7。我们发现，长期来看，外资企业对所有地区内资企业进入新出口市场的影响均显著为负。这说明外资与内资企业的市场竞争逐步扩展到了生产能力较弱的低复杂度地区。在出口额增长方面，外资企业对中低复杂度地区也表现出了竞争效应。

表 14-6　　　　外资企业对不同经济复杂度地区内资企业出口市场拓展的长期影响

类别	出口额增长			进入新出口市场		
经济复杂度	高	中	低	高	中	低
	（14.17）	（14.18）	（14.19）	（14.20）	（14.21）	（14.22）
ln$Foreign$	0.00579***	−0.00107*	−0.0085***	−0.002**	−0.0027***	−0.0038***
lnGDP	0.0399***	0.0244***	0.00926	−0.033***	−0.106***	−0.157***
ln$Wage$	0.192***	−0.070**	−0.0609***	0.0110	0.00182	−0.117***
ln$Coun\_pergdp$	0.00777***	0.0282***	0.0312***	0.0258***	0.00130	−0.00353
ln$Instdist$	−0.196***	−0.393***	−0.510***	−0.158***	0.0639***	−0.0130
ln$Geodist$	−0.366***	−0.466***	−0.546***	−0.238***	−0.0470***	0.163***
ln$Coun$	0.761***	0.757***	0.617***	0.353***	0.272***	0.134***
$constant$	−2.974***	0.347**	1.542***	−0.790***	−1.570***	−1.285***
时间固定效应	Yes	Yes	Yes	Yes	Yes	Yes
N	273 087	272 709	271 630	273 087	272 709	271 630

注：*** 表示 $p<0.01$。

表 14-7　　　　外资企业对不同产业技术复杂度内资企业出口市场拓展的影响

类别	出口额增长			进入新出口市场		
技术复杂度	高	中	低	高	中	低
	（14.17）	（14.18）	（14.19）	（14.20）	（14.21）	（14.22）
ln$Foreign$	0.00292***	0.00418***	0.00518***	0.00564***	0.00564***	0.00450***
lnGDP	0.0673***	0.0445***	0.0288***	−0.122***	−0.122***	−0.114***
ln$Wage$	0.157***	0.207***	0.213***	−0.161***	−0.161***	−0.0757***
ln$Coun\_pergdp$	0.0252***	0.0165***	0.00765***	0.00993***	0.00993***	0.00642***
ln$Instdist$	−0.328***	−0.328***	−0.229***	−0.0870***	−0.0870***	−0.0700***
ln$Geodist$	0.798***	0.735***	0.683***	0.444***	0.444***	0.430***
ln$Coun$	−0.399***	−0.376***	−0.379***	−0.105***	−0.105***	−0.125***
$constant$	−2.737***	−2.904***	−2.757***	−0.242**	−0.242**	−0.932***
时间固定效应	Yes	Yes	Yes	Yes	Yes	Yes
N	858 120	858 120	858 120	858 120	858 120	858 120

注：**、*** 分别表示 $p<0.05$，$p<0.01$。

从产业异质性来看，外资企业长期对各产业内资企业进入新出口市场均为正向影响。这表明外资企业可以促进所有产业领域的内资企业新出口市场拓展，产生溢出效应。且外资企业在促进不同产业出口额增长方面再次显示出了稳定的促进作用。

六、结论与讨论

基于中国海关地级市出口数据，本章分析了中国内资企业出口格局及其网络拓展，聚焦外资企业效应和经济复杂度的影响。研究发现中国内资企业出口额稳步提升，形成了多级连片分布的出口格局；内资企业出口市场逐渐区域分散，向传统发达国家市场增加出口的同时，逐渐向南亚和东南亚、拉丁美洲等新兴市场拓展。低经济复杂度地区和低技术复杂度产业进入新出口市场趋势较强，且出口拓展目的地较为集中；高经济复杂度地区和高技术复杂度产业出口额增长趋势较强，且出口目的地拓展较为分散。计量模型结果显示，外资企业溢出效应有利于内资企业提升出口额；但对于内资企业进入新出口市场有抑制作用。外资企业竞争效应主要存在于高复杂度地区和产业中，对基础较差的低复杂度地区和产业主要表现为溢出效应；高经济复杂度地区内资企业既收获了外资企业促进其出口额增长方面更强的溢出效应，也遭到了其在进入新出口市场方面更激烈的竞争效应。

中国依靠全球化力量迅速提升了在世界贸易网络中的地位。但在全球疫情与政治经济形势动荡的今天，发展本地力量是增强区域韧性、应对全球化风险的重要途径。因此，在全球—地方互动背景下探讨外资对内资企业出口市场拓展的影响具有重要意义。外资企业可以显著提升内资企业出口额，肯定了外资企业对内资企业出口市场拓展的促进作用。但长期来看，中国只有与更多国家发展出口贸易关系，才能进一步提升在世界贸易网络中的地位，增强出口韧性。从这一角度来看，外资企业阻碍了内资企业拓展新的目的地，不利于中国出口贸易长远发展。而存在外资企业竞争挤出效应的主要原因是内资企业未能发展出区别于外资企业的独有优势。

现有理论和政策研究大多肯定了经济复杂度对区域经济增长、区域韧性、环境改善和区域不公平等方面的积极作用（Simoes and Hidalgo，2011；Hartmann et al.，2017；Özmen，2019；Mealy and Teytelboym，2020）。但我们发现虽然经济复杂度高的地区对外资出口溢出效应的吸收效果更好，有利于其出口额增长。但这些地区也面临着较高的市场竞争风险，不利于当地拓展新的出口市场。高技术复杂度产业也同样面临此问题。政府需要加大对内资企业的扶植力度，鼓励更多初创内资企业自主创新，尤其是对于经济复杂度较高的发达地区，需要激励内资企业进一步提高产品质量和独特性。内资企业应避免模仿导致与当地外资企业生产结构与产品质量趋同，逐渐发展出具有国内与国际市场竞争力的优势产品。

参考文献

［1］包群，邵敏，Song L，2012.地理集聚、行业集中与中国企业出口模式的差异性［J］.管理世界，（9）：61–75.

［2］黎明，郭琪，贺灿飞，2018.邻近性与中国企业出口市场的地理扩张［J］.世界地理研究，27（1）：1–11.

［3］李伟，贺灿飞，2020.城市新产业与城市经济增长：演化经济地理学视角［J］.城市发展研究，27（6）：51–61+173.

［4］刘修岩，易博杰，邵军，2011.示范还是挤出？FDI对中国本土制造业企业出口溢出的实证研究［J］.世界经济文汇，（5）：106–120.

［5］夏昕鸣，贺灿飞，2019.贸易保护视角下中国出口导向型外资企业产品演化［J］.经济地理，39（4）：109–117.

［6］赵勇，徐光耀，2013.外资出口企业如何影响国内企业的市场进入——来自细分类高技术产品出口的证据［J］.国际经济合作，（7）：76–80.

［7］赵永亮，杨子晖，苏启林，2014.出口集聚企业"双重成长环境"下的学习能力与生产率之谜——新—新贸易理论与新—新经济地理的共同视角［J］.管理世界，（1）：40–57.

［8］朱晟君，胡绪千，贺灿飞，2018.外资企业出口溢出与内资企业的出口市场开拓［J］.地理研究，37（7）：1391–1405.

［9］Aitken B，Hanson G H，Harrison A E，1997. Spillovers，foreign investment，and export behavior［J］. Journal of international Economics，43（1-2）：103-132.

［10］Albeaik S，Kaltenberg M，Alsaleh M，et al.，2017. Improving the economic complexity index［J］. arXiv preprint arXiv:170705826.

［11］Anwar S，Nguyen L P，2011. Foreign direct investment and export spillovers：Evidence from Vietnam［J］. International Business Review，20（2）：177-193.

［12］Anwar S，Sun S，2018. Foreign direct investment and export quality upgrading in China's manufacturing sector［J］. International Review of Economics & Finance，54：289-298.

［13］Balland P-A，Rigby D，2017. The geography of complex knowledge［J］. Economic geography，93（1）：1-23.

［14］Bayoumi T，Eichengreen B，1997. Is Regionalism Simply a Diversion? Evidence from the Evolution of the EC and EFTA. // Regionalism versus multilateral trade arrangements［M］. Chicago：University of Chicago Press，141-168.

［15］Blalock G，Gertler P J，2008. Welfare gains from foreign direct investment through technology transfer to local suppliers［J］. Journal of international Economics，74（2）：402-421.

[16] Can M, Gozgor G, 2017. The impact of economic complexity on carbon emissions: evidence from France [J]. Environmental Science and Pollution Research, 24 (19): 16364-16370.

[17] Chávez J C, Mosqueda M T, Gómez-Zaldívar M, 2017. Economic complexity and regional growth performance: Evidence from the Mexican [J] Economy. Review of Regional Studies, 47 (2): 201-219.

[18] Erkan B, Yildirimci E, 2015. Economic Complexity and Export Competitiveness: The Case of Turkey [J]. Procedia-Social and Behavioral Sciences, 195: 524-533.

[19] Farole T, Winkler D, 2014. Firm location and the determinants of exporting in low-and middle-income countries [J]. Journal of Economic Geography, 14 (2): 395-420.

[20] Gao J, Zhou T, 2018. Quantifying China's regional economic complexity [J]. Physica A: Statistical Mechanics and its Applications, 492: 1591-1603.

[21] Greenaway D, Sousa N, Wakelin K, 2004. Do domestic firms learn to export from multinationals? [J]. European Journal of Political Economy, 20 (4): 1027-1043.

[22] Ha V, Holmes M J, Hassan G, 2020. Does foreign investment benefit the exporting activities of Vietnamese firms? [J]. The World Economy.

[23] Hartmann D, Guevara M R, Jara-Figueroa C, et al., 2017. Linking economic complexity, institutions, and income inequality [J]. World Development, 93: 75-93.

[24] Hausmann R, Hidalgo C A, Bustos S, et al., 2014. The atlas of economic complexity: Mapping paths to prosperity [M]. Cambridge: Mit Press.

[25] Hidalgo C A, 2009. The dynamics of economic complexity and the product space over a 42 year period [M]. Cambridge: Center for International Development at Harvard University.

[26] Hidalgo C A, Hausmann R, 2009. The building blocks of economic complexity [J]. Proceedings of the national academy of sciences, 106 (26): 10570-10575.

[27] Karpaty P, Kneller R, 2011. Demonstration or congestion? Export spillovers in Sweden [J]. Review of World Economics, 147 (1): 109-130.

[28] Keller W, Yeaple S R, 2009. Multinational enterprises, international trade, and productivity growth: Firm-level evidence from the United States [J]. The Review of Economics and Statistics, 91 (4): 821-831.

[29] Kim M, Choi M J, 2019. R&D spillover effects on firms' export behavior: Evidence from South Korea [J]. Applied Economics, 51 (28): 3066-3080.

[30] Kneller R, Pisu M, 2007. Industrial linkages and export spillovers from FDI [J]. World Economy, 30 (1): 105-134.

[31] Koenig P, 2009. Agglomeration and the export decisions of French firms [J]. Journal of Urban Economics, 66 (3): 186-195.

[32] Krautheim S, 2012. Heterogeneous firms, exporter networks and the effect of distance on international trade [J]. Journal of International Economics, 87 (1): 27-35.

[33] Le Caous E, Huarng F, 2020. Economic Complexity and the Mediating Effects of Income

Inequality: Reaching Sustainable Development in Developing Countries [J]. Sustainability, 12 (5): 2089.

[34] Lo Turco A, Maggioni D, 2019. Local discoveries and technological relatedness: The role of MNEs, imports and domestic capabilities [J]. Journal of Economic Geography, 19 (5): 1077-1098.

[35] Marshall A, 2009. Principles of economics: Unabridged eighth edition [M]. New York: Cosimo, Inc.

[36] Mayneris F, Poncet S, 2015. Chinese firms' entry to export markets: The role of foreign export spillovers [J]. The World Bank Economic Review, 29 (1): 150-179.

[37] Mealy P, Teytelboym A, 2020. Economic complexity and the green economy [J]. Research Policy, 103948.

[38] Melitz M J, 2003. The impact of trade on intra - industry reallocations and aggregate industry productivity [J]. Econometrica, 71 (6): 1695-1725.

[39] Morales E, Sheu G, Zahler A, 2011. Gravity and extended gravity: Estimating a structural model of export entry [R]. Job Market Paper, 16 (1).

[40] Özmen M U, 2019. Economic complexity and sovereign risk premia [J]. Economics Bulletin, 39 (3): 1714-1726.

[41] Pavlínek P, 2018. Global production networks, foreign direct investment, and supplier linkages in the integrated peripheries of the automotive industry [J]. Economic Geography, 94 (2): 141-165.

[42] Pavlínek P, Žížalová P, 2016. Linkages and spillovers in global production networks: Firm-level analysis of the Czech automotive industry [J]. Journal of Economic Geography, 16 (2): 331-363.

[43] Ruane F, Sutherland J, 2005. Foreign direct investment and export spillovers: How do export platforms fare? [R]. Institute for International Integration Studies Working Paper, 58.

[44] Simoes A J G, Hidalgo C A, 2011. The economic complexity observatory: An analytical tool for understanding the dynamics of economic development// The economic complexity observatory: An analytical tool for understanding the dynamics of economic development [C]. Workshops at the twenty-fifth AAAI conference on artificial intelligence.

[45] Sinani E, Meyer K E, 2004. Spillovers of technology transfer from FDI: The case of Estonia [J]. Journal of Comparative Economics, 32 (3): 445-466.

[46] Sjöholm F, 2003. Which Indonesian firms export? The importance of foreign networks [J]. Papers in Regional Science, 82 (3): 333-350 (2003).

[47] Stojčić N, Orlić E, 2020. Spatial dependence, foreign investment and productivity spillovers in new EU member states [J]. Regional Studies, 54 (8): 1057-1068.

[48] Tacchella A, Cristelli M, Caldarelli G, et al., 2013. Economic complexity: Conceptual grounding of a new metrics for global competitiveness [J]. Journal of Economic Dynamics and Control, 37 (8): 1683-1691.

[49] Tang Y, Zhang K H, 2016. Absorptive capacity and benefits from FDI: Evidence from Chinese manufactured exports [J]. International Review of Economics & Finance, 42: 423-429.

　　[50]Tinbergen J, 1962. Shaping the world economy: Suggestions for an international economic policy[M]. New York, The Twentieth Century Fund.

　　[51] Wang C C, Wu A, 2016. Geographical FDI knowledge spillover and innovation of indigenous firms in China [J] . International Business Review, 25（4）: 895-906.

第十五章
外商与港澳台商投资
企业出口贸易地理网络

一、引言

中国实现出口"增长奇迹"，离不开外商与港澳台商投资企业的推动。外商与港澳台商投资企业不仅直接贡献了庞大的出口额，还可以通过示范效应、竞争效应和出口信息溢出等渠道间接促进中国出口贸易增长（夏丽丽等，2019；Ma，2006；Swenson，2008）。但外商与港澳台商投资企业是典型的"松脚型"企业（陈肖飞等，2019），与当地经济嵌入性不高，一旦地方经济环境发生变化，极有可能转移市场或退出，从而影响其出口增长。在全球化日益深化背景下，经济地理学者试图同时关注全球—地方因素在贸易地理格局中发挥的作用。外商与港澳台商投资企业作为全球布局的领导者，其完善的世界市场信息对出口拓展不会产生阻碍，而"松脚"特征带来的地方嵌入问题更应引起关注。已有地方嵌入相关研究仅关注外商与港澳台商投资嵌入对本地的积极影响以及如何通过外生力量促进外商与港澳台商投资嵌入当地（徐海洁、叶庆祥，2007；王辑慈，2000），而对外商与港澳台商投资企业嵌入当地的内生动机缺乏探讨。

基于此，本章将从本地、目的地、本地—目的地维度描述在华外商与港澳台商投资企业出口市场多元化格局，并重点从本地视角出发，探究外商与港澳台商投资企业地方嵌入对其出口市场多元化作用机制，补充外资企业能动性视角下的贸易研究。

二、理论背景与研究框架

（一）本地维度——地方嵌入与出口

地方嵌入衡量跨国公司与东道国环境、制度、文化和技术等方面联系的紧密程度。外商与港澳台商投资企业地方嵌入与出口的关系尚未有研究系统探讨。迈耶等（Meyer et al.，2011）认为跨国公司通过嵌入地方，可以将其拥有的技术知识和当地的营销知识结合，以实施市场寻求战略，但其并未针对性探讨出口市场多元化策略。

1. 地方嵌入、知识溢出与出口

事实上，从知识溢出这一渠道切入有助于理解地方嵌入对出口的作用。知识溢出可以促进企业通过间接的技术溢出获取生产信息，提高企业生产率；也可以通过直接出口信息溢出获取市场信息，降低企业出口沉没成本，控制出口风险。杨汝岱和朱诗娥（2018）发现，集聚带来的知识溢出可以降低企业出口生产率门槛值，促进企业出口。凯尼格等（Koeing et al.，2010）对法国的研究发现，企业之间可以通过正式与非正式渠道获得已有企业出口信息，如出口目的地文化、制度、市场等信息。贺灿飞等（2019）基于中国案例的实证检验得到了一致结论。即现有文献认为，知识溢出有助于促进企业出口。

地方嵌入可以通过促进产业集群的形成和增强认知邻近带来知识溢出，从而促进出口。赵蓓和莽丽研究发现通过适度嵌入这一纽带，外资能够促进产业集群的形成和发展（赵蓓、莽丽，2004）。何金廖等（2018）也认为地方嵌入对产业集聚有重大影响。认知邻近作为知识溢出的隐形距离障碍常常被忽视。企业间认知距离过远不利于有效的沟通与学习，距离过近则获取新知识的效率过低（郭琪、贺灿飞，2018）。巴特勒特等（Bartlett et al.，1987）认为，在双重嵌入视角下，跨国公司子公司与东道国的外部嵌入对其优化资源配置和促进知识转化有重要作用。这是由于较高的嵌入性允许企业将当地知识和资源内化为自身能力（王晓静，2016），使其知识体系适应当地环境，从而提高与当地的认知邻近。同时，地方嵌入可以使企业自主学习能力提高，与当地其他企业和研究机构的联系更为密切（Hood and Peters，2000），进一步增强其认知邻近。

除了通过知识溢出间接获取信息外，企业嵌入地方也有助于其通过正式渠道直接获取市场信息、优惠政策、出口渠道等，降低企业生产成本并控制出口风险。同时，地方嵌入可以通过内化当地知识、适应当地文化克服外来者对地方资源利用的弱势，提高资源获取和利用效率。纳库姆和基布尔（Nachum and Keeble，2000）也证实了嵌入性对企业获取外部资源的促进作用。

2. 外商与港澳台商投资企业出口行为的特殊性

上述研究大多未区分企业所有制和贸易方式，得到的结论具有一般性。而跨国公司在贸易对象与贸易方式方面具有其特殊性，即公司内贸易和加工贸易。现有贸易地理研究忽视了占比极高却不符合市场规律的公司内贸易。公司内贸易是指母公司与其海外子公司或子公司之间跨越国界的贸易行为。由于贸易发生在公司内部，子公司是否出口、出口到何地几乎完全由公司战略和母公司与其他子公司所在地决定，处于被动地位。同时，由于其"被动出口"，企业不需要搜集信息、与贸易对象谈判和承担进入风险等，进入目的地无需支付沉没成本。因此，公司内贸易的"定向出口"可能是出口市场多元化研究中的悖论。

加工贸易是与一般贸易的单边进出口相对的贸易方式，是指国内企业从国外进口原材料，经本地加工，再将产成品复出口到国外的过程。企业通常是在国外需求商下订单后进行生产。一般贸易在华外商与港澳台商投资企业贸易总额的 70% 以上为加工贸易。"订单出口"的贸易方式决定了其出口目的地，使出口具有定向性。从本地维度来看，加工贸易原材料和出口均来自国外的"两头在外"特征使企业本地采购率较低，与当地的联系减弱（王岚、李宏艳，2015），削弱地方嵌入的作用。因此，外商与港澳台商投资企业的出口行为具有无需支付沉没成本、定向出口的特点，可能会对上述理论机制产生影响。

（二）目的地及其与本地联系维度

在全球—地方互动视角下，仅关注本地维度无法揭示贸易流向变化。因此，需要将目的地与及其与本地的联系纳入考量范围。随着经济地理的制度、关系和演化转向，"邻近性"越来越受到关注。已有研究关注了地理邻近、经济邻近、文化邻近和制度邻近等对贸易的影响。赫尔普曼（Helpman，1987）证明了两个经济体规模越接近，贸易流量越大，费尔伯迈尔和托拜耳（Felbermayr and Toubal，2010）发现文化邻近性对双边贸易流量至关重要；谢孟军（2014）认为相近的制度会通过削弱外来者劣势，降低交易成本等途径使出口更加容易。欧文和鲍威尔（Owen and Powell，2004）将这种全球主体之间的联系通道称为"全球管道"（global pipeline）。邻近性通过打通全球管道，可以提高两国之间沟通渠道的畅通性、当地信息的可得性等。因此，邻近性既是保证管道通畅、知识溢出的"间接催化剂"，也是直接克服贸易壁垒、获取当地信息的"直接催化剂"。此外，特定本地—目的地出口经验可以为潜在出口企业直接带来本地知识溢出，并通过三种渠道促进出口市场扩张——沉没成本分担，减少搜寻成本以及减少不确定性的发生。大量基于中国的实证研究验证了这一机制（贺灿飞等，2019；黎明等，2018）。

本章引入本地—目的地制度距离与内资企业出口溢出，关注外商与港澳台商投资企业地方嵌入对其出口的影响，并基于出口二元边际将出口市场多元化分为出口目的地拓展和出口比较优势获取两个维度。梳理思路，本章分析框架如图 15-1 所示。

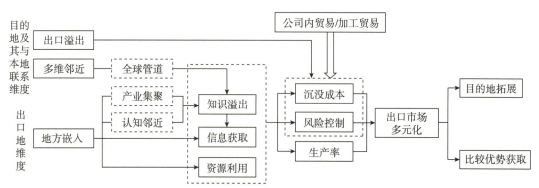

图 15-1 地方嵌入与外商与港澳台商投资企业出口市场多元化驱动力机制

三、数据来源与研究方法

（一）数据来源

研究时段为 2000~2016 年。贸易数据来源于中国海关贸易数据库，包含中国（不含港澳台地区）所有进出口数据，将海关 HS 编码统一到 2007 年，并剔除贸易公司；将企业性质编码为 2（中外合资企业）、3（中外合作企业）和 4（外商独资企业）的企业识别为外商投资企业；将贸易方式编码为 10、31 和 39 划分为加工贸易，其余为一般贸易。其他数据来源于《工业企业科技活动统计年鉴》、世界银行数据库、《中国劳动统计年鉴》和《中国贸易外经统计年鉴》。

（二）变量选取与指标计算

地方嵌入反映了企业与本地知识、技术、社会环境、制度等的融合或适应程度，与当地的嵌入程度高，则更能与当地"打成一片"从而获益。拟用三个维度衡量地方嵌入——知识耦合、技术嵌入和社会、信息、文化等其他不可观测的嵌入性。

1. 知识耦合

在华外商与港澳台商投资企业大多在当地从事生产加工活动，其生产知识与当地的知识耦合尤为重要。如纺织企业大多投资于生产条件成熟的广东、浙江等地，而汽车企业大多将工厂建于有工业基础的地区。此时，该企业与当地的知识耦合较强。技术关联密度是指在给定地区的产品结构下，一个产品在该地区出现的概率，其值越大，说明生产该产品所需的知识与地区已有知识基础越相似；是演化经济地理学者用以衡量认知邻近的常用指标（Mao and He，2019）。选取技术关联密度（Density）衡量知识耦合。外商与港澳台商投资企业与其所在省份的技术关联密度计算过程如下：

首先计算外商与港澳台商投资企业出口产品与其他任意产品出现在同一省份的最小条件概率，即产品 i 和 j 的技术关联（$\Phi_{i,j,t}$）：

$$\Phi_{i,j,t} = \min\{P(V_{pit} > 0 \mid V_{pit} > 0), P(V_{pjt} > 0 \mid V_{pjt} > 0)\} \qquad (15-1)$$

其中，i 代表外商与港澳台商投资企业产品，j 代表剩余任意产品，p 代表外商与港澳台商投资企业所在省份。在此基础上，以产品是否为优势产品作为权重对两两产品间的技术关联进行加权，得到外商与港澳台商投资企业与其所在省份的技术关联密度：

$$Density_{pit} = \frac{\sum_j x_{pit} \, \Phi_{i,j,t}}{\sum_j \Phi_{i,j,t}} \qquad (15-2)$$

其中，x_{pit} 为 0/1 变量，当 t 年 p 省份外商与港澳台商投资企业产品为优势出口产品时，取值为 1，否则为 0。

需要注意的是，技术关联密度中的"技术"是广义的"技术包"，代指当地的资源、制度、基础设施等生产条件，与技术嵌入的中的"技术"有所区别。

2. 技术嵌入

外商与港澳台商投资企业的技术嵌入是指外商与港澳台商投资企业与地方的技术联系，外商与港澳台商投资企业设立的实体研发机构是产生联系的载体。此外，知识耦合是由企业生产内容先天决定的，不取决于自身能动性。而设立研发机构这一技术嵌入维度更能体现企业嵌入当地的主动行为。因此，采用外商与港澳台商投资企业在当地设立的研发机构数（$Num\_yanfajigou$）作为衡量技术嵌入的指标，在模型中做对数处理。

3. 其他嵌入性

自地理学制度转向、关系转向趋势兴起以来，不可观测的社会、制度、关系等因素开始引起地理学者的重视。同样，企业与当地的社会、制度、市场环境等的了解以及与当地企业、政府的"关系"等不可观测的因素对其出口尤为重要。外商与港澳台商投资企业进入当地的时间越长，对当地劳动力市场、优惠政策、进出口渠道等了解越全面，与当地其他主体关系越紧密，嵌入性越高。利用海关贸易数据库构建外商与港澳台商投资进入时长指标，从企业第一次出现的年份计起，若某一外商与港澳台商投资企业连续 t 年存在于海关库中，则认为其进入时间为 t，再将某省份所有外商与港澳台商投资企业进入时长算术平均，则为该省份外商与港澳台商投资企业进入时长。由于海关库中 2000 年以前的企业数据缺失，为解决数据断尾问题，根据三分位数构建企业进入时长虚拟变量。以进入某省份 5 年以下为对照组，$Shichang\_dummy1$ 表示进入该省份 5~6.5 年，$Shichang\_dummy2$ 表示进入该省份 6.5 年以上。

4. 其他变量

中国与目的地制度距离（$Instdist$）基于世界银行发布的全球治理指数（WGI）数据，

采用冠伽特和辛格（Kogut and Singh）的方法进行计算。内资企业出口经验溢出用某省份内资企业出口额（*Dom_value*）衡量。

除上述核心变量外，还控制本地劳动力成本（*Wage*）、外商与港澳台商投资企业数量（*Num_foreignfirm*）、目的地经济发展水平（*Coun_gdp*）和中国与目的地地理距离（*Geodist*），并控制时间效应与地区效应。变量描述总结见表 15–1。

表 15–1　　　　　　　　　　　　　变量分类及其含义

变量分类	变量符号	变量名称及含义
地方嵌入	*Density*	知识耦合
	Num_yanfajigou	技术嵌入
	Shichang	社会、市场等其他嵌入
本地—目的地联系	*Instdist*	制度距离
	Dom_value	内资企业溢出
控制变量	*Wage*	劳动力成本
	Num_foreignfirm	外资企业数量
	Coun_gdp	目的地经济发展水平
	Geodist	地理距离

（三）模型设置

分别设置目的地拓展模型和比较优势获取模型，变量均加总到省级或目的地尺度进行计算。两模型因变量为新目的地进入（*Entry*）与获取比较优势（*RCA*）的虚拟变量。构建方式为：若 t–1 年某省份外商与港澳台商投资企业对目的地出口额为 0，而 t 年对目的地出口额大于 0，则目的地进入变量为 1，其他情况为 0；若 t–1 年某省份外商与港澳台商投资企业对目的地出口没有比较优势，而 t 年出口具有比较优势，则比较优势获取为 1，其他情况为 0，出口比较优势计算公式如下：

$$RCA_{pcft} = \frac{Export_{pcft} / \sum_{pct} Export_{pcft}}{\sum_{pft} Export_{pcft} / \sum_{pcft} Export_{pcft}} \tag{15-3}$$

式中 $Export_{pcft}$ 表示 t 年 p 省份外商与港澳台商投资企业向目的地 c 的出口贸易总额。若 RCA 大于 1，则说明 p 省份外商与港澳台商投资企业具有出口比较优势；反之，若 RCA 小于 1，则说明不具有出口比较优势。

基于数据可得性，选取 2000~2015 年的数据构建实证模型。鉴于因变量为虚拟变量，且解释变量均不存在 0 值过多问题，采取 Probit 模型进行回归，并对连续变量做自然对数

处理，目的地拓展模型 | 优势获取模型构建如下：

$$Entry_{pct} \mid RCA_{pct} = \beta_0 + \beta_1 \ln Density_{pt} + \beta_2 \ln Num\_ yanfajigou_{pt} + \beta_3 Shichang_{pt} + \beta_4 \ln Instdist_{ct} +$$
$$\beta_5 \ln Dom\_ value_{pct} + \beta_6 \ln Wage_{pt} + \beta_7 \ln Num\_ foreignfirm_{pt} + \beta_8 \ln Coun\_ gdp_{ct} +$$
$$\beta_9 \ln Geodist_{ct} + \varepsilon$$

$$(15-4)$$

四、外商与港澳台商投资企业地方嵌入与出口市场多元化格局

（一）本地维度——外商与港澳台商投资企业地方嵌入

计算外商与港澳台商投资企业与所在省份的技术关联密度以观察其知识耦合。整体来看，技术关联密度仅为 0.01 左右，知识耦合较弱（见图 15-2）。这与外商与港澳台商投资企业进入中国的生产战略和其加工贸易特点相符。随时间推移，外商与港澳台商投资企业与地方知识耦合度逐渐提升，这既可能是由外资企业转变其生产结构造成的，也可能是外商与港澳台商投资企业知识溢出造成其他企业生产结构内生转变。

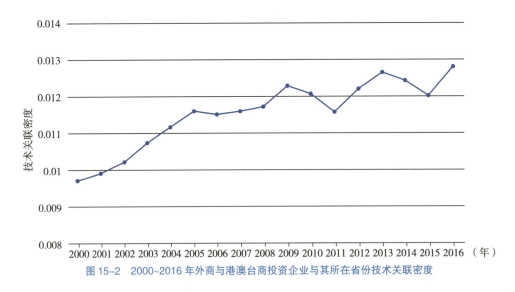

图 15-2　2000~2016 年外商与港澳台商投资企业与其所在省份技术关联密度

从地理格局上看，外商与港澳台商投资企业知识耦合较高的省份为浙江、江苏等东南沿海省份及四川等外资企业分布较多的省份。这说明外商与港澳台商投资企业产品结构与

沿海发达省份产品结构较为相似，且外商与港澳台商投资企业集聚在某地区可能会与当地产品结构协同演化，提高其知识耦合。

从技术嵌入维度来看，外商与港澳台商投资企业在中国设立的研发机构数逐渐增多，但空间分布极度不平衡（见图 15-3）。80% 以上的研发机构集中在东部地区，江苏省外商与港澳台商投资研发机构达到 3000 个，而外商与港澳台商投资研发机构最少的青海等西部地区仅为个位数，表明外商与港澳台商投资企业西部地区生产活动几乎为纯粹的加工贸易，技术嵌入性很低。

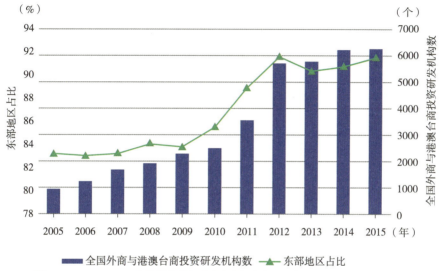

图 15-3 2005~2015 年全国外商与港澳台商投资企业研发机构数及东部地区占比

从外商与港澳台商投资进入时长衡量的其他嵌入性来看，基本呈现东部外资进入时长较长，中西部较短的特点。浙江、山东、福建是外商与港澳台商投资企业平均进入时间最长的三个省份。

（二）目的地维度——出口市场分布

在 2000~2004 年，在华外商与港澳台商投资企业出口目的地分布较为集中，主要向美国、英国、德国、日韩和中国香港等国家和地区出口。随着时间推移，外商与港澳台商投资企业继续向上述地区扩大出口的同时，逐渐向东南亚、南美和非洲部分国家拓展，但总体仍高度集中。外商与港澳台商投资企业出口目的地与其来源地高度重合，侧面反映了其公司内贸易。

在 2000~2016 年，外商与港澳台商投资企业出口目的地分布基尼系数略有降低趋势

（见图 15-4），但始终在 0.9 以上，且高于内资企业出口目的地基尼系数。这表明外商与港澳台商投资企业出口目的地有拓展趋势，但基本高度集中于部分国家及地区。

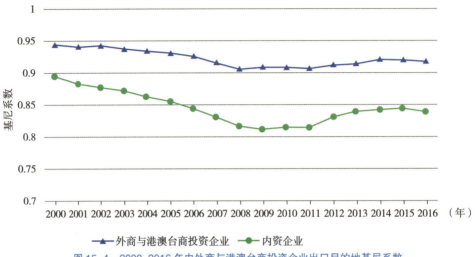

图 15-4　2000~2016 年内外商与港澳台商投资企业出口目的地基尼系数

（三）本地—目的地维度——出口市场多元化格局

　　为明晰不同地区外商与港澳台商投资企业出口市场多元化格局，对东、中、西部出口市场多元化格局进行比较分析，并选取 2001 年、2008 年和 2016 年三个典型年份分析其演化特征。分区域看，东部新进目的地数量明显少于中西部，且西部最多。东部和中部新进目的地主要分布在非洲和南美洲等发展中国家，西部地区新进目的地则在各个大洲均有分布。从演化趋势来看，全国新进目的地数量均有减少。2001 年，东部和中部新进目的地仍有一些欧洲和东南亚国家，到 2016 年，新进入目的地大部分为非洲等欠发达国家，而西部新进目的地仍然广泛分布，但相较于 2001 年，对北美、东南亚的拓展趋势减弱。接下来分析新获取比较优势国家的分布情况。从数量上看，东部新获取比较优势国最多，西部地区最少。从分布来看，东部地区新获取比较优势国家主要集中在北美、非洲和西欧等国家。中部对非洲和西欧和比较优势拓展相较于东部趋势较弱；西部则主要集中在北美、东亚、东南亚国家。从演化趋势来看，东部新获取比较优势增长趋势较强，中西部新获取优势国数量保持稳定或增长。上述分析可知，地方嵌入较高的东部地区在目的地拓展方面并没有优势，而在比较优势获取中表现出明显优势。因此地方嵌入对出口二元边际的作用需要进一步实证探讨。

五、外商与港澳台商投资企业出口市场拓展驱动力

（一）目的地拓展模型回归结果

采用面板数据，分别以外商与港澳台商投资企业整体、一般贸易和加工贸易为样本进行统计回归。表15-2展示了目的地拓展模型的回归结果。模型（15.1）说明地方嵌入不是影响外商与港澳台商投资企业目的地拓展的决定因素。这一结果与已有文献中地方嵌入通过促进知识溢出和信息获取等途径拓展出口市场的结论不符。较近的制度距离与出口溢出效应带来的成本降低对其目的地拓展也没有促进作用，这与谢孟军（2014）结果有所差异。这说明外商与港澳台商投资企业公司内贸易和加工贸易的特点在其出口时发挥了主要作用。模型（15-5）显示外商与港澳台商投资企业知识耦合与其进入时长均显著为正，而模型（15.9）中两指标均不显著。这说明外商与港澳台商投资企业地方嵌入可以促进其目的地拓展，但这种影响仅局限于外资企业一般贸易。这一结果对不同贸易方式出口差异研究进行了补充（Boschma，2005；宋超、谢一清，2017）。加工贸易出口遵循外商与港澳台商投资企业整体特点，地方嵌入对其不存在促进作用。而一般贸易出口无固定渠道，需要自行搜集市场信息，参与市场竞争，面临沉没成本。地方嵌入可以提高企业内部信息获取、知识利用能力，对其出口拓展有促进作用。本地—目的地联系两变量在两种贸易方式中均无促进作用。这是由于外商与港澳台商投资企业全球布局为其提供了丰富的国际市场信息，因此外部信息源对其出口没有促进作用。

劳动力成本和外商与港澳台商投资企业数仅在一般贸易模型中显著。GDP显著为负，地理距离显著为正，说明2000年以后外商与港澳台商投资企业拓展主要向距离较远的发展中国家拓展。

（二）优势获取模型回归结果

表15-3展示了优势获取模型回归结果。模型（15.13）反映地方嵌入的指标知识耦合显著为正，其他指标则不显著，说明地方嵌入可以促进外商与港澳台商投资企业出口比较

表15-2　目的地拓展模型回归结果

类别	外商与港澳台投资企业				外商与港澳台投资企业一般贸易				外商与港澳台投资企业加工贸易			
	(15.1)	(15.2)	(15.3)	(15.4)	(15.5)	(15.6)	(15.7)	(15.8)	(15.9)	(15.10)	(15.11)	(15.12)
lnDensity	1.487	0.265			13.620**	9.568**			-3.299	3.607		
lnNum_yanfajigou	-0.015		-0.010		-0.020		-0.010		-0.015		-0.009	
Shichang_dummy1	-0.030			-0.041	0.121***			0.022	-0.025			0.017
Shichang_dummy2	-0.117**			-0.114***	0.094*			-0.042	-0.087			-0.031
lnInstdist	-0.006	-0.007	-0.007	-0.006	-0.023	-0.021	-0.021	-0.023	-0.019	-0.018	-0.018	-0.020
lnDom_value	-0.046***	-0.033***	-0.033***	-0.046***	-0.027***	-0.017***	-0.017***	-0.026***	-0.044***	-0.030***	-0.030***	-0.044***
constant	-1.121	-5.473***	-6.150***	-2.059	-12.120***	-10.100***	-10.690***	-12.910***	-4.459*	-6.884***	-7.346***	-5.295**
控制变量	Yes	Yes	Yes	Yes	Yes	Yes	Yes	Yes	Yes	Yes	Yes	Yes
时间效应	Yes	Yes	Yes	Yes	Yes	Yes	Yes	Yes	Yes	Yes	Yes	Yes
地区效应	Yes	Yes	Yes	Yes	Yes	Yes	Yes	Yes	Yes	Yes	Yes	Yes
N	51596	78241	78241	51596	50101	75539	75539	50101	51051	77313	77313	51051

注：***、**、* 分别代表 $p < 0.01$、$p < 0.05$、$p < 0.1$。

表15-3　优势获取模型回归结果

分类	外商与港澳台投资企业				外商与港澳台投资企业一般贸易				外商与港澳台投资企业加工贸易			
	(15.13)	(15.14)	(15.15)	(15.16)	(15.17)	(15.18)	(15.19)	(15.20)	(15.21)	(15.22)	(15.23)	(15.24)
lnDensity	22.030***	8.412**			23.350***	13.500***			25.200***	2.593		
lnNum_yanfajigou	0.004		0.001		-0.032		-0.021		0.053**		0.056**	
Shichang_dummy1	-0.027			-0.050	0.105***			0.042	-0.021			0.014
Shichang_dummy2	-0.052			-0.095**	0.080			-0.041	-0.045			-0.022
lnInstdist	-0.078***	-0.081***	-0.081***	-0.078***	-0.094***	-0.087**	-0.087**	-0.093***	-0.096***	-0.073***	-0.073***	-0.096***
lnDom_value	0.004**	0.008***	0.008***	0.004**	0.010***	0.015***	0.015***	0.011***	0.011***	0.013***	0.012***	0.011***
constant	-0.515	0.862	0.329	-0.807	-3.310***	-2.814**	-3.585***	-3.981**	-3.386*	-1.881*	-2.183**	-3.767
控制变量	Yes	Yes	Yes	Yes	Yes	Yes	Yes	Yes	Yes	Yes	Yes	Yes
时间效应	Yes	Yes	Yes	Yes	Yes	Yes	Yes	Yes	Yes	Yes	Yes	Yes
地区效应	Yes	Yes	Yes	Yes	Yes	Yes	Yes	Yes	Yes	Yes	Yes	Yes
N	49194	74143	74143	49194	44821	66831	66831	44821	48191	72536	72536	48191

注：***、**、* 分别代表 $p < 0.01$、$p < 0.05$、$p < 0.1$。

优势获取，且知识耦合发挥了主要作用。与目的地拓展反映的扩展边际不同，优势获取反映的集约边际拓展对成本变动更加敏感。知识耦合反映了企业生产条件的综合利用能力和效率，因此发挥了更为重要的作用。模型（15.13）还反映了制度距离对外商与港澳台商投资企业出口比较优势获取有抑制作用，而出口经验溢出对其有促进作用。这一结果与黎明等（2018）和朱晟君等（2018）研究结果一致。出口经验是企业把握目的地制度环境、市场动态和消费者偏好等的重要信息源（贺灿飞等，2019），充分掌握信息有利于其追加出口，获取比较优势。制度距离较远则会给企业带来出口不确定性，即使已经进入该国市场，也不愿"将鸡蛋放在一个篮子里"。

模型（15.17）和模型（15.21）的结果表明，无论是一般贸易还是加工贸易，外商与港澳台商投资企业地方嵌入对其出口比较优势获取均有促进作用。知识耦合对两种贸易方式均显著促进，无论何种贸易方式，企业生产环节都位于当地，不可避免地需要利用当地劳动力、技术、基础设施等生产资源，享受当地优惠政策等。因此，表征企业对本地知识利用能力的知识耦合尤为重要。一般贸易中，进入时长在两阶段中作用相反，说明企业刚进入时，嵌入性对其优势获取的正向影响明显，随着时间推移，影响作用弱化。加工贸易中，技术嵌入显著为正。我国加工贸易产品正在由低技术向高技术高附加值转型，这一过程中，技术嵌入尤为重要。

六、结论与讨论

本章基于中国海关贸易数据库分析在华外商与港澳台商投资企业出口市场多元化拓展格局，在全球—地方互动理论指导下的三维框架中，重点基于外商与港澳台商投资企业地方嵌入视角研究其出口市场多元化机制。地方嵌入内生于企业贸易活动，使企业能够发挥能动性。这与现有研究中将外商与港澳台商投资企业视为一种外来力量，通过招商、生产、出口等环节中的外生优惠政策"粘住"企业的思路有所差异。地方嵌入分为三个维度，其中知识耦合这一维度完全内生于生产和贸易活动本身，具有与出口贸易协同演化的特征。

主要结论如下：（1）外商与港澳台商投资企业地方嵌入从东部沿海到中西部地区呈递减趋势；随时间推移，外商与港澳台商投资企业地方嵌入性均逐渐增强。（2）东部地区出口目的地拓展少于中西部地区，但新比较优势获取国多于中西部地区；即外商与港澳台商投资企业地方嵌入并不一定促进出口增长，还需基于二元边际分别讨论。（3）模型结果表明，外商与港澳台商投资企业与东道国的地方嵌入对其目的地拓展的促进作用仅局限于一般贸易，但对两种贸易方式的出口比较优势获取均有促进作用，且知识耦合发挥了较为重要的作用；制度距离与出口溢出作用对外商与港澳台商投资企业出口比较优势获取有促进作用，但对目的地拓展不存在促进作用。

目前在华外商与港澳台商投资企业与当地嵌入性较低，是典型的"松脚型"企业。这既不利于外商与港澳台商投资企业地方化经营和拓展国际市场，也不利于当地发挥引资优势，获取知识溢出。外商与港澳台商投资企业嵌入地方可以促进其获得出口比较优势并拓展新的目的地，实现出口市场多元化，分散其经营风险，这对于外商与港澳台商投资企业制定本地化战略具有启示意义。一方面，外商与港澳台商投资企业有动机发挥自身能动性，加强与当地文化、社会和技术等方面的联系，充分利用当地资源，提高与当地的知识耦合。另一方面，政策导向应由减免、优惠等直接成本刺激转向通过制度设计和空间布局等间接政策，如搭建内资企业和外商与港澳台商投资企业开放交流信息平台，为新进入外商与港澳台商投资企业地方采购提供专业信息渠道，利用产业集群引导内资及外商与港澳台商投资企业引导外资企业加强联系等。此外，在制定外商与港澳台商投资贸易政策时，政府应充分考虑一般贸易与加工贸易差异，针对性制定出口政策。

参考文献

［1］陈肖飞，郭建峰，胡志强，等，2019. 汽车产业集群网络演化与驱动机制研究——以奇瑞汽车集群为例［J］. 地理科学，39（3）：467–476.

［2］郭琪，贺灿飞，2018. 演化经济地理视角下的技术关联研究进展［J］. 地理科学进展，37（2）：229–238.

［3］何金廖，黄贤金，司月芳，2018. 产业集群的地方嵌入与全球生产网络链接——以上海文化创意产业园区为例［J］. 地理研究，37（7）：1447–1459.

［4］贺灿飞，胡绪千，罗芊，2019. 全球—地方出口溢出效应对新企业进入出口市场的影响［J］. 地理科学进展，38（5）：731–744.

［5］黎明，郭琪，贺灿飞，2018. 邻近性与中国企业出口市场的地理扩张［J］. 世界地理研究，27（1）：1–11.

［6］宋超，谢一青，2017. 人民币汇率对中国企业出口的影响：加工贸易与一般贸易［J］. 世界经济，（8）：78–102.

［7］王缉慈，2000. 创新的空间：企业集群与区域发展［M］. 北京大学出版社.

［8］王岚，李宏艳，2015. 中国制造业融入全球价值链路径研究——嵌入位置和增值能力的视角［J］. 中国工业经济，（2）：76–88.

［9］王晓静，2016. 双重网络嵌入视角下跨国公司研发协同演化路径研究［J］. 济南大学学报（社会科学版），26（5）：88–94.

［10］夏丽丽，王润晓，梁新怡，等，2019. 全球—地方背景下东道国企业研发行为的演变及其影响因素研究——基于技术溢出视角的广州市本土制造企业微观实证［J］. 地理科学，39（2）:277-284.

［11］谢孟军，2014. 目的地制度对中国出口和对外投资区位选择影响研究［D］. 山东大学.

［12］徐海洁，叶庆祥，2007. 跨国公司本地嵌入失效的表现和成因研究［J］. 浙江金融，（8）:27-28.

［13］杨汝岱，朱诗娥，2018. 集聚，生产率与企业出口决策的关联［J］. 改革，（7）：8.

［14］赵蓓，莽丽，2004. 外资与中国产业集群发展：从嵌入性角度的分析［J］. 福建论坛（人文社会科学版），（7）：29-32.

［15］朱晟君，胡绪千，贺灿飞，2018. 外资企业出口溢出与内资企业的出口市场开拓［J］. 地理研究，37（7）:1391-1405.

［16］Bartlett C A，Ghoshal S，1987. Managing across borders：New organizational responses［J］. Sloan Management Review，29（1）：43-53.

［17］Boschma R，2005. Proximity and innovation：A critical assessment［J］. Regional Studies，39（1）：61-74.

［18］Felbermayr G J，Toubal F，2010. Cultural proximity and trade［J］. European Economic Review，54（2）：279-293.

［19］Figueiredo P N，Brito K，2011. The innovation performance of MNE subsidiaries and local embeddedness：Evidence from an emerging economy//Catching Up，Spillovers and Innovation Networks in a Schumpeterian Perspective［M］. Springer，Berlin，Heidelberg，171-194.

［20］Helpman E，1987. Imperfect competition and international trade：Evidence from fourteen industrial countries［J］. Journal of the Japanese and International Economies，1（1）：62-81.

［21］Hood N，Peters E，2000. Globalization，corporate strategies and business services//The Globalization of Multinational Enterprise Activity and Economic Development［M］. London：Palgrave Macmillan，80-105.

［22］Koenig P，Mayneris F，Poncet S，2010. Local export spillovers in France［J］. European Economic Review，54（4）：622-641.

［23］Kogut B，Singh H，1988. The effect of national culture on the choice of entry mode［J］. Journal of International Business Studies，19（3）：411-432.

［24］Ma A C，2006. Export spillovers to Chinese firms：Evidence from provincial data［J］. Journal of Chinese Economic and Business Studies，4（2）：127-149.

［25］Mao X，He C，2019. Export expansion and regional diversification：Learning from the changing geography of China'a Exports［J］. The Professional Geographer，1-11.

［26］Meyer K E，Mudambi R，Narula R，2011. Multinational enterprises and local contexts：The opportunities and challenges of multiple embeddedness［J］. Journal of Management Studies，48（2）：235-252.

［27］Nachum L，Keeble D，2000. Foreign and indigenous firms in the media cluster of central London［R］. Working Papers：ESRC Centre for Business Research.

［28］Owen-Smith J，Powell W W，2004. Knowledge networks as channels and conduits：The effects of spillovers in the Boston biotechnology community［J］. Organization Science，15（1）：5-21.

［29］Swenson D L，2008. Multinationals and the creation of Chinese trade linkages［J］. Canadian Journal of Economics/Revue Canadienne D'économique，41（2）：596-618.

总结和展望

作为《贸易经济地理研究》的姊妹篇，本书基于网络视角和全球—地方互动视角系统研究了中国及其各省份与世界主要市场的商品贸易联系。在经济全球化时代，地方通过多种渠道与全球市场建立经济联系，从而实现全球—地方互动，这种互动取决于经济、文化、政治、外交、制度等邻近性。国际贸易嵌入在贸易双方社会经济文化政治制度环境中，国际贸易支撑全球市场相互依赖性，是全球经济联系中最重要的网络，需要以网络方法和网络思维探究国际贸易。传统贸易网络研究以国家为单元，建构不同类型的网络模型，探讨贸易网络的拓扑特征，辨识贸易网络的节点与结构及其演化。我们基于全球—地方互动视角，将中国及其各省份与国际市场的贸易联系视为贸易地理网络，基于网络演化思维，引入地理、社会、经济、文化、制度等多维邻近性来揭示一个国家内部区域与国际市场的贸易联系及其地理网络演化。中国地域广阔，各省份资源禀赋、经济发展、地理区位、政策制度等差异性非常显著，导致各省份基于不同方式开拓国际市场，建立差异性贸易地理网络，贸易产品结构和贸易市场结构呈现各自特征。

第一部分将中国作为一个节点，基于世界投入产出表数据和国际贸易数据系统探讨中国与世界市场的经济联系与相互依赖性，分析中国在世界经济联系网络中的角色与地位演化。研究发现，无论是制造业产品、矿产资源还是中间产品贸易，加入 WTO 以来，中国在全球贸易网络的地位不断攀升，成为世界贸易网络中的一个核心，尤其主导了亚洲贸易，同时贸易产品和贸易市场不断拓展。中国从全球生产联系网络的边缘国家演变成为全球生产网络的中心国，取代日本成为沟通东亚、东南亚地区与其他新兴市场的桥梁，并从美欧主干联系的"局外人"升级成为链接欧美产业网络的重要枢纽。中国贸易扩张和贸易网络演化规律可归结为"星星之火，可以燎原"，出口市场拓展到与中国具有地理、经济、文化、制度等多维邻近性市场以及与现有市场相似的出口市场。多元邻近性在中国贸易网络中发挥重要作用，说明中国的贸易网络演化存在显著的路径依赖性。同时，贸易保护主义措施，如技术壁垒、反倾销措施、关税等不利于中国对外的产业联系，也是推动中国贸易网络演化的动力。

第二部分基于全球—地方互动视角，探讨中国各省份与国际市场的贸易关系。从出口源地维度、出口目的地维度以及源地—目的地维度展示中国出口地理网络形成与演化。总体而言，我国各省份出口市场不断多元化，尤其东部沿海省份，出口贸易地理网络不断演化和拓展，相邻省份的出口网络具有显著相似性，不同类型省份出口市场的方向存在一定差异性。地理邻近性、文化邻近性和制度邻近性等仍然是驱动省级尺度贸易地理网络演化的主要动力。当然不同类型省份市场拓展的差异性背后可能是贸易主体和贸易产品的差异性导致的。我们分别分析了农产品、ICT 产品、电子机械产品、轨道交通设备产品、纺织品、食品以及中间产品的贸易地理网络。最后还分别探讨了内资企业和外商与港澳台商投资企业的出口贸易地理网络。

与整体的出口地理网络演化进程类似，各种产品的出口源地和出口市场不断多元化，出口源地从沿海省份向内陆地区拓展，出口市场从传统市场拓展到新兴市场，出口地理网络在不断发展演化。不同产品的出口源地与目的地联系存在一定差异性，如在农产品贸易方面，华东、华南省份的主要市场为东亚、东南亚、北美和西欧市场，而且是主要联系。在电子信息产品出口方面，东部省份出口到东亚和北美、西部省份出口到北美和西欧、中部省份出口到北美和东亚的贸易流向的扩张较为显著。基于全球—地方互动视角，研究发现，出口源地—出口目的地—出口源地与目的地维度的变量共同驱动了中国出口贸易地理网络形成演化。出口源地贡献了出口贸易的竞争力，如资源禀赋、地方产业集群、信息溢出、产业技术关联、区位优势；目的地市场需求、收入水平、社会网络、贸易联系牵引了出口拓展方向；出口源地—目的地的出口经验、信息溢出效应、地理邻近性、文化与制度邻近指引了出口地理网络的形成演化。此外，我们发现了内资企业和外商与港澳台商投资企业出口拓展存在一定差异性，但是全球—地方互动的视角仍然很好地揭示了其出口地理网络的驱动力。

本书将国际贸易研究的空间尺度从国家层面到省级尺度，利用贸易地理网络描绘了更丰满的出口贸易格局和过程。从理论上，我们基于产品贸易视角丰富了全球—地方互动的研究，强调全球市场的异质性、地方异质性以及全球—地方联系的异质性对于全球—地方互动的作用，发现全球—地方互动并非均质过程，而是有特定指向性的，特定的地方与特定全球市场互动联系更容易形成，程度也更强。进一步我们发现，基于出口贸易的网络演化和全球—地方互动存在显著的路径依赖性，这种路径依赖性取决于多个维度的邻近性，相似的出口源地与相似的出口市场更容易建立贸易联系，同一个地方企业更容易向相似的市场拓展。这种出口贸易网络演化的路径依赖性依赖于稳定的全球政治经济环境、可预期的经济全球化和区域经济一体化发展。在国际经济环境受到非经济因素冲击，如全球新冠肺炎疫情、金融危机、战争等，这种路径依赖性将被打破。从出口源地方面，中国通过"一带一路"建设主动调整参与国际贸易的网络；同时出口目的地的环境变化，如贸易保护主义、增加关税、反倾销调查等迫使我们开拓新市场，被动打破出口网络的路径依赖性。进一步归纳贸易地理网络形成演化机制，可以包括：（1）趋同机制，即与中国在社会经济政治制度、语言文化、经济水平等方面有相似性的市场更容易建立贸易关系；（2）择优连接机制，即中国企业向市场需求大、相似性强的国家和地区拓展出口市场，从而形成一种贸易网络的马太效应和路径依赖性；（3）近邻机制，中国企业优先与地理邻近性和其他维度邻近性的市场建立贸易联系；（4）关系机制，即中国企业依赖于出口经验和出口溢出效应拓展出口市场，推动网络演化。

在方法上，我们发展利用网络思维和方法，将贸易联系看成网络形成演化过程，关注贸易是否发生，贸易是否增长，也就是说网络联系是否建立，并建立定量模型，从出口源地、出口目的地和两者联系三个维度定义变量探讨网络演化的驱动力。

本书对于中国在新时期应对国际贸易保护主义和逆全球化趋势，寻找出口贸易突围具有一定政策意义。在国家层面，坚持改革与开放，积极参与全球价值链与产业链，推动经济全球化发展，仍然是重要的发展战略。在拓展出口市场方面，中国需要努力提升与国际市场的各种邻近性，基于"一带一路"倡议，加强互联互通，减少地理距离的阻碍作用，减少与各国的文化制度距离造成的交易成本和市场不确定性，从而实现出口市场多元化。同时各个地方能同时发力，在中央的统筹之下，不同地方形成了经济激励和政治激励，积极参与一带一路建设，参与经济全球化。中国的不同地方拥有不同的天然优势或者后天优势，天然优势包括资源禀赋和区位优势，后天优势包括专业化生产、产业集群、区域产业政策、国际联系渠道等，这些优势将提升各地方的产品国际竞争力，开创各地为"全球化"而竞争的新局面。

后疫情时代将迎来不一样的经济全球化。新冠疫情对全球产业链与价值链产生了严重冲击，凸显了经济全球化主导的新型国际分工的脆弱性。发达国家将进一步强调其再工业化战略，一些关系到国家安全的战略性产业将回归国内价值链或区域价值链，产业链和价值链分工空间尺度会缩小，区域化趋势将加强。在这种新形势下，中央也提出要以国内大循环为主体、国内国际双循环相互促进，加快形成新发展格局。在坚持改革开放的大格局下，企业、地方和国家参与国际贸易仍然是重要发展策略。在新形势下，贸易经济地理研究将面临一系列新问题需要回答，也需要新的理论来支撑。后疫情时代全球产业分工如何调整？与之相关的全球贸易格局如何演化？中国及其各地方在全球贸易网络中能够扮演什么角色？面临不同的国际政治经济环境，企业、地方和国家如何在重塑全球贸易格局中发挥作用？现有的贸易理论和经济地理理论能否为后疫情时代的贸易格局与贸易网络演化提供解释和预测？贸易地理研究要与时俱进，研究真问题！